集体土地基准地价评估理论方法与实证研究

陈常优　梁流涛　崔彩辉　等◎编著

Theoretical method and Empirical research of Collective land benchmark price Evaluation

中国经济出版社
CHINA ECONOMIC PUBLISHING HOUSE
北京

图书在版编目（CIP）数据

集体土地基准地价评估理论方法与实证研究 / 陈常优编著. --北京：中国经济出版社，2022.12（2025.4 重印）

ISBN 978-7-5136-7175-0

Ⅰ. ①集… Ⅱ. ①陈… Ⅲ. ①集体所有制-土地估价-研究-中国 Ⅳ. ①F321.1

中国版本图书馆 CIP 数据核字（2022）第 230536 号

责任编辑 丁 楠
责任印制 李 伟
封面设计 久品轩

出版发行 中国经济出版社
印 刷 者 北京艾普海德印刷有限公司
经 销 者 各地新华书店
开　　本 710mm×1000mm 1/16
印　　张 22.75
字　　数 370 千字
版　　次 2022 年 12 月第 1 版
印　　次 2025 年 4 月第 2 次
定　　价 88.00 元
广告经营许可证 京西工商广字第 8179 号

中国经济出版社 **网址** www.economyph.com **社址** 北京市东城区安定门外大街 58 号 **邮编** 100011
本版图书如存在印装质量问题，请与本社销售中心联系调换（联系电话：010-57512564）

前言

受城乡二元结构等多种因素影响，集体土地（集体农用地和集体建设用地）定级及基准地价评估研究与集体土地市场建设一直落后于国有建设用地，集体土地基准地价在城乡统一市场建设中的引领作用还没有得到充分发挥。近年来，受集体土地收益相对较低与非农就业市场发展的影响，农村集体土地流转现象已十分普遍。在当前国家土地管理改革和实践不断推进、农用地质量建设不断加强、集体经营性建设用地入市改革起步的背景下，深入开展集体土地级别评定和基准地价评估研究，对于探索集体土地定级与价格评估理论和方法，强化集体土地级别影响因素、价格形成机制的认识，推动城乡统一土地市场建设，以及促进土地资产管理、农用地质量建设和集体经营性建设用地入市具有重要理论意义和实践应用价值。因此，本书围绕集体建设用地和集体农用地两种土地类型详细阐述集体土地基准地价评估理论与技术方法，具体内容包括：集体土地基准地价评估理论与程序、集体土地均质区域划分、集体土地基准地价评估方法、集体土地基准地价评估信息系统，并选择河南省长垣市进行集体农用地和集体建设用地基准地价评估的实证研究。集体土地基准地价评估是一个十分复杂的理论和实践课题，涉及社会经济的方方面面。为了更好地适应自然资源管理的需求，本书也尝试对相关技术方法进行探索和创新。比如，在均值区域划分中引入空间分析的思路，并尝试应用 BP 神经网络模型对集体建设用地定级，探讨其适用性；比如，针对在集体建设用地交易样点不足或者数量较少的情况下如何进行基准地价的评估这个问题，本书对相应的技术方法和思路进行了探讨。这些方法都具有较强的前沿性，为集体土地基准地价评估提供了新的思路和方法。

本书在研究和出版过程中得到了河南省地理学优势学科“国土开发与

规划设计团队”的资助。书稿是团队成员在多次讨论交流的基础上共同撰写而成，是集体智慧的结晶。书稿撰写团队核心成员包括：河南大学地理与环境学院的陈常优、杨永芳、赵自胜、王喜、崔彩辉、梁流涛、赵修研，中国科学院南京地理与湖泊研究所的陈维肖，河南省有色金属地质矿产局第二地质大队的王海荣，河南省国土空间调查规划院的王永峰。具体分工如下：第一章由梁流涛负责第二节、第三节、第五节、第六节，王永峰负责第一节和第四节；第二章由杨永芳负责；第三章由陈维肖负责；第四章由崔彩辉负责；第五章由陈维肖负责第一节和第二节，陈常优负责第三节和第四节；第六章由赵修研负责第一节和第二节，赵自胜负责第三节；第七章由王海荣负责；第八章由王喜负责第一节、第二节中的第一部分和第四部分、第三节、第四节，梁流涛负责第二节中的第二部分和第三部分。另外，陈常优负责书稿统筹、总体设计和书稿修订，梁流涛和崔彩辉负责统稿、校对修订及与出版社对接。同时在书稿撰写的过程中范昌盛、李刚、郝铭、康迪、李妞、王永峰等进行了数据处理、模型计算、参考文献整理和书稿校对等工作，在此对他们的辛苦付出一并表示感谢。

该书理论与实践相结合，适合作为土地资源管理和房地产管理专业本科生、研究生的教材，也可以作为土地评估和房地产评估行业技术人员的参考书。希望本书的出版可以起到抛砖引玉的作用，能够为集体土地基准地价的评估提供新的思路。

陈常优
2022 年 8 月 20 日于汴

CONTENTS

目录

第一章

绪　论

第一节　研究背景

土地农民集体所有是我国社会主义公有制体制下土地所有制的一种特有形式，与土地国家所有共同构成我国的土地所有制度。20 世纪 80 年代，社会主义市场经济建立并完善，工业化和城市化快速推进，土地的自发性交易开始出现，深圳、上海、广东等地方政府关于土地有偿使用的探索直接推动了国家层面的修法，《宪法》和《土地管理法》先后删除了土地转让的禁止性条款，城镇国有土地所有权和使用权实现两权分离，允许国有土地使用权依法转让，城镇国有土地使用权按照其商品的属性进入了市场，创立了以市场手段配置土地的新制度，成为推进我国经济社会发展的重要动力。但与此同时，由于地方政府对于“土地财政”的长期依赖，土地城镇化超前现象严重，部分城市规划缺少前瞻性，这一系列的问题致使城镇土地资源配置效率低下，城镇土地供给不足与需求旺盛的矛盾日益尖锐，稀缺的土地资源成为新型城镇化建设的重要制约因素。尽管地方政府已颁布了大量城市存量土地再开发的刺激性政策，但同时带来的高额拆迁补偿及引发的一系列利益博弈与冲突，仍使得政策的推行阻力重重。然而，对于同样具有商品属性的城镇周边地区的集体土地使用权，长期以来由于法律、法规规定其不得入市，大量集体土地处于隐形交易的状态，交易双方的权益难以得到有效保障，限制了价格机制在集体建设用地流转中发挥作用，而无法成为城镇发展的新的土地供给源头与乡村振兴的内生性力量。

在这样的背景下，2013 年党的十八届三中全会公报《中共中央关于全面深化改革若干重大问题的决定》便提出要建立城乡统一的建设用地市场，实现集体建设用地与国有土地“同地同权同价”。推进新型城镇化进程，破解城乡二元结构，促进社会公平和共同富裕。2015 年，中共中央办公厅和国务院办公厅联合印发了《关于农村土地征收、集体经营性建设用地入市、宅基地制度改革试点工作的意见》，这标志着我国农村土地制度改革进入试点阶段。2018 年，“中央一号文件”（《中共中央、国务院关于实施乡村振兴战略的意见》）中则进一步明确提出“探索宅基地所有权、资格权、使用权‘三权分置’，落实宅基地所有权，保障宅基地农户资格权和农民房屋财产权，适度放活宅基地和农民房屋使用权”。打破城乡土地二元结构，盘活农村闲置的土地资源，推进城乡建设用地统一市场构建。①

我们必须看到构建统一市场的关键在于集体建设用地价格的评定，科学合理的集体建设用地价格是整个流转过程中的重要环节，是显现集体建设用地真实价值，保障集体建设用地规范流转的重要手段，同时也是保护集体建设用地流转参与主体切身利益的关键措施。但遗憾的是，当前农村集体建设用地的基准地价评估仍参照《城镇土地估价规程》进行，缺乏专门性的评估规范。由于城镇建设用地与农村集体建设用地之间存在权属、价格形成机制及影响因素等多方面差异，若完全参照城镇建设用地估价规程予以评估，则较难真实地反映出农村集体建设用地的应有价值。因此，需探索城乡融合背景下的建设用地基准地价评估总体思路，构建集体建设用地基准地价评估体系，为制定集体建设用地基准地价评估技术规范奠定基础，并为全面开展农村土地制度改革提供技术参考。

第二节 研究目的与意义

由于集体土地权属关系、利益关系复杂和理论技术规范研究滞后等原因，集体土地市场的发育困境一直未能得到有效解决。其中，集体土地的地价评估计算，是制约集体土地市场发育的重要因素。因此，研究分析集体农用地和集体建设用地的地价内涵，提出对应内涵下的估价与计算方法，十分迫切和必要。新《土地管理法》关于允许集体经营性建设用地入市的修改的时间

① 张黎黎，李子君．黄河三角洲耕地利用集约度变化及其驱动因素［J］．中国农业资源与区划，2022，43（1）：124-134.

不长，学术界关于农村集体土地基准地价的相关研究也比较少，尤其是关于集体农用地基准地价的研究少之又少，本研究将集体土地分为集体农用地和集体建设用地，从理论和方法两个方面加以探讨，并通过实证分析进行验证，以期建立一套科学合理的集体土地基准地价评估机制。在此基础上，本书的研究意义主要体现在以下几点。

第一，通过构建集体土地基准地价的理论研究和实证分析，有利于丰富和完善我国土地价格评估的理论研究和实践探索，真实反映集体建设用地价值，为集体建设用地流转提供有效的价格基准。同时，在集体土地流转规模和趋势不断扩大和旺盛、国家法律明确集体经营性建设用地直接入市的背景下，可进一步完善地价管理体系上的空缺，促进城乡土地市场一体化，打破我国城乡土地市场二元分割的现实局面。①

第二，通过规范集体土地流转市场秩序，有利于打破集体土地交易价格扭曲、紊乱，缺乏标准的乱象，以土地价格作为合理调节和分配土地资源的重要抓手，提升土地利用效率，盘活存量集体建设用地，促进其合理流转，实现集体建设用地财产权的获取，为农民资产收益增值提供价格支持，使农村集体成员切实共享社会发展成果。

第三，通过集体土地基准地价的合理制定，配合新《土地管理法》关于集体经营性建设用地入市的规定，发挥价格指示表的作用，将资源引向合适的地方，有利于增强城市外围土地供给的能力，缓解城市人地矛盾，实现“土地城镇化”与“人口城镇化”的协调发展。

第三节 概念界定

一、集体土地

集体土地是指农村集体所有的土地，也叫作劳动群众集体所有的土地。《宪法》第十条规定“农村和城市郊区的土地，除由法律规定属于国家所有的以外，属于集体所有；宅基地和自留地、自留山，也属于集体所有”。《土地管理法》第二条规定“中华人民共和国实行土地的社会主义公有制，即全民

① 王青，陈志刚．中国城乡差距对农地违法非农化的影响［J］．资源科学，2019，41（12）：2274-2283.

所有制和劳动群众集体所有制”；第八条规定“城市市区的土地属于国家所有。农村和城市郊区的土地，除由法律规定属于国家所有的以外，属于农民集体所有；宅基地和自留地、自留山，属于农民集体所有”。

可理解为，集体土地是专指乡（镇）、村、村民小组等类同性质的农业集体经济组织对土地的所有权，其他任何集体对土地没有所有权，农村的土地（包括城市郊区），除法律规定属于国家所有或已依法征收的外，均属于集体所有，农民使用的宅基地、自留地、自留山等都属于集体所有。

集体土地是中国土地所有制的一种形式。农村集体土地的所有权主体是农民集体，而不是集体经济组织。中国实行土地的社会主义公有制，土地的所有制形式包括国家所有（全民所有）和劳动群众集体所有两种形式。

二、集体农用地

农用地是指用于农业生产的全部土地，包括直接农用地和间接农用地。

直接农用地包括耕地、园地、林地、牧草地、养殖水面等用地；间接农用地是指排灌沟渠、田间道路、晒谷场、温室、畜舍等生产性建（构）筑物占用的土地。[①]《宪法》第十条和《土地管理法》第八条规定：城市市区的土地属于国家所有。农村和城市郊区的土地，除由法律规定属于国家所有的以外，属于农民集体所有；宅基地和自留地、自留山，属于农民集体所有。综上，本书界定的集体农用地就是处在农村和城市郊区，依法属于农民集体所有，用于农业生产的全部土地。

三、集体建设用地

集体建设用地是指在土地利用总体规划、村庄和集镇规划确定的建设用地范围内，乡（镇）村集体经济组织和农村个人投资或集资，进行各项农业建设所使用的土地，这些集体建设用地必须是归农民集体所有。集体建设用地使用权仅限于农村集体经济组织和农民内部，集体建设用地的使用需要符合土地利用总体规划，并服从于国家的规划管制。但是在实践中，集体建设用地一直游离于土地市场之外，即使流转进入市场，也受到诸如使用主体、使用范围等的种种限制。

---

① 张宏斌，贾生华．土地非农化调控机制分析［J］．经济研究，2001（12）：50-54.

第四节 国内外研究进展

一、集体农用地基准地价研究进展

集体这一概念属于中国独有之特色，国外土地产权明晰，土地产权多属于私有制，并不存在类似于中国的城乡二元结构现象，且对农村建设用地和农用地一般不单独进行区分，因此在土地权属和性质上我们很难从国外的经验中获得有益参考。但是国外在地价评估方面开展研究的时间较早，很多发达国家存在较为完善的估价体系和方法，我们对本国集体建设用地进行估价时，可结合中国实际情况借鉴相关经验，从而推进集体土地基准地价评估体系建设良性发展。①

目前，我国土地属性分为国家所有和农村集体所有两种形式，农用地绝大多数属于集体土地，对于集体农用地和农用地在研究上不作具体区分。新中国成立初期，在计划经济按劳分配制度的影响下，土地禁止流转，相关土地估价研究与实践停滞不前。20 世纪 80 年代初，土地使用制度发生变革，我国农村土地流转市场已初具规模，对于开展客观有效的农用地评估与实践研究工作也越发重要。农用地基准地价评估作为农用地价格评估体系中的核心部分，也一直是我国学者研究的重点领域，尤其是在评估方法的选取上不断创新。

黄贤金②以南京市为例，测算了该市耕地资源价值量，在对基准地价测算分析中，提出可采用理论抽象法来确定基准地价，针对不同因素对宗地价格影响提出相应的修正标准，综合考察区段地价，使宗地评估有据可循，避免评估中的随意性与盲目性。朱道林等③对 1999 年国土资源大调查以来部分农用地基准地价试点地区成果进行比较分析，指出在我国农用地市场尚未成熟、农用地流转案例较少的情况下，收益还原法是所有估价方法中最常用也是最

---

① Lin S, Ben T. Impact of government and industrial agglomeration on industrial land prices: a taiwanese case study [J]. Habitat International, 2009 (4): 412-418.

② 黄贤金．农用地估价技术路线及方法研究——以南京市耕地资源价值核算为例［J］．南京农业大学学报，1997（3）：104-108.

③ 朱道林，高延娜，路燕．农用地基准地价评估的有关问题探讨［J］．国土资源，2006（10）：38-40.

实用的一种方法。濮励杰等①也同样选用收益还原法对新疆巴音郭楞蒙古自治州的乌拉斯台农场土地进行了评估，避免了因市场资料不完善所带来的缺陷及劳动力素质、作物品种等所引发的差异，提升了宗地价格计算的准确度。吴群等②认为农用地综合质量受自然、经济、区位等多种因素影响，其价格与农用地质量并非呈线性关系，为此吴群等选用模型法构建起农用地综合质量指数与其价格的数理模型，并以江苏省泰兴市为例开展了相关的实证研究，对其农用地的基准地价进行了评估。秦静等③则借鉴经济学中“外部性”原理，以重庆市九龙坡区为例，构建外部性因素体系，综合考量自然、经济、社会等多项因素，将评价单元置入更为开放与综合的环境下进行级别的划分与农用地基准地价的评估。李芹芳等④则以陕西省扶风县农用地定级结果为基础，综合采用样点地价评价法与定级指数模型法对其农用地的基准地价进行了评估，为土地补偿费的科学合理制定提供了重要依据。刘跃辰等⑤认为，由市场法所评估的农用地极易失真，其依靠样点所估算的地价往往误差较大。此外，由于农用地定级成果与地价样点分布受空间分布影响较大，地价模型适用性较弱。为此，刘跃辰等提出建立灰色模型对其纯收益进行预测，减少因地理自然环境或土地利用方式等因素对其收益的影响，并选取回归模型进行对比研究，凸显了灰色预测模型在农用地基准地价评估过程中的优势。方斌等⑥则在区域间土地价格的相互作用对农用地基准地价影响的基础上，引入修正的引力模型和区域基准地价影响力模型，以河北省栾城县为例，对其农用地基准地价进行了评估，弥补了仅从农村内部评估农用地基准地价造成的弊端。王华等⑦则针对目前基准地价评估过程中主观性较强与精度较低等问

---

① 濮励杰，周峰，彭补拙．县域农场土地价格评估探讨［J］．南京大学学报（自然科学版），2000（3）：293-299.

② 吴群，温修春，唐焱，等．模型法在农用地基准地价评估中的应用——以江苏省泰兴市为例［J］．资源科学，2004（5）：68-73.

③ 秦静，陶渝，朱德举，等．外部性对农用地估价影响研究——以重庆市九龙坡区为例［J］．农机化研究，2006（9）：71-73.

④ 李芹芳，陈晓莹，段刚，等．农用地基准地价测算方法研究［J］．湖北农业科学，2009，48（2）：329-331.

⑤ 刘跃辰，王秋兵，钱凤魁，等．灰色模型与回归模型在农用地基准地价评估中的比较分析［J］．农业工程学报，2010，26（S2）：344-348.

⑥ 方斌，夏显力．区域间相互作用对农用地基准地价影响的初步研究［J］．广东农业科学，2014，41（21）：227-231.

⑦ 王华，罗平，赵志刚，等．基于深度置信网络的农用地基准地价评估模型［J］．农业工程学报，2018，34（21）：263-271.

题，以广东省普宁市为例，提出运用深度置信网络构建农用地基准地价评估模型。

二、集体建设用地基准地价研究进展

（一）国内研究进展

政府政策逐渐放开，集体经营性建设用地入市流转名正言顺，价格作为土地资源配置的核心环节，科学合理的基准地价对于保障集体建设用地有序流转至关重要。中国土地估价师与土地登记代理人协会发〔2020〕16号《关于印发〈农村集体土地价格评估技术指引〉的通知》明确强调，要注意集体建设用地基准地价的内涵设定、资料的调查整理与测算、成果表达方式等方面可能存在的特色性差异，不能完全照搬城镇土地估价规程，那么如何建立科学合理的集体建设用地基准地价评估体系，成为学界所研究的重点。

在研究早期，学者主要集中于集体建设用地基准地价的概念、评估的思路与方法、与其他地价相衔接等理论上的深入。刘泰圻等①认为集体建设用地主要是指农民所有的，并在土地利用相关规划中所确定的建设性土地，而其基准地价则是指在正常市场条件下，适用于流转目的的，于特定基准日，一定使用年期的基于土地质量相近、条件相似的集体建设用地区域性（级别或者区段）平均价格。对集体建设用地基准地价测算技术的要点进行了梳理，包括对技术路线的制定及集体建设用地级别的划分等均进行了细致的剖析。重点强调土地产权的明晰和价格确定，也是进一步推进我国土地制度改革，调控土地市场的有力杠杆。杨杰等②也认为开展集体建设用地基准地价的评估工作是强化集体土地管理，维护土地所有者和使用者合法权益的基础性工作，一方面可以全方位掌握土地质量及利用状况，另一方面则为集体建设用地使用权基准地价标准的制定、集体建设用地使用权的流转与土地征收提供可靠依据。揣小伟等③则认为集体建设用地使用权价格与国有城镇建设用地使用权价格的差异在于权利上的差异，农民集体往往处于弱势一方。目前城镇基准

① 刘泰圻，杨杰，刘俊，等．广东省集体建设用地基准地价测算方法探讨［J］．资源与产业，2008（2）：127-129.

② 杨杰，任绍敏．广东省农村集体建设用地定级与基准地价评估探讨［J］．安徽农业科学，2010，38（17）：9141-9143.

③ 揣小伟，黄贤金，许益林．农村集体建设用地基准地价初步研究——以安徽省良玉村为例［J］．经济地理，2012，32（2）：121-126.

地价的评估有明确的技术规范，但对于集体建设用地基准地价的评估仍处于探索阶段，故而在评估工作中应注重多种方法的综合选取，并结合当地实际情况进行评估。

党的十八届三中全会以来，中央对集体建设用地陆续提出改革措施，力求在城乡融合背景下实现与国有土地“同地同权同价”。学者则更加聚焦于评估方法的选取和基准体系的构建与评估过程中的思考。王令超等①以河南省安阳市为例，综合梳理了集体建设用地基准地价的内涵与价格构成，并在集体建设用地权利与法规等不明确的条件下进行了修正因子体系的构建，提出采用类比修正法进行评估，同时对修正系数进行了验证。杭太元②总结了制定集体建设用地基准地价的基础条件，定义了集体建设用地基准地价的内涵，探索了“定级—估价—修正法”集体建设用地基准地价评估的技术路径，并对集体建设用地基准地价的修正体系和更新机制作了初步探讨。姜全丽③结合地方实际情况合理界定集体建设用地基准地价的本质内涵，分析基准地价评估体系的研究思路，主要对集体建设用地基准地价评估体系进行分析。陈蕾等④以江西省余江县锦江镇为例，在其集体建设用地综合定级的基础上，依据实地调研数据，运用样点地价算数平均法与地价模型分别测算各级别地价，并取二者均值作为锦江镇农村集体经营性商服用地的各级别基准地价。钟骁勇等⑤利用样点法与修正法分别测算各级别地价，取其二者平均值作为义乌市农村集体建设用地各级别基准地价。徐启薇等⑥则基于权能修正的集体建设用地基准地价评估方法思路，通过收益还原法确定了权能修正法修正系数的理论值区间，采用定性与定量分析法确定并建立差异评价指标体系，实证研究浙江省义乌市公布的国有住宅基

---

① 王令超，杨建波，李永明，等. 基于修正法的集体建设用地基准的价评估探讨［J］. 中国农学通报，2013，29（14）：75-80.

② 杭太元. 集体建设用地基准地价评估体系的构建［J］. 产业与科技论坛，2016，15（13）：216-218.

③ 姜全丽. 集体建设用地基准地价评估体系框架构建［J］. 工程建设与设计，2018（16）：248-249.

④ 陈蕾，赵小敏，郭熙，等. 余江县锦江镇农村集体经营性商服用地基准地价评估研究［J］. 江西农业大学学报，2018，40（5）：1102-1109.

⑤ 钟骁勇，郭冬艳. 义乌市集体建设用地基准地价评估研究［J］. 中国国土资源经济，2019，32（12）：58-65.

⑥ 徐启薇，冯友建. 基于权能修正的集体建设用地基准地价评估方法［J］. 现代商业，2019（35）：94-96.

准地价与宅基地基准地价的实际关系。王财春[①]则通过梳理集体建设用地基准地价评估过程中存在的问题，针对集体建设用地管理不到位、集体建设用地利用效率低下、评估技术不成熟等问题进行了分析，并提出可从评级因素选择、参数确定、估价方法选取等方面进行改进。张芬[②]也指出针对目前集体建设用地基准地价评估过程中存在的问题，除在技术方法体系方面改进外，也要加强集体建设用地的管理与利用，提升基层管理部门与技术承担单位的协调性，从而确保项目的顺利完成。

（二）国外研究进展

土地估价存在的意义在于土地资源的市场化交易，英国是现代市场经济的起源，20 世纪初就成立了“地产估价局”，服务各级政府征收不动产税，其土地估价的制度化发展对各国起到了很大的示范作用，英国的土地估价对估价人员专业素质要求较高[③]，主要以过去的经验为依照，结合数学模型进行研究的情况比较少[④⑤]。美国的土地评估机构属于法律支持的自律性组织，估价方法以市场比较法、成本逼近法和收益法为主，辅以地理信息系统保证估价结果的客观性。[⑥] 同时，由于美国土地市场发达，交易案例丰富，在进行市场比较法的时候主要考虑地价影响因素修正，结合多元回归分析建立数学模型进行估价测算。[⑦⑧⑨] 德国十分重视土地价值，地价管理体系相对成熟，主要由政府立法，多方合作完成土地管理工作，德国的房地产估价机构独立于

---

① 王财春．浅谈新形势下农村集体建设用地基准地价评估存在的问题及对策［J］．农村实用技术，2021（12）：24-25.

② 张芬．农村土地市场建设之集体建设用地基准地价分析［J］．农村经济与科技，2021，32（7）：26-27.

③ Schulte K. Royal institution of chartered surveyors（rics）［J］. New Media Age，2000.

④ Lloyd T，Rayner A，Orme C. Present-value models of land prices in England and Wales［J］. European Review of Agricultural Economics，2000，18（2）：141-166.

⑤ Stewart P，Libby L. Determinants of farmland value：the case of Dekalb County，Illinois［J］. Review of Agricultural Economics，1998，20（1）：80-95.

⑥ Dermisi S. A study of U. S. internet real estate office market and a comparison of the internet versus traditional markets in Boston and London［D］. Boston：Harvard University，2007.

⑦ Goodwin B，Mishra A，Ortalo-Magne F. What's wrong with our models of agricultural land values?［J］. American Journal of Agricultural Economics，2003，85（3）：744-752.

⑧ Bento A，Franco S，Kaffine D. Is there a double-dividend from anti-sprawl policies?［J］. Journal of Environmental Economics & Management，2011，61（2）：135-152.

⑨ Kuminoff N，Sokolow A，Sumner D. Farmland Conversion：Perceptions and Realities［J］. University of California Agricultural Issues Center，2001（3）：16.

政府之外，不受相关利益的影响和干扰，评价结果客观性强。① 另外，类似于我国基准地价的做法，德国也由估价委员会定期整理分区域地产交易平均价格，并把这种公开参考价格公布于众。② 日本则早在20世纪70年代就发布实施了《地价公示法》，每年由政府主导进行地价测算，并公示于众，给土地交易一个合理的价格指导。③ 韩国于1989年建立地价公示制度，以颁布《地价公示与土地估价法》为标志，其主要作用是为评估交易价格、担保价格或补偿价格提供参考依据，并作为政府计税和土地交易及地价与土地资产管理的依据。韩国公示地价分为个别公示地价和标准宗地公示地价，个别公示地价是以标准宗地公示地价为基准，对全国232个市、郡、区范围内的2700万宗地进行评估，基本达到"一户一价"。④ 个别公示地价主要应用于征收土地国税、地税及各种负担金等的计算标准。⑤

国外对土地价格的研究从未间断，在大量土地交易案例和价格数据的积累之下，地价评估方法也在不断推陈出新，改进完善。Snyder 等⑥采用特征价格模型对美国明尼苏达州北部林地价格进行测算，验证距离、邻近度等信息对林地价格所产生的影响。但 Philip Kostov⑦ 认为其对空间自相关性有所忽略，容易产生偏差，为了保证估价结果的客观性，他建议采用空间滞后特征价格模型来进行地价评估。Ferguson 等⑧学者在政治经济学研究框架的基础上，利用 PV 模型进行地价评估，探讨地价、租金与监管之间的关系，发现土地价格会随着政府管控力度的上升而下降。Ahmet Tezcan⑨ 通过土耳其安塔利亚的案例研究，提出在 GIS 应用的基础上建立基于多方专家意见的土地质量

① 王荣宇，谭荣．德国土地税收制度及其改革探索的启示：基于土地收益共享的视角［J］．中国土地科学，2015（12）：81-87.

② 梁学庆．土地资源学［M］．北京：科学出版社，2006.

③ 陈立本．集体建设用地定级估价研究［D］．开封：河南大学，2009.

④ Tdd E Clark. Rents and prices of housing across areas of the United States［J］. Regional Science and Urban Economics，1995：25-34.

⑤ 何芳．发展完善中国公示地价体系研究——国外经验借鉴及中国基准地价体系反思［J］．中国土地科学，2009，23（9）：33-34.

⑥ Snyder S A，Kilgore M A，Hudson R，et al. Determinants of forest land prices in Northen Minnesota：a hedonic pricing approach［J］. Forest Science，2007，53（1）：25-36.

⑦ Philip Kostov. A spatial quantile regression hedonic model of agricultural land prices［J］. Spatial Economic Analysis，2009，4（1）：53-72.

⑧ Ferguson S，Furtan H，Carlberg J. The political economy of farmland ownership regulations and land prices［J］. Agricultural Economics，2010，35（1）：59-65.

⑨ Ahmet Tezcan. A multi-criteria model for land valuation in the land consolidation［J］. Land Use Policy，2020，6（95）.

指数框架，形成多准则计量模型，为土地估价提供新的方法技术。Kang 等①采用混合地理加权回归模型对韩国城市发展与农业土地价格之间的关系进行探究，证明了 GWR 模型的评估结果要优于标准空间计量模型（SAR、SEM、SAC）和全球评估模型（OLS）。Hadjimitsis 等②提出一种基于空间（GIS）的线性特征价格评估模型，在塞浦路斯土地整理区的案例研究中进行了测试，结果表明该方法比较精准可靠，同时减少了时间消耗，降低了约 80%的评估成本。

第五节　主要研究内容

本书主要研究内容包括 3 个方面。

一、集体土地定级的理论方法

主要内容包括：①在探讨集体土地质量影响因素的基础上进行定级因素的选择。因素因子的选择要注意因地制宜地结合农村的地域特点，选取对集体土地级别起主导作用、能反映其差异的因素。②在此基础上探讨集体土地均质区域的划分方法。

二、集体土地基准地价评估技术与方法

主要研究内容包括：①集体土地基准地价的内涵界定，并从地价内涵、地价构成、估价方法、估价过程各参数的确定等方面分析集体土地与国有建设用地的差异。②集体土地基准地价评估技术路线。集体土地基准地价评估适宜采用样点地价评估法，具体技术过程包括：在集体土地定级的基础上，收集集体土地出租出售、土地使用权转让、作价入股等资料，通过收益还原法、市场比较法、剩余法和成本逼近法等直接求取集体土地

① Kang D W, Miyoung K, Deokho C, et al. The effects of urban development pressure on agricultural land price: application of a mixed GWR model [J]. Journal of Rural Development/Nongchon - Gyeongje, 2010, 33.

② Hadjimitsis D G, The Mistocleous K, Michaelides S, et al. A GIS-based hedonic price model for agricultural land [J]. Proceedings of SPIE - The International Society for Optical Engineering, 2015, 9535: 95350B-95350B-9.

样点地价。对样点地价进行交易情况、使用年期、交易时间、容积率等的修正后，经过总体统一性检验和均值方差检验剔除异常样本，确定经过检验合格的有效样点地价。最后利用样点地价，测算出级别基准地价。③样点地价评估方法。结合法律、法规对于集体土地的规定以及区位条件、权属性质等方面的特性，分析收益还原法、市场比较法、剩余法和成本逼近法等在集体土地评估的适用性和注意事项，并重点探讨主要估价参数的选择。④集体土地基准地价模型分析。考虑不同集体土地类型，主要探讨两种情况：一是在样点充足的级别区域，可以采用样点地价均值法测算级别基准地价，通过土地面积加权的方法求样点均值，测算出各级土地的平均地价；二是在部分样点不足或没有样点的级别区域，可以通过部分已知级别的地价及其土地作用分值之间的关系建立地价与分值间的数学模型，结合国外学者对地价模型方法研究的经验，建立定级分值和地价的数量关系模型，然后以样点地价面积加权的方式求出级别平均地价作为级别基准地价。

三、河南省长垣市集体土地定级与评估实例研究

本书选择河南省长垣市进行集体土地定级评估的实例研究，为其他县市集体土地定级评估工作的开展提供了重要的经验范本。主要工作内容包括：首先，对行政辖区范围内集体土地进行级别划分并编写有关成果表格，量算各级别土地面积；其次，在级别划分的基础上，测算各用地类型的基准地价，编制宗地地价修正系数表及相应说明表；最后，总结出一套适合不同自然与经济长期发展的基准地价体系。

第六节　技术路线

按照总体把握和重点突破的思路开展相关研究，技术路线具体见图 1-1。

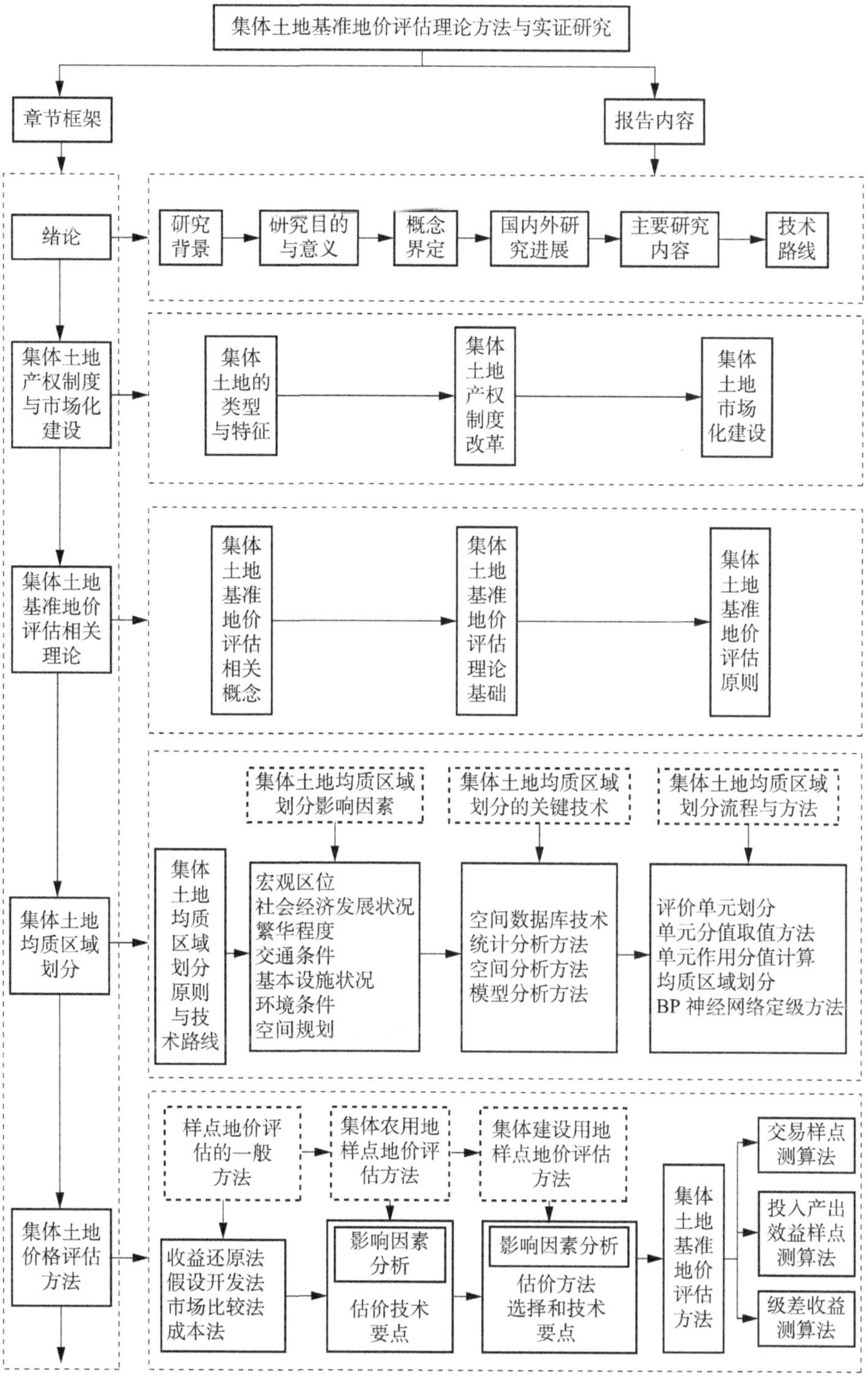
集体土地基准地价评估理论方法与实证研究
章节框架
报告内容
绪论
研究背景
研究目的与意义
概念界定
国内外研究进展
主要研究内容
技术路线
集体土地产权制度与市场化建设
集体土地的类型与特征
集体土地产权制度改革
集体土地市场化建设
集体土地基准地价评估相关理论
集体土地基准地价评估相关概念
集体土地基准地价评估理论基础
集体土地基准地价评估原则
集体土地均质区域划分
集体土地均质区域划分原则与技术路线
集体土地均质区域划分影响因素
集体土地均质区域划分的关键技术
集体土地均质区域划分流程与方法
宏观区位
社会经济发展状况
繁华程度
交通条件
基本设施状况
环境条件
空间规划
空间数据库技术
统计分析方法
空间分析方法
模型分析方法
评价单元划分
单元分值取值方法
单元作用分值计算
均质区域划分
BP 神经网络定级方法
集体土地价格评估方法
样点地价评估的一般方法
集体农用地样点地价评估方法
集体建设用地样点地价评估方法
收益还原法
假设开发法
市场比较法
成本法
影响因素分析
估价技术要点
影响因素分析
估价方法选择和技术要点
集体土地基准地价评估方法
交易样点测算法
投入产出效益样点测算法
级差收益测算法

图 1-1 研究的技术路线

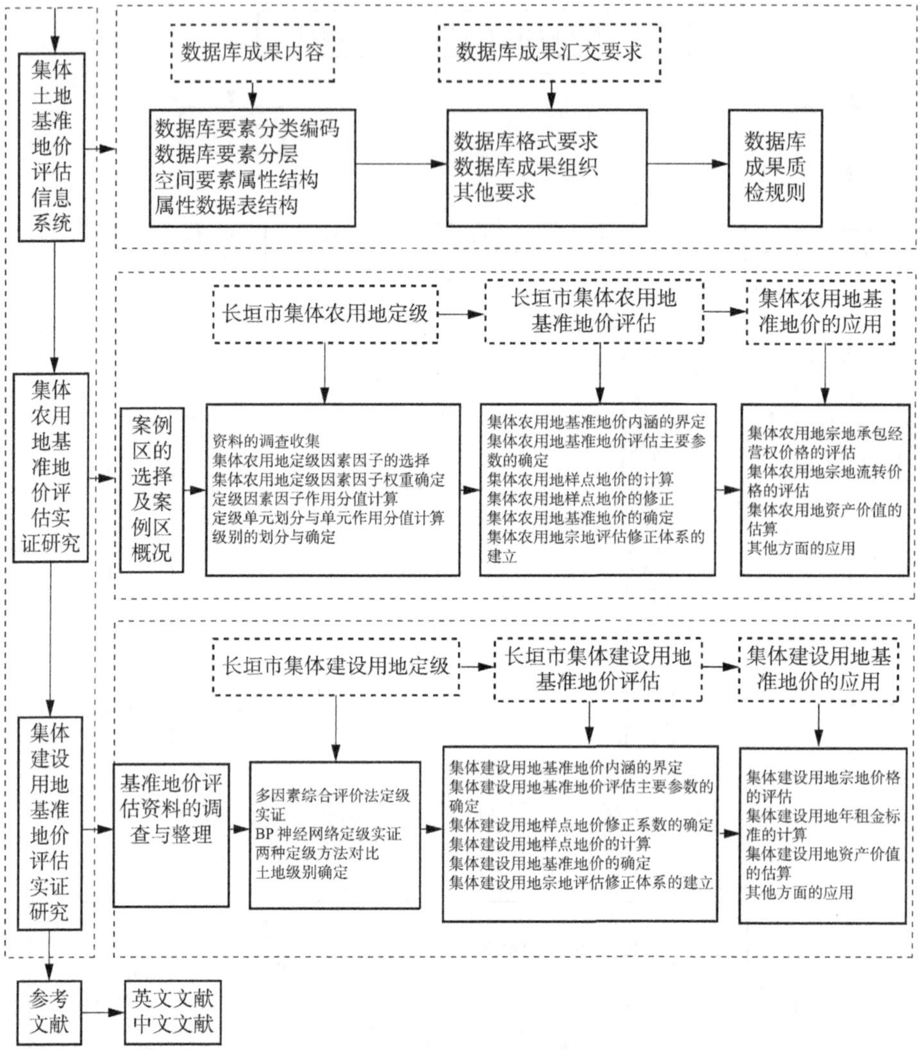

图 1-1　研究的技术路线（续）

第二章

集体土地产权制度与市场化建设

第一节　集体土地的类型与特征

一、集体土地的类型

从概念可知集体土地可分为集体农用地和集体建设用地。按不同用途，集体农用地又可细分为耕地、园地、林地、牧草地等，集体建设用地主要包括乡（镇）村公益事业用地和公共设施用地，以及农村居民住宅用地。集体土地产权制度自新中国成立以来演变至今，权属分配如下：集体农用地和集体建设用地所有权归集体所有，该村集体农民享有使用权，使用期限无明确规定。集体土地分类见表 2-1。

表 2-1　集体土地分类

分类	用途		产权所有形式		
			所有权	承包权	经营权（使用权）
集体土地	集体农用地	耕地	村集体	该村集体成员	承包人、其他组织或他人
		园地	村集体	该村集体成员	承包人、其他组织或他人
		林地	村集体	该村集体成员	承包人、其他组织或他人
		牧草地	村集体	该村集体成员	承包人、其他组织或他人
	集体建设用地	宅基地	村集体	使用权	
		公共设施用地	村集体	使用权	
		经营性用地	村集体	使用权	

二、集体土地的特征

从集体土地所有权和集体土地使用权方面探析集体土地的特征。

（一）集体土地所有权特征

1. 土地所有权的特殊性

这种特殊性来自其自身标的即土地本身的特殊性。首先，土地作为一种自然资源，是人类最基本、最重要的生存条件之一，具有不可移动性、耐久性、有限性和不可替代性。因此，合理利用和保护土地资源是任何国家都必须坚持的一项基本原则。其次，土地作为一种最基本的生产资料，具有稀缺性，它的归属和利用对于一国经济制度、政治制度的确立和运行具有重要意义。因此，科学地界定和调整土地所有权关系是国家稳定和发展的必然要求。土地资源的特殊性和稀缺性致使我国在过去甚至到未来都存在着严重的土地危机，这种土地危机、矛盾和冲突又常常导致社会动乱乃至政权更迭，使人与土地间的社会关系更具有敏感性，如果缺乏一套公平的确定土地归属和合理利用土地的法律制度和调控机制，土地危机问题就不可能从根本上得到解决。

土地所有权是一种完全的权利，土地所有人对其所有的土地不仅有占有、使用、收益的权利，而且还有最终处分的权利，它是一种最全面、最充分的物权。土地所有权具有垄断性，这是土地所有权区别于其他任何财产权的最显著的特征。土地所有权的垄断性产生于土地的稀缺性和不可再生性。一旦某些人拥有了一定数量土地上的所有权，这些土地的所有权就具有了垄断性。土地所有者也正是凭借着这种垄断性而获取地租的。

除了上述的特殊性之外，土地所有权在其行使的过程之中还表现出了一些与其他的财产所有权不同的特征：土地所有权是物权。即土地所有人不需要他人的积极行为，只要他人不加干涉，土地所有人自己便能实现其土地所有权。当然，土地所有权作为物权也并不是完全没有限制的，完全没有限制的土地所有权在任何社会都是不存在的。与一般财产权不同的是，土地所有权制度直接构成社会制度的一个重要组成部分。在我国，一般的财产所有权以《民法》为直接的法律渊源，以《宪法》中的公民财产权条款为间接的法律渊源。如《宪法》第十三条规定："国家保护公民合法的收入、储蓄、房屋和其他合法财产的所有权"，"国家依照法律规定保护公民的私有财产权和继承权”。土地所有权不仅以《民法典》为直接的法律渊源，而且可以说，我国的土地所有制度不仅以保护民事主体的合法利益为目的，而且是以维护符合社会利益的土地归属秩序、利用秩序和流转秩序为直接目的明确的《宪法》基础。

2. 集体土地所有权主客体的法定性

依据《宪法》和有关法律的规定，土地只能为国家和集体所有。《宪法》中有关土地的条款为直接的法律渊源。《宪法》第十条第1款规定“城市的土地属于国家所有”，第2款规定“农村和城市郊区的土地，除由法律规定属于国家所有的以外，属于集体所有；宅基地和自留地、自留山，也属于集体所有”。国家和集体以外的民事主体不能成为土地所有人。《民法典》第二百六十条规定了集体土地所有权，“集体所有的不动产和动产包括：法律规定属于集体所有的土地和森林、山岭、草原、荒地、滩涂；集体所有的建筑物、生产设施、农田水利设施”。农民集体土地所有权的主体是农村集体经济组织。根据生产发展的需要，农村集体经济组织的形式与规模多种多样。在实践中，《民法典》第二百六十一条和《农业法》第三条规定了“农民集体所有的不动产和动产，属于本集体成员集体所有”。在存在集体经济组织的情况下，以该组织作为农民集体土地所有权的主体；在不存在集体经济组织的情况下，以村民委员会或村民小组作为集体土地所有权的主体。集体土地所有权属具有稳定性，由于主体的特定性和交易的限制性，我国的土地所有权处于高度稳定的状态；除国家为了公共利益的需要对集体所有土地进行征用以外，土地所有权的归属状态不能改变。集体土地所有权权能具有可分离性，在土地所有权高度稳定的情况之下，为了实现土地资源的有效利用，法律需要将土地所有权权能的土地使用权从土地所有权中分离出来，使之成为一种相对独立的物权形态并且能够进行交易。农民集体所有客体范围为：农村和城市郊区的土地中法律确定为农民集体所有的土地、宅基地和自留地、自留山；法律规定为农民集体所有的耕地、林地、山岭、草原、荒地、滩涂以及其他土地。集体土地所有权客体具有不可移动性，土地作为不动产具有不可移动性，对其设定权利或转移产权时，必须履行法定手续，如登记、转移实据、取得证明等。

3. 集体土地所有权的不完全性

集体土地所有权的不完全性是指集体土地所有权所具有的权能并不完全，

农村集体可以依法占有、使用、收益，但不能完全处分，且土地所有权不能以任何形式交易。土地所有权的买卖、赠与、互易和以土地所有权作为投资都是非法的，在民法上应视为无效。在使用权能方面，集体所有的土地只能用于农业生产或农民宅基地、乡（镇）企事业用地等与集体密切相关的建设。依照《城市房地产管理法》第八条，城市规划区内集体所有的土地，经依法征用转为国有土地后，该国有土地的使用权才能有偿出让。农民集体所有的耕地，如果使用于建筑房屋，需要经过县级以上人民政府批准。新的《土地管理法》正是以耕地保护等为目的强化了集体土地所有权的不完全性。收益权能方面的不完全性是使用权能方面不完全性的表现。在处分权能方面，集体对其所有的土地不得买卖、抵押或以其他形式非法转让。对于违反法律规定，在耕地上挖土、挖沙、采石、采矿等，致使耕地丧失耕种条件，或者因开发土地造成土地沙化、盐渍化、水土流失的，除责令其限期治理，还可对其处以罚款。土地的法律处分本来属于土地所有权的一项权能，而集体土地所有权的处分权能由于受征用制度、农用地转用制度和土地用途管制的限制，集体对土地事实上的处分权也是受到限制的，呈现不完全性。

4. 集体土地所有权的相对性

与国有土地所有权相比，集体土地所有权的相对性是指集体土地所有权在法律上只受到相对的保护。依照《宪法》第十二条，“社会主义的公共财产神圣不可侵犯，国家保护社会主义的公共财产，禁止任何组织或者个人用任何手段侵占或者破坏国家的和集体的财产”。集体所有的土地属于“社会主义的公共财产”，因此我国法律给予保护。但是，由于国有土地所有权推定制度的存在，显示了国有土地所有权的绝对性与集体土地所有权的相对性之间的区别，国家所有权需要绝对的保护。只要不能证明为集体所有的土地，即为国家所有。

5. 权能可分离性缺失

集体土地所有权的权能可分离性是指集体土地所有权的权能可与集体土地所有权相分离而形成一项独立的民事权利。与国家土地所有权的这一特征一样，可分离性是所有权特性的表现，而不是土地“集体所有”的表现。集体土地所有权权能的分离是随着包产到户的发生而产生的，权能分离的一种表现形式是农村土地承包经营权作为一项独立的民事权利已经为法律所承认，另一种表现形式就是形成了宅基地使用权。宅基地使用权虽然不像农村土地承包经营权那样已经为法律所明确承认，却也受到法律的保护。

与国家土地所有权权能可分离性一样，集体土地所有权的权能可分离性反映了这样一种现实，即当土地所有人与实际利用人不一致时，双方的利益都需要保护，以维护一种正常的秩序。集体土地使用人与所有者不一致，20世纪80年代初开始在农村推行的家庭联产承包责任制，实现了农村集体土地所有权与使用权的分离，释放了农村剩余劳动力，一部分剩余劳动力进入乡镇企业，使人口在集体所有制企业内部循环。到20世纪90年代后期，因产权不明晰、经营失利，绝大多数集体所有制乡镇企业改制为私营、股份制甚至“三资”企业，使非集体所有企业使用集体所有的土地，土地所有人与实际利用人不一致。与此同时，一大批农村剩余劳动力进城打工，城郊农民利用集体所有土地自行建造了大批廉租房、廉价房和工厂、商店，使务工人员使用城郊所有者的土地，以解决进城务工的农村剩余劳动力的居住和就业问题。实际上，一旦土地所有权人和使用权人不一致，使用权人的权利是很难得到法律的保护的。

6. 移转中的单向流出性

集体土地所有权移转中的单向流出性是指在土地所有权转移的过程中，只可能是集体所有的土地转归国家所有，不可能是国家所有的土地转归集体所有，集体土地所有权的客体只减不增。这一特征与国有土地所有权移转中的单向流入性相反。

由于我国法律禁止土地所有权的买卖、赠与、互易和投资，因而发生集体土地所有权之间的移转的可能性几乎没有。虽然集体土地所有权与国家土地所有权之间的移转存在征收、准征收及兼并等形式，但是土地所有权只可能由集体流出并流入国家。因而，集体土地所有权的移转只可能是一种单向移转。这种单向移转的后果必然是国有土地所有权客体的范围不断扩大，集体土地所有权客体的范围不断缩小。

（二）集体土地使用权特征

农村集体土地使用权是指农村集体土地的使用人依法利用土地并取得收益的权利。农村集体土地使用权可分为农用土地使用权、宅基地使用权和建设用地使用权。农用土地使用权是指农村集体经济组织的成员或者除农村集体经济组织以外的单位和个人从事种植业、林业、畜牧业、渔业生产的土地使用权。宅基地使用权是指农村村民住宅用地的使用权。建设用地使用权是指农村集体经济组织兴办乡（镇）企业和乡（镇）村公共设施、公益事业建设用地的使用权。按照《土地管理法》的规定，农用地使用权通过发包方与承包方订立承包合同取得。宅基地使用权和建设用地使用权通过土地使用者申请，县级以上人民政府依法批准取得。

1. 农村集体土地使用权设立的有限性

一块土地上的权利可以有多种。但这多种权利并不是土地自身带来的，而是由随着社会经济的发展人们发生在土地上的复杂关系决定的，并通过法律作出明确规定。土地权利体系设置在土地制度的构建中占有极其重要的地位。随着社会经济的发展，人们在土地上发生的关系越来越复杂，这种关系必须借助于规定和创设各种各样的权利来规范和理顺，需要国家站在全社会的角度对土地权利体系进行设计，对土地权利的种类和内容作出安排和规定，从而满足社会经济发展的需要。不同的国家和地区，其土地权利体系的设置往往是不同的。同一国家和地区，在不同的社会制度下，或在不同的社会经济发展阶段，其土地权利体系的设置也往往不同。

集体土地所有权人不能在集体土地上自主设立建设用地使用权，1998 年修订的《土地管理法》第六十三条从两个方面作出规定：一是“农民集体所有的土地的使用权不得出让、转让或者出租用于非农业建设”，从而取消了集体土地所有权人在自己的土地上设置建设用地使用权的权利。受《土地管理法》制约，《物权法》第一百三十五条也规定，只有在国有土地上才可以设立建设用地使用权。二是利用国家规划权的行使限制集体土地设立建设用地使用权（《土地管理法》第六十三条规定“土地利用总体规划、城乡规划确定为工业、商业等经营性用途，并经依法登记的集体经营性建设用地，土地所有权人可以通过出让、出租等方式交由单位或者个人使用”），这就把集体建设用地入市门槛提得很高，严格限定了集体建设用地入市的范围，实质是通过规划这一国家行政手段限制土地使用权人行使土地的权利。[①]

集体土地不能设立建设用地使用权，严重地阻碍了城乡建设用地的平等使用和顺畅流转，使集体土地不能参与国家工业化、城市化建设，不能分享工业化、城市化利益，严重损害了农民利益。2014 年年底，中共中央办公厅、国务院办公厅印发《关于农村土地征收、集体经营性建设用地入市、宅基地制度改革试点工作的意见》，部署集体经营性建设用地入市改革，要求健全同

① 胡亦琴．农村土地市场化进程中的政府规制研究［M］．北京：经济管理出版社，2009：197-104.

权同价、流转顺畅、收益共享的农村集体经营性建设用地入市制度。随后，全国人民代表大会常务委员会授权国务院在33个试点县市开展集体经营性建设用地入市试点。

作为对改革试点成熟经验的提炼总结，2019年8月26日全国人民代表大会常务委员会第十二次会议修改通过了《土地管理法》，新《土地管理法》对这一制度安排作了重大改进。新《土地管理法》第六十三条规定："土地利用总体规划、城乡规划确定为工业、商业等经营性用途，并经依法登记的集体经营性建设用地，土地所有权人可以通过出让、出租等方式交由单位或者个人使用，并应当签订书面合同，载明土地界址、面积、动工期限、使用期限、土地用途、规划条件和双方其他权利义务。"经依法登记的集体经营性建设用地，土地所有权人在经本集体经济组织成员的村民会议三分之二以上成员或者三分之二以上村民代表的同意后，可以通过出让、出租等方式交由单位和个人使用。这里明确规定了集体建设用地流转的前提条件是依法登记，规划为工业、商业等经营性用途，同时还要经过集体经济组织成员的村民会议三分之二以上成员或者三分之二以上村民代表的同意。新《土地管理法》第六十三条第4款规定："集体经营性建设用地的出租，集体建设用地使用权的出让及其最高年限、转让、互换、出资、赠与、抵押等，参照同类用途的国有建设用地执行。"可见，新《土地管理法》在对农村集体土地使用权的设定上，依然保持"有条件地使用"这一基本规定。①

对农用地转为建设用地的情形，更是设定严格的监管条件。如新《土地管理法》第四十四条规定："建设占用土地，涉及农用地转为建设用地的，应当办理农用地转用审批手续。""永久基本农田转为建设用地的，由国务院批准。""在土地利用总体规划确定的城市和村庄、集镇建设用地规模范围内，为实施该规划而将永久基本农田以外的农用地转为建设用地的，按土地利用年度计划分批次按照国务院规定由原批准土地利用总体规划的机关或者其授权的机关批准。在已批准的农用地转用范围内，具体建设项目用地可以由市、县人民政府批准。"这里新《土地管理法》下放了农用地转用审批权限，避免了中央一级审批范围较大、部分用地的审批周期过长的问题。但仍然强化永久基本农田的保护，规定"在土地利用总体规划确定的城市和村庄、集镇建

---

① 宋志红．集体建设用地使用权设立的难点问题探讨 兼析《民法典》和《土地管理法》有关规则的理解与适用［J］．中外法学，2020（4）：1-21.

设用地规模范围外，将永久基本农田以外的农用地转为建设用地的，由国务院或者国务院授权的省、自治区、直辖市人民政府批准”。体现了国家简政放权、放管结合、优化服务的重要改革举措。2020 年中央一号文件《中共中央、国务院关于抓好“三农”领域重点工作确保如期实现全面小康的意见》中规定，农村集体建设用地可以通过入股、租用等方式直接用于发展乡村产业。

2. 集体土地使用权的可流转性

集体土地使用权的可流转性主要包括集体土地使用权转让和出租，是指农村集体土地使用权人将有偿取得的集体土地使用权提供给使用人或承租人使用的行为。为此，集体土地使用权转让和出租应具有以下特征。

集体土地使用权流转的主体。集体土地使用权的转让和出租人是集体土地使用权人。集体土地使用权依法从集体土地所有权中分离出来成为一项独立的财产权利。土地使用权人凭借享有的土地使用权依法享有对土地的占有、使用、收益和处分的权利。为此，可依法将部分土地的占有、使用和收益权转移给土地使用人以实现对土地依法经营并获取一定的经济效益。

集体土地使用权流转的客体。集体土地使用权转让和出租的客体是集体土地使用权。根据有关法律规定和国有土地使用权有偿出让理论，结合农村集体土地使用权转让和出租的具体实践，可转让和出租的集体土地使用权应是具有独立财产意义上的土地使用权，即有偿取得的土地使用权。因此，集体土地使用权转让和出租的类型主要有承包取得的土地使用权、出让取得的土地使用权、其他依法有偿取得的土地使用权。排除了自留地、自留山以及口粮地土地使用权的转让和出租。

集体土地使用权流转的形式。集体土地使用权转让和出租是对土地的租赁和经营，集体土地使用权租赁以取得租金为标志，是以土地产权的有偿让渡为特征的经济活动。这种经济活动包括两个层次：一是土地使用者通过转让和出租土地使用权而取得地租，即取得经济收益；二是土地使用者通过租赁土地使用权，将土地作为生产要素或生产对象直接进行开发，形成土地的租赁经营。租约期间，经营者通过对地租的占有实现土地价值；租约期满后，土地重新归到使用权人手中，增值的土地成为使用权人的财产，为新的一轮土地增值打下基础。这就是土地租赁经营的实质意义。

第二节　集体土地产权制度改革

合理的土地产权安排是优化土地资源配置、公平分配土地收益的制度保障。2016 年 11 月，《中共中央国务院关于完善产权保护制度依法保护产权的意见》指出“产权制度是社会主义市场经济的基石，保护产权是坚持社会主义基本经济制度的必然要求”，要完善产权保护制度，依法保护产权。“不断深化农村集体产权制度改革，探索农村集体所有制有效实现形式，盘活农村集体资产，构建集体经济治理体系，形成既体现集体优越性又调动个人积极性的农村集体经济运行新机制”，是完善农村基本经营制度和现代农业的经营体系，激活农村各类要素的潜力，增强集体经济发展活力和新动能，引领农民逐步实现共同富裕的有力保障。因此，完善土地产权保护制度，依法保护土地产权，对于快速推进中国农村农业现代化具有重要的意义。在《中共中央国务院关于完善产权保护制度依法保护产权的意见》中，国家基于顶层设计的视角，要求全面加强农村集体资产管理，完善农村集体产权确权和保护制度。明确集体资产所有权，把农村集体资产的所有权确权到不同层级的农村集体经济组织成员集体，并依法由农村集体经济组织代表集体行使所有权。规范农村产权流转交易，因地制宜，落实承包地、宅基地、集体经营性建设用地的用益物权，赋予农民更多财产权利，增加农民财产收益。2017 年党的十九大报告，2018 年的中央经济工作会议、中央农村工作会议、中央一号文件均提出，要进一步深化农村集体产权改革，完善承包地三权分置制度。产权制度是自然资源尤其是土地资源管理的核心制度，健全和完善自然资源产权制度，既是加强生态文明建设的根本任务，也是实行有偿使用制度、发挥市场配置资源的核心命题。2020 年 1 月 1 日，新《土地管理法》正式实施，2020 年 3 月，国务院发布了授权和委托用地审批权的决定，2020 年 4 月、5 月，中共中央、国务院又先后出台《关于构建更加完善的要素市场化配置体制机制的意见》和《关于新时代加快完善社会主义市场经济体制的意见》，均把土地要素市场化配置放在显著位置，释放出新时代深化土地要素市场化配置改革的强烈信号。① 但在实践当中，面对农村自然资源资产确权、集体资产核资仍存在许多亟待解决的重大理论和关键技术问题，尤其是面对资源性资

① 黄奇帆．解析土地要素市场化配置改革［J］．新金融评论，2020，2（44）：14-32.

产，如何突破现有所有权、财产权理论的桎梏，科学评估土地资源资产价值和价格，是土地资源市场化进程中亟须解决的科学问题，而集体土地基准地价评估可为农村集体资产核资提供理论和技术支撑。

一、土地产权和土地产权制度

产权是一个社会所强制实施的选择一种经济品的使用权利。就是说，产权是附着在或内含于一种资产或物品实体中的一组权利。土地产权是指有关土地财产的一切权利的总和。土地产权包括一系列各具特色的权利，它们可以分散拥有，当聚合在一起时代表一组“权利束”，包括土地所有权及与其相联系的相对独立的各种权利，如土地所有权、土地使用权、土地租赁权、土地抵押权、土地继承权、地役权等。

土地产权制度即社会对土地资源内含的种种权利的设置以及关于这些权利的分配、收益和转让的规则。① 即附着在土地资源上的一切权利，实质上是基于土地的人与人之间的关系。这种人与人之间的土地关系囊括了一切经济主体对土地的关系，以及由于经济主体对土地的关系而引起的不同经济主体之间的所有经济关系的总称。土地产权制度的内容主要包括土地权能制度和土地收益制度，前者主要是指经济主体对土地采取某种行为的权利的制度，后者主要是指经济主体行使他的这种权利所能得到的某种收益的制度。土地产权制度也可以理解为关于土地产权的合约或合同或经济关系，它还可以包括很多次一级制度和再次级制度，其内容结构的丰富程度取决于土地经济领域专业化与分工的发展水平以及市场交易范围和发达程度。土地产权制度内容还可以从产权制度的产生、设置、权利分配、权力结构等方面考察。

二、集体土地产权制度的产生与演变

新中国成立以来我国农村土地制度发展的历史表明，集体土地所有权是在农民私人土地所有权的基础上形成的。它是在新中国成立后农民通过土地改革逐步取得私人土地所有权的基础上，经过合作化、人民公社运动发展而

---

① 胡士俊. “三权分置”：农村土地产权制度变迁诱致性与强制性分析［J］. 农业经济，2018（8）：83-85.

来，最后被宪法所确认的。[①]

我国的农民集体土地所有权作为一种独立的民事权利，在法律上与国家土地所有权处于平等的地位。它是指农村集体经济组织依法对其所有的土地享有占有、使用、收益和处分的权利，并排除他人非法干涉的权利。

（一）农村土地农民所有、农民经营的产权制度

1949 年 9 月 29 日通过的《共同纲领》明确指出，为解放农村生产力，快速恢复遭受重创的国民经济，必须有步骤地将封建半封建的土地所有制变为农民所有制，国家在农村陆续开展土地改革运动，分田到户，把土地分给农民，实现耕者有其田，由此开始了我国对农村土地产权制度改革的探索。1949 年以前，我国土地制度基本是实行封建地主阶级所有制，土地高度集中在为数不多的地主和富农手中，而广大的农户却只占有少数的土地。当时的农村，地主和富农仅占人口数量的 10%左右，却拥有 70%~80%的土地。

1949 年中华人民共和国成立，提出了建立农民土地所有制的农村土地产权制度。1950 年颁布《中华人民共和国土地改革法》和《城市郊区土地改革条例》，到 1952 年、1953 年全国（除台湾、西藏、新疆等少数地区）土地改革基本完成，这项土地改革使 3 亿多名无地或少地的农民（占农业人口的 60%~70%）无偿获得了 7 亿多亩土地和大量耕畜、农具、房屋，免除了每年交纳大约 700 亿斤粮食的地租负担，[②③] 使广大农民取得了完整的土地所有权。

（二）农村土地农民所有、集体经营的土地产权制度

1954 年开始了全国性的互助合作社运动，引导农民走合作化道路，从初级社到高级社，各地农业合作化运动陆续展开，先是农民自愿组织互助组、本质上的劳动协作关系，并没有改变原有的土地私人所有权和家庭经营形式。1956 年在中国共产党的领导下，农民开始创办初级农业合作社，即农民以土地入股，集体耕种，是收益分红的合伙、联合经营关系，但土地所有权仍然属于原所有人（合作社此时还不是土地所有权的主体）。从初

---

① 冀县卿，钱忠好．中国农地产权制度改革 40 年——变迁分析及其启示［J］．农业技术经济，2019（1）：17-24.

② 中央档案馆编．中共中央文件选集（第 2 册）［M］．北京：中共中央党校出版社，1992.

③ 李江涛，熊柴，蔡继明．开启城乡土地产权同权化和资源配置市场化改革新里程［J］．管理世界，2020（6）：93-105.

级农业合作社到高级农业合作社，农民是以自愿为原则成立农业生产互助组，互助组实行集体经营。这种模式，没有改变农民对土地享有所有权。在互助组之后，又开始成立初级农业生产合作社，农民将其所有的土地进行入股，由集体享有使用权，但土地依然归农民所有。这是一种土地由农民所有、集体经营的模式。

（三）农村土地集体所有、集体经营的土地产权制度

1958年，伴随着人民公社化运动的开展，我国进入人民公社化时期，农民将其土地所有权无偿转让给高级合作社，合作社享有土地所有权，并实行统一经营。土地所有权由高级合作社时期土地属于劳动群众集体所有，调整为土地由公社、生产大队、生产队集体所有，形成了“三级所有，队为基础”，实现了土地等生产资料的公社所有制。在人民公社化初期，曾出现过“一平二调”（一平：平均主义的供给制、食堂制，二调：对生产队的劳力、财物无偿调拨）的“共产风”，即打破集体组织之间的所有权界限，在全社乃至全县范围内任意调用土地等生产资料，土地产权制度在保持集体所有、集体经营的基础上，对土地所有权的主体进行了进一步调整。1962年，中央八届十中全会通过了《人民公社六十条》，规定生产队所有的土地，一律不得出租和买卖，至此，土地产权制度逐步由土地农民所有、集体经营过渡到土地集体所有、集体经营。《人民公社六十条》使“三级所有，队为基础”的土地权属关系确定下来。

（四）农村土地集体所有、家庭联产承包经营的土地产权制度

1978年改革开放，计划经济时期土地政策安排的“效率缺失”和社会转型的契机，使土地制度萌发了新的产权安排、资源配置方式和土地利用方式。为了进一步调动农民积极性，解放农村生产力，将土地的所有权与承包经营权相分离，实行二权分置，确立了土地由集体所有，实行家庭联产承包责任制的土地产权制度。这一制度的确立是农业生产关系的一次大变革，在所有权与经营权分离的基础上实行了双层经营体制，既保持了土地的公有性质，又赋予了农民经营自主权，推动农村土地产权制度进一步发展。1979年以后的农村经济体制改革，给我国农村的土地所有权制度带来了重大变化。首先，在绝大多数地区，废除了过去“政社合一”的人民公社体制，代之以单纯政权组织的乡（镇）和单纯社区自治组织的村（村以下分村民小组）。其次，由原来的集体所有、集体共同使用的体制转变为集体所有、农户承包经营的

体制。实行土地承包经营制后的土地所有权没有改变，但土地使用权移转到了农民手中，过去的集体经营变成了农户私人经营。这一变化导致在广大农村地区原有集体经济组织的解体，由“政社合一”变成了单纯的行政单位——乡、村和村民小组。农户替代生产队成为农业生产和收入分配的基本单位，农民获得了剩余索取权。

20 世纪 70 年代末以来，中国政府在农村推行家庭经营制度，有效地解决了农业生产经营的激励和约束，通过推行农村土地承包经营制，使集体土地使用权逐渐与所有权发生了分离，形成了一种相对稳定的财产权，这一个重要的制度性变革，极大地调动起农民生产经营的积极性，农业生产效率稳步提升。1986 年颁布的《民法通则》明确承认了土地承包经营权的法律地位，土地承包经营制保证土地分配中的公平，但普遍存在农户土地经营规模偏小、土地划分细碎等缺陷，[①] 土地的细碎化经营不利于先进农业生产技术的采用，不利于农业机械效率的发挥，而且导致超量使用化肥和农药，对土壤及生态环境产生负面影响。同时，在承包期限方面，尽管中央一再强调要延长土地承包期限，但实践中土地承包关系调整也时有发生，土地承包关系调整不利于农民形成稳定的农业生产经营预期、不利于调动农民土地投资的积极性。因此，进入 21 世纪以来，中央和政府持续推进农地产权制度改革，在不断明晰农地产权的同时使农民获得越来越充分的土地权利。通过不断延长土地承包期、限制土地行政性调整、强化农民土地自主经营权、明确农地承包经营权的物权属性、加强土地承包合同管理、注重土地产权的确权与保护等[②]系列措施，保障农民权利的较大化实现。

总体来看，这一时期的中国农村土地产权制度，对促进国家经济发展作出了重要贡献，突出表现在：①鼓励土地开发利用。通过改变城乡土地产权关系，提高农地和城市土地利用效率，增加农地产出，加快城市建设。②开发土地资本价值。注重土地的经济属性，通过市场化改革，建立土地市场，开发土地的经济价值。③保证足量的土地供给。国家主导农地转用，降低土地供给的交易成本，保证经济建设的土地供给。

（五）转型期到新时代农村集体产权制度的变革

社会转型，从传统社会进入现代社会，不仅建立了市场经济体制，更带

---

① 张鸣鸣．新型农业经营体系和农业现代化［J］．中国农村经济，2013（12）：84-88.

② 黄季焜，冀县卿．农地使用权确权与农户对农地的长期投资［J］．管理世界，2012（9）：76-81，99，187-188.

来了新的社会形态或诉求。经济社会发展和现代社会诉求提出了新的要求：走可持续发展的道路，构建公平、正义的社会。面对这些诉求，土地制度和土地政策的目的也发生转变：①由“鼓励土地开发利用”转向“严格控制建设用地”；②由“重视开发土地资本价值”转向“重视严格耕地保护”；③由“保证足量的土地供给”转向“转变土地利用方式”；④实现均衡的利益格局。

这些新的诉求对转型初期的土地政策提出了新的挑战，因为转型初期的土地政策虽然释放了土地促进经济发展的功能，并对社会转型产生积极作用，但是衍生出诸多的矛盾和冲突，表现为形成了扩张型的经济增长方式，及耕地减少、粮食安全问题突出、农民利益受损、城乡发展差距加大、贫富分化严重等社会问题，土地投入的组织结构随着发展的深入面临着土地资源禀赋和利益分配的压力，这些问题与现代社会发展的要求相冲突，土地政策土地制度面临新的困境和挑战，亟待变革。所以，中共中央强化农村集体土地管理制度，要求各级政府要从宏观上调控土地供给，提升土地资源配置的合理性，严格约束地方政府行为。加快推进与农地产权制度相关的法制建设进程，将农民土地权利法制化，在农村集体土地产权方面，把农民承包权从债权明确为物权，延长承包期，稳定土地承包关系，规范土地承包经营权流转，农村集体土地制度向着法制化、稳定化、长期化的方向发展。保障农民集体土地产权的完备、明晰、排他性成为时代化要求。同时，实施最严格的耕地保护政策，提高土地配置市场化程度也势在必行。

伴随着我国工业化、信息化、城镇化和农业现代化进程日益加快，农村劳动力大量转移，2013 年城镇化率达到 53.73%，比上年提高 1.16 个百分点，这意味着有约 1500 万农村人口市民化，人口的城乡流动，必然引起相关资源的流动。为优化土地资源配置和提高劳动生产率，保障粮食安全和主要农产品供给，促进农业技术推广应用和农业增效、农民增收，更好地适应我国农村千差万别的实际情况，2014 年 11 月，中共中央办公厅、国务院办公厅在《关于引导农村土地经营权有序流转发展农业适度规模经营的意见》（以下简称《意见》）中提出，要加快构建以农户家庭经营为基础、合作与联合为纽带、社会化服务为支撑的立体式复合型现代农业经营体系。这种复合型现代农业经营体系必须以先进的生产技术和农业适度经营规模为基础，加强农业的国际市场竞争力，变农业比较优势为竞争优势，以实现农业农村社会、经济、生态环境的可持续发展。[①]《意见》中首次提出农村土地承包经营权的所有权、承包权、经营权三权分置[②]，要求“建立健全承包合同取得权利、登记记载权利、证书证明权利的土地承包经营权登记制度；用5年左右的时间基本完成土地承包经营权确权登记颁证工作；鼓励承包农户依法采取转包、出租、互换、转让及入股等方式流转承包地，引导农户长期流转承包土地并促进其就业转移”。对农户承包土地实行集体所有权、农户承包权、土地经营权的“三权分置”，极大地提高了农村集体拥有的土地产权完整性和完全性。党的十八届三中全会提出，“保障农民集体经济组织成员权利，积极发展农民股份合作，赋予农民对集体资产股份占有、收益、有偿退出及抵押、担保、继承权”。[③]《中共中央关于全面深化改革若干问题的决定》把“建立城乡统一的建设用地市场”作为“加快完善现代市场体系”的重要组成部分。在“健全城乡发展一体化体制机制”部分，把“加快构建新型农业经营体系”“赋予农民更多财产权利”“推进城乡要素平等交换和公共资源均衡配置”“完善城镇化健康发展体制”作为题中要义。并将以集体所有土地为主体的集体资产和资源折股到户、量化到人。明确集体经济组织成员权利，实现了集体土地所有权由农村集体“公有”到集体经济组织成员“共同享有”的权利变化。使农民在土地上享受更充分更稳固的财产权地位，这为激励农业发展和稳定农村社会、实现农民富裕提供了有力的制度保障。集体土地产权制度由“公有”到“共有”的路径演进，也为未来集体土地顺利进入市场提供了制度保障。[④]

以上事实可以看出，集体土地所有权是在中国社会特殊历史改变过程中逐步形成的制度演变形式，集体土地所有权不是国家土地所有权的派生物，也不隶属国家土地所有权。现行立法的规定进一步表明，农民集体土地所有权是一项独立的民事权利，它与国家土地所有权在法律上处于平等的地位。

---

① 郑风田，阮荣平，杨惠莲．鼓励新型农业经营主体实现适度规模经营［N］．经济日报，2018-12-19.

② 宋才发．建立农村集体土地三权分置制度的法治探讨［J］．学习论坛，2016，32（7）：26-31.

③ 宋志红．集体建设用地使用权设立的难点问题探讨 兼析《民法典》和《土地管理法》有关规则的理解与适用［J］．中外法学，2020（4）：1-21.

④ 肖盼晴．从总有到共有：集体产权权能重构及治理效应［J］．财经问题研究，2020（2）：21-27.

三、集体土地所有权行使和保护

（一）集体土地所有权的行使

农民集体所有的土地，既可以由农民集体经济组织直接对自己的土地行使占有、使用、收益和处分的权利，也可以通过合同形式由农民承包经营管理。一方面，农村集体经济组织对于自己的土地的经营管理，享有充分的自主权，法律禁止强行改变集体土地所有权的性质，也禁止来自外部的任何组织或个人侵占集体土地的行为；另一方面，集体经济组织行使土地所有权必须执行国家的法律和政策，不能买卖或者以其他形式非法出让土地。

行使集体土地所有权的内容主要有：

（1）要求县级人民政府颁发《集体土地所有权证》，行使法律上对土地的占有权。

（2）利用集体土地修建农用设施进行农业生产。如修建水库、水渠、农用公路，种植农作物等。

（3）可以将土地交给集体经济组织内的农民作为宅基地、自留地、自留山使用，或者通过承包经营合同发包给农民使用。

（4）可以依法使用土地兴建乡镇企业，或者以土地使用权作为出资和国有企业、集体企业或外商投资企业联营。

（5）在法律规定的范围内，有权依法收回集体土地的使用权。

（二）集体土地所有权的保护

集体土地所有权受到法律的保护，《宪法》和《民法通则》对此都作了原则性的规定。2020 年 1 月 1 日实施的新《土地管理法》第十二条明确规定："依法登记的土地的所有权和使用权受法律保护，任何单位和个人不得侵犯。"

（1）新《土地管理法》第七章第七十七条对集体土地所有权的保护作了更为具体的规定："未经批准或者采取欺骗手段骗取批准，非法占用土地的，由县级以上人民政府自然资源主管部门责令退还非法占用的土地，对违反土地利用总体规划擅自将农用地改为建设用地的，限期拆除在非法占用的土地上新建的建筑物和其他设施，恢复土地原状，对符合土地利用总体规划的，没收在非法占用的土地上新建的建筑物和其他设施，可以并处罚款；对非法占用土地单位的直接负责的主管人员和其他直接责任人员，依法给予处分；

构成犯罪的，依法追究刑事责任。”超过批准的数量占用土地，多占的土地以非法占用土地论处。

（2）新《土地管理法》第七十八条规定：“农村村民未经批准或者采取欺骗手段骗取批准，非法占用土地建住宅的，由县级以上人民政府农业农村主管部门责令退还非法占用的土地，限期拆除在非法占用的土地上新建的房屋。”明确了农业农村主管部门的责任。

（3）新《土地管理法》第八十二条对违法进行集体土地流转的后果作出了明确规定：“擅自将农民集体所有的土地通过出让、转让使用权或者出租等方式用于非农业建设，或者违反本法规定，将集体经营性建设用地通过出让、出租等方式交由单位或者个人使用的，由县级以上人民政府自然资源主管部门责令限期改正，没收违法所得，并处罚款。”同时，明确经营性建设用地的使用方式。

国家在依法对集体土地所有者的所有权给予充分保护的同时，又对集体土地所有者行使其权利予以限制，法律要求所有人在行使土地所有权时要承担法律责任。如集体土地所有者行使土地所有权不得破坏环境、生态平衡，危害社会生产和人们的生活；不得无理阻挠国家为了建设需要而按照法律所规定的条件和程序对土地实行征用；行使土地所有权应当有利于发展生产、促进团结，不得损害相邻方的合法权益；国家建设和乡镇建设必须节约使用土地，尽量利用荒地、劣地，不得占用耕地、经济效益好的土地。

第三节 集体土地市场化建设

一、土地产权、土地价格和土地市场的关系

土地价格亦称“地价”，指土地买卖时的价格。土地是自然物，不是劳动产品，本身不具备价值，因而也就没有由价值决定的价格。但是，在土地所有权清晰的条件下，土地所有者凭借对土地的所有权收取地租，而且还可以通过出卖土地取得收入，这就形成土地价格。马克思指出：“土地的购买价格，是按年收益若干倍来计算的，这不过是地租资本化的另一种表现。”[①] 所

① 何盛明．财经大辞典［M］．北京：中国财政经济出版社，1990.

以，地价的本质是地租的资本化，是土地权利及其土地预期收益的购买价格。

土地产权、土地价格和土地市场是相互依存、互为作用的一个有机体系，完整的产权是要素流动的前提，没有要素流动就没有市场，中国的“集体土地市场”是随着土地制度的不断深化改革而逐步显现并建立起来的，因此，现有市场体系并不完善，还需要逐步建立有效的市场形成机制、规范的市场管理体制和机制（具体见图 2-1）。

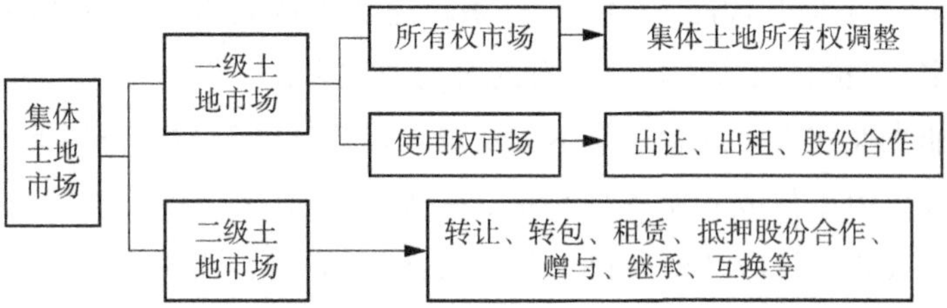

图 2-1 集体土地市场体系

（一）土地产权与市场的关系

1. 清晰界定产权是集体土地进入市场的前提

现代产权理论认为，在一定的制度安排下，只要产权界定是清楚的，就能有效地克服外部性，从而降低交易费用和节约监督成本，提高资源的配置效率。产权界定是人类有效利用资源创造物质财富的前提。产权的主要功能是引导人们实现“将外部性较大的内在化”的激励。清晰界定产权是给“集体土地权利宽度”划定边界，产权明晰是土地要素市场化配置的当务之急，也是土地要素合法合规流动的必要前提。科斯认为，只有在私有产权下，交易费用才可能最低，私人产权一旦界定，产权立即会根据市场价格自由交换，资源便因此流向出价最高者，流向效率最高的使用者。依据科斯理论①，明确界定农村集体土地产权主体和客体是其合法入市的前提。因此，要明晰产权的主体和客体边界，明确针对于不同程度产权的乡（镇）、村、村民小组、农民个人等主体边界，明确不同产权对应的占有、使用、收益和处分的权能边界，并通过可靠的方式登记、公示并保护产权归属，通过合理的手段核算产权的价值，减少信息不对称问题，避免产权主体虚置与权能重叠，从而为规范市场和政府的资源配置行为奠定基础。

① 吴建斌．科斯理论中的界权成本及其现实意义［J］．南大法学，2020（2）：36-56.

可交易性，即产权可以在不同主体之间流动。产权的可交易性是产权的重要属性，是资源得以高效配置的前提和基础，也是产权发生作用，或实现其功能的内在条件。产权制度的不同安排，直接影响交易费用的大小，国家土地制度改革的价值取向是给予农民完全的土地交易权，因此，明晰产权有利于降低交易费用、发挥市场配置资源的功能。张五常等①认为，产权制度的不同安排、交易费用的大小，是决定一国经济增长的主要因素。中共中央十八届三中全会指出，经济体制改革的核心是处理好政府与市场的关系，让市场在资源配置中起决定性作用。要让市场决定土地资源的配置，首先必须建立城乡统一的建设用地市场，使农村建设用地交易从体制外循环走向规范的统一市场交易；其次要完善市场交易规则，要进一步修改、完善相关法律，如《城市房地产管理法》《土地管理法实施细则》和《担保法》的相关条款，赋予农村宅基地使用权完整的用益物权权能，允许农村宅基地使用权出租、抵押、担保、继承和转让。此外，完善《农地承包法》，赋予农地承包权自由流转的权能，统筹国务院及有关部门对城镇居民购买农村住宅或租地建房的规定，以促进城乡要素互动、城乡融合发展。

2. 土地价格是集体土地市场价值的体现

土地要素交易价格是反映土地供求关系的“晴雨表”，是土地市场建立的基础信息，是调节土地利用方式的有力杠杆。及时、准确地了解土地市场价格，完善城乡基准地价体系。保障农村建设用地使用权在流转过程中的交易安全，有效防止地价过低导致的农民合法权益受到损害。目前的核心工作是进一步完善城市基准地价，在此基础上，参考城市基准地价的相关标准，科学合理地制定集体土地基准地价体系，这不仅可以为政府制定地价管理政策、进行地价调控、科学配置土地资源提供依据；而且可以为广大的土地投资者和使用者进行土地投资、交易等活动提供不可或缺的市场信息。因此，长期以来，土地要素市场动态监控始终是政府市场管理的重点工作。建立土地要素市场监控纠偏相关机制应当作为未来市场化改革的优先发展方向。结合本地区实际情况，健全交易管理制度，扩大公开交易范围，防止欺行霸市和强行推销中介服务，为农村集体建设用地入市营造良好的市场环境。集体土地入市方式见图 2-2。

---

① 张五常，季卫东，王宁，等．解释社会：关于法学和新制度经济学的对话［J］．交大法学，2015（3）：20-26.

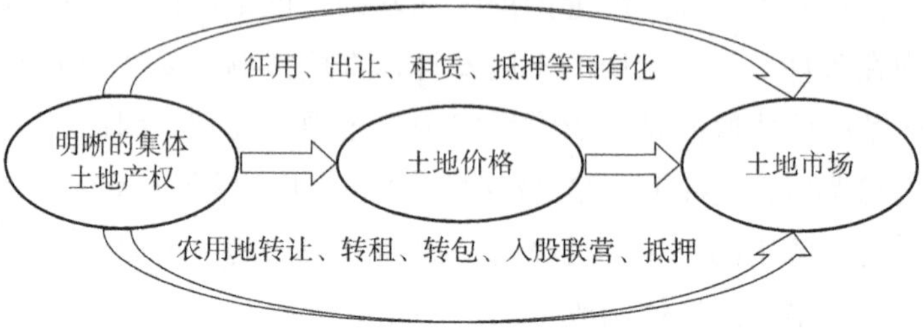

图 2-2　集体土地入市方式

（二）集体土地入市的法律依据

1.《民法典》的物权体系建设

《物权法》将土地承包经营权与宅基地使用权等土地使用权等同于大陆法系的用益物权的做法犯了概念法学及比较法学研究方法上的双重错误。将土地使用权作为用益物权加以规范实际上是戴着外国用益物权概念的有色眼镜来观察我国的土地使用权。我国土地使用权实际上并不是为实现土地资源在市场主体之间的所有与使用相分离的功能所设的，其本质在于在一定程度上实现土地资源在公有制的基础上交由私人利用的功能。土地使用权的功能在我国实际上发挥的是西方国家所有权所要发挥的土地资源在市场主体的一次分配的问题。可见，在功能上土地使用权完全可以与西方国家的土地所有权相匹敌。

党的十八届三中全会通过的《中共中央关于全面深化改革若干重大问题的决定》提出了将承包权与经营权分置，随之学界即展开了广泛的研究和探讨，形成多种观点，存在严重分歧。《物权编》编纂时考虑以“三权分置”为基础，在所有的土地使用权（国家土地使用权和集体土地使用权）之上，统一构建第三层次的土地权利——用益物权①。并且为了进行体系上的区分效应，在土地使用权的基础上设计并增加新的用益物权类型。其本质就是允许当事人将土地权利进行横向及纵向的分割，增加当事人交易自由，满足土地权利人多种利用方式的需求，以提高土地资源的价值，促进国民经济的发展。因为个别财产权的发展是贸易的先决条件，没有个别财产权发展于先，就不

① 席志国．民法典编纂中集体土地权利体系新路径［J］．国家行政学院学报，2018（1）．

会有贸易的发展于后，也就不可能形成各种连成一气、互相合作的大型结构，以及我们称之为价格的那些信号了。

2. 用益物权的本质在于解决市场主体之间权利共享的问题

如前所述，土地使用权的功能是土地资源在市场主体之间的第一次分配。因此，必然会发生土地使用权人在取得使用权之后又基于种种原因暂时无法或者无须利用该等土地。依据现行《物权法》的规定，土地使用权人要么将土地闲置，不但无法获得任何收益，而且往往面临着失去土地使用权的风险；要么将土地出租给他人使用，为他人创设了一项债权性的权利，但这种债权性权利很难得到保障，也就是说，在现有土地权利体系下，不但作为权利主体的农民不能充分实现其财产利益，而且还存在土地闲置进而制约经济发展的现象。所以，《民法典》中土地使用权的物权化建设，为非土地所有人所创设的支配性权利可以实现土地的使用价值，而担保物权支配的是土地的交换价值，有了土地的使用价值和交换价值，土地市场才得以运行。

二、我国土地产权市场建设历程

新中国的土地市场的建设源于20世纪80年代以来的土地制度改革，尤其是土地使用权流转制度的不断深化和改革，我们从农村土地改革中获益良多。改革开放以来农村居民收入增长率先后出现3个高峰，大致可分为4个阶段。①

（一）初期阶段

1978—1984年的增长提速主要由家庭联产承包责任制改革推动。20世纪80年代初，随着农村家庭联产承包责任制的实施，铁板一块的计划经济开始破冰，市场经济端倪显现，刚刚实行的农村承包土地在一些地区出现了隐蔽、自发的转包现象。1984年中国的第一个粮食产量高峰，使国家放松了粮食自给的管制，提倡农业结构优化、在有条件的地区实行土地规模化经营，出现了农业用地流转，农地内部小规模的流转市场初步建立。1988年《宪法》（修正案）提出，“土地使用权可以依照法律的规定转让”，第一次实现了土

① 席志国．民法典编纂中的土地权利体系再构造——“三权分置”理论的逻辑展开［J］．暨南学报（哲学社会科学版），2019，41（6）：43-52.

地使用权流转在法律、制度上的突破，正式启动了中国土地市场的建设，但政府严格限定进入市场的主体、客体，土地出让价格也由政府确定，这种有着强烈计划经济特征的土地市场，其供需关系和价格机制不能发挥应有的作用，土地的市场价格也难以客观反映土地的经济价值。所以，初期建立的以政府为主导的土地市场缺乏自动调节机制，难以发挥市场在资源配置、引导经济结构和投资方向等方面的基础作用。

（二）城市土地市场快速发展阶段

1990—1999 年的增长提速主要是由于大规模基础设施建设驱动农村劳动力输出，以及农产品市场化改革引起的。20 世纪 90 年代，随着中国城市化的快速推进，大中小城市快速扩张，城市土地市场快速发展，1989 年试行的《城镇土地定级规程》颁布，1990 年 5 月发布《国有土地使用权出让和转让暂行条例》，标志着我国土地有偿使用制度的确立和土地供给制度的根本转变，城市用地建立了基准地价、标定地价、监测地价、出让底价、市场交易价、评估价等多种价格的城市地价体系。2002 年 5 月，国土资源部发布《招标拍卖挂牌出让国有土地使用权规定》（即 11 号令），使城市土地价格的市场形成机制趋于主导地位。

（三）集体土地市场规范化发展阶段

1998 年《土地管理法》（修订）实施后，承认农村土地市场的重要作用。利用地价杠杆能够影响土地资源配置、间接撬动下游产业发展的作用来参与国家经济宏观调控，在宏观经济布局、区域规划实施、新兴产业发展以及房地产市场调控中，地价政策的积极参与配合了各级地方政府的战略管理，成为宏观调控的重要辅助工具，在区域经济发展中起到了重要的作用。2004—2012 年的中高速增长则是由农地流转、取消农业税和强农惠农组合政策等叠加引起的。客观地讲，房地产市场高速增长催生的农村剩余劳动力转移也作出很大贡献。城乡居民的收入倍差自 2009 年（3. 33 ∶ 1）的峰值后不断降低，2019 年达到 2. 64 ∶ 1 的历史最低值。为促进农业现代化和推进城乡一体化建设，各级政府着力建设农村土地使用权流转制度，大力激活农村土地市场，积极探索农村承包土地“三权分置”和宅基地“三权分置”改革。农用地改革的效力显著，因而社会非常期待资产价值更高的农村建设用地改革给农业农村发展带来活力，形成新的经济增长点。[①][②]

（四）集体土地市场化建设法制化阶段

2013年，党的十八届三中全会通过《中共中央关于全面深化改革若干重大问题的决定》，提出建设城乡统一的建设用地市场，允许农村集体经营性建设用地出让、租赁、入股，与国有土地同价同权。[③] 国务院《关于农村土地征收、集体经营性建设用地入市、宅基地制度改革试点情况的总结报告》显示，改革试点以来，截至2018年12月，33个试点集体经营性建设用地已入市地块1万余宗，面积为9万余亩，总价款约为257亿元，大大增加了建设用地供地面积，同时也为合理和有序利用农村集体建设用地提供了试点经验和政策依据。2019年《土地管理法》修改，对集体建设用地入市定调，《土地管理法》第六十三条规定，土地利用总体规划、城乡规划确定为工业、商业等经营性用途，并经依法登记的集体经营性建设用地，土地所有权人可以通过出让、出租等方式交由单位或者个人使用，并应当签订书面合同，载明土地界址、面积、动工期限、使用期限、土地用途、规划条件和双方其他权利义务。

集体经营性建设用地入市打破了一级土地市场地方政府的垄断。最新修改的《土地管理法》规定集体经营性建设用地土地所有权人可以通过出让、出租等方式交由单位或者个人使用，从法律层面赋予了集体建设用地与国有土地同等入市的资格，从非农建设用地“必须国有”变成了集体经营性建设用地可以入市，将建设用地的供地主体由国家这一单一主体转变为集体和国家两大主体，奠定了建设城乡统一建设用地的基础。

强化了集体建设用地所有制，保障了集体建设用地所有权的实现。尽管集体建设用地还没有完全等同于国有建设用地，但是集体建设用地可以用作商业用地、工业用地直接流转入市，土地权利通过经济价值的实现得到保障。同时，集体经营性建设用地入市实行两权分离，只改变土地使用权，而土地所有权仍然属于农民集体，保障了集体和广大农民的根本利益。

事实上缩小了建设征地范围，搭建了非征地渠道获得土地的路径。以往

---

① 柴铎．农村宅基地“三权分置”改革须注重投资经营主体权益维护［J］．中国土地科学，2020（8）．

② 杨慧莲，韩旭东，李艳，等．“小、散、乱”的农村如何实现乡村振兴？——基于贵州省六盘水市舍烹村案例［J］．中国软科学，2018（11）：148-162．

③ 郑振源，蔡继明．城乡融合发展的制度保障：集体土地与国有土地同权［J］．中国农村经济，2019（11）．

集体建设用地要先通过土地征收转变为国有土地后才能入市进行出让，集体经营性建设用地入市改革后，集体土地产权人可以直接将集体建设用地入市交易，为非公共利益用地提供了供地渠道，使这一长期争论的问题终于得到解决。①

新修《土地管理法》对集体土地市场化的规制。要依法建立农村土地产权交易规则，形成统一的土地产权交易市场和政策体系，允许农村集体经营性建设用地出让、租赁和入股；要加强农村土地产权交易服务体系建设，依法建立农村土地产权抵押融资评估、法律咨询等中介组织，保障农村土地产权交易组织化、市场化和有序化。

三、集体土地使用制度和市场化的法律规定

2018 年 12 月 29 日，第十三届全国人民代表大会常务委员会第七次会议表决通过了《关于修改农村土地承包法的决定》，自 2019 年 1 月 1 日起施行。2019 年 8 月 26 日，第十三届全国人民代表大会常务委员会第十二次会议审议通过了关于修改《土地管理法》的决定，新修订的《土地管理法》自 2020 年 1 月 1 日起施行。2020 年 5 月 28 日，第十三届全国人民代表大会三次会议表决通过了《民法典》，自 2021 年 1 月 1 日起施行。三年通过的三部法典、法律，可以说是新中国 70 多年来土地制度改革这一鸿篇巨制的升华和结晶，新修订的相关法律，把党中央关于农村土地制度改革的决策和试点的成功经验上升为法律，为未来的农村改革奠定了法律和制度基础。

（一）集体农用地流转的法律规定

集体农业用地土地使用权转让和出租是指，农村集体农业用地土地使用权人将有偿取得的集体农业用地的土地使用权提供给使用人或承租人使用的行为。2018 年 12 月 29 日，第十三届全国人民代表大会常务委员会第七次会议表决通过了《关于修改农村土地承包法的决定》，自 2019 年 1 月 1 日起施行。依据此法可以认定本书中的集体农业用地土地使用权就是指农村家庭承包取得的承包土地使用权。

1. 对流转机制（主体）的规定

《农村土地承包法》设第五节专门规定土地承包经营权的流转，明确规定

① 吕萍，邱骏，林馨，等．集体建设用地入市：政策效果与风险［J］．中国土地科学，2020（8）．

通过家庭承包取得的土地承包经营权可以依法采取转包、出租、互换、转让或者其他方式流转。流转的原则采用平等协商、自愿、有偿，且不得改变土地所有权的性质和土地的农业用途；流转的期限不得超过承包期的剩余期限；受让方须有农业经营能力。土地承包经营权流转的主体是承包方，土地承包经营权的流转方式可采取转包、出租、互换、转让或者其他方式流转。承包方可以属于同一集体经济组织的成员，也可以是有稳定的非农职业或者有稳定收入来源的其他从事农业生产经营的农户，彰显了新法对集体土地使用权人的“多样化”规定，也预期着外来资本为发展农业经济，可以自愿联合将土地承包经营权入股，从事农业合作生产。承包方对其在承包地上投入而提高土地生产能力的，土地承包经营权依法流转时有权获得相应的补偿。

《农村土地承包法》还对不宜采取家庭承包方式的荒山、荒沟、荒丘、荒滩等农村土地作出规定，允许四荒地能够通过招标、拍卖、公开协商等方式进行承包。发包方和承包方可就承包四荒地的承包方式、承包费等权利和义务、承包期限等，通过公开竞标、竞价或双方公开协商确定。当然承包者对承包的荒山、荒沟、荒丘、荒滩，应当遵守有关法律、行政法规的规定，承担防止水土流失、保护生态环境的法律义务。

2. 对租赁机制的规定

随着经济的发展，企业不断地涌出和扩张。在城市土地价值居高不下的情况下，很多企业将用地目光放到价格相对低廉的城郊农村集体土地上。但是，我国法律政策对集体土地的租赁是有严格限制的。因此，对于集体土地使用权的租赁，需求者须慎之又慎，提前了解和掌握租赁的注意事项，以防因不了解法律政策而引发法律风险，造成不必要的损失。

集体土地使用权的租赁必须符合规定的程序，首先要与土地管理有关部门签订租赁合同，就租赁地块状况、规划用地性质、租赁年限、租金及支付等事项作出明确约定。其次，在租赁合同签署后，15 日内由承租人按规定向房地产登记机构办理租赁土地使用权登记手续。最后，租赁土地使用权经登记后，承租人可以拿到有关部门颁发的注明“土地租赁”的房地产权证书。土地租赁年限届满后，租赁土地使用权终止。由于土地使用权出租设定登记不涉及土地所有权、使用权的变更。因此，土地使用权出租设定登记不需报人民政府批准，经土地行政主管部门批准后，即可直接进行注册登记。但通过租赁方式取得集体土地使用权的，在土地开发使用时应当按照村庄和集镇规划，合理布局。

3. 对集体土地使用权的限制

农民集体所有土地的使用权不得出让、转让或者出租用于非农业建设。但是，符合土地利用总体规划并依法取得建设用地的企业，因破产、兼并等情形致使土地使用权依法发生转移的除外。对于集体土地使用权的对外出租，法律是有限制条件的，即仅限于出租与集体经济组织开办的或以入股、联营形式与他人共同举办的乡镇企业。

（二）集体建设用地的法律规定

2019 年 8 月 26 日，第十三届全国人民代表大会常务委员会第十二次会议审议通过《土地管理法》修正案，自 2020 年 1 月 1 日起施行。新修正的《土地管理法》坚持土地公有制不动摇，坚持农民利益不受损，坚持最严格的耕地保护制度和最严格的节约用地制度，在充分总结农村土地制度改革试点成功经验的基础上，作出了多项重大突破。

1. 破除集体建设用地进入市场法律障碍

新修正的《土地管理法》删除集体建设用地入市的法律障碍，即原法第四十三条：任何单位和个人进行建设，需要使用土地的，必须依法申请使用国有土地。国有土地包括国家所有的土地和国家征收的原属于农民集体所有的土地。

新法明确了集体建设用地进入市场应具备的条件。一是必须符合土地用途管制制度，必须遵循土地利用总体规划、城乡规划确定为工业、商业等经营性用途；集体建设用地的使用者应当严格按照土地利用总体规划、城乡规划确定的用途使用土地。二是必须是经依法登记的集体建设用地。三是在集体建设用地进入市场时，要符合“本集体经济组织成员的村民会议三分之二以上成员或者三分之二以上村民代表同意”的程序。四是入市方式上可以参照同类国有建设用地执行，采取出让、出租等集体建设用地的交易规则。五是保障集体经营性建设用地有序入市，规定土地利用年度计划应当对集体经营性建设用地作出合理安排。六是保障集体经营性建设用地使用权人的长远预期，收回集体经营性建设用地使用权时，依照双方签订的书面合同办理，法律、行政法规另有规定的除外。

2. 允许集体经营性建设用地直接入市

允许集体经营性建设用地直接入市。对土地利用总体规划、城乡规划确定为工业、商业等经营性用途，并经依法登记的集体经营性建设用地，土地所有权人可以通过出让、出租等方式交由单位或者个人使用，改变了过去农村的土地必须征为国有才能进入市场的问题，能够为农民直接增加财产性的收入。同时在集体经营性建设用地入市时，要求必须经村民代表大会或者村民会议三分之二以上的成员同意后才能入市。

此前新修订的《土地管理法》赋予了集体经营性建设用地入市权，但受制于行政管理的功能定位，在集体建设用地使用权之内涵、设立、权能和运行等民事权利义务方面规范不足。其仅在第六十三条第 4 款规定："集体经营性建设用地的出租、集体建设用地使用权的出让及其最高年限、转让、互换、出资、赠与、抵押等，参照同类用途的国有建设用地执行，具体办法由国务院制定。"最新修改的《土地管理法》扩大了入市交易的土地范围，提出有相应的土地利用规划且规划用途为工业、商业等经营性用途，经依法登记且权属关系清晰，已经在当年土地利用年度计划中作出合理安排的集体建设用地可以入市交易。这一重要调整，使得建设用地的供应边界从城市变化到农村。

《土地管理法》规定集体经营性建设用地土地所有权人可以通过出让、出租等方式交由单位或者个人使用，从法律层面赋予了集体建设用地与国有土地同等入市的资格，从非农建设用地"必须国有"变成了集体经营性建设用地可以入市，将建设用地的供地主体由国家这一单一主体转变为集体和国家两大主体，奠定了建设城乡统一建设用地的基础。

3. 规范征地程序，关注区片综合地价

规范征地程序，要求政府在征地之前开展土地状况调查、信息公示，还要与被征地农民协商，必要时组织召开听证会，跟农民签订协议后才能提出办理征地申请，办理征地的审批手续，强化了对农民利益的保护。在征地补偿方面，改变了以前以土地年产值为标准进行补偿，实行按照区片综合地价进行补偿，区片综合地价除了考虑土地产值，还要考虑区位、当地经济社会发展状况等因素综合制定。

4. 保障乡村产业发展用地

保障乡村产业发展用地，要求土地利用总体规划应当统筹安排城乡生产、生活、生态用地，满足乡村产业和基础设施用地合理需求，促进城乡融合发展。土地利用年度计划应当对集体经营性建设用地作出合理安排。保障乡村产业发展用地是农村土地产权制度改革的题中应有之义。现阶段农村存在大量的低效集体建设用地，宅基地和建设用地闲置比例较高。利用农村集体建设闲置用地支持乡村产业发展，一方面可以盘活农村闲置建设用地，发挥其经济效用；另一方面也可以实现土地资源优化配置，提高土地的利用率。

（三）集体土地制度改革的法律规定

1.《民法典》中土地使用权制度体系更加科学化、系统化

2021 年 1 月 1 日实施的《民法典》中关于土地使用制度体系的规定更加科学化、系统化，更好地衔接了《土地管理法》，将土地使用的形式逻辑体系与价值体系融合，使得土地使用过程中各种价值相互统一、衔接，对于规范地方立法、统一土地使用、减少冲突、实现全面依法治国有着重要的导向作用。《民法典》出台前，土地使用制度主要集中规定在《物权法》中，从第一百二十四条至第一百六十九条，共计四十六条。其他有关土地使用的相关规定分布在《土地管理法》及其实施条例、《城市房地产管理法》、《城镇国有土地使用权出让和转让暂行条例》等相关法律法规中。《民法典》关于土地使用制度的规定分布在第二编“物权”第十一章、第十二章、第十三章、第十五章中，从第三百三十条至第三百六十五条以及从第三百七十二条至第三百八十五条，共计五十条。

2. 保障“三权分置”政策举措，体现“民本位”立法思想

土地制度是我国物权法中最为复杂的制度之一，而农村土地制度更是如此。2016 年，中共中央办公厅和国务院办公厅发布了《关于完善农村土地所有权承包权经营权分置办法的意见》，提出“三权分置”的改革举措，即所有权、承包权、经营权分置并行。农村土地的“三权分置”制度，尤其是土地经营权的自由入市，为实现农村土地的高效利用提供了可能，为农民获得普惠的金融服务提供了保障。《民法典》更加注重调整财产利用关系，实现物尽其用。《民法典》第二编“物权”第三分编“用益物权”从第三百三十九条至第三百四十一条单独增设“土地经营权”，完成了土地经营权由政策提出、单行法确认、纳入《民法典》的历史跨越，将土地的经营权从承包权中分离，丰富了集体土地的权利体系，激发了权利主体的积极性，使集体土地使用收益最大化，充分彰显了土地经营权的重要性和时代价值，体现了注重财产利用关系和效率价值取向的现代民法思维，不仅能够更好地维护农民集体、承包农户、经营主体的权益，也有利于提高土地产出率、劳动生产率和资源利用率。有效地保障了广大农民的经济利益，充分发挥农村土地的财产价值，

彰显了《民法典》“民本位”的立法思想和价值取向。①

3. 适度放开法律法规限制，促进承包土地的有效流转

修订《民法典》等相关法律法规，如修改《民法典》第三百九十九条等法律条文，分阶段放开农村土地流转制约。《民法典》第三百三十九条规定土地承包经营权人可在继续保有土地承包权的基础上通过“出租、入股等流转方式”使土地经营权进入流通市场，既避免了土地的荒废，又调动了土地权利主体的积极性。②

同时，《民法典》第三百九十九条在不得抵押的财产中，删除了“耕地的使用权不得抵押”的禁止性规定，表明土地经营权可以进行抵押。一方面激发了土地的融资潜力，使得更多的资金进入农业生产领域，消除了土地生产资料和技术经济分离的弊端，有利于农业生产力的提高；另一方面可以增加土地流转收益，最大限度地发挥土地的效用。

4. 丰富用益物权的内涵，增加了土地经营权登记的对抗效力

《物权法》第三编第十一章至第十四章规定了用益物权的范围，即土地承包经营权、建设用地使用权、宅基地使用权、地役权，但并未将土地经营权作为一种权利类型加以规范。

《民法典》第三百四十条、第三百四十一条对此有了明文规定，即土地经营权享有主体并非土地承包经营权人，而是土地流转的第三方，其独立享有占有、使用、收益的权利。土地经营权是一种新的用益物权，在一定程度上丰富了用益物权的内涵。

《民法典》第三百四十一条和《农村土地承包法》第四十一条明确规定，流转期限为五年以上的土地经营权，自流转合同生效时设立。因此，一般认为，流转期限为五年以下的土地经营权，其性质属于债权；而流转期限为五年以上的土地经营权，则属于用益物权。而对于经登记机构登记的土地经营权，可以对抗善意第三人；未经登记的，则不产生对抗效力。

5. 合理征收补偿，强化住宅建设用地使用权

《民法典》第三百五十九条在延续《物权法》住宅建设用地使用权自动续期制度的同时，明确了费用处理的原则。一方面，明确住宅建设用地使用

---

① 彭诚信.《民法典》物权编的进步、局限与未来［J］.法制与社会发展，2020（4）.

② 房绍坤.土地经营权入典的时代价值［J］.探索与争鸣，2020（5）.

权的续期不需要向政府部门申请、批准即可自动延长。取消行政审批环节，在一定程度上减少了政府对住宅建设用地的干预，降低了土地使用权人的成本，有利于促进土地资源的“市场化”。另一方面，其新增关于“续期费用的缴纳或者减免，依照法律、行政法规的规定办理”的规定，为将来房地产市场调节、国家税收增收等做了铺垫。

《民法典》第二百四十三条规定，为了公共利益的需要，依照法律规定的权限和程序可以征收集体所有的土地和组织、个人的房屋以及其他不动产。征收集体所有的土地，应当依法及时足额支付土地补偿费、安置补助费以及农村村民住宅、其他地上附着物和青苗等的补偿费用，并安排被征地农民的社会保障费用，保障被征地农民的生活，维护被征地农民的合法权益。《物权编》第二百四十三条第 2 款把“农村村民住宅”纳入征收补偿范围，明确征收组织、个人的房屋以及其他不动产，应当依法给予征收补偿，维护被征收人的合法权益。在一定程度上细化了原《物权法》第四十二条第 2 款中“地上附着物”的规定，以体现对农民居住权益的保障，确保不因征地拆迁而影响农民住有所居，保障被征收人的居住条件。同时明确任何组织或者个人不得贪污、挪用、私分、截留、拖欠征收补偿费等费用。

四、土地要素市场化配置制度的构建

完善土地要素市场化配置是建设统一开放、竞争有序市场体系的内在要求，是坚持和完善社会主义基本经济制度、加快完善社会主义市场经济体制的重要内容。当前，我国面临着经济下行、资源环境约束收紧、收入差距增大、不确定性风险增加等多重挑战，亟须充分发挥市场配置土地资源的决定性作用，扩大土地要素市场化配置范围，健全土地要素市场体系，推进土地要素市场制度建设，打通土地要素流动渠道，推动土地要素配置依据市场规则、市场价格、市场竞争实现效益最大化和效率最优化，保障不同市场主体平等获取土地要素，实现所有土地都有主，所有土地都有价，所有土地流动自主有序、配置高效公平，实现土地市场治理体系和治理能力现代化。

（一）发挥市场的资源配置作用

让市场发挥“决定性作用”，市场在所有社会生产领域的资源配置中处于主体地位，对生产、流通、消费各环节的商品价格拥有直接决定权。市场决定资源配置的机制，包括价格机制、供求机制、竞争机制以及激励约束机制。

核心是遵循“最优市场配置”的基本准则，建立城乡统一、自由流动、主体齐全的土地市场，通过富有弹性的市场机制引导激励各类商品、服务和生产要素按照供求关系自由流动，以充分反映资源的稀缺性和市场认可度。

（二）建立城乡统一的建设用地市场

完善土地市场运行机制，合理运用供求机制、价格机制、竞争机制和风险机制，实现社会经济的协调发展。一是建立土地要素市场交易平台，包括建立交易程序细则、交易等级备案制度和交易收益分配细则等，对可入市农用地范围进行明确标示，确保入市农用地指标交易的合法性，真正实现“同地同权同价”。二是完善建立中介机制，健全交易代理、地价评估、法律咨询等中介服务，提供交易信息、金融服务和投资咨询。三是完善地价评估标准和基准地价体系，统一界定农用地和城乡建设用地估价概念，统一差异化的农用地和城乡建设用地估价标准，统一确认农用地和城乡建设用地合理价格，显化农用地和城乡建设用地潜在价值，实现城乡土地基准地价全覆盖，科学地反映不同地价区域的地价水平。四是建立全生命周期城乡土地要素市场监测机制，对土地市场的波动情况进行监控，从而减少或杜绝土地要素交易活动的非公开化、非契约化现象，实现城乡土地要素市场的协调健康运行。

（三）优化更新土地估价技术标准

土地要素市场化配置改革的时间紧、任务重，必须有一整套系统完善的标准规程支持和引导。建立相关标准规范十分重要，对统计部门来说，标准规范便于采集相关数据，为将来市场演变做好铺垫；对用地单位而言，标准规范便于公平、公正地参与到要素的占有和使用过程中。因此，土地要素市场化配置改革是未来土地管理制度改革的重要举措，一旦缺乏统一的标准和规程，将造成土地要素自发、盲目、无序地进入土地市场，干扰正常的土地市场秩序，最终损害个人、集体和国家权益。因此，土地要素市场化改革战略的顺利实施首先要形成科学合理的标准规程。《城镇土地估价规程》已经进行了最新一轮的修订，《农村集体土地价格评估技术指引》在 2020 年 4 月已发布。还应尽快整合汇编涉及城乡各地类的《土地估价规程》，严格和规范土地估价的实施，加强对土地要素市场化配置的指导。

（四）建立集体土地信息监管体系

建立信息管理平台。依托市场和土地管理经营机构，建立健全土地要素市场信息管理平台。构建完善的土地要素市场信息数据库，推进落实土地要素确权登记工作，涵盖土地自然属性、社会属性与经济属性的各项信息，尤其是土地要素在市场流转过程中的权利变动、流转价款、权利变化情况，形成土地要素市场化的基础信息数据库。建立土地要素流转信息服务平台，构建完善多级、全面、公开、透明的服务和管理网络，为流转双方提供信息发布、政策咨询等服务，建立公共参与和信息公开机制，降低信息不对称风险。

健全监控反馈平台。首先，要健全土地要素价格动态监测反馈平台。通过对土地价格的实时监测和对不同时点、不同区域间地价差异的比较，能够及时判断地价与宏观经济的协调状况，分析出土地要素市场的波动变化并发掘土地要素市场变化的真实原因。其次，要建立市场违规行为监控、管理和惩罚平台，充分利用大数据、人工智能等技术，建立投诉反馈实时平台，及时发现并叫停不正当市场行为，同时配套相应的违法违规惩罚机制，维护市场环境和交易秩序。最后，要建立土地要素相关信用体系，在市场准入、运行和退出过程中建立相关信用黑名单机制，将违约、违规等不诚信行为纳入黑名单管理；相对地，对于信用良好、循规蹈矩的主体，也要建立白名单机制，在市场运行中优先考虑并实施相关奖励机制。

（五）加强集体土地产权制度改革

1. 围绕处理农民与土地关系这一主线推进改革

农村改革由土地制度改革起步，也就此深化。习近平总书记指出，新形势下深化农村改革，主线仍然是处理好农民与土地的关系。党的十八大以来，中央围绕农村土地问题，先后部署出台了承包地确权登记颁证、引导土地有序流转发展适度规模经营、构建农村土地“三权分置”格局、明确土地承包关系“长久不变”等政策，开展了集体经营性建设用地入市、土地经营权抵押、征地和宅基地制度改革试点。这些改革，环环相扣、步步相连，形成了较为系统的政策体系和制度安排。抓住土地问题这一农村改革的主线，牵一发而动全身，盘活了农村改革各个方面。

2. 调动农民参与改革的积极性

农民是农村改革发展起决定作用的内因。习近平总书记指出，要充分发挥亿万农民的主体作用和首创精神。从解决群众反映强烈的问题入手调动积极性。比如在农村集体产权制度改革中，首先选择在城中村、城郊村和经济发达村开展试点。这些村集体资产多，农民对资产管理存在的问题反映强烈，从这样的村起步，有利于在群众中形成共识，激发农民改革的热情。从回答群众最关心的问题着眼调动积极性。比如在开展承包地确权登记颁证初期，遇到了群众难动员的难题。通过宣传确权登记颁证是进行土地流转、调处土地纠纷、完善补贴政策、进行征地补偿和抵押担保的重要依据这一政策，解答了为什么搞确权、确权有什么用的疑问，让农民认识到确真权、颁铁证的好处。从农民分享改革成果中调动积极性。比如在城镇化进程中明确，不得以退出承包经营权、宅基地使用权、集体收益分配权作为农民进城落户的条件，从而打消有条件进城落户农民的顾虑。在发展规模经营中，强调要处理好发展现代农业与保护小农户利益的关系，完善新型农业经营主体与农户的利益联结机制，让农民成为现代农业发展的参与者、受益者。正是调动了亿万农民的积极性，各项改革才得以顺利进行。

3. 坚持试点先行，由点及面推进改革

这些年在推进改革的过程中，既蹄疾步稳，又保持历史耐心。对单项改革，比如集体产权制度改革，试点第一批 29 个县，第二批扩大到 100 个县，第三批则有 1000 多个县。承包地确权登记颁证，先整村整乡试点，后整县整市试点，再全省全国推开。在试点中，看得准的，定出时间表、路线图；一时看不清的，只作原则规定，为探索留出空间和余地。对综合改革，充分发挥改革试验区的带动作用，围绕中央要求部署试点试验事项，提高改革的系统性、协同性，形成一大批可复制可推广的经验成果。试点蹚出了路子、完善了办法，为改革在面上推开发挥了重要作用。

4. 坚持一致性与多样性结合，因地制宜推进改革

农村情况千差万别，改革既要讲全国政策的统一性，又要讲具体措施的差异性。在承包地确权中，既考虑到大多数农村承包地仍是农民重要就业和收入来源的实际，坚持以确权确地为主；又考虑到发达地区多数农民已经不再经营承包地的特殊性，允许开展确权确股不确地。在集体产权制度改革中，根据资产形态明确不同的改革路径和方法，对承包地等资源性资产，主要是进行确权登记颁证，实行“三权分置”、长久不变；对公共设施等公益性资产，主要是健全统一管护的运行机制，发挥好公共服务功能；对物业用房、生产厂房等经营性资产，则要求资产量化到户、实行股份合作，明确产权归属，确保群众的知情权、参与权和收益权。实践证明，从实际出发、因地制宜是保障改革成功的关键。

第三章 集体土地基准地价评估相关理论

第一节 集体土地基准地价评估相关概念

一、基准地价

（一）集体土地基准地价的概念

集体土地基准地价是指集体土地的基本标准地价，即在一定时间内，根据各种用地类型、交易情况和土地实际收益状况，按照科学的估价方法，估算出各级别土地的范围或均质地域内不同土地类型的平均价格，是分用途的土地使用权的区域平均价格。一般由政府组织或委托具有相应资质的评估机构评估，评估结果须经政府鉴定认可后定期公布。

集体土地主要分为集体建设用地和集体农用地，二者基准地价的概念本质一样，但是在估价对象、用地类型等方面存在差异。

集体建设用地基准地价内涵即在国土空间规划确定的集体可建设用地范围内，对平均开发利用条件下，不同级别或不同均质地域的建设用地，按照商业服务业用地、工矿用地、农村宅基地、公共管理和公共服务用地分别评估，并由政府确定的，某一估价期日法定最高使用年期土地权利的区域平均价格。集体建设用地基准地价是指集体各类建设用地，各土地级别或均质地域，在一定的开发程度、一定的土地容积率、最高使用年限、某一估价基准日的同一土地利用类型完整土地使用权益的区域平均价格（宅基地在权能方面具有特定约束条件，其使用权价格仅适用于作为宅基地使用条件下）。

集体农用地基准地价是政府根据需要针对农用地不同级别或不同均质区

域，按照不同用地类型，分别评估确定的某一估价期日的平均价格。集体农用地基准地价内涵即在正常市场和收益条件下，在不改变集体农用地用途的前提下，划分的不同级别或均质区域内，分用途评估某一估价期日的集体农用地使用权平均价格。

（二）集体土地基准地价的特点

1. 基准地价是一种平均价格

基准地价反映的只是各区域各类用地的平均价格水平。在某一区域中，具体某一宗地的价格可能稍高于或稍低于此平均价格，所以，可以利用基准地价建立基准地价修正系数体系，用以评估具体宗地的价格。

2. 基准地价是一种区域性价格

基准地价总是以某一个区域为单位进行评估的，此区域就叫作基准地价的评估区域。所以，基准地价不是一种宗地价格，而是区域性的价格，它总是与一定的区域相联系。基准地价的评估区域一般有级别、区片和区段 3 种形式。相应地，基准地价通常有 3 种表现形式：级别基准地价、区片基准地价和区段基准地价。

3. 基准地价是一种分用途价格

在同一区域中，不同用途的土地有不同的价格水平。所以，不同用途的土地，其基准地价也是不一样的。集体建设用地基准地价通常包括商业服务业用地基准地价、农村宅基地基准地价、工矿用地基准地价以及公共管理和公共服务用地基准地价。农用地基准地价主要包括耕地基准地价、园地基准地价、林地基准地价、水域基准地价和荒草地基准地价。目前，一些地区所评估的农用地基准地价主要是耕地基准地价。①

4. 基准地价是一种有限年期的价格

基准地价是土地使用权的价格，土地使用权是一种有时间限制的产权，所以说基准地价是有限年期的价格。就城镇而言，不同用途土地使用权的出让最高年限不同，不同用途基准地价的年期也不同。一般而言，各用途基准地价的年期应以各用途的最高出让年期为准。就农用地而言，目前还没有一个明文的规定，一般取 30 年为农用地基准地价的年期。

---

① 柴强．中国房地产损害赔偿估价的理论与实践［C］//中国房地产估价与经纪［2008 年第 6 期（总第 73 期）］．2008：20-22.

5. 基准地价是一种国家调控的价格

基准地价是国家调控土地市场的一种价格，不是市场交易价格。市场上最终达成的价格，是以基准地价为依据，根据市场行情而确定的。

6. 基准地价具有时效性

基准地价反映的只是一定时期的地价标准，为了保持基准地价的现势性，每隔一定时期应对基准地价进行更新。

7. 基准地价是政府委托评估的价格

基准地价是由县级以上人民政府委托评价，同级人民政府国土资源行政主管部门组织听证，评估结果需向社会听证，在广泛征询社会各方面意见的基础上，基准地价评估结果由同级人民政府公布。

8. 基准地价与土地开发利用程度有关

土地利用开发程度对地价有影响。基准地价是一种平均意义上的地价，所以土地开发利用程度对基准地价也有影响。为便于比较，基准地价必须设定开发利用程度。由于各个城镇之间土地开发利用程度存在差异，加上为了便于比较，因此分类确定基准地价的开发利用程度是合理的。①

（三）基准地价的作用

基准地价的作用主要体现在以下几个方面。

1. 宏观调控土地市场的依据

基准地价的确定、调整和公布，使得各级政府能直接掌握地产市场价格水平，以及不同用途、不同区域的地产价格变化情况，并根据地产价格的变化适时地利用规划或计划手段宏观配置城镇土地，制定相关的管理政策，调控地产价格的变化和调整土地收益的分配，以达到从总量和用途上维持供求的平衡，保持地产价格的合理水平和各项管理政策的实施的目的。

2. 国家征收土地使用税的依据

基准地价是征收土地使用税、土地增值税、契税和地产税的依据。因此，科学、合理、公开的基准地价对合理征收土地使用税是非常重要的。

---

① 艾建国，丁烈云．对完善我国基准地价体系的若干思考［C］//国际估价论坛论文集（第二册）．2007：145-150.

3. 调节土地利用、合理配置土地资源

政府评估并公布基准地价，可以使投资者和土地使用者及时了解不同地段、不同用途的地价水平和变动趋势，从而根据自身需要和支付地租地价的能力调整土地利用方式，以促进土地有序流转，最终达到土地合理利用的目的。

4. 进一步评估宗地地价的基础

基准地价反映了某一区域内宗地的平均价格，该区域内各宗地的地价都围绕基准地价上下波动。因此，根据宗地条件对基准地价进行修订，即可方便地得到具体宗地的地价。

5. 宏观调控土地市场的依据

国家为了体现土地的所有权和对地产收益的宏观调控，中央参与地方收益的分配也应理所当然。近几年，中央参与地方使用权收入分配的范围和数量都不大。这里至关重要的一个原因，就是中央对各地的地产价格水平掌握不清，很难弄清地方土地使用权出让收入的水平。城镇基准地价的制定，不仅有利于中央参与地方分配机制的形成，也为中央参与地产收益分配提供依据。

二、土地质量

（一）土地质量的概念

土地质量是土地各种属性综合影响效应的总和。它是土地的综合属性，也是土地对某种用途适宜不适宜，或适宜程度高低的表示。土地质量的差别，实质上是土地生产力高低的差异。土地质量可以用可度量测定的土地属性，即土地特性指标综合表述，也可以用土地生产力的指标表示，如产量、产值、净产值、纯收入、利润、级差收益等。在不同的土地利用状态下，土地质量的含义也有差异。在农、林、牧业等利用中，土地质量指的是土地生物生产能力的差异，即土地劳动生产率的高低；在工业、交通、城镇等非农业建设利用中，土地质量则是指以区位条件优劣为主造成的劳动生产率或土地使用效益的差异。

（二）土地质量的影响因素

土地是一个复杂的自然、社会、经济、生态的综合系统，其质量好与坏、高与低与很多因素有密切的联系。影响土地质量的因素主要有地形地貌、水文、气候等自然因素；劳动力投入、交通道路条件等社会经济因素；水土流失、土地裸露程度等生态环境因素。

1. 自然因素

土地质量的高低（即各种土地利用类型的生产能力或者适宜性）与自然因素（气候、土壤、地形地貌、水文、植被等）有着密切的关系，通过对组成土地的各种自然要素的分析，可以反映在一定的科学技术发展水平和经营管理模式下的土地质量。土地的自然组成要素是经过长期的地球演化而成，在短期内不易改变的定性要素。

（1）气候因素。气候是一个地方多年天气的平均状况，稳定性相对较强。气候因素指标一般用于大尺度（区域、省、国家等）的土地质量评价。气候对农业发展有着至关重要的作用，气候因素的主要因子——降水和温度往往直接决定评价区域的作物种类、品质、产量、熟制，也在很大程度上决定了研究区域的土地利用类型以及相关保护措施的采取。

（2）土壤因素。土壤是能够生长植物的具有肥力的疏松土层，它是一个独立的自然体。土壤质量评价既可以作为一个独立的研究内容，也可以作为评价土地综合质量的一个重要的参评因素。土壤质量的好坏直接决定土壤微生物的多样性、作物的产量及品质。在土地质量评价指标的选取过程中，常选用土壤表层质地、土壤有机质含量、土壤酸碱度、有效土壤层厚度等指标因子。

（3）地形地貌。地形地貌对区域内的水热资源的再分配、物质和养分的迁移起着重要的作用，直接影响土壤的发育和植被的生长，同时也影响农田基础设施的建设、土壤改良等的难易程度。地形地貌因素对丘陵、山地、岩溶地区等地貌形态的土地质量评价起着重要的作用。在土地质量评价指标选取的过程中，一般会选用海拔、坡度、坡向等指标因子。

（4）水文条件。水文条件包括地表水和地下水。地表水是影响农作物产量的重要因子之一，特别是在干旱、半干旱地区，地表水的丰缺情况、取水的便捷度等相关因素直接影响农业灌溉、洪涝、水土流失等情况，直接决定土地质量的好坏。地下水即水文地质条件，是指地下水的各种运动和变化现象，它对土壤性状与土壤改良的难易度和可能性有着重要的影响，一般采用地下水埋深、地下矿化度、土壤排水等指标来表示它对土壤的影响情况。地下水埋深影响土壤的通透性，过浅的地下水位导致水冷土温低、土粒分散、土壤结构差，而过深的地下水埋深会影响土壤的通透性；地下水矿化度决定地下水的利用范围，一般矿化度小于1克/升的淡水可用于饮用与灌溉，大于3克/升既不可以用于日常饮用也不可以用于农业灌溉；在丰雨季节，土壤排水决定了土地是否会被淹没，良好的土壤排水系统可以及时使淤积的水排掉，保证农作物根系正常呼吸，反之农作物根系会因为缺氧而腐烂坏死。因此，水文因素的相关指标因子是土地质量评价的重要参评因素之一。

2. 社会经济因素

社会因素和经济因素经常是联系在一起影响土地质量及其变化的。从经济学原理看，土地质量的高低是通过投入的劳动和物质的总耗费与所获得土地生产率或者其他效益的对比关系来评定的。从社会学角度看，科学发展水平、政策法规、管理措施以及人文特色等对土地质量有着很大程度的影响。特别是在土地利用结构和土地利用集约度方面，社会经济因素起着至关重要的作用。

（1）区位条件。在商品经济的时代，农业经济活动与农产品销售市场之间的距离有着密切的关系。区位对土地质量的影响主要表现在两个方面：①便利的区位条件有利于对土地的投入与管理，有利于先进耕作技术的传播，便于实施土地整治工作，从而提高土地质量；②便利的区位条件不利于土地的可持续发展，在城镇化快速发展的时代，靠近城镇周边的良好农用地资源极易被转变为非农建设用地，本研究主要考虑的是第一种情况。一般采用的区位条件指标有城镇影响度、交通通达度、农贸市场影响度等。

（2）农田基本条件。农田基础设施条件直接制约着土地的利用方式与土地利用程度，其中农田水利设施条件影响更大，特别是在干旱、半干旱地区。一般选用地块平整度、田块的连片性、田块形状、灌溉保证率、排水设施等指标来衡量土地质量的好坏。

（3）经济发展水平。经济发展水平因素是指在一定社会经济发展水平条件下，劳动力、资金等投入对土地的生产、效益等的影响程度。一般选用的经济发展指标有土地利用系数、土地经济系数、复种指数、粮食单产、农业地产值密度、农业地集约度等。

3. 生态环境因素

生态环境因素是指环境中影响生物的生理、形态、分布的因素。良好的生态环境是土地健康的保证，也是土地可持续发展的基础。生态环境越好，土地质量相对越高，反之土地质量越低。生态因素指标一般有生物多样性、土地生态服务功能价值、土地污染、土地退化等。

（1）生物多样性。生物多样性是衡量土地系统是否稳定的一个重要因子。土地质量的好坏可以通过生物多样性指数反映出来。如土壤生物多样性越丰富，代表着土壤的生态环境越有利于生物的生长和发育，土地的质量越好。生物多样性可分为基因多样性、物种多样性、生态系统多样性3种类型，通常情况下，基因多样性和生态系统多样性的数据获取较难，常采用物种多样性指标来衡量生物多样性的丰富情况进而判断土地情况。土地利用结构类型越丰富，其内部的物种越多，物种间的食物链越复杂，进而能力流动和物质交换的渠道越多，土地系统越稳定，质量越好。

（2）土地生态服务功能价值。土地生态服务功能价值反映了土地生态系统向人类提供的直接生态系统产品和间接生态服务的能力。土地生态服务功能价值越高，土地生态系统服务功能越好，土地质量越好。土地生态服务功能价值可以分为区域生态服务功能价值和地类生态服务功能价值，一般情况下是指区域生态服务功能价值。

（3）土地退化。土地退化是土地内部结构、理化性状、土地环境变劣的过程与结果。根据退化的原因，土地退化可划分为土地荒漠化、水土流失、土地盐渍化等。一般采用水土流失率、土壤侵蚀度、土壤裸露度等负向指标来衡量土地退化情况。土地退化程度越高，土地生态环境越恶劣，土地质量越差。

三、定级估价

土地定级估价是根据影响土地质量的各个因素，对土地级别进行综合判断，并按照一定的估价程序，遵循估价原则，运用合适的估价方法，在全面调查和综合分析的基础上对目标土地进行价格估算的行为。土地定级和估价工作旨在反映土地市场供求关系，发展要素市场，形成一定的土地价格机制，保障土地市场的合理正常交易，促进土地发展，为土地相关工作提供依据。

（一）集体土地定级

集体土地定级是根据集体土地的经济、自然两方面属性及其在社会经济活动中的地位、作用，对集体土地使用价值进行综合分析，通过揭示集体土地内部土地质量在不同地域的差异，评定城镇土地级。土地级反映的是集体内部土地质量的差异。土地定级的对象是县域范围内集体农用地和集体建设用地。土地定级一般分为综合定级和分类定级，而在许多工作中二者紧密联系。综合定级是指在经济社会等影响因素下按照土地综合水平差异划分土地级别；分类定级则是指具体进行土地类别的划分，一般的分类定级包含商业用地定级、住宅用地定级、工业用地定级、公共用地定级、交通用地定级、水利设施用地定级和特殊用地定级等。

（二）土地估价的概念

土地估价则是依据相应的原则、理论和方法，在充分掌握土地市场交易资料的基础上，根据土地的经济和自然属性，按地产的质量、等级及其在现实经济活动中的一般收益状况，充分考虑社会经济发展、土地利用方式、土地预期收益和土地利用政策等因素对土地收益的影响，综合评定出某块土地或多块土地在某一权利状态下某一时点的价格。

（三）定级和估价的关系

土地定级与土地估价是从不同角度对土地特性的评定，前者评定的是土地使用价值，后者评定的是使用价值在市场上反映出的价格。在理想的土地市场和土地交易中，仅从发挥土地经济效益的原则出发，土地的使用价值优、等级高，地价就应该高；相反，地价就低。但是，在现实的土地管理制度和土地市场条件下，或从综合效益考虑，以及受交易双方的行为影响，往往出现土地使用价值高的不一定能实现高地价，土地使用价值低的也不一定低地价等现象。

对于土地估价来说，土地定级是其基础，评出的等级是土地价格相对稳定的本质表现。因为土地具有的使用价值优劣，决定了土地使用者为取得土地使用权或所有权而愿意支付的基本地价数额；而对于土地分等定级来说，土地估价是其更灵活的外在表现形式，评出的地价是反映土地使用价值市场特征的更佳指标。由此可见，两者的关系是相辅相成的。通过土地估价迅速把握土地使用价值在市场上的价格动向，概括出等级演变趋势，细化、修正等级成果；通过土地分等定级掌握价格本质，在众多复杂、变化的价格中，去伪存真，提高估价精度，掌握合理地价水平。

第二节 集体土地基准地价评估理论基础

一、地租理论

由于地租不仅仅具有经济的意义，而且也是一个政治、法律、伦理道德和自然环境的多面体。因此，长期以来，它已经发展成为一个相对完善的体系，揭示了地价或不动产价格的实质。

（一）地租的概念

地租的存在离不开对土地的占有，即土地所有者只有在得到一定报酬的前提下，才肯将土地让渡给他人使用，该报酬就是地租。也就是说，地租指的是报酬或收益，是土地所有者凭借土地所有权获得的收入。就各种社会经济形态下地租的最一般特征来讲，地租是直接生产者在农业（或其他产业）中所创造的生产物被土地所有者占有的部分，是土地所有权借以实现的经济形式。马克思指出不论地租有什么独特的形式，它的一切类型有一个共同点：地租的占有是土地所有权借以实现的经济形式。土地所有权和使用权的分离是地租产生的前提。

马克思从土地所有制入手对地租进行分析，论证了无论地租的性质、内容和形式有何不同，都是土地所有权在经济上的实现，并且严格区分了地租和租金这两个范畴，指出了“真正的地租是为了使用土地本身而支付的”，并进一步对地租产生的原因和条件进行了分析和研究。根据地租产生的原因和条件，马克思把地租区分为级差地租和绝对地租，指出这是资本主义地租的两种基本形式。此外，还有垄断地租、矿山地租、建筑地段地租等形式。

资产阶级经济学则回避了地租所反映的经济关系的本质。把地租定义为“土地在生产利用中自然产生的或应该产生的经济报酬”，“地租是一种经济剩余，即总产值或总收益减去总要素成本之后余下的那一部分”。按照这种定义把地租分为契约地租和经济地租两类。契约地租也称商业地租，是指土地所有者将土地租给土地使用者，土地承租人和出租人签订租赁契约所确定的租金；经济地租也称理论地租，是指土地产品收入除去成本的剩余部分，即利用土地所得的纯收入。

近代西方经济学把地租的概念加以扩充，分为广义地租和狭义地租。广义地租，是指超额的工资、利息、利润及利用任何生产要素所获得的超额报酬。狭义地租，仅指利用土地所获得的超额利润。在西方经济学中还有准地租的概念。同时，西方经济学者还把地租理论扩展到土地利用、区位及运输等相关理论，使地租成为土地经济学、城市经济学等学科研究的重要基础。

（二）马克思主义地租理论

马克思在继承与批判资产阶级古典经济学地租地价理论的基础上，以科学的、完整的劳动价值论、生产价格论和剩余价值论为依托，建立了马克思主义地租理论。马克思主义地租理论的基本内容包括：第一，资本主义地租是农业资本家为取得土地的使用权而交给土地所有者的超过平均利润的那部分剩余价值，是资本主义土地所有权在经济上的实现形式；第二，资本主义地租的来源是农业资本家雇佣工人创造的超出平均利润以上的那部分剩余价值，是超额利润的转化形式；第三，农产品的社会生产价格决定资本主义地租水平，而农产品的社会生产价格由劣等地的生产条件决定，因此说资本主义地租水平不是由社会平均土地生产条件决定，而是由全社会劣等地的生产条件决定；第四，资本主义地租根据其产生的原因和条件，可分为级差地租、绝对地租及由于某种土地的特殊优越性和稀缺性所产生的垄断地租等。该理论揭示出了资本主义地租的实质，是以资本主义土地私有制为前提，土地所有者凭借土地所有权不劳而获的收入，其特点在于土地所有权和使用权的分离。

1. 马克思级差地租理论的基本内容

级差地租是指租用较优土地所获得的归土地所有者占有的超额利润。级差地租与土地等级相联系，土地条件（反映为土地等级）的差别是级差地租形成的基础。这种差别表现为土地自然条件（如肥力、承载力、地形等）、地理位置及开发利用的程度。在等量投入的情况下，土地等级不同，土地收益便不同，因此地租额不同。

马克思分析资本主义级差地租以下列假定为前提条件，即资本主义的生产关系在农业中已占统治地位，资本在国民经济各部门之间、农业和工业之间可以自由转移，平均利润、生产价格已经形成，农产品像其他一切商品一样，按照生产价格出售。用实例来说，我们根据土地自然肥沃程度和地理位置的差别，把土地划分为若干个地块，分为优、中、劣 3 个等级，分别由各租地农场主耕种。尽管他们租用相同面积的土地，投入相同的劳动量或相同的资本，也会形成不同的劳动生产率，产品的个别生产价格就有高低之分。耕种劣等土地的劳动生产率低于耕种中、优等土地的劳动生产率，其产品量也低于耕种中、优等土地的劳动产品量，其个别生产价格就会高于优、中等土地的个别生产价格。假定农产品的社会生产价格，也像工业中的产品价格，是由社会平均必要劳动时间决定，或者说是由中等生产条件的个别生产价格决定的。那么，劣等地所生产的产品的个别生产价格就高于社会生产价格，租用或是经营劣等土地的农业资本家，就得不到平均利润。在这种情况下，农业资本家就不会去租用或是经营劣等土地。在这一规律的支配下，农业资本家必然要把资本转移到别的部门去。这时，会出现两种情况：一是劣等地退出耕种后，产品供求平衡，那么原来较好的土地就会成为全部耕地中的劣等地；二是当劣等地退出耕种后，农产品供不应求，价格上涨，并且一直涨到原来的劣等地也能得到平均利润，又重新投入耕种。这样一来，农产品的生产价格就只能由劣等地农产品的个别生产价格来决定。因而经营比劣等地质量优越的各级土地，都能按土地等级的差别获得超额利润。

由此可见，土地自然条件的差别（即土地等级的差别）只是级差地租形成的自然条件或自然基础。马克思指出，土地的“自然力不是超额利润的源泉，而只是超额利润的一种自然基础……这就像使用价值总是交换价值的承担者，但不是它的原因一样”。土地的有限性所引起的土地经营上的垄断，才是级差地租产生的原因。级差地租来源于农业工人创造的剩余价值即超额利润，它不过是经由农业资本家手中转到土地所有者手中而已。

另外，马克思在分析级差地租时，按其形成的基础不同，把级差地租分为两种形式：级差地租第一形式（即级差地租Ⅰ）和级差地租第二种形式（即级差地租Ⅱ）。

级差地租Ⅰ：是指农业工人因利用肥沃程度高和位置较好的土地所创造的超额利润而转化的地租。级差地租Ⅱ：是指对同一地块上的连续增加投资，使各次投资的劳动生产率不同而产生的超额利润转化的地租。

2. 马克思的绝对地租理论

绝对地租是指土地所有者凭借土地所有权垄断所取得的地租，是不管耕作什么样的土地都必须缴纳的地租。绝对地租的来源是产品价格与生产价格之间的差额，是农业人工创造的剩余价值的一部分。其产生的条件是农业资本有机构成低于社会平均资本有机构成使得其产品价格高于产品价值。土地私有权的垄断是使超额利润保留在农业部门并使之转化为绝对地租的原因。马克思在分析级差地租时，为了说明级差地租而假定劣等地是不缴纳地租的。其实，土地所有者出租的土地无论优劣都要收取地租，否则“就意味着土地所有权的废除，即使不是法律上的废除，也是事实上的废除”。因此，租用劣等地的资本家也必须缴纳地租。从对级差地租的分析看，租用劣等地的资本家只得到了平均利润，如果让其从平均利润中拿出一部分缴纳地租，农业资本家得不到平均利润绝对不行，可又必须缴纳地租，显然绝对地租不是平均利润的一部分，而是农产品市场价格高于生产价格的余额。

农产品为什么可以不按生产价格而按市场价格出售呢？原因有以下两点：①低于工业资本有机构成的农业资本有机构成是绝对地租形成的条件；②土地所有权的垄断是绝对地租形成的根本原因。农业资本有机构成低于社会平均资本有机构成，使得农产品能够按照高于生产成本的产品价值所决定的市场价格出售，并获取相应的超额利润，而土地所有权的垄断使超额利润转化为绝对地租。因此，绝对地租的实质和来源同样是农业工人创造的剩余价值。

3. 马克思的其他地租理论

（1）垄断地租。垄断地租是由产品的垄断价格带来的超额利润而转化成的地租。垄断地租的形成，除了土地所有权垄断这个前提外，还因某些土地具有的特殊的自然条件。具有特殊自然条件的土地能够生产某些特别名贵而又非常稀缺的产品。这些商品的生产者凭借对这一商品的垄断经营，使这些产品的价格不仅大大超过其生产价格，而且也超过其价值，从而形成垄断价格。垄断价格“一般是指这样一种价格，这种价格只由购买者的购买欲和支付能力决定，而与一般生产价格或产品价值所决定的价格无关”。这样，生产者便可获得垄断价格与生产价格之间的差额，即垄断利润。这部分利润经由租地资本家转交给土地所有者后，便形成垄断地租。垄断地租不是来自农业雇佣工人创造的剩余价值，而是来自社会其他部门工人创造的价值。

（2）矿山地租。矿山地租是指工业资本家为取得采掘地下矿藏财富的权利而向土地所有者支付的地租。马克思指出：“真正的矿山地租的决定方法，和农业地租完全一样。”经营矿山开采业的资本家同样要缴纳级差地租和绝对地租。这是因为：①由于各矿山的蕴藏丰富程度不同，开采条件不同，距离消费地点（即使用矿石的企业）远近和运输条件也不同，各个矿山开采的矿产品的个别生产价格也不同。②采矿业同农业一样，存在着资本主义的垄断经营，所以，矿产品的社会生产价格由劣等生产条件的矿山的个别生产价格来决定。③由于矿山采掘业的资本有机构成低于社会平均资本有机构成。这样，矿产品的价值也就高于它的生产价格。由于存在矿山所有权的垄断，使矿产品可以按其价值出售。

（3）建筑地段地租。建筑地段地租是指工商业资本家和房地产业资本家为获得建造各种建筑物所需土地而支付给土地所有者的地租。建筑地段地租同样是土地所有权在经济上的实现。它的来源同样是工人创造的剩余价值超过平均利润的余额，反映了土地所有者对雇佣劳动者的剥削关系。

马克思在分析建筑地段地租时指出，农业地租是建筑地段地租的基础；并且指出，建筑地段地租同样存在着级差地租，“而这种级差地租”同样要“遵循着和农业级差地租相同的规律”。

建筑地段地租的基础虽然是由真正的农业地租规定的，并受相同的级差地租规律的支配，但它与农业地租是有区别的，并且具有其自身的特征：①建筑地段地租是为了获得生产的场所和空间而支付的。②建筑地段所处的位置对建筑地段地租有着决定性的影响。③马克思指出土地的所有者具有“完全的被动性，它的主动性（特别是在采矿业）只在于利用社会发展的进步去提高建筑地段的地租，而对于这种进步，他并不像产业资本家那样”对于社会的进步起过一定的作用，“有过什么贡献，冒过什么风险”。④建筑地段地租的另一个显著特点，就是垄断地租占有显著的优势。社会主义条件下，仍然存在绝对地租、级差地租和垄断地租等多种地租形式，因此，马克思主义地租理论仍是城镇土地估价的基本理论依据之一。

（三）地租理论在土地估价中的指导作用

从上面的分析可以知道，绝对地租是指土地所有者凭借土地所有权垄断所取得的地租。级差地租按其形成的基础，又可分为级差地租Ⅰ和级差地租Ⅱ。

对农用地来说，级差地租Ⅰ是由于土地的肥沃程度、地理位置、距市场远近等条件的差异而造成的；级差地租Ⅱ则是由于连续追加投资所产生的。对城镇用地来说，级差地租Ⅰ主要是由于区位因素与土地自身条件的差异引起的，级差地租Ⅱ则主要是由于公用基础设施及对土地的投资建设而形成的。垄断地租是由产品的垄断价格带来的超额利润转化成的地租。在不动产估价研究中，最具有指导意义的是级差地租理论。其指导作用主要体现在以下几点。

1. 绝对地租是土地价格存在的根源

绝对地租是土地所有者凭借土地所有权的垄断所取得的收益。无论土地质量是优是劣，土地所有者都要求使用者支付一定的经济收益，也就是地租。因此，土地所有者在转移其土地所有权时，必然会要求取得土地所有权的一方给予相应的经济补偿，而这种补偿的形式就是土地价格。

2. 级差地租是决定土地质量和价格高低的主要原因

级差地租Ⅰ是因为土地所处位置的不同产生的不同水平的地租，它使不同位置的土地形成了不同的质量价格。如沿海、沿江、沿河等地域，由于交通便利等因素，能够提供出较其他地域更多的地租量，故形成了较高的土地价格。在一个地域内部，城市由于其优越的位置和方便的交通条件，形成了较农村高得多的土地价格。在城市内部，市中心比郊区具有更高的土地价格。

级差地租Ⅱ是由于连续地对土地进行的投入所引起的地租量的不同，从而也形成了不同的土地质量及价格。由于人类成百上千年的劳动，耕地较荒地能够提供更多的地租，形成了更高的价格；城镇土地由于各种级差设施的巨大投入，其土地质量及价格远远大于农用地的土地价格。

3. 垄断地租是导致特殊地段土地价格高的主要原因

垄断地租的形成除了土地所有权的垄断之外，还因某些土地具有特殊的自然条件，使得这些土地能够提供更多的地租，从而具有更高的价格。

二、区位理论

区位理论的根本宗旨在于揭示人类社会活动的空间法则。不动产是发生人类活动最为频繁的场所，并且具有较强的地域性特点，因此其发展必然遵循一定的空间规律。区位理论是分析事物在空间上的方位和距离的关系，研究在一定社会经济活动中，各种事物所处的地位、作用、空间分布及其内在联系的理论。区位理论正是源于级差地租的研究，后来逐渐发展成为一种有关空间经济活动的一般性理论。区位是指社会经济活动及其他人类活动在空间分布的位置，是自然、经济、交通运输地理位置在空间上的有机结合。

（一）区位的概念

区位是一个综合的概念，除解释为地球上某一个事物的空间几何位置外，还强调自然界的各种地理要素与人类社会经济活动之间的相互联系和相互作用在空间位置上的反映。换言之，区位就是自然地理区位、经济地理区位和交通地理区位在空间地域上有机结合的具体表现。

自然地理区位包含地球上某一事物与其周围陆地、山川、河湖、海洋等自然环境的空间位置关系，以及该位置上的地质、地貌、植被、气候等自然条件的组合特征。

经济地理区位是指地球上某一事物在人类社会经济活动过程中创造的人地关系。就城市整体而言，则是指一个城市在特定的经济区内所处的具体位置及其与其他市镇，或农村居民点之间在经济上的相互关系。就城市内部来说，是某一街区或某一地段在城市中的具体方位，以及它与其他街区或其他地段之间的相对地理位置和相互之间的社交、工作、购物、娱乐等多方面的社会经济活动的关系。

交通地理区位主要是指某城市或市内某地段与交通线路和设施的关系。它主要体现在通达性方面，通达性好的土地产生好的集聚效益，导致高额租金。

以上 3 种区位是有机联系、相辅相成的，它们共同作用于地域空间，形成土地区位的优劣差异，影响土地的使用价值和收益水平，进而在空间地域上形成不同的土地等级，产生级差地租和地价。

（二）主要的区位理论

1. 农业区位论

农业区位论的创始人是德国经济学家冯·杜能，他于 1826 年完成的农业区位论专著《孤立国对农业和国民经济之关系》（以下简称《孤立国》），成为世界上第一部关于区位理论的古典名著。其主要内容如下。

（1）杜能区位理论的基本经济分析。杜能根据其理论前提，认为市场上农产品的销售价格决定农业经营的产品种类和经营方式；农产品的销售成本为生产成本和运输成本之和；而运输费用又决定着农产品的总生产成本。因此，杜能农业区位论所要解决的主要问题归为一点，就是如何通过合理布局使农业生产达到节约运费的目的，从而最大限度地增加利润。

（2）杜能圈。根据区位经济分析和区位地租理论，杜能在其《孤立国》一书中提出6种耕作制度，每种耕作制度构成一个区域，而每个区域都以城市为中心，围绕城市呈同心圆状分布，这就是著名的“杜能圈”。第一圈为自由农作区，是距市场最近的一圈，主要生产易腐难运的农产品。第二圈为林业区，主要生产木材，以解决城市居民所需薪材以及提供建筑和家具所需的木材。第三圈是谷物轮作区，主要生产粮食。第四圈是草田轮作区，提供的商品、农产品主要为谷物与畜产品。第五圈为三圃农作区，即本圈内1/3土地用来种黑麦，1/3土地用来种燕麦，其余1/3土地用来休闲。第六圈为放牧区。

（3）“杜能圈”的修正模型。杜能根据假设前提，得出的农业空间地域模型过于理论化，与实际不太相符。为了使其区位图式更加符合实际条件，他在《孤立国》第一卷第二部分中将他的假设前提加以修正，指出现实存在的国家与“孤立国”有以下区别：①在现实存在的国家中，找不到与“孤立国”中所设想的自然条件、土壤肥力和土壤的物理性状都完全相同的土地；②在现实国家中，不可能有那么唯一的大城市，它既不靠河流边，也不在通航的运河边；③在具有一定国土面积的国家中，除了它的首都外，还有许多小城市分散在全国各地。针对以上情况，杜能根据市场价的变化和可通河流的存在对“孤立国”农业区位模式产生的巨大影响，对“杜能圈”进行了修正。他假设当有一条通航河流可达中心城市时，若水运的费用只及马车运费的1/10，于是一个距城100英里，且位于河流边上的农场，与一个同城市相距10英里，位于公路边上的农场是等同的。这时，农作物轮作制将沿着河流两岸延伸至边界。杜能还考虑了在“孤立国”范围内出现其他小城市的可能性。这样大小城市就会在农产品供应等方面展开市场竞争。结果根据实力和需要形成各自的市场范围。大城市人口多，需求量大，不仅市场范围大，市场价格和地租亦高。相反，小城市则市场价格低，地租亦低，市场波及范围也小。

2. 工业区位论

工业区位理论的奠基人是德国经济学家阿尔申尔德·韦伯。其理论的核心就是通过对运输、劳力及集聚因素相互作用的分析和计算，找出工业产品的生产成本最低点，作为配置工业企业的理想区位。

（1）关于运输成本定向工业区位的分析。假定在没有其他因素的影响下，仅就运输与工业区位之间的关系而言，韦伯认为，工厂企业自然应选择在原料和成品二者的总运费为最小的地方，因此，运费的大小主要取决于运输距离的函数，亦即运费与运输吨千米成正比关系。

在货物重量方面，韦伯认为，货物的绝对重量和相对重量（原料重量与成本重量间的比例）对运费的影响是不同的，后者比前者更为重要。为此，他对工业用原料进行了分类：一是遍布性原料，指到处都有的原料，此类原料对工业区位影响不大；二是限制性原料，也称地方性原料，指只分布在某些固定地点的原料，它对工业区位模式产生重大影响。

根据以上分类，韦伯提出原料指数的概念，以此来论证运输费用对工业区位的影响。所谓原料指数，是指需要运输的限制性原料的重量和制成品重量之比，即：原料指数=限制性原料总重量/制成品总重量。

按此公式推算，可得到在工业生产过程中，使用不同种类原料的原料指数。一般使用遍布性原料的指数为0，纯原料的指数为1，失重性原料的指数大于1，限制性原料加用遍布性原料，其指数都可能小于1。由此可知，限制性原料的失重程度越大，原料指数也越大；遍布性原料的参用程度越大，原料指数则越小。原料指数的不同将导致工业区位的趋向不同。因此，当原料指数不同时，只有在原料、燃料与市场间找到最小运费点，才能找到工业的理想区位。

（2）劳工成本影响工业区位趋向的分析。韦伯从运输成本的关系论述了工业区位模式之后，对影响工业区位的第二项因素——劳工成本进行了分析。他认为劳工成本是导致以运输成本确定的工业区位模式产生第一次变形的因素。所谓劳工成本，就是指每单位产品中所包含的工人工资额，或称劳动力费用。

3. 中心地理论

中心地理论是由德国地理学家克里斯塔勒提出的，其核心概念主要包括：①中心地。指相对于一个区域而言的中心点，不是一般泛指的城镇或居民点。更确切地说，是指区域内向其周围地域的居民点居民提供各种货物和服务的中心城市或中心居民点。②中心地职能。由中心地提供的商品和服务就称为中心地职能。中心地职能主要以商业、服务业方面的活动为主，同时还包括社会、文化等方面的活动；而不包括中心地制造业方面的活动。③中心性。中心性或者中心度，可理解为一个中心地对周围地区的影响程度，或者说中心地职能的空间作用大小，中心性可以用“高”“低”“强”“弱”“一般”“特殊”等概念来形容和比较。④需求门槛。需求门槛，是指某中心地能维持供应某种商品和劳务所需的最低购买力和服务水平。在实际中，需求门槛多用能维持一家商服企业的最低收入所需的最低人口数来表示。这里的最低人口数，就称为门槛人口。⑤中心商品和中心地职能的等级。根据中心商品服务范围的大小可分为高级中心商品和低级中心商品。高级中心商品是指服务范围上限和下限都大的中心商品，如高档消费品；低级中心商品则是指服务范围上限和下限都小的中心商品，如小百货、副食品等。供给高级中心商品的中心地的中心职能为高级中心地职能，反之则为低级中心地职能。⑥商品销售范围。如果其他条件不变，消费者购买某种商品的数量，取决于他们准备为之付出的实际价格，此价格就是商品的销售价格加上为购买这种商品来往的交通费用。显然，实际价格是随消费者选择商品提供点的距离远近而变化的。距离越短，交通花费越少，商品的实际价格越低，结果该商品的需求量也就越大，否则相反。由此可得出，商品销售范围就是指消费者为获取商品和服务所希望通达的最远路程，或者是指中心地提供商品和劳务的最大销售距离和服务半径。⑦中心地的等级。具有高级中心地职能布局的中心地为高级中心地，反之则为低级中心地。高级中心地提供高级到低级的全部商品或服务，中级中心地提供从中级到低级的全部商品或服务，而低级中心地只有低级的商品和服务。中心地的等级表现在每个高级中心地都附属有几个中级中心地和更多的低级中心地。居民的日常生活用品（低级中心商品）基本在低级中心地就可满足，但如需购买较高级的商品和需要高档次的服务必须去中级中心地或高级中心地才能满足。

随后克里斯塔勒又进一步发展了中心地理论，提出了六边形市场区、市场等级序列、中心地体系的基本模型等理念和理论模型，得到了广泛认可。

（三）区位理论对集体土地估价的指导作用

区位理论是研究特定区域内关于人类经济活动与社会、自然等其他事物和要素间的相互内在联系和空间分布规律的理论。区位对不动产（尤其是房地产）起着极其重要的作用，主要体现为：在城镇，由于土地区位不同，产生不同的使用价值和价值，使得同类行业在不同的区位上获得的经济效益会相差很大，不同行业在同一位置上经济效益也相差很大。

土地作为人类一切活动的场所和载体，虽不可移动，但因在其上从事的活动不同，空间上表现出的利用类型不同。地租、地价也随之变化、演替和转移，以致不同质量、不同地租和地价的地块之间不仅有距离和方位特征，还具有确定的空间分布规律。这些空间分布规律、变化演替过程及区位特征又都与各种地理要素和社会经济活动的影响有密切联系。因此，当把土地作为区位理论研究的客体，而把各种已有的地理要素和社会经济活动的空间配置作为区位条件，分析研究这些条件在土地上的分布和变化特点，以及它们相互组合对土地发生的综合影响和作用，就可以揭开城镇土地的空间变化规律及其数量特征，根据土地区位条件造成的区位空间差异，评估出土地价格。

1. 区位是决定城市土地利用价值的重要因素

从区位理论来看，区位对城市土地起着极其重要的作用。在城市，由于土地区位不同，产生不同的使用价值和价值，使得同类行业在不同的区位上获得的经济效益会相差很大，不同行业在同一位置上经济收益也相差很大。

2. 区位是衡量地租、地价的主要标尺

它促使土地使用者在选用土地时，必须把自己所能在该土地上获得的区位收益与所需支付的区位地租进行比较，然后选择与其经济水平相适应的地段，从而使土地利用在地租、地价这一经济杠杆的自发调节下，不断进行用途置换，最终形成土地收益和租金都趋向于最佳用途水平的合理的空间结构。

因此，以区位理论作指导，从区位条件入手，用因果关系的推理思路，根据各种条件下形成的区位类型（自然、经济、交通）对不同区位土地产生的影响，以及其在空间上表现出的不同的使用价值和价值及市场交易形成的地价和土地收益，就能准确地评估出土地价格。

三、土地市场理论

（一）土地市场概述

1. 土地市场的概念

土地市场是指土地在流通过程中发生的各种关系的总和，土地市场主体包括土地供给主体、土地需求主体和其他参与主体。市场交易客体即为市场交易对象，就是土地（使用权）。在现代市场经济中，交易过程除了交易双方就交易标的进行讨价还价，还有很多其他方面的交易关系，涉及与土地交易相关的抵押人、贷款人、政府管理部门以及中介服务机构，这种为实现土地交易而进行的各种活动与经济关系共同构成土地市场。

2. 土地市场的特点

在现实的土地市场中，市场供给只是土地总数量的一部分。土地商品相对于其他一般商品而言具有位置的固定性和地域性的特征。土地市场没有固定的供给、需求曲线，也无法形成统一的市场价格，价格的形成一般只决定于当地供给与需求，地域之间相互影响并不强烈。由于土地公共产品的属性，市场中的土地交易受到一系列法律约束，任何土地的交易都必须有法律依据。由于土地市场的特殊性，美国不动产学术界在分析不动产市场的特征时认为不动产市场不管在什么地区都不会像一般商品那样有效率，主要是因为：①每块土地都是唯一的，位置固定，没有可替代性，这种特性使得土地市场不会有高效率；②在土地市场上，土地在某一特定区域内数量固定且价值较高，需要需求者有较强的购买力，一般情况下购买者都很难以自有资金购买，因此土地市场更容易受到利率、定金支付条件以及还款期限的影响；③现实的土地市场中不存在市场均衡，土地市场均衡只是理论上的，因为影响土地供给与需求的因素太多，市场因不可预知的因素变化较大，供求调整太慢，很难实现市场均衡；④政府的法律法规限制太多。基于以上认识，我们可总结出土地市场相对于其他商品市场来说具有以下特征：①市场的地域性；②供给弹性小，政府管制严；③市场竞争的非充分性；④市场效率较低。

3. 土地市场的功能

（1）优化土地资源配置，提高土地利用效率。土地资源的配置方式一般包括行政划拨方式和市场配置方式。单一的行政划拨方式在对土地进行配置时容易滋生腐败，导致配置效率低下和土地资源浪费。同时，随着经济的发展和物质生活的极大丰富，对土地使用需求越来越多样化，单一的行政划拨难以满足这一需求，只有市场化的配置方式才能满足多样化的土地需求。

（2）优化产业结构，提高经济增长质量。经济的健康发展需要有合理的产业结构。以价格机制为核心的市场配置方式就像一只“无形的手”时刻调整着一个国家的产业结构，以期实现最大的经济效益。土地价格是最重要的经济杠杆，是引导土地资源配置方向的信号灯。比如，一个地区的商业用地供应不足，而工业用地供给过多，则在价格机制的作用下，工业用地的价格就会下降，商业用地的价格就会上升。从而，工业用地供给就会减少而商业用地的供给就会增加，进而实现产业结构的优化。

（3）健全市场体系，实现资源要素的优化整合。土地市场交易涉及金融市场、劳动力市场、技术市场等，土地是人类的基本生产要素，实现土地要素的市场配置有利于健全社会市场体系，最大限度地发挥市场机制的作用，实现全社会生产要素的优化整合。

4. 土地市场的运行条件

土地市场同其他市场一样，其正常运行离不开一定的运行条件。土地市场运行条件是市场运行的外因和推动力，主要包括以下几个方面：①完善的土地法律法规是维护土地交易双方权益，解决土地纠纷，引导土地市场健康发展的根本保证。②土地市场的交易对象是土地的各种权利，明晰的土地产权是建立土地市场的基本前提。③土地开发是一项涉及金额大、开发周期长的投资活动，土地市场的顺利发展离不开银行信贷、土地抵押等金融形式的健全和完善。④土地市场的不完全性存在一定的信息不对称，优质的土地市场中介服务是土地市场顺利运行的润滑剂。

（二）古典政治经济学和《资本论》中对土地市场的主要论述

古典政治经济学对土地市场和土地领域的观点集中体现为以下两点：第一，土地和其他一般商品一样，没有任何特殊之处，完全适用于市场均衡分析。经济学家N. 格里高利·曼昆在其微观经济学著作中就明确指出，土地和劳动、资本等生产要素一样，本质上都是一种商品，都符合供给和需求的均衡分析，“土地和资本需求的决定也与劳动需求的决定一样”，“可以把我们为劳动市场提出的要素需求理论运用到土地和资本市场中”。具体而言，“供给和需求决定了对土地所有者支付的报酬”，“劳动、土地和资本各自赚到了它们在生产过程中的边际贡献的价值”，“一块土地或资本的均衡购买价格取决于当前的边际产量值以及预期未来会有的边际产量值”。第二，土地资源进行绝对市场化的安排，可以达到最优配置，实现社会总剩余最大，而任何管理、限制都会造成效率损失。具体来说，土地的价格不需要管理和限制，完全由自由市场竞争机制来定价，土地价格就会不断趋向最能充分发挥其效益的均衡水平；土地的用途性质也不需要区分和管理，由自由市场去决定土地在农业、居住、制造业、金融、科技创新等不同经济领域的分配，就可以实现土地资源的最优配置；土地的交易范围也不需要限制，土地可以在市场中进行自由交易，而且，土地越是能在全社会、针对社会所有成员进行交易，土地市场就越有效率；金融支持土地的方式也不需要限制，使金融市场和土地市场紧密结合，自由创生基于土地市场的金融衍生品，就可以充分发挥金融市场的收集信息、竞争定价、集中交易的作用，提升土地市场效率。尤其需要强调的一点是，在古典政治经济学谱系下，特别反对对土地市场的任何干预，因为一旦有干预，价格信号就会失真，竞争机制就会被扭曲，供求的调节机制就无法发挥，不光使得土地市场无法达到均衡，而且会传导造成其他各个领域无法协调，最终使得整个社会的经济效率下降，社会总福利受到损失。

马克思以献身科学、不畏艰苦的精神，克服种种难以想象的困难，对古典政治经济学土地理论展开系统批判，最终在《资本论》中形成了关于自由土地市场的科学理论，其基本观点至少包括以下 3 个方面。

首先，土地完全交给自由市场来配置会有价格不断上涨的趋势。在古典政治经济学谱系下，任何商品都要受到供给和需求这对反向市场力量的影响，最终形成均衡价格。《资本论》指出，一旦将土地进行绝对市场化的安排，土地价格具有一直上涨的趋势，这构成对古典政治经济学谱系最大的“反动”。

其次，土地完全交由自由市场来配置会产生强烈的财富集聚、价值分割效应。《资本论》已经指出，土地价格具有不断上涨的趋势，从而具有极强的定价能力，是金融资本追逐的对象，可以说土地市场和金融市场具有天然的亲缘性。随着金融市场的发展，金融市场聚集了越来越大规模的资本和信用，产生越来越大的生息需求，进而加大金融市场追逐土地市场的动力。这会助推如下的经济运动：①随着市场经济发展，金融市场的垄断越来越明显，而在金融市场垄断的过程中，土地市场和金融市场有不断深度结合的趋势。恩格斯在编辑《资本论》手稿时，注意到了这一点。②金融市场向土地市场的渗透，产生了一个新的“地主阶级”。在资本主义初期，土地主要掌握在地主阶级手中，而资本家主要是产业资本家和商业资本家。随着资本主义市场经济的发育，社会信用系统越来越发达，金融资本的势力越来越大。最终，金融资本阶层成为垄断社会资金的主要力量。在自由市场中，掌握资金和信用的金融资本阶层为了利益会凭借自己的优势市场地位，动用各种经济关系手段追逐土地，最终，土地会逐渐掌握到金融资本阶层手中。这样一来，金融资本阶层就成为事实上的地主阶层。这个强势的市场阶层，利用金融和土地的双重势力，可以极大地改变资本主义市场经济的分配格局，对经济关系产生深远的影响。

最后，土地完全交给自由市场来配置会与制造业、农业争夺资源，使得制造业、农业等其他领域无法正常发展。土地市场和金融市场结合带来市场阶层的变化，即金融资本阶层成为实际的地主。由于金融本身就极具价值分割特性，加上土地的定价性，金融资本阶层在社会财富的分割过程中极具优势。《资本论》指出，劳动创造价值，由劳动创造的剩余价值，在市场中转化为利润，而利润在产业资本家、商业资本家、银行资本家、农业资本家等之间进行分配。

四、成本理论

（一）成本概述

1. 成本的概念

由于成本问题的复杂性，在经济学和会计学中，似乎都很难对成本进行明确定义。从国内外来看，典型的成本概念主要有以下几种。

（1）马克思认为成本“只是一个在生产要素上的资本价值 $c+v$ 的等价物或补偿价值”。马克思是从商品生产的角度给成本下定义，即从职能资本家实际耗费和补偿角度来考虑问题，该定义表明了产品成本的经济内涵，是对产品成本的高度抽象。马克思的成本理论，一直是我国成本研究的理论基石。

（2）在马克思成本理论的基础上，我国会计学者认为：成本是商品经济的产物，是商品货币经济中的一个范畴，它是企业为生产产品和提供劳务等所耗费物化劳动和活劳动中的必要劳动价值的货币表现，这种成本被称为理论成本。我国会计学者继承了马克思的成本理论，并有所发展，即把成本的外延从商品生产扩展到劳务提供，并在实际耗费和价值补偿的基础上，从会计计量的角度来认识成本的本质。

（3）美国会计学会在《成本概念与标准》中对成本所下定义为：成本是为了一定目的而付出的（或可能付出的）用货币测定的价值牺牲。该定义指出，成本不仅指产品成本，而且包括在经营活动中可能发生的预计成本，以及进行预测、决策所需要的变动成本、固定成本、边际成本和机会成本等。显然，成本的外延进一步扩大。正是由于成本概念外延扩展到可能是已经发生或付出的，也可能是在特定经营目标下未来要付出的价值牺牲，才使财务会计和管理会计对成本概念的认识更加丰富。但在企业里，有的成本（如精神成本）是无法用货币来测量的，因此，这一成本概念在企业管理的具体运用中具有一定的局限性。

（4）一些经济管理专家认为“成本就是各种牺牲的一般形式，是牺牲的同义语，不过，应当注意的是，牺牲并不都能反映在企业的现金流量上”。并指出，成本包括以下几种成本概念：非财务成本（典型例子是精神成本）、非现金成本（如折旧费用、机会成本）、现金成本。这种成本概念摆脱了会计师的限制，考虑到企业内耗成本、精神成本等由于劳动者心理因素产生的成本，这些成本最终要体现在企业的经营效益上。但是会计学上还无法对其进行计量，同时该成本概念忽视了成本产生的原因。

（5）在西方经济学中，成本是指生产活动中所用生产要素的价格。生产要素是指生产某种商品时所投入的经济资源，包括劳动力、资本、土地、企业家才能等。该概念是在西方经济学中发展起来并为微观经济分析服务的。

以上的成本概念都是从价值（实物）耗费（牺牲）和补偿的角度来认识成本问题。这些成本概念，越来越无法解释和说明现代企业的各种具体形式的成本，如质量成本、功能成本、责任成本、管理成本以及应付成本、机会成本等观念中的成本。也许正是这些矛盾使会计学界逐渐放弃使用成本概念，用费用代替成本，认为成本是管理会计研究的内容。在会计六要素中有费用要素而无成本要素。

成本就是在生产经营活动中，为取得一定数量的产品所耗费的生产资料价格和必要劳动的货币表现。在商品经济中，成本属于价值范畴，它是以价值尺度衡量生产经营过程中劳动耗费量的标准，其经济本质为生产产品、提供劳务或商品流转时，耗费掉的物化劳动，生产者必要劳动的补偿价值。因此，成本具有补偿性、个别性、可计量性和法规性的特征。

2. 成本的实质

成本作为一个价值范畴，在社会主义市场经济中是客观存在的。加强成本管理，努力降低成本，无论对提高企业经济效益，还是对提高整个国民经济的宏观经济效益，都是极为重要的。要做好成本管理工作就必须首先从理论上充分认识成本的经济实质。

马克思指出：“按照资本主义方式生产的每一个商品 w 的价值，用公式来表示是 $w=c+v+m$。如果我们从这个产品价值中减去剩余价值 m，那么，在商品中剩下的，只是一个在生产要素上耗费的资本价值 $c+v$ 的等价物或补偿价值。”“只是补偿商品使资本家自身耗费的东西，所以对资本家来说，这就是商品的成本价格。”马克思在这里称为商品的“成本价格”的那部分商品价值，指的就是商品成本。

社会主义市场经济与资本主义市场经济有着本质的区别。但二者都是商品经济，在社会主义市场经济中，企业作为自主经营、自负盈亏的商品生产者和经营者，其基本的经营目标就是向社会提供商品，满足社会的一定需要，同时要以产品的销售收入抵偿自己在商品的生产经营中所支出的各种劳动耗费，并取得盈利。只有这样，才能使企业乃至整个社会得以发展。因此，商品价值、成本、利润等经济范畴，在社会主义市场经济中，仍然有其存在的客观必然性，只是它们所体现的社会经济关系与资本主义市场经济中的不同。

在社会主义市场经济中，产品的价值仍然由 3 个部分组成：①已耗费的生产资料转移的价值（c）；②劳动者为自己劳动所创造的价值（v）；③劳动者为社会劳动所创造的价值（m）。从理论上讲，上述的前两个部分，即 $c+v$，是商品价值中的补偿部分，它构成商品的理论成本。

综上所述，可以将成本的经济实质概括为：生产经营过程中所耗费的生产资料转移的价值和劳动者为自己劳动所创造的价值的货币表现，也就是企业在生产经营中所耗费的资金总和。

3. 成本的作用

从经济学的角度来分析，成本具有十分重要的作用。

（1）成本是补偿企业生产经营耗费的尺度。如果没有补偿这个条件，生产耗费就难以从销售收入中及时、足额地得以补偿，企业再生产过程就不能周而复始地继续下去。成本反映着生产耗费补偿的尺度。

（2）成本是制定产品价格的经济依据。产品的价格是产品价值的货币表现。由于成本是产品价值的重要组成部分，在目前还难以直接计算产品价值的情况下，成本就成了制定价格的重要依据。特别是在计划价格、浮动价格和自由价格并存的情况下，成本作为定价的经济依据作用就显得更为重要了。

（3）成本是企业进行经济决策的重要因素。企业能否正确地进行经营决策，是决定生产经营成败的一个环节。进行生产经营决策，要考虑许多因素，如产量、质量、品种等，这些往往都应涉及成本。因此，企业在对生产经营过程中重大问题进行决策时，要权衡利弊得失，选定质量好、成本低、效益高的方案，作为企业奋斗的目标。

（4）成本是推动企业提高生产管理水平的重要杠杆。通过成本，可以控制企业生产经营过程，监督企业劳动耗费，揭露生产经营中的问题，从而积极推动企业充分发掘内部潜力，努力提高经营管理水平。

（二）成本理论的基本内容

1. 商品价格的构成

商品价格是由生产成本、流通费用、税金和利润构成的，如下式：

商品价格=生产成本+流通费用+税金+利润

生产成本，是指商品在流通过程中产生的生产资料消耗费用（支出）和劳动报酬费用（支出），可以用 $c+v$ 来表示。

流通费用，是指商品在流通过程中产生的生产资料消耗费用（支出）和劳动报酬费用（支出），也可以用 $c+v$ 来表示。

税金是国家按法律规定对生产企业和流通企业（商业和物资企业）无偿征收的货币额或无偿征收的实物所转换的货币额，可以用 m_1 来表示。

利润是生产企业销售新产品的收入扣除生产成本和税金以后的余额，或商业和物资企业销售产品的收入扣除销售成本和税金以后的余额，可以用 m_2 来表示。

税金和利润统称盈利，盈利可以用 m 来表示。

可见，商品价格以生产者价格、消费者价格以及生产者价格与消费者价格之间的中间环节价格加以区分，其构成分别如下：

生产者价格=生产成本+税金+利润

消费者价格=销售成本+税金+利润

2. 价格构成是价值构成的反映

在生产领域，商品的价值是由生产商品所耗费的生产资料价值（转移价值或过去劳动创造的价值）和生产商品所耗费的活劳动新创造的价值所组成的。生产商品所耗费的活劳动新创造的价值，又可分为两部分，一部分是必要劳动创造的价值，即劳动者为自己劳动所创造的价值；另一部分是剩余劳动创造的价值，即劳动者为社会劳动所创造的价值。商品价值的公式如下：

商品价值=已消耗的生产资料价值+劳动者为自己所创造的价值+劳动者为社会所创造的价值

3. 成本是价格的主要组成部分，是价格形成的主要依据

从广义来说，成本既指一切生产部门，如农业、工业、运输业、建筑业

的生产成本，也指商业和物资部门的销售成本。只是不同部门的成本，特别是商业和物资部门成本各有其特殊的表现。

4. 决定商品价格的成本为社会成本

（1）决定价值量的劳动时间，必须是现在生产或再生产所需要的劳动时间，而不是过去生产或将来生产所需要的劳动时间。因此，报告成本或计划成本都不能作为形成价格的依据，只能作为参考。

（2）决定价值量的劳动时间，必须是正常生产条件下需要的劳动时间，而不是非正常条件下需要的劳动时间。因此，试制成本不能作为形成价格的依据，而应以正式生产成本作为依据。那种把停工待料、停电停产、调整生产品种而开支的费用列入成本的做法是错误的。

（3）决定价值量的劳动时间，必须是社会的、平均的、必要的劳动时间，而不是个别的、社会并非必要的劳动时间。因此，个别的，无论是先进的或落后的成本都不能作为形成价格的依据。

（三）成本理论在不动产估价中的应用

成本理论在不动产估价中主要体现在成本法的应用上。

成本法是成本理论在不动产估价中的基本方法，又称原价法、承包商法、成本逼近法，在旧有不动产估价方面通常称为重置成本法或重建成本法。它是以开发或建造估价对象地产或类似地产所需的各项必要费用之和为基础，再加上正常的利润和应纳税金得出估价对象地产价格的一种估价方法。

成本法是从卖方的角度来认识土地价格，卖方愿意接受的价格，不能低于他为开发或建造该不动产已花费的代价，如果低于该代价，他就要亏本。另外，从买方的角度看，是指买方愿意支付的价格，不能高于他所预计的重新开发或建造该不动产所需花费的代价，如果高于该代价，他还不如自己开发或建造。一个是不高于开发或建造所需的代价，一个是不低于开发或建造所花的代价，买卖双方可接受的共同点必然等于正常的成本（无疑应包含正常的利润和税金）。由此就可以根据开发或建造估价对象所需的各项必要费用再加上正常的利润、税金来估计其价格。

成本估价法：土地价格=土地取得费+土地开发费+利息+税费+利润

成本法：土地价格=土地取得费+土地开发费+利息+
土地增值收益+税费+利润

土地增值收益=市场价−成本价

五、产权理论

（一）产权概述

1. 产权的概念

产权是在市场经济背景下对财产权进一步的界定和延伸，从纵向来说，产权起初涵盖了对于资源等的占有和支配的意义，在生产力水平极低的原始社会，产权并不明显，生产力水平低下不会产生过多的剩余产品，因而资源占有现象并不明显。各个部落之间的冲突和竞争也多是为了自然资源的争夺，这个时候自然资源的占有权是主要的。到了原始社会末期出现的奴隶社会，生产力有了一定的提升，生产成果有了剩余，与此同时兼并扩大的部落建立了国家，国王和贵族作为剩余产品的管理者对土地和奴隶享有所有权并对其进行支配。紧接着农耕时代的到来，整个社会在大体看来依旧维持在自给自足的小农经济的状态，与之不同的是，农耕时代的农业文明所带来的生产力提升，不仅是地主和小农对土地资源的占有和支配及生产，还表现在剩余产品的富余以及交换，典型的就是封建社会自由贸易市场的出现和发展。到后来自然经济发展到了社会化大生产带来的商品经济社会，以市场经济为主导，对整个社会来说以生产资料的归属为产权的划分界限，资本主义社会生产资料产权是归私人所有，社会主义社会则是归国家和集体所有。同时现代社会的物质富裕，社会经济也呈现多元化特征，社会产品的多样性使得产权的形式也具有复合型特点，产权的内涵也日渐丰富，因此对产权并没有一个具体确定的定义。

从横向来看其内涵，产权是财产权在法律上的延伸，是经济意义上的所有制在法律上的一种表现形式，产权同时也是所有权在社会关系中的拓展，表现为拥有者对所有物的各项权利和行使各种权利。产权“property rights”，包含了财产“property”和权利“rights”，从经济和社会这两个维度来看，产权不仅具有经济属性而且还具有社会属性。在经济上产权具有排他性，产权的基本归属是明确的，因此由产权占有产生的经济效益也是明确的，这种归属利益因为产权的明确而具有排他性，如财产权。产权在经济维度上主要表现为由排他占有产生的归属利益，这种利益可以是有形的物质经济利益，也可以是无形的潜在的效果和效益。从社会维度来看，产权不仅仅是财产权的法律延伸，还是一种产权主体在行使与产权相关的权利时与他人所发生的行为关系，属于社会关系的范畴。对于物或者财产等，产权主体对其使用的权利是根据其产权，产权主体使用的权力大小边界则是遵守相应的产权规范。所以就产权的经济属性和社会属性来看，产权的内涵是具有确定性的。

2. 产权的特征

明确性：即由明确规定财产所有的各种权利、权利的限制以及破坏这些权利的处罚规定等构成一个权利体系。

排他性：或称专有性，即拥有财产所带来的所有效益和费用都直接给予财产的所有者，而且只有通过所有者才可转卖财产使用权。

可变性或可转让性：即所有财产权可以在双方自愿交换的条件下，从一个所有者转移到另一个所有者，从而吸引到最有效率或价值的用途选择上。

强制性或可实施性：即财产权应该保证免于其他人的侵犯和非自愿的援取，使得破坏权利所得到的惩罚大于破坏权利可能得到的最大好处或期望的非法收入。

（二）马克思主义产权理论

马克思的政治经济学理论中的所有制理论所蕴含的丰富的产权理论是世界上第一个具有非常系统性的抽象而深邃的产权理论，是建立在实践唯物论基础上的比西方产权理论更加深刻、更加注重透过现象看本质的理论。

关于产权的起源。马克思和恩格斯运用历史唯物论，详尽地分析了人类社会历史上最初公有产权和私有产权的建立或起源。马克思和恩格斯认为，部落共同体即天然的共同体，并不是共同占有（暂时的）和利用土地的结果，而是其前提。人类素朴天真地把土地看作共同体的财产，而且是在活劳动中生产并再生产自身的共同体的财产。每一个单个的人，只有作为这个共同体的一个肢体，作为这个共同体的成员，才能把自己看成所有者或占有者。显然，在马克思和恩格斯看来，原始公有产权是与低下的原始生产力，且主要是由土地等自然物构成的财产，以及共同体成员之间的原始关系（含群婚和母系关系）相联系。关于私有产权的产生，马克思和恩格斯指出，私法和私有制是从自然形成的共同体的解体过程中同时发展起来的，私有财产是生产力发展到一定阶段的必然交往形式，“私有财产的统治一般是从土地占有开始的，土地占有是私有财产的基础”，“地产是私有财产的第一个形式”，“我们把私有财产的起源问题变为异化劳动同人类发展的关系问题，也就为解决这一任务取得了许多东西”。

关于产权的本质。马克思认为，“财产最初无非意味着这样一种关系：人们把他从事生产的自然条件看作是属于他的、看作是自己的、看作是与他自身的存在一起产生的前提”，“财产仅仅是有意识地把生产条件看作是自己所有这样一种关系”。因此，产权关系最初是一种占有关系，是人对物的某种排他性的占有关系，这种占有关系确定物的归属主体。马克思在论述私有财产制度时进一步指出：“私有财产的真正基础，即占有，是一个事实，一个不可解释的事实，而不是权利。只是由于社会赋予实际占有以法律的规定，实际占有才具有合法的性质，才具有私有财产的性质。”这种合法性，在国家出现以前是以社会契约的形式存在，并依靠习惯和传统的力量加以维护；在出现阶级和国家以后，便用国家法律的形式加以确认和维护。因此，产权关系不仅仅是对物的归属和占有关系，更主要的是它反映了人与人之间的一种关系，一种对物的占有关系所形成的人与人之间的物质利益关系或经济关系。马克思还指出，在每个历史时期所有权会以各种不同方式、在完全不同的社会关系下面发展着。因此，给资产阶级的所有权下定义，不外是把资产阶级生产的全部社会关系描述一番。“私有制不是一种简单的关系，也绝不是什么抽象概念或原理，而是资产阶级生产关系的总和（不是指从属的、已趋没落的，而正是指现存的资产阶级私有制）。”可见，在马克思看来，产权本质上是一种法权关系，是生产关系的法律表现；产权关系是生产关系或所有制关系的意志或法律硬化形式；现实的所有制关系是先于所有权而存在的本源和经济基础，所有权是所有制的法律形态和法律范畴。

关于产权的历史形式。马克思认为，在资本主义以前，财产有 3 种历史形式：第一种是原始的土地财产。在这种历史状态中，存在所有制，但不存在所有权，因为这时还没有国家和法。第二种是劳动工具所有权出现，劳动者成为劳动工具的所有者，构成财产的要素已经从自然存在的要素发展为劳动生产的要素，原料和生活资料也是劳动者个人的财产。在这一历史状态中，不仅存在所有制，而且存在所有权。与后来的剥削者所有权不同，这种状态下的所有权是劳动者所有权。第三种是劳动者对生活资料的所有权。劳动者只是生活资料的所有者，生活资料表现为劳动主体的自然条件，土地和劳动工具都不归劳动者所有，甚至劳动力本身也不归劳动者所有。马克思指出：“这种形式实质上是奴隶制和农奴制的公式。第一种状态是原始公有制，第二种状态是以劳动者自己劳动为基础的私有制和私人所有权，第三种是以无偿占有他人劳动为基础的资本主义以前的私有制和私人所有权。”

在资本主义的财产形式下，劳动者唯一的所有权就是对自己劳动力的所有权；资本主义财产形式的特征还在于它的等价交换形式。无论是商品市场或劳动力市场，交换主体在形式上彼此作为身份平等的所有者发生关系。但所有权对资本家和工人却具有完全相反的意义，“所有权对于资本家来说，表现为占有别人无酬劳动或产品的权利，而对于工人来说，则表现为不能占有自己的产品”。马克思区分了所有权的第一条规律（商品生产所有权规律）和第二条规律（资本主义生产所有权规律）。在第一条规律的作用下，劳动者占有自己的产品，劳动和所有权具有同一性；在第二条规律的作用下，对资本来说，所有权已转化为不支付等价物便占有他人劳动的权利，而对劳动来说，所有权则转化为把自己的劳动或自己的产品看作他人财产的义务，劳动和所有权不再具有同一性。关于产权的分解，马克思在《马・柯瓦列夫斯基的〈公社土地占有制，其解体的原因、进程和结果〉一书摘要》《路易斯・亨・摩尔根〈古代社会〉一书摘要》等早期著作中，在分析原始公社土地所有制时就已经提出了与产权有关的所有权、占有权、使用权等概念。马克思指出：“土地公有制是野蛮时代的部落的普遍现象，所以在拉丁部落中同样存着土地公有制。大概在很早的时候，一部分土地已经归个人占有。土地占有权最初无疑是以实际使用为根据的，这种情况在野蛮时代低级阶段已经发生了。”后来，马克思在《资本论》中论述资本主义制度下的土地所有权时，曾说过这样一段话：“从一个较高级的社会经济形态的角度来看，个别人对土地的私有权，和一个人对另一个人的私有权一样，是十分荒谬的。甚至整个社会，一个民族，以至一切同时存在的社会加在一起，都不是土地的所有者。他们只是土地的占有者，土地的利用者，并且他们必须像家长那样，把土地改良后传给后代。”在这里，马克思提出了土地所有、土地占有和土地利用这 3 个概念，并明确指出，土地占有和所有是可以分离的，土地占有者和利用者并不一定是土地所有者。

马克思在《资本论》中论述生息资本和利息的时候，也一再提到资本所有权和资本使用权的分离。“资本的使用者，即使是用自有的资本从事经营，也具有双重身份，即资本的单纯所有者和资本的使用者；他的资本本身，就其提供的利润范畴来说，也分成资本的所有权，即处在生产过程以外的、本身提供利息的资本，和处在生产过程以内的、由于在过程中活动而提供企业主收入的资本”，“利息是资本的单纯所有权所提供的剩余价值”，“生息资本是作为所有权的资本与作为职能的资本相对立的”。马克思在这几段话里告诉我们，资本化的生产资料，其所有权和使用权在资本主义经济运动过程中是可以分离的。

马克思不仅将产权关系进行了分解，而且还考察了它们统一和分离的不同组合，以及在不同历史条件下所表现出来的不同方式和特征。

（1）所有权和经营权属于同一所有制主体。其典型形式是小生产方式，特点是：生产资料的所有者同时也是占有者、支配者和使用者。个人对生产资料的所有权是这种方式独立发展的基础，占有是他们的生产条件之一，自己劳动就是生产资料实际占有过程、支配过程和使用过程。

（2）所有权和经营权彼此对立，属于不同的所有制主体。这种形式存在于一切私有制社会中，特点是：经营者相对于所有者取得独立的经济地位。如在封建领主经济下，土地所有者是领主，农奴作为直接生产者而只是占有者；在资本主义条件下，随着这种占有关系的发展，资本主义租地农场主出现在土地所有者和实际从事劳动的农业工人之间，经营者不再是农奴而是农业资本家了，因此，这种经营权和所有权分离得更加彻底。对于资本的经营者来说，他始终把自己看作与所有者“享有不同合法权的人”。

（3）所有权和经营权属于同一所有制主体的不同部分。这是公有制下所有权与经营权分离的一种形式。马克思关于原始共同体各种所有制形式的分析，为我们提供了理解这一分离方式的钥匙。在原始社会里，在各种共同所有制的基本形式中，存在许多小共同体。凌驾于所有这一切小的共同体之上的总合统一体，表现为更高的所有者或唯一的所有者，实际的公社却只不过表现为世袭的占有者。因为这种统一体是实际的所有者，并且是公共财产的真正前提。

以上马克思关于财产权利的分解以及对它们分离与组合不同方式的研究，表明财产主体在一定所有制关系下所形成的各种利益关系的具体特征和不同层次。所有制问题不单纯是一个财产的归属问题，而且是一个包括所有、占有、支配、使用等权利的不同组合关系体系。具体组合形式如下。

（1）所有权和占有权的统一与分离。在以自己劳动为基础的私有制下存在所有权和占有权的统一，如个体小生产者的农民和手工业者。在以无偿占有他人劳动为基础的私有制下也存在所有权和占有权的统一，如奴隶经济、领主制经济和使用自有资本进行生产和交换的资本主义经济；所有权和占有权分离的情况有：在亚细亚的公社内，公社是所有者，个人是占有者；在地主制经济中，土地出租者是土地所有者，拥有土地所有权，但在租期内没有占有权，租地农民在租期内是土地的占有者，拥有租期内的土地占有权，但没有土地所有权；在土地国有情况下，只存在对土地的私人占有权或共同占有权，不存在私人所有权。

（2）劳动力所有权和支配权（或使用权）的统一与分离。当劳动者占有生产资料和劳动所必需的生活资料时，劳动者既是劳动力的所有者，又是劳动力的使用者。当劳动者不占有生产资料和劳动所必需的生活资料，而且劳动者自身也不是自己的财产时，劳动力的所有权和使用权也是统一的。古代奴隶制和近代黑奴制度的情况便是如此。劳动力所有权和使用权分离是有条件的：一是劳动者必须是自己劳动力的所有者；二是劳动者失去除劳动力这一财产外的一切财产。在这两个条件下，劳动者的唯一财产所有权就是劳动力所有权，但他自己却无法实现劳动力这一财产的使用权，他只有进入劳动力市场，让渡自己的唯一财产。不过，自由工人让渡给资本家的只是“劳动力的暂时使用权”。

（3）土地所有权和经营权的统一与分离。在适应资本主义生产方式的土地所有权形式中，所有权和经营权统一的一种形式是土地所有者兼农业资本家使用自有土地经营农场，但这对于资本主义生产方式来说不具有典型意义。具有典型意义的是土地所有权和经营权的分离。土地所有者占有土地，土地经营者即租地农场主占有资本。马克思把土地所有权和经营权的分离归结为“资本和土地的分离、租地农场主和土地所有者的分离”。

（4）资本所有权和使用权的统一与分离。在资本主义社会中，当资本家用自有资本进行生产和交换活动时，资本家既是资本所有者，又是资本使用者。马克思在研究产业资本和商业资本时，曾假设资本家完全用自有资本进行经营。在这种场合，资本所有权和使用权的统一是出发点。马克思在研究借贷资本时，曾假设职能资本家完全用借入资本进行经营。在这种场合，资本所有权和使用权的分离是出发点。在资本所有权和使用权分离的情况下，存在两种对立：一是“在再生产过程中，执行职能的资本家作为别人所有的资本的代表，同雇佣工人相对立”；二是“在再生产过程中的资本职能同在再生产过程外资本单纯所有权的对立”。资本所有权和使用权的分离，导致利息和企业主收入与企业利润的分离，利润也就被分成了利息和企业主收入。资本所有权和使用权的分离在股份公司中得到了进一步发展，马克思精辟地研究了股份公司中权利分离和资本所有者与使用者的变化。

关于所有权和剩余索取权。剩余索取权本质上是对剩余劳动的要求权。

土地所有者是别人剩余劳动的直接占有者，这种占有不是以交换为中介，而是以社会的一部分人对另一部分人的统治为基础。与奴隶制、农奴制不同，资本主义经济中对剩余劳动的占有是以交换为中介。一般地说，剩余索取权的基础是所有权，但法律上的所有权不会为所有者自动创造剩余价值。货币资本家和土地所有者的剩余索取权基础是所有权，而职能资本家剩余索取权的基础却是资本使用权或支配权。

关于所有权和继承权。资本主义国家民法和继承法关于继承权的规定，其实质是通过法律保证私有财产权的世代连续性，从而保证以私有制为基础的生产关系得以维持和继续。因此，在所有制和继承法的关系中，继承法不是原因，而是结果。

关于产权的市场环境。对于产权发生作用的市场环境问题，马克思曾作过透彻分析。他认为，私有权利是商品关系存在的前提条件之一。社会分工是商品生产存在的条件，但只有相互独立的私人劳动产品，才能作为商品互相对立。也就是说，为了使物作为商品彼此发生关系，商品监护人必须作为有自己意志体现在这些物中的人，彼此发生关系。因而，一方只有符合另一方的意志，才能彼此让渡自己的商品，同时占有别人的商品。可见，他们必须彼此承认对方是私有者。“商品交换是在共同体的尽头，在它们与别的共同体或其成员接触的地方开始。但是物一旦对外成为商品，由于反作用，它们在共同体内部也成为商品。”至于私有资本权利要发生现实作用，那只有在生产资料和生活资料的所有者在市场上找到出卖自己劳动力的自由工人以后。这样，马克思通过对商品生产所有权规律转变为资本主义占有规律的分析，阐明了在市场环境下小私有制产权如何演化为含剩余价值索取权在内的大私有制产权。由于劳动力成为商品，货币就转化为资本，这完全符合商品生产的经济规律以及由此产生的所有权。因此，私有产权与市场交易有着密切的内在关联，而价值和价格等市场范畴在本质上蕴含着产权的含义。

第三节 集体土地基准地价评估原则

集体土地基准地价评估原则，是指人们在对集体土地基准地价评估的反复实践和理论探索中，在对其价格形成和变化的客观规律认识基础上，总结出的一些简明扼要的、在估价活动中应当遵循的法则或标准，它是相关估价机构和人员客观、公正、科学、合理地开展估价活动必须遵守的法则或标准。

一、最高最佳使用原则

所谓最高最佳使用原则，是指集体土地价格评估要以集体土地的最高最佳使用为前提。集体土地的最高最佳使用主要体现为估价对象土地在自然状态或物理状态的最可能使用，而这种最可能的使用，是在估价对象土地法律上允许、技术上可行、资金上可能的前提下，能够使估价对象土地在当前和未来获得最高价值的使用。同时考虑其他相关因素，集体土地的使用被认为是最高最佳的使用。最高最佳使用具体包括3个方面：最佳用途、最佳规模、最佳集约度。最高最佳使用原则要求评估价值应是在合法使用的前提下，各种可能的使用方式中，能够获得最大收益的使用方式的估价结果。例如，某宗集体土地，乡村规划规定既可以用作商业用途，也可以用作居住用途，如果用作商业用途能够取得最大收益，则估价应以商业用途为前提；反之，应以居住用途或者商业与居住混合用途为前提。但是当估价对象已作了某种使用，则在估价时应根据最高最佳使用原则对估价前提进行判断和选择，并应在估价报告中予以说明。

由于土地使用权出让年限和建筑物耐用年限较长，最高最佳使用原则在实际估价中的具体运用，可从以下几个方面考虑。

（1）一般情况下，当估价对象有几种用途都适合时，应经分析论证后，从中选择出一种最高最佳使用的用途。

（2）如果估价对象为存量土地，维持现状进行持续经营为最高最佳使用时，应按维持现状持续经营进行估价。

（3）如果估价对象为存量土地，改变目前用途转换为其他某种用途为最高最佳使用时，应按转换为其他某种用途进行估价。

（4）如果估价对象为存量土地，按现有用途持续经营，但须通过室内外改造或装修为最高最佳使用时，应按改造或装修后的使用状况进行估价。

（5）如果估价对象为存量土地，须通过室内外改造或装修并改为其他用途为最高最佳使用时，应按室内外改造或装修并改变用途进行估价。

（6）如果估价对象为旧有土地，当拆除原有建筑物改为其他用途为最高最佳使用时，应按拆除原有建筑物改为其他用途进行估价。

二、估价时点原则

估价时点又称估价期日、评估时日或评估基准日，是指确定待估宗地估价额、估价结论开始成立的特定时日。估价时点通常用某年某月某日表示，它是一个具体的日期。一般来说，评估集体土地的价格是确定对象集体土地某一天的市场价格，一宗集体土地每次评估只能有一个估价时点，估价时点是在征求委托方的基础上，由估价机构确定的。集体土地价格具有很强的时间性，集体土地基准地价评估中强调估价时点原则，是说明集体土地基准地价评估只是求取某一时点上的价格。土地市场是不断变化的，构成集体土地价格的各种因素也经常处在不断变化之中，所以同一宗土地，在不同时点会有不同的价格。估价中重视估价时点原则，是把不断变化的土地价格相对静止在估价某一时点上。估价时点的选择，应有利于使估价结果有效地服务于估价目的，准确划定估价范围，合理选取估价依据，尽量减少和避免估价时点后的调整事项。估价作业日期是指估价人员自接受委托至完成估价报告的评估操作起止日期。估价作业日期一般根据估价对象的规模、复杂和难易程度等，由估价人员与委托单位共同商定。在集体土地价格评估中，估价时点与估价作业日期是不同的，主要区别为：一是含义不同，估价时点是指确定对象集体土地价格额度的具体日期，它指的是某天，是把不断变化的各种构成集体土地价格因素的价值量归集到估价时点上，估价结果是要说明估价对象在这一天的市场价格。估价作业日期是对象土地估价操作所需要的时间，它可以是几天或更长的时间。二是目的不同，估价时点是估计对象集体土地市场价格的时间界限，比如集体土地市场供求状况的变化，集体土地法规、标准、税收政策的变更，经济形势的变化等，都会影响集体土地的价格。估价作业日期则注重说明，在协议或规定时间内，估价机构和估价人员必须在保证估价质量的前提下，根据委托方的估价时间要求，按时完成估价报告。委托方应在规定的时间内提供全面、真实、合法有效的资料，并在不同阶段进行必要的配合，以及按规定支付评估费等。集体土地估价时点与估价作业日期在时间上往往是不一致的，估价人员有时将实地勘察的日期确定为估价时点。但是，有时出于某种需要，把估价时点确定为过去或将来。估价中与估价时点联系较紧密的因素主要为土地市场情况和估价对象集体土地状况。估价中考虑估价时点主要分以下几种情况。

（一）当土地估价时点为现在时

土地状况与土地市场状况均为现在时点，无论新增土地还是存量土地，这是估价中遇到的最多的一种情况。如商品房出售时的现在价格、存量旧有建筑物的现在价格、土地使用权出让价格等。

土地状况为过去某时点，土地市场状况为现在时点。如过去某时点停建的在建工程的现在价格等。

土地状况为未来某时点，土地市场状况为现在时点。如当前正在开发中尚未完工的商品房的期房价格等。

（二）当土地估价时点为过去时

土地状况及土地市场情况均为过去某时点。这属于回顾性估价，如土地估价目的是解决前一年某月某日的民事纠纷等。

（三）当土地估价时点为未来时

土地状况及土地市场情况均为将来某时点。这属于预测性估价，如估计在建土地开发项目在将来某时点完工时的价格等。

三、供求原则

集体土地价格同其他物品一样，具有很强的时间性，直接受土地市场供求关系的影响。如果供给不变，需求增加，价格上升，需求减少，价格下降；如果需求不变，供给增加，价格下降，供给减少，价格上升。

强调集体土地估价的供求原则，是要在集体土地基准地价评估中，认真考虑同类土地的市场供求状况，土地的供求状况如何，直接影响着土地价格的变化。运用不同估价方法分析集体土地供求状况，应侧重不同的内容。如成本法中，要着重分析构成房屋实体建材、设备等供求状况与价格，在市场比较法中，应着重分析存量土地的供求状况与价格。

不动产供求状况，经常与不动产市场上是否出现房屋空置相联系。房屋空置是不动产市场需求较清淡时，已建成商品房因租售受阻较长时间而出现的积压现象，或者说空置是不动产市场上房屋的整体或部分未得到使用，处于待售或待租状态的现象。空置房屋包括新建成房屋和旧有房屋没确定新的使用者。衡量房屋空置程度大小的指标是房屋空置率，所谓空置率是空置房屋面积占全部总存量的比率。可以这样讲，当市场上房屋出现空置且空置率较高时，房屋价格降低，反之，价格上涨。

四、替代原则

追求经济合理性是人们经济行为遵循的普遍原则。根据经济学原理，在同一个市场中，具有相同使用价值和质量的物品，在同一估价时点，其价格是趋于一致的，进而相互间存在完全替代性。因存在位置的固定性或自身个别性，在同一个市场上几乎不可能存在完全相同的土地。因此，当估计对象为集体土地价格时，可利用替代原则，通过市场上已发生交易的相同或相类似土地价格，在分析比较之后，确定估价对象集体土地价格。

替代原则突出特点是强调估价人员选用的可比实例与估价对象具有相同或相类似性，具体地讲，在用途、结构、价格类型等方面的相同或相类似性。因此，不管是房地合一的不动产，还是构成土地价格的某些因素以及估价主要参数，只要市场上条件具备，估价中都可以考虑利用替代原则解决有关问题。替代原则要求集体土地估价结果不得明显偏离类似集体土地在同等条件下的正常价格。

五、预期收益原则

地价是资本化的地租，是未来地租的贴现值。因此，集体土地价格的评估，需要的不是过去的收益，而是未来的收益。过去的收益只是为推测未来土地收益提供依据。在集体土地价格评估中，必须综合分析影响集体土地价格的各种因素，特别是未来因素的变化趋势，包括国际和国内的政治经济形势、城乡建设规划、社会发展因素等。客观、科学、合理地预测土地未来可能的收益，还要具体分析土地市场上各类土地供需状况，投资者经营能够给权利人带来的利润总和，以预期集体土地价格。

尽管土地价格是现在时点上的价格，但估价对象土地之所以有价格，就是因为将来能够产生收益或效益，因而其价值量的大小主要是由反映将来的总收益、总费用、资本化率等指标所定。估价中运用预期收益原则，一方面是因为估价对象土地不仅能够产生收益或效用，而且拥有一定的使用年限。如果估价对象是一幢建筑物，根据其建造质量、结构、已使用年限、使用维修状况等，应尚存在一定的使用寿命年限。如果估价对象是一宗土地，根据用途、原出让规定年限和时间，应尚存在一定的土地使用权年限。另一方面是因为估价对象可以进行持续经营。所谓持续经营，是假设估价对象土地在未来一段时间内，将依照当前的用途、使用方式规模、经营状况、环境或在有所改变的基础上进行连续不断的经营。作为收益性集体土地，估价时须结合具体经营方式和情况对预期收益进行合理估算，尤其对规模较大、经营内容较多的收益性集体土地，无论按现状持续经营，还是适当改换方式经营，都应当收集翔实、可靠的资料，以便合理估计对象集体土地的价格。

六、公平原则

集体土地价格评估的目标在于求得一个对各方当事人来说都是公平合理的价格，倘若评估的价格不合理、不公平，则必然使权益人或相关人的利益蒙受损失，反过来也损害了土地估价工作的声誉，削弱了估价结果的权威性。公平原则要求估价人员站在公正的立场上，遵循集体土地价格形成理论及规律，运用科学方法客观公正地对集体土地价格进行评估。

要做到公平，首先要求估价人员有良好的职业道德；其次要求估价人员应有起码的职业素质，既要熟悉各项相关政策法规，依法办事，又要熟悉掌握土地估价的基本方法与技能；最后要求估价人员清正廉洁，建立回避制度，提高工作透明度。

第四章

集体土地均质区域划分

第一节　集体土地均质区域划分原则与技术路线

一、划分原则

（一）综合分析与主导因素分析相结合

集体土地均质区域的空间分布受土地自然属性及社会经济条件等多种因素的影响，因此，在其划分工作中要全面考虑各种因素的作用，采用综合分析评价方法，确定各种因素的综合效益，使成果能够综合反映集体土地的空间分异特征。在众多影响因素中，往往有一个或几个因素、因子起主导作用，它们基本上决定了均质区域的空间分布趋势。因此，集体土地均质区域划分要注意把握这些因素、因子，才能使工作具有简捷性与准确性。

（二）均质区域划分与地价评估相结合

均质区域划分是对土地质量的综合评定，地价评估是对土地作为资源和资产的价值的分析评估。二者之间既有区别，又有密切联系。在集体土地均质区域划分中，按照相关土地评估技术规程的要求，把均质区域划分与地价评估有机地结合起来，既能提高集体土地均质区域划分的技术精度，又具有很强的可操作性。

（三）区域差异分析与因地制宜相结合

不同区域的土地各有其特点，即使在同一区域的地块上，由于微观区位条件的不同，土地性状也有明显的差异。因此，在集体土地均质区域划分中，影响因素的选择、分析方法的应用、区片分级分区等都要充分考虑到土地的区位条件与特性、各地区域特点等，因地制宜地开展工作，同时分析各区域土地的差异特点，以便能准确地确定集体土地均质区域划分的影响因素、土地质量、地价水平。

（四）定量分析与定性分析相结合

在集体土地均质区域划分工作中，除对某些难以定量的因素采用定性分析外，应尽量把定性的、经验性的分析进行定量化，以定量分析为主。这样不仅便于对各方面进行综合、归纳，也便于对中间与最终成果进行处理分析，并能有效地克服主观随意性，提高集体土地均质区域划分的精度。

（五）常规研究方法和新技术手段相结合

集体土地均质区域划分工作中有些简单的计算、分析处理，可采用常规的研究方法，但对复杂的、大量的数据处理和图件编制，采用常规技术手段处理速度慢、精度低、适应性差、更新困难。需采用地理信息系统技术、时空数据分析与挖掘方法，实现数据处理和图件编制的自动化，以加快工作速度，提高成果质量，并有利于成果的应用和更新。

（六）宏观分析与微观分析相结合

集体土地均质区域反映了土地质量在宏观上的差异性，但在区片级别落实中又要反映土地微观条件的差异。影响土地价格的因素有一般因素、区域因素和个别因素，一般因素和区域因素为宏观、中观因素，而个别因素则为微观因素。在集体土地均质区域划分中，要注意宏观、中观因素的影响，而在具体区片分析过程中，则要注意微观因素的影响。因此，只有坚持宏观分析与微观分析相结合，才能保证集体土地均质区域划分成果的准确性。

（七）静态分析和动态分析相结合

某区域土地质量、地价均反映某一时点的状况，由于影响土地质量的因素不断变化，使得土地质量也具备动态特征。因此，在集体土地均质区域划分工作中，应充分利用原来的研究工作基础和资料，同时考虑近些年的各种因素条件的变化及发展的趋势，综合确定目前时点集体土地均质区域级别或区片机子地价水平。

（八）理论研究与实际应用相结合

理论研究是为了实践上的应用。因此，在集体土地均质区域划分中，在揭示土地质量、价格一般规律的同时，加强对成果应用的研究，使集体土地均质区域级别界限准确，真实反映土地质量的空间分异规律，使基准地价切实合理、操作性强，并开发集体土地均质区域应用平台以进行信息化管理与共享。

二、技术路线

集体土地均质区域划分的技术方法可概括为：应用地理信息系统（GIS）技术，在划分评价单元的基础上，采用多因素信息聚合方法，其实质是根据每个影响因素的影响力，赋予其一定的分值和权重，经过叠加，获得每个评价单元的各种因素综合影响力的大小，依此划分集体土地均质区域。在具体实现时，需借助于地理信息系统技术，按照相关技术要求与规范开发集体土地均质区域划分系统来完成，其主要功能包括数据管理、图形管理、数据分析处理、均质区域划分等。划分的技术路线如图 4-1 所示。

根据相关国家标准及行业规程，结合任务区实际，制定集体土地均质区域划分的工作方案与技术方案，并进行专家论证。

结合规程要求的必选因素及体现区域特色的影响因素，选择确定集体土地均质区域划分的因素因子体系。

确定影响因素因子及其权重。用特尔斐专家咨询、熵值法等权重确定方法，科学确定不同类型用地的影响因素因子权重。

选择编绘工作底图。根据任务区土地利用现状图、地籍图、地形图、国土空间规划图等资料，结合制图综合方法，编制工作底图，可打印输出纸质地图或生成离线地图在智能终端上调用。

调查收集资料。在任务区工作底图的基础上，调查收集商服状况、交通条件、基础设施状况、公用设施状况、环境条件、人口状况、产业集聚等与土地定级因素因子有关的资料及相关的社会经济资料，在纸质地图或智能终端上填写表格或标绘位置。在资料收集时，地籍、土地利用、规划及社会经济发展等统计资料宜具体到村（组）等基层行政单元。对位于集体建设用地定级范围之外，但对测算范围内集体建设用地质量存在明显辐射影响的城镇（集镇）中心以及其他商服设施、基础公共服务设施等，需调查其相关资料。

整理、分析、补充调查外业资料，并应用空间数据库技术，结合 Geodatabase 等数据模型构建集体土地均质区域空间数据库，并对点状、线状、面状

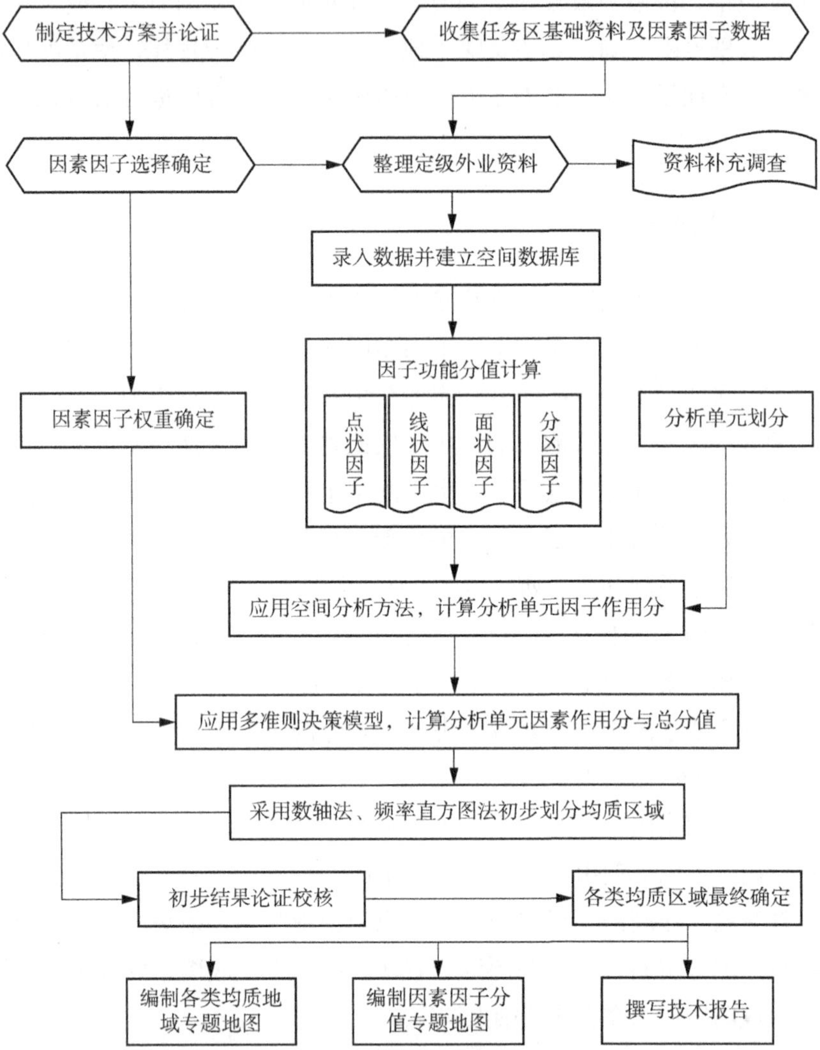

图 4-1　集体土地均质区域划分技术路线

的定级因素、因子进行标准化处理，求出中心作用分值及影响半径；对均质区域因素作分值标准化处理，计算其作用分子。对缺乏的资料进行外业补充调查。

计算分析单元分值。应用网格法或多边形叠加法，按相应规程要求，在 GIS 系统支持下生成规则网格单元或多边形单元；分别计算各分析单元中定级因素因子分值；结合因素因子权重及多因素信息聚合方法，计算分析单元总分值。在划分分析单元时，应依据集体土地的特点选择大小适宜的分析单元，也可将同村（组）覆盖的定级对象确定为应用评价单元，根据其所含的各测算单元分值测算应用评价单元的作用总分值。

初步划分土地级别。根据单元总分值，采用总分数轴法、区片划分法等方法划分不同类型用地均质区片或级别，并输出相应专题地图。

针对初步划分的均质区片或级别，应结合地价分布情况测算各区片土地的级差收益，根据级差收益值对土地级别进行校核。同时，划分初步结果应征求相关集体经济组织和管理部门的意见。当同一村（组）内的连片建设用地初步判定为具有明显质量差异需划入不同级别时，应充分考虑集体经济组织的接受程度，并与相关管理政策导向衔接，最终确定区片或级别划分结果。

成果整理。在上述工作的基础上，编制各类集体土地均质地域影响因素因子专题地图，输出各类均质区域分布分级专题地图，并撰写集体土地均质区域划分技术总结报告，汇交、上报相应成果并进行应用。

第二节　集体土地均质区域划分影响因素

集体土地均质区域划分受到多个因素的影响。总体上，参照国有土地评价方法，在《城镇土地分等定级规程》规定的基础上，除选择繁华程度、交通条件、基本设施状况、产业集聚效益、环境条件、人口状况等土地质量影响因素外，还应考虑城乡之间在社会经济职能、建设形态与规模等方面的差异，结合评价对象的特征，适度增减取舍，体现针对性、差异性、可行性。同时，鉴于集体土地具有覆盖范围广、空间位置分散、质量分布不连续、城乡接合部受邻近城镇或已建成区域的辐射影响明显、受区域功能规划及政策导向等影响明显等特征，在未先行开展集体建设用地分等的情况下，宜增加反映宏观区位、社会经济水平差异，以及相关规划等影响因素。

一、宏观区位

区位是人类活动的空间位置及其与外部的空间联系和所具有的社会经济意义，它不仅仅回答“在什么地方”的问题，还要回答“与外部有什么联系”以及“对社会经济发展有什么影响和作用”的问题。土地区位对集体土地均质区域划分具有关键影响，其内涵不仅仅为土地的空间几何位置或自然地理位置，从土地评价的角度看，更重要的是土地或地段与周围事物的相互关系。当谈论上海外滩区位时，在人们思维中首先反映出来的是上海全市最繁华的商业、金融中心和人流、交通的集散点，其次才是位于黄浦江的自然地理位置。区位比单纯的位置具有更深刻的社会经济内涵。广义的土地区位涉及多个方面，既包含地块在宏观尺度上的空间位置及其与外部的空间联系，也包括地块在微观尺度上的繁华程度与交通可达性等。为便于区分，在集体土地均质区域划分过程中，土地区位重点指宏观区位，用于反映位于任务区空间范围之外，但对地块具有明显辐射影响的因素，例如与地块近邻的中心城镇、商业繁华区、产业园区、集聚区等对土地质量的影响。

（一）中心城镇

中心城镇是指城区、集镇已建成区范围，是区域政治、经济、文化中心，对周边区域有辐射作用。从区域空间结构的角度看，中心城镇是区域空间结构中的节点要素，一般是空间经济活动最密集、最活跃的地方，是社会经济活动的空间“聚集点”或“制高点”。中心城镇的规模有大有小，节点的规模和等级不同，则层次级别不同，其主要功能也存在差异，并以其自身的功能在周围各个方向上构成一个空间吸引域。① 中心城镇的层次越低，数量越多，从而构成金字塔形的空间结构体系。区域空间结构中的城镇节点要素客观存在着运动变化的特点，当节点的成长发育所引致的极化和扩散效应不断增强时，节点的影响半径也不断扩大，节点内外的要素流的强度和频率也随之不断加大；当节点处于衰落状态时，其经济势能减少，影响范围收缩，节点之间的要素流也随之减弱；如果节点继续衰落，其经济要素将被新的节点中心吸引而外流，并可能出现节点的替代现象。从圈层结构的角度看，各个城镇有各自的圈层状态与明显的直接腹地，圈层的大小与城镇规模、城镇对外交通的便利程度（可达性）、城镇对外辐射强度成正比，以中心城镇为核心的圈层也有相应的等级层次系统。因此，无论中心城镇是否位于任务区，由于其腹地范围与圈层结构的存在，其对相应地块的影响都是客观存在的。在集体土地均质区域划分过程中，需充分考虑不同等级的中心城镇对相应评价单元的辐射作用，将其作为宏观区位因素进行分析计算。

（二）集聚区与园区

集聚就是相关产业或设施在空间上相对集中的状态，这种集中应高于更

---

① 陈常优，余明全. 城镇土地定级估价理论与实践［M］. 开封：河南大学出版社，1997.

大范围该实体空间分布的平均状态，包括各类产业集聚区、工业园区等。这种产业或设施集聚将会带来规模经济效应与范围经济效应。其中，规模经济效应可以节约利用资源、降低成本，由于园区基础设施是统一建设的，空间集聚可以实现对这些基础设施的集约使用和高效使用，可以创造高额的利润。空间集聚可以降低原料成本、运输成本和交易成本；实现大量采购，高效率配送，减少流通环节，最终降低成本；实施大量低价贩卖，吸引大量消费者；实现规模利润，提高竞争力。同时，空间集聚具有范围经济效应，创造和扩大共同市场。由于空间的集聚，一种产品的销售可以带来其他产品的销售，一种产业带来的消费者，也可以到其他产业，产业种类、形式越多，产品种类越多，越可以相互促进，彼此互补，从而创造和扩大共同的市场。可以看出，集聚区与园区也能够辐射周边一定范围的集体土地，也是重要的宏观区位因素。

二、社会经济发展状况

（一）经济产值或收入

土地是兼具自然属性与社会经济属性的复合体，其质量等级也受到经济因素的影响。以城市住宅用地为例，已有的研究表明房地产发展与人均 GDP 之间存在一定的关系，当某一地区人均 GDP 未达到 1400 美元时，人们以生存需求为主，此时的房地产市场追求数量发展，当人均 GDP 达到 1400 美元以后，人们处于生存和改善需求并存的状况，房地产市场进入发展阶段；当人均 GDP 超过 3000 美元后，人们以改善需求为主，该地区的房地产市场将呈现加速增长的态势；当人均 GDP 达到 8000 美元后，房地产市场接近饱和而缓慢发展。同时，居民的收入水平在一定程度上可以反映其对住宅的需求状况，居民的收入高低影响着消费者的购买能力，一般情况下，居民收入的增长与住宅需求呈正相关，即居民的收入提高表示其购买能力的提高，对商品住宅的需求随之增加。当集体土地均质区域划分涉及多个行政单元时，应考虑不同行政单元的经济产值或经济收入的空间分异特征，在实际应用中为了增强可比性，一般采用人均指标进行计算。[①]

---

① 吴宇哲．城市住房价格时空演变研究——理论、方法及应用［M］．北京：科学出版社，2011．

（二）耕地或建设用地比例

从价格的角度看，供给和需求是价格水平形成的两个最终因素。供给是一定时间内生产者所提供的商品数量。一般情况下，价格越高，生产者愿意提供的商品越多；相反，价格越低，生产者愿意提供的商品就越少。需求是一个市场中各个购买者的商品需求的总和。不同类型集体土地均质区域的价格也是由供给和需求决定的，与需求呈正相关，与供给呈负相关。供给一定，需求增加，则价格上升；需求减少，则价格下跌。』需求一定，供给增加，则价格下跌；供给减少，则价格上升。由于土地的不可移动性及其使用功能变更的困难性，决定其价格水平高低的，主要是本区域的供求情况。在集体土地均质区域划分时，相应类型用地比例反映了其供给情况，从而间接影响了土地价格，因此也是影响集体土地均质区域划分的重要社会经济因素。

（三）人口状况

人在区域发展中是最活跃的因素，作为顾客，人口密度越高，购买力越强，有利于促进商业中心的形成；作为各类设施的使用对象，也只有达到一定的人口数量和密度，才有可能配套建设比较完善的区域基础设施和公共服务设施。从这个意义上讲，人口密度越高，土地利用的集约化程度也越高，因而也提高了土地的价格。在集体土地均质区域划分时，一般采用相应行政单元的人口密度进行分析，即单位土地面积的人口数量（用人/平方千米表示）。人口密度的分布与地价的关系基本上遵循这一规律：中心区人口密度最高，边缘区次之，远郊区密度最稀。同样，土地价格也是中心区最高，且在空间上随着距市镇中心距离增大而逐渐衰减。同时也要看到，人口的集聚效益是有一定限度的。当人口密度超过合理的环境容量，非但不能继续产生新的效益，反而使环境恶化、交通拥挤、市容混乱。可见，如何确定人口合理密度的界限，即所谓最佳人口密度，仍是在应用过程中值得分析的问题之一。

三、繁华程度

（一）商服中心

商服中心是区域范围内大量商服设施集聚的区域，体现为商服繁华程度。所谓繁华，是指区域中某些职能的集聚，对企事业和居民产生巨大引力的结果，并在土地上创造高额的收益和利润。在空间上则表现为人们生活中交往最频繁、最活跃的地区。由于商业的集聚具有很大的吸引力，而且获得的级差地租最高，因此商业服务设施的集聚程度也可以用来表示繁华程度。商业的集聚效益主要来源于它的互补性。在一个中心商业区里，通常集中数百家不同类型的商店及相应的服务设施，由于商品繁多，服务项目齐全，社会需求的物品几乎应有尽有，可供选择余地大，因而具有很大的吸引力。顾客到此的目的绝非只光顾一家商店，大部分人都要“综合利用”。例如，人们赴北京王府井商业区购买服装，除进入百货大楼外，多数还要去东安市场及相邻的专业服装店选购，结果，王府井的大小商店普遍受益。这就是为什么商业集聚中心吸引的顾客及盈利要比分散布置的商店高得多。商服中心具有集聚经济效应，它可以形成区域的商业规模经济和知名度，商业区的规模经济增大了，知名度提高了，反过来也扩大了区域内商业的影响和市场。商业空间集聚增大对指标的吸引，由于规模扩大，知名度提高，吸引商业资本、交通资本、服务资本、公共资本和人流物流的流入。大规模商家的吸引效应、中小商家之间的互补与乘数效应、大规模商家对中小商家的波及效应、大规模商家与中小商家错位经营的互补效应，使商业集聚区城的经济效应不断加大。集体土地同样受到商服中心的影响，距离商服中心越近，其商业服务业功能越完善，从用户消费的角度来看购物也越便利，从而也直接影响其均质区域的划分结果。

（二）农贸市场

在任务区范围内，除常规商服设施外，可根据实际情况将农贸市场、定期开办的集市等视作商服设施参与测算。其中，县域中为农村居民提供生产和生活服务的场所主要是农贸中心，一般乡（镇）政府所在地均有定点集贸市场。同时，在有些乡（镇）或者中心村也有定期集市，这些均可作为农贸中心。与商服中心类似，农贸市场也集聚了多个商户或卖家，为人们提供各类生产用农资、生活必需品等，距离农贸市场的远近也反映了农村居民生产生活的便捷程度，也对集体用地质量产生重要影响。

四、交通条件

（一）道路通达程度

道路通达程度是在相应区域交通网络的基础上，把通行距离和时间作为统一的有机整体，既要求通行距离短，以节约运费，同时又要有四通八达的交通网络，把出行的时间减少到最低限度，涉及道路功能、道路宽度与路网密度等方面。道路功能是指每条道路在交通体系中的分工和作用。随着生产流通领域的日益扩大，社会经济文化交流十分频繁，道路根据总体规划布局的要求，分为生活型道路、交通要道、过境道路、专用道路等不同的功能类型。一般来说，生活型道路主要是城镇居住区之间、居住区与工业区之间、居住区与公共活动中心之间相互联系的道路，其特点是与居民日常生活密切相关。路上行人、自行车和公共交通车辆较多，以客运为主，有些干道还穿越城镇繁华的商业区，通达性对土地区位影响最大。交通要道主要为生产服务，大部分路段不穿越居住区，与居民的关系甚小，路上虽有大量机动车流，但以货运为主，公共汽车少，居民出行不算方便，通达性不如生活性干道。过境道路本质上也是交通要道的一类，因大部分为穿行交通，与居民关系最小。道路宽度是道路红线之间的距离，为车行道、人行道、绿化带宽度的总和。确定道路级别时道路宽度是一个主要因素。以城镇为例，城镇主干道宽度超过40米；次干道宽度超过25米；支路或生活区道路小于25米。理论上，城镇道路每车道每小时机动车最大通行量为300~600辆，因此道路越宽，可通达的车辆越多，通达性自然就好。道路通达性除受宽度影响外，还受道路功能、路网结构等许多因素的制约，在实际生活中，并非道路越宽越方便，为了综合评价道路通达性对土地的影响，也可将道路宽度与道路功能结合在一起对道路的作用进行分级，如生活型主干道、生活型次干道、交通型主干道、交通型次干道等。路网密度是单位土地面积拥有的道路长度，单位是千米/平方千米，它是反映道路通达性的另一个要素。一般说来，路网密度越大，区域交通通达条件就越好，就越便于人们的出行。需要说明的是，在集体土地均质区域划分时，还要增加考虑对分析单元有影响的国道、省道、县道及乡村道路。①

（二）对外交通便利程度

对外交通是区域对外联系的交通总称，包括铁路、公路、水路等多种形式。它们在区域内一般都设有站点，以方便旅客出行。这些站点的分布区位，无疑会对周围的土地产生影响。与交站点比较，对外交通设施——火车站、

---

① 张莉．可达性与区域空间结构［M］．北京：科学出版社，2013.

长途汽车站、水运码头具有以下特点：站点数量少，服务半径大。例如区域往往只有一个火车站，服务范围覆盖整个区域范围，主要服务于居民区域外长距离出行。由于对外交通站点吸引了大量旅客，在车站周围往往出现许多为旅客服务的商业设施，提高了土地的繁华程度。同时这里也是城镇内与对外交通的衔接点，本身就是公共汽车的起始站或终点站，在分析对外交通便利度时，应从每个站点在城镇中的实际作用出发进行针对性分析。此外，还应重点考虑高速公路出入口及其他对外交通节点对分析单元的影响。

（三）公交便捷程度

公交便捷程度反映区域内部公共交通出行的便利情况。对于县域来说，市镇内交通是联系城镇各部分的纽带，其作用十分重要。随着我国交通出行条件的不断改善，县域内实施了村村通工程，部分县域开通了城乡客运班线，其站点设置较为灵活，多数车辆招手即停，且有固定的行车路线。在集体土地均质区域划分过程中，应根据公交设置的实际情况，以公交站点或公交线路为基础分析公交便捷程度。

五、基本设施状况

（一）基础设施完善程度

广义的基础设施包括能源、给水、排水、通信等设施，它是区域发展必不可少的物质基础，其配套程度和质量直接影响生产、生活等城镇功能的正常运转。基础设施有相当一部分直接为生产服务，与工业发展息息相关。有的基础设施虽不直接创造社会财富，但通过它们的服务，可以使整个社会受益，由于提高了工作效率，使生产部门直接获得更好的经济效益。居民的生活也离不开基础设施，一片只有住宅而没有给排水、道路、电源的土地仍不具备最基本的生活居住条件。相反，随着人均居住面积的不断增加，人们对住房条件的要求已逐渐由数量转移到质量，即要求有良好的配套设施。基础设施的发展和完善程度，对居民生活水平的提高具有举足轻重的作用。区域防洪、排水和其他防灾设施起着安全保障的作用。地势低洼、临江临河的土地，如果缺少防洪排涝设施，在雨季或洪水泛滥时很易被淹，使人民生命财产遭受到严重损失。基础设施对改善环境质量也有很大的作用。例如，提高自来水的普及率，可避免各种疾病通过饮用水的途径在城镇中传播；生活污水和工业废水经过污水厂的处理，可以清除许多有害物质，对于减轻天然水源的污染，保证人、畜、鱼类的安全具有重要意义；发展城镇煤气和集中供热，不仅可以节约能源，方便居民生活，还可大大减少大气中的烟尘和二氧化硫的含量。鉴于基础设施对区域发展具有举足轻重的作用，在评价其配套完备度时，首先应分析基础设施的投入状况，基础设施的投入量直接影响配套的完备度。其次，基础设施涉及面广，在选择城镇土地定级参评因素时，应根据区域特点，选择对区域发展影响最大，又能反映土地质量差异的因素。此外，在分析基础设施对土地的影响时，不仅要考虑数量问题，还要区分质的差别。

（二）公共设施完备程度

公共服务设施是与居民日常生活和工作有密切联系的服务设施，包括：①医疗卫生设施，如医院、诊所等。②教育设施，如幼儿园、小学、中学等。③文化娱乐设施，如电影院、图书馆、文化馆等。④金融、邮电设施，如银行办事处、储蓄所、邮政所等。⑤行政管理机构，如街道办事处、居委会、派出所等。除上述基本设施外，县域还具备一定规模和稳定性的公共服务设施，如老年活动站所、农家乐、乡村旅游设施、农村电商营销点、固定的物流配送点等。公共服务设施虽然不直接产生物质财富，但其配套程度也对区域社会效益和经济效益产生间接影响，进而影响区域土地质量等级，在划分集体土地均质区域时，也要按照相应的分析方法进行分析测算。

六、环境条件

（一）环境质量

环境质量是环境污染状况的综合反映。在工业化的过程中，由于人为的原因，大量产生有害物质的污染源过于集中或不合理地排放，破坏了自然生态系统的平衡，并对人类身体健康造成巨大的危害，这种公害现象就是尽人皆知的环境污染。环境污染的种类很多，主要有大气污染、水污染、噪声污染、土壤污染、放射性污染等。每种污染都可能产生很大危害，其中又以前 3 类污染危害最大。大气污染是不合理排放有害气体对空气产生的污染。大气污染物的种类繁多，现已知道的有 100 多种，其中影响范围较广、对人体危害最大的有粉尘、二氧化硫、二氧化氮、氟化氢、氯、碳化氢以及上述物质联合作用产生的二次污染物光化学烟雾等。大气污染的危害程度取决于排放浓度、气象条件、地形地物等多种因素，污染最严重的土地区位往往处于顺风向下风侧的地段。水是人类和一切生命的源泉。天然水虽然也含有一定的杂质，但对人类的健康没有危害。随着近代工业的发展，人类活动产生的“三废”通过种种途径进入水体，其中许多有害物质超过了一定的含量，从而产生了水污染。对人体和水生物产生不良后果，引起水污染的物质有很多，其中危害最大的有酚、氰、铬、汞、砷以及一些不易分解的有机物。此外，人畜的粪便、城镇生活垃圾也可导致水体污染。对居民来说，威胁最大的是饮用水水源遭受污染，它能对身体健康产生直接影响。另外，某些河流湖泊虽不是饮用水水源，因污染物大量倾入而使鱼类死亡，或水质污浊，亦影响了沿河地带的景观和环境效益。噪声是对人们日常生活具有骚扰、带有破坏性的声音，主要来自交通运输和工业生产，衡量噪声的标准是声音的等级，用分贝表示。当声音在 50 分贝时，环境处于比较安静的状况；接近 80 分贝，则显得吵闹；到 90 分贝时，人就会感到十分嘈杂。长期处在这样的环境下，可以使人心情烦燥，睡眠不好，身体疲倦，从而降低工作效率。这些环境污染因素均会影响到集体土地均质区域划分结果，在实际应用中可根据污染程度选择部分污染类型进行分析，也可根据综合环境质量进行分区计算。

（二）自然条件

广义的自然条件，包括组成自然环境的各种要素。从土地评价的角度看，只有那些对土地开发影响较大的自然条件，如地形坡度、地基承载力、洪水淹没及地质构造等因素，才具有评价意义。地形坡度是反映区域地形起伏状况的因素，集体土地尤其是建设用地要求地势平坦，土方工程量小，以节省开发投资。当坡度超过一定限度，就要采取工程措施，挖土填方，平整场地，修建挡土墙和护坡工程。地形起伏的地区，坡度对道路网的建设和交通的营运管理有很大的影响。地基承载力是单位面积土地上随荷载增加所发挥的承载潜力，是评价地基稳定性的综合性指标，用来评价地基强度和稳定性。在土地利用过程中，各类建筑物和构筑物都要求天然地基稳固，具有较高的承载力和良好的工程地质条件，以节约建筑造价。相反，在地基承载力低的软土层中建设高大的楼房，必须采取强化基础的工程措施，从而增加了开发成本。如果软土层下有活动性的断层通过，或处于地震多发区，则对土地利用影响更大。作为建筑地基的主要物质是性质和结构不同的岩石，因而承载力相差很大。此外，自然条件因素还包括洪水淹没状况，如分布在沿河地带的城镇，每到洪涝季节，一些地势相对较低的土地常遭到洪水淹没，有些地段则因坡度过于平缓排水不畅，雨季经常积水，这两种情况都影响了农村居民正常的生产生活，使土地贬值。在土地评价中，可把不同频率洪水重现期的淹没状况作为标准，例如百年一遇洪水不被淹没的地段，评分最高；百年一遇洪水被淹，但淹没深度不足1.5米的地段，属略有缺陷的土地；那些在不大的洪水中经常被淹没的土地，使用价值不高，如果不提高防洪排涝标准，则很难加以利用。除上述各类自然条件因素外，在对集体土地均质区域划分时，还可根据区域实际情况将农村人居环境、工程地质条件、是否受地质灾害影响等纳入评价指标体系。

七、空间规划

随着时间的流逝，土地质量是动态变化的，但其分析与评价存在一定的时间周期，在集体土地均质区域划分过程中，对任务区土地质量分布有重要影响的各级各类国土空间规划、相关发展规划及相关功能区划等亦应纳入评价体系。其中，合理安排区域各类用地，是国土空间规划的主要内容之一。虽然规划涉及的土地利用是未来预期的目标，然而这种潜在影响往往会在现实的土地利用中反映出来。在中心城镇近郊的农业用地，一旦被规划确定为城镇近期开发的用地后，顿时“身价”提高了，一些农民甚至在这些土地上种植价值最高的水果、蔬菜，期望今后征地时获得更多的补偿。规划中的新城镇中心或副中心，也是富有吸引力的良好区位，若干年后，这里可能成为区域内商服繁华程度高、各项设施全的地区，地价要比相邻地区高出很多。同样，即将兴建的道路交通设施、煤气管道等，也都会使周围的土地“增值”。这种现象，实际上是土地利用的潜在能力，在均质区域划分工作中要给予足够的重视。另外也要看到，规划的目标毕竟是尚未实现的内容，它受多种因素制约，规划方案何时实现与能否全部实现，都具有很大的不确定性，也就是说，投资者若以规划为依据，必须冒一定的风险，对尚未变为现实的目标都要打上折扣。因此若把土地使用潜力作为评价因素，一般只考虑近期规划对现状土地利用的影响。

第三节 集体土地均质区域划分的关键技术

一、空间数据库技术

（一）空间数据库及其特征

空间数据库是一种应用于地理空间数据处理与信息分析领域的数据库，是描述与特定空间位置相关的真实世界对象的数据集合。[①] 它所管理的对象主要是地理空间数据。地理空间数据分为两类：一类是和空间位置、空间关系有关的数据，称为空间数据；一类是地理元素中非空间的属性信息，称为属性数据。在空间数据库中，由于空间数据表达的是地理实体的空间位置及其它所负载的属性两方面数据，因此空间数据库如何储存和管理这两种数据的方式和结构将决定空间数据库的存取、空间分析及 GIS 应用的效率。[②] 实质上，空间数据库是将地球上某一区域的相关数据有效地组织起来，根据其地理空间分布建立统一的空间索引，进而快速调度数据库中任意范围的数据，实现对整个区域地理空间数据的无缝漫游，即根据显示范围的大小灵活调入不同层次的数据，可以一览全貌，也可细致入微。空间数据库除了具有一般数据库的主要特征外，还具有其独特的特征。[③]

1. 复杂性

空间数据库中描述与存储的是现实地理世界中的地理实体，它具有高度的复杂性，首先反映在空间数据种类繁多。从数据类型看，不仅有空间位置数据，这些空间位置数据具有拓扑关系，还有属性数据，不同的数据差异大，表达方式各异，但又紧密联系；从数据结构看，既有矢量数据又有栅格数据，它们的描述方法又各有不相同。空间数据库中数据复杂性还表现在数据之间关系的复杂性上。[④] 即在空间位置数据和属性数据之间既相对独立又密切相

---

① 吴信才．数据中心集成开发技术：新一代 GIS 架构技术与开发模式［J］．地球科学（中国地质大学学报），2009，34（3）：540-546.

② 毕硕本．空间数据库教程［M］．北京：科学出版社，2013.

③ 王喜，秦耀辰，张超．探索性空间分析及其与 GIS 集成模式探讨［J］．地理与地理信息科学，2006（4）：1-5.

④ 秦奋．地理信息系统原理与方法［M］．西安：西安地图出版社，2005.

关，不可分割，给空间数据库的建立和管理增加了难度。例如，在以地块为单位的土地类型数据库中，要增加一个地块，绝不是简单插入一个地块属性数据，它涉及边界位置数据的增加、拓扑关系的修改，以及几何数据如面积、周长的修改，甚至影响到空间位置数据和属性数据之间连接关系的修改。

2. 非结构化特征

当前主流关系数据库的数据记录是结构化的，满足关系数据规范化理论的第一范式要求，亦即数据项不允许有嵌套、具有不可再分性。空间数据的数据项是变长的，例如两条不同公路的坐标点对数是不一样的，具有非结构化特征。这使得空间数据无法满足关系数据库的范式要求，难以直接采用通用关系数据库进行组织与管理。

3. 海量数据

传统的关系数据库仅仅涉及对实体属性的描述，而空间数据库除了描述实体的属性数据外，还需存储实体的空间位置信息。同时，加上存储其他空间数据如遥感影像数据等，数据量往往十分庞大，加上空间数据记录长度的多变性，为了获得高速数据贮存和运算，必须选择合理的算法和数据结构及编码方法，以提高数据库的工作效率。

空间数据库是地理信息系统最基本、最重要的组成部分之一，在地理信息系统项目中发挥着核心作用，支持空间数据处理与更新、海量数据存储与管理、空间查询分析与决策以及空间信息交换与共享等应用功能。土地利用规划信息系统是应用型 GIS 系统，同样离不开空间数据库技术的支持，以对大量的、多源的土地利用规划数据进行统一组织与管理，从而实现土地利用规划管理的高效数据存取。

（二）空间数据组织方式

1. 基于文件的空间数据组织

早期的 GIS 系统，利用文件来存储空间数据和属性数据，通过索引文件建立关联。随着数据库技术的发展，属性数据开始利用数据库来存储，而空间数据仍然用文件来存储，无法实现属性数据和空间数据的统一管理。如在 Arc/Info 中数据以 Coverage 方式存在，由一系列的文件组成，如 TIC、BND、ARC、AAT、PAT、TOL 等。对任意空间对象的修改都会引起一系列文件的变化。这样的数据存储模式不利于数据的安全、共享和发布。①

2. 基于关系数据库的空间数据组织

关系数据库的理论已经成熟和完善，利用关系数据库进行空间数据存储有两种方式。

（1）常规表方式：空间数据在一个几何表中单独存放，属性表中几何对象列是指向几何表的指针。每一个几何对象在几何表中用一系列点坐标对来描述，当几何对象的坐标对数超过了每行的定长坐标对数时，则采用分行存储的方法，并维护其前后关系。这种方式连接关系复杂，在处理空间对象方面效率低下。②

（2）大对象方式：现在很多大型关系数据库都提供了大二进制数据类型，可以存储空间数据，与常规表方式不同的是，每个几何对象对应于几何表中的一行。如 SQL Server 的 Image 类型、Oracle 的 BLOB/CLOB 类型等，每一个几何对象对应于表中的一行。大二进制类型没有具体的结构，不能进行搜索、索引和分析，且缺乏诸如长度、面积、周长、体积等计算算子。③

在关系数据库中的这两种存储方式都是全关系的存储方式，由于关系数据库的理论已经发展成熟，目前这种方式在国内外 GIS 软件中是主流模式。

3. 面向对象的空间数据组织

按照面向对象的思想，每个几何对象可抽象为某一类具有公共属性的对象，如点、线、面等。具体的几何对象则是该对象的一个实例，各种对象分层管理。面向对象的方法为描述复杂的空间数据提供了一条直观、结构清晰、组织有序的方法。但面向对象技术尚不成熟，面向对象的 GIS 系统作商用还有许多需要研究解决的问题，如对象的独立性和粒度的问题等。

4. 基于对象—关系模型的空间数据组织

结合关系理论和面向对象思想的存储方式，实质上是引入面向对象的技术在传统关系数据库中加入面向对象的特征，来对其进行扩展，称为对象—关系数据库。这种方式类似于关系数据库的大对象方式，但其中的几何对象

---

① 邬伦，刘瑜，张晶，等．地理信息系统——原理、方法和应用［M］．北京：科学出版社，2001.

② 吴信才．空间数据库［M］．北京：科学出版社，2009.

③ Longley P A, Goodchild M F, Maguire D J, et al. Geographic information science and systems 4ed［M］. New York: John Wiley & Sons, 2015.

是以对象的方式进行存储，具有一定的属性和行为。如 Oracle Spatial 提供的 SDO_ GEOMETRY 数据类型，可以存储地理几何对象，且能进行拓扑运算。对象—关系数据库与纯关系型数据库相兼容，它既支持面向对象的数据模型，又支持标准 SQL 语句，并有自身独特的 SQL 语句扩展。

以上是空间数据库具体的实现方式，在各种具体实现方式的基础上可设计相应的空间数据库逻辑模型。

（三）栅格数据组织与管理

在集体土地均质区域划分过程中，涉及高分辨率遥感影像以及空间分析运算结果等大量栅格数据，尽管这些栅格数据的数据结构较为简单，但数据存储量很大，因此研究这些栅格数据的组织与管理非常重要。其目的是将区域内相关的栅格数据有效地组织起来，并根据其地理分布建立统一的空间索引，快速调度数据库中任意范围的栅格数据，进而达到对整个数据库的无缝漫游与处理。①

1. 数据组织形式

空间数据库中，可采用栅格目录（catalog）以及栅格数据集（dataset）两种形式对栅格数据进行组织。栅格目录用于管理具有相同空间参考系统的多幅栅格数据，各栅格数据在物理上独立存储，易于更新，常用于管理更新周期快、数据量较大的栅格数据，具有数据组织灵活、层次清晰的特点。栅格数据集用于管理具有相同空间参考系统的一幅或多幅镶嵌而成的栅格数据，它在物理上实现了数据的无缝存储，适合管理 DEM 等空间连续分布、频繁用于分析的栅格数据类型，具有分析速度快的优点。

2. 存储结构及优化

栅格数据存入数据库时，需将实体对象之间的关系转为特定的数据结构模型。以关系数据库为例，可将影像数据存储在数据库的二进制变长字段中，通过数据访问接口访问数据库中的影像数据，同时影像数据的元数据也存放在关系数据库的表中，以实现无缝管理。为满足海量栅格数据的实时调度、快速浏览和检索，需对栅格数据进行分块和分级存储，并应用格网、R 树等空间索引方法改进栅格数据存取效率。栅格数据分块是把整幅图像按照一定的大小分成若干大小相等而互不重叠的块，可减少数据的网络传输数据量，

---

① 李连发，王劲峰，等. 地理空间数据挖掘［M］. 北京：科学出版社，2014.

方便数据压缩和有利于在计算机的内存中对图像数据进行运算处理。由于栅格数据有不同的分辨率，可对栅格数据进行数据分级，即在数据库中建立多级分辨率影像金字塔，根据不同的显示要求调用不同金字塔层次上的图像数据。

二、统计分析方法

统计分析方法就是通过调查获取的各种数据及资料进行数理统计和分析，结合多种统计分析方法形成定量的结论。集体土地均质区域划分中离不开统计分析，应充分利用统计分析方法来整理和研究各种有关土地自然与经济属性关联的统计数据（实践调查数据、文献资料数据等），以进一步揭示土地利用与社会经济发展的内在联系，从而对土地利用未来趋势进行预测。统计分析方法的运用，不仅对土地利用进行纯数量的研究，而且必须在与质量的辩证统一中研究其数量。常见的统计分析方法包括相关分析、回归分析、聚类分析等。①

（一）相关分析

相关分析是研究现象之间是否存在某种依存关系，并对具体有依存关系的现象探讨其相关方向及相关程度，是研究随机变量之间的相关关系的一种统计方法。现象与现象之间直接依存的关系，从数量联系上看，可以分为函数关系和相关关系。函数关系是从数量上反映现象间的严格的依存关系，即当一个或几个变量取一定的值时，另一个变量有确定值与之相对应；相关关系是现象间不严格的依存关系，即各变量之间不存在确定性的关系。在相关关系中，当一个或几个相互联系的变量取一定数值时，与之相对应的另一变量值也相应地发生变化，但其关系值不是固定的，往往按某种规律在一定范围内变化。回归方程的确定系数在一定程度上也反映了两个变量之间关系的密切程度，并且确定系数的平方根就是相关系数。但是，确定系数一般是在拟合回归方程之后计算的，如果两个变量间的相关程度不高，拟合方程便没有意义，因此，相关分析往往在回归分析之前进行。相关分析的任务是揭示变量之间相互关系的密切程度，主要是通过对相关系数的计算与检验来完成的。给定两个变量 x 与 y，其相关系数由下式定义：

① 肖革新．空间统计实战［M］．北京：科学出版社，2018.

$$r_{xy}=\frac{\sum_{i=1}^{n}(x_i-\bar{x})(y_i-\bar{y})}{\sqrt{\sum_{i=1}^{n}(x_i-\bar{x})^2}\times\sqrt{\sum_{i=1}^{n}(y_i-\bar{y})^2}}$$ 公式（4-1）

式中：$\bar{x}$ 和 $\bar{y}$ 分别表示两个要素样本值的平均值；r_{xy} 为要素 x 与 y 之间的相关系数，它就是表示该两要素之间相关程度的统计指标，其值在［0，1］之内。如 $r_{xy}>0$，表示正相关，即两要素同向发展；$r_{xy}<0$，表示负相关，即两要素异向发展。r_{xy} 的绝对值越接近于 1，表示两要素的关系越密切；越接近于 0，表示两要素的关系越不密切。当变量之间的相关系数求出之后，还需要对所求得的相关系数进行检验。这是因为，这里的相关系数是根据要素之间的样本值计算出来的，它随着样本数的多少或取样方式的不同而不同，因此它只是要素之间的样本相关系数，只有通过检验，才能知道它的可信度。一般情况下，相关系数的检验，是在给定的置信水平下，通过查相关系数检验的临界值表来完成的。①

由于空间数据的非平稳性，针对空间数据定义了空间自相关指标来测度其空间分布模式。空间自相关分析是认识空间分布特征、选择适宜的空间尺度来完成空间分析的最常用的方法。目前，普遍使用空间自相关系数 *Moran I* 指数，其计算公式如下：

$$I=\frac{N}{W_{ij}}\times\frac{\sum\sum W_{ij}(x_i-\bar{x})(x_j-\bar{x})}{x_i-\bar{x}}$$ 公式（4-2）

式中：N 表示空间实体数目；x_i 表示空间实体的属性值；$\bar{x}$ 是 x 的平均值；$W_{ij}=1$ 表示空间实体 i 与 j 相邻，$W_{ij}=0$ 表示空间实体 i 与 j 不相邻。

I 的值介于-1~1，$I=1$ 表示空间自正相关，空间实体呈聚合分布；$I=-1$ 表示空间自负相关，空间实体呈离散分布；$I=0$ 则表示空间实体是随机分布的。W_{ij} 表示实体 i 与 j 的空间关系，它通过拓扑关系获得。

（二）回归分析

地理要素间的相关分析揭示了诸地理要素之间相互关系的密切程度。然而诸要素之间相互关系的进一步具体化，譬如某一地理要素与其他地理要素之间的相互关系若能用一定的函数形式予以近似的表达，那么其实用意义将会更大。在复杂地理系统中，某些要素的变化很难预测或控制，相反，另外

① 苏世亮，李霖，翁敏．空间数据分析［M］．北京：科学出版社，2019.

一些要素则容易被预测或控制。在这种复杂的地理系统中，若能在某些难以测量的要素与其他易于测量的要素之间建立一种近似的函数表达式，则就可以比较容易地通过那些易测易控要素的变化情况去了解那些难测要素的变化情况。数理统计学为我们提供了回归分析方法，是研究要素之间具体的数量关系的一种强有力的手段，借助于这种方法，可以建立地理要素之间的相关关系模型——回归分析模型。

现代地理科学研究的对象是多层次多要素的复杂系统，其要素之间的相互关系既有线性的，也有非线性的。因此，地理要素之间的回归分析模型，既有线性回归模型，也有非线性回归模型。但是在回归分析研究中，许多非线性模型都可以通过变量变换将其转化为线性模型来处理。回归分析方法体系主要分为线性回归、非线性回归和其他回归方法，线性回归包括一元线性回归、多元线性回归，非线性回归包括一元非线性回归、多元非线性回归，其他回归方法有曲线回归、Logistic 回归、有序回归、概率单位回归、加权回归等。最为常见的回归分析方法是一元线性回归分析，是基于一个自变量的线性方程式展开的回归分析过程，这个回归过程是所有回归分析中最简单的，又叫简单线性回归。假设有两个变量 x 和 y，x 为自变量，y 为因变量。估计 y 与 x 之间存在线性关系，则有：

$$y=\beta_0+\beta_1 x \quad 公式（4-3）$$

其中 β_0、β_1 是待定的未知常数，称为回归系数。式（4-3）称为一元线性回归模型。设（x_i，y_i）（$i=1$，2，…，n）是一组观测数据，考虑到实际观测中由于随机因素的干扰，因变量的取值不仅与自变量的取值有关，而且与误差有关，我们利用这组数据，建立如下方程组：

$$y_i=\beta_0+\beta_1 x_i+\varepsilon_i \quad i=1, 2, \cdots, n \quad 公式（4-4）$$

ε_i 表示观测过程中随机因素对 y_i 的影响误差，通常是采用最小二乘法估计 β_0 与 β_1。多元线性回归模型表示一种地理现象与另外多种地理现象的依存关系，这是另外多种地理现象共同对一种地理现象产生影响，作为影响其分布与发展的重要因素。设变量 Y 与变量 X_1，X_2，…，X_m 存在着线性回归关系，它的 n 个样本观测值为 Y_j，X_{j1}，…，X_{jm}，$j=I$，2，…，n，多元线性回归的数学模型可以写为：

$$\begin{bmatrix} Y_l \\ Y_2 \\ \cdots \\ Y_n \end{bmatrix} = \begin{bmatrix} 1 & X_{11} & X_{12} & \cdots & X_{1m} \\ 1 & X_{21} & X_{22} & \cdots & X_{2m} \\ & & & & \\ 1 & X_{n1} & X_{n2} & \cdots & X_{nm} \end{bmatrix} \begin{bmatrix} \beta_1 \\ \beta_2 \\ \cdots \\ \beta_n \end{bmatrix} + \begin{bmatrix} \varepsilon_1 \\ \varepsilon_2 \\ \cdots \\ \varepsilon_n \end{bmatrix} \qquad 公式（4-5）$$

同样可采用最小二乘法对上式进行回归参数估计。在复杂地理系统中，除了线性关系以外，要素之间的非线性关系也是大量存在的。对于要素之间的非线性关系，只要根据要素之间的关系设定新的变量，通过变量替换就可以将原来的非线性关系转化为新变量下的线性关系，就可以借助线性回归模型的建立方法，建立要素之间的非线性回归模型进行回归分析和预测。这种将非线性函数关系转化为线性关系的过程被称为非线性关系的线性处理，常见的变换包括对数变换、指数变换等方法。

在回归分析中，样本越大、越接近总体，或者说样品数目越多（即 n 值越大），参数估计结果越可靠。另外，自变量数目 m 越大，对参数估计越是容易产生负面影响。样本容量的影响反映在总自由度 $n-1$ 中，变量的影响反映在回归自由度 m 上，它们共同的影响就反映在剩余自由度 $v=n-m-1$ 上。因此统计检验中，必要时会引入剩余自由度修订计算结果。最常用的检验方法有如下 5 种：相关系数检验（检验拟合优度）、标准误差检验（检验预测精度）、F 检验（检验线性关系）、t 检验（检验相关强度）和 DW 检验（判断模型预测误差是否来自随机干扰）。相关系数检验、F 检验和 DW 检验属于整体性检验，用于评估整个模型；t 检验属于局部性检验，用于评估模型参数；标准误差检验则分为回归标准误差检验和参数标准误差检验，前者属于整体性检验，后者属于局部性检验。

（三）聚类分析

聚类分析是研究多要素事物分类问题的数量方法。其基本原理是，根据样本自身的属性，用数学方法按照某些相似性或差异性指标，定量地确定样本之间的亲疏关系，并按这种亲疏关系程度对样本进行聚类。聚类分析方法，是地理学中研究地理事物分类问题和地理分区问题的重要数量分析方法。常见的聚类分析方法有系统聚类法、动态聚类法和模糊聚类法等。这里主要介绍和探讨系统聚类分析方法。系统聚类又叫层次聚类或者分层聚类，是聚类分析中最常用的一种方法。它是根据多种地学要素对地理实体进行划分类别的方法，对不同的要素划分类别往往反映不同目标的等级序列，如土地分等定级、水土流失强度分级等。系统聚类的步骤一般是根据实体间的相似程度，逐步合并若干类别，其相似程度由距离或者相似系数定义。进行类别合并的准则是使得类间差异最大，而类内差异最小。系统聚类的特点是事先不明确所要分类的数目，根据分类对象之间距离的远近或者相似系数的大小进行分层归并，距离近或者相似性高的分类对象在低层次合并，距离远或者相似性低的分类对象在高层次合并。分类结果一般以分类谱系图表示，根据谱系图的特征可以在某个层面将全部对象分为几个大类，大类之中还可以分出亚类、亚亚类等。①

1. 距离定义与相似系数

聚类分析是根据相似性和差异性来进行的，差异性则可以通过距离反映，相似性可以借助相似系数之类表征。聚类分析中最重要的概念之一是距离，包括个体距离和类距离。系统聚类分析通常总是从个体距离矩阵开始。如果我们把每一个分类对象的 n 个聚类要素看成 n 维空间的 n 个坐标轴，则每一个分类对象的 n 个要素所构成的 n 维数据向量就是 n 维空间中的一个点。这样，各分类对象之间的差异性就可以由它们所对应的 n 维空间中点之间的距离度量。常用的距离包括绝对值距离、欧氏距离、Minkowski 距离等，不同的距离有不同的优点和缺点，可以根据聚类分析的目的或者研究对象的特征选择距离，也可以自行定义一种距离。需要明确的是，定义任何一种距离，都不得违背距离的非负性、规范性、对称性、三点不等式公理。②

设 X_i、X_j 均为 m 维向量，其形式如下：

$$X_i=[X_{i1} \quad X_{i2} \quad \cdots \quad X_{im}]^T,\ X_j=[X_{j1} \quad X_{j2} \quad \cdots \quad X_{jm}]^T (i=1,\ 2,\ \cdots,\ n)$$

公式（4-6）

则 X_i、X_j 的 Minkowski 距离定义为：

$$d_{ij}(q)=[\sum_{k=1}^{m}|X_{ik}-X_{jk}|^q]^{1/q},\ (i,\ j=1,\ 2,\ \cdots,\ n)$$

公式（4-7）

参数 q 取不同数值，可以得到不同的距离。通常 q 取 1、2 和 ∞。

---

① 苏世亮，李霖，翁敏．空间数据分析［M］．北京：科学出版社，2019.

② 陈彦光．地理数学方法：基础和应用［M］．北京：科学出版社，2011.

（1）当 $q=1$ 时，得到绝对值距离，其定义为：

$$d_{ij}(1)=\sum_{k=1}^{m}|x_{ik}-X_{jk}|$$ 公式（4-8）

（2）当 $q=2$ 时，得到欧氏距离，其定义为：

$$d_{ij}(2)=\sqrt{\sum_{k=1}^{m}|x_{ik}-X_{jk}|^{2}}$$ 公式（4-9）

（3）当 $q\to\infty$ 时，得切比雪夫（Chebychev）距离，或称矩形距离、盒子距离。定义如下：

$$d_{ij}(\infty)=\max_{1\leqslant k\leqslant m}|x_{ik}-x_{jk}|$$ 公式（4-10）

选择不同的距离，聚类结果会有所差异。在地理分区和分类研究中，往往采用几种距离进行计算、对比，选择一种较为合理的距离进行聚类。常见的相似系数包括夹角余弦和相关系数。以夹角余弦为例，其计算公式如下：

$$\cos\theta_{ij}=\frac{\sum_{k=1}^{m}x_{ik}x_{jk}}{\sqrt{\sum_{k=1}^{m}x_{ik}^{2}}\sqrt{\sum_{k=1}^{m}x_{jk}^{2}}}(-1\leqslant\cos\theta_{ij}\leqslant 1)$$ 公式（4-11）

夹角余弦公式基于两个向量到原点的距离构成的夹角进行计算，夹角余弦和相似系数与前面的距离表示的角度不同。对于距离，数值越小表明研究对象之间越相似，越应该归为一类；对于相似系数或者夹角余弦，则刚好相反，数值越大则表明研究对象越相似，越应该归为一类。

2. 系统聚类方法

系统聚类分析不仅要甄别距离，而且要遴选方法。不同距离与方法的组合可以得到多个聚类途径。这些方法本质上是对距离计量方法的不同定义。常见的距离计量方法包括最短距离法、最长距离法、类平均法、重心法、离差平方和法等。以最短距离法为例，定义两类之间的距离以两类间的最近样本距离来表示。各种系统聚类法在聚类步骤上是完全一致的，所不同的仅是类与类之间的距离有不同的定义方法，因而得到不同的递推公式，这些公式虽然不同，但可用一个公式把它们统一起来，其定义如下：

$$d_{kr}^{2}=\alpha_{p}d_{kp}^{2}+\alpha_{q}d_{kq}^{2}+\beta d_{pq}^{2}+\gamma|d_{kp}^{2}-d_{kq}^{2}|$$ 公式（4-12）

式中 α_p、α_q、β、γ 为参数。应用上述方法，可以生成变量的聚类结构。所谓聚类结构，就是在相似性统计量的基础上，遵循一定的分型划类的原则，通过公式计算，以求得各类之间的较为合理的连接、定量分类方法。依此方法所得到的聚类结构图，称为聚类图，或称谱系图或树状图。它是聚类分析的结果图件，可以把无法用平面表达的多维空间中的样本（或变量）之间的相互关系化成二维图形，并且分类系统直观，同时还可以用定量的方法表达各样本（变量、地区、地点）之间的相似程度。聚类结构形成一般采用两种方法：一为一次形成法，二为逐步形成法。一次形成法是一种最简单的聚类形成法。当变量数目和站点数目较少时，可采用这种方法。它是在原始数据的基础上，经对数变换和数据的标准化处理，在计算出相似系数矩阵或距离系数矩阵后，从中选出相似系数最大的样本对或距离系数量小的样本对，然后再选出相似系数次大的样本对或距离系数次小的样本对，余者依此类推，直至一次分类完毕为止，而不作进一步的计算。逐步形成法的计算工作量大，但聚类的效果往往较好。它的计算过程在相似矩阵形成以前同前一种方法一样，但在相似矩阵形成后要不断地计算标准化后的数据和分类统计量，从而逐步形成各级分类系统。

三、空间分析方法

空间分析是基于空间数据的分析技术。它以地学原理为依据，通过分析算法，从空间数据中获取有关地理对象的空间位置、空间分布、空间形态、空间形成、空间演变等信息，是地理信息系统区别于其他类型信息系统的最重要的一个功能特征。进行空间分析的主要目标是建立有效的空间数据模型来表达地理实体的时空特性，发展面向应用的时空分析模拟方法，以数字化方式动态、全局地描述地理实体与地理现象的空间分布关系，从而反映地理实体与地理现象的内在规律与变化趋势。传统的空间分析方法包括空间量测、空间叠置、网络分析、邻域分析、地学统计等多方面，这些分析方法在多数地理信息系统平台上都已经实现。空间插值、探测性数据分析、解释性分析和确定性数据分析等技术也不断发展与完善。为了适应空间分析新需求的挑战，计算机领域的智能计算技术提供了一系列适应地理空间数据的高性能计算模型，并重点强调在数据丰富的计算环境中所产生的空间分析新方法，如人工神经网络（ANN）、模拟退火与遗传算法等。

地理信息系统环境下的空间分析主要包括确定性空间分析、探索性空间分析、时空数据分析、专业模型分析、智能化空间分析以及可视化空间分析 6 种类型，涉及空间目标形态及其关系、空间行为、空间相关、空间查询、空间决策支持等内容，其中集体土地均质区域划分中主要涉及几何量算、叠加分析、缓冲区分析、空间插值等。

（一）几何量算

几何量算对不同的点、线、面状地物有不同的含义：①点状地物（零维）：坐标；②线状地物（一维）：长度、曲率、方向；③面状地物（二维）：面积、周长、形状、曲率等；④体状地物（三维）：体积、表面积等。一般的GIS软件都具有对点、线、面状地物的几何量算功能，或者是针对矢量数据结构，或者是针对栅格数据结构的空间数据。

1. 线状地物长度量算

线状地物对象最基本的形态参数之一是长度。在矢量数据结构下，线表示为点对坐标（X，Y）或（X，Y，Z）的序列，在不考虑比例尺的情况下，线长度的计算公式为：

$$L = \sum_{i=0}^{n-1} [(X_{i+1} - X_i)^2 + (Y_{i+1} - Y_i)^2 + (Z_{i+1} - Z_i)^2]^{\frac{1}{2}} = \sum_{i=1}^{n} l_i$$

公式（4-13）

对于复合线状地物对象，则需要在对诸分支曲线求长度后，再求其长度总和。通过离散坐标点对串来表达线对象，选择反映曲线形状的选点方案非常重要，往往由于选点方案不同，会造成长度计算的精度不同。如果提高计算精度，增加点的数目，会给数据获取、管理与分析带来额外的负担，折中的选点方案是在曲线的拐弯处加大点的数目，在平直段减少点数，以达到计算允许精度要求。① 在栅格数据结构里，线状地物的长度就是累加地物骨架线通过的格网数目，骨架线通常采用八方向连接，当连接方向为对角线方向时，还要乘上$\sqrt{2}$。

2. 面状地物面积量算

面积是面状地物最基本的参数。在矢量结构下，面状地物以其轮廓边界弧段构成的多边形表示。对于没有空洞的简单多边形，假设有 N 个顶点，其面积计算公式为：

$$S = \left| \frac{1}{2} \left(\sum_{i=1}^{N-2} (x_i y_{i+1} - x_{i+1} y_i) + (x_N y_1 - x_1 y_N) \right) \right|$$ 公式（4-14）

① 徐建华．计量地理学（第二版）［M］．北京：高等教育出版社，2014.

这里采用的是几何交叉处理方法，即沿多边形的每个顶点作垂直于 X 轴的垂线，然后计算每条边的两条垂线及这两条垂线所截得 X 轴部分所包围的面积，所求出的面积的代数和，即为多边形面积。对于有孔或内岛的多边形，可分别计算外多边形与内岛面积，其差值为原多边形面积。对于栅格结构，多边形面积计算就是统计具有相同属性值的格网数目。但计算破碎多边形的面积有些特殊，可能需要计算某一个特定多边形的面积，必须进行再分类，将每个多边形进行分割赋给单独的属性值，之后再进行统计。[①]

3. 距离量算

距离是人们日常生活中经常涉及的概念，它描述了两个事物或实体之间的远近程度。最常用的距离概念是欧氏距离，无论是矢量结构，还是栅格结构都很容易实现。在 GIS 软件中，距离通常是两个地点之间的计算，但有时人们想知道一个地点到所有其他地点的距离，这时得到的距离是一个距离表面。如果一区域中所有的性质与方向无关，则称为各向同性区域。以旅行时间为例，如果从某一点出发，到另一点所耗费的时间只与两点之间的欧氏距离成正比，则从一固定点出发，旅行特定时间后所能达到的点必然组成一个等时圆。在现实生活中，旅行所耗费的时间不只与欧氏距离成正比，还与路况、运输工具性能等有关，从固定点出发，旅行特定时间后所能到达的点在各个方向上的距离不同，形成各向异性距离表面。考虑到阻力影响，计算的距离称为耗费距离。物质在空间中移动总要花费一些代价，如资金、时间等，阻力越大耗费也越大。相应地通过耗费距离得到的距离表面称为阻力表面或耗费表面，其属性值代表耗费或阻力大小。可以根据阻力表面计算最小耗费距离。

网络空间中的距离即为网络距离，它是在一个网络中游历的距离（或成本、时间等）。多数情况下，网络距离是指点对或广义表之间（基本上都是网络节点或在水文学应用中的上下游点）的最小值距离测度。一般来说，网络是连接在一起的折线的逻辑集合，接合在网络节点（或顶点）处，并具有网络拓扑（有时称为几何）。网络的链和节点可能具有其他明显的属性，如连接类型、应用于链和节点的权重、支配流动行为的规则（如链的方向、允许的转向、障碍等）和内部的属性（如位置和线段长度）。在 GIS 软件中计算网络距离时，所使用的方法将考虑网络中的各种显式和内部属性及针对具体问题

① 白光润．应用区位论［M］．北京：科学出版社，2009.

所应用的规则。因此，网络距离针对不同的问题具有不同的含义，存在各种混合概念，并在一些 GIS 软件中被模型化。在集体土地均质区域划分中，主要采用网络中两点间的最短路径长度来进行计算。

（二）叠加分析

叠加分析是地理信息系统最常用的提取空间隐含信息的手段之一。该方法源于传统的透明材料叠加，即将来自不同数据源的图纸绘于透明纸上，在透光桌上将其叠加在一起，然后用笔勾出感兴趣的部分并一一提取出感兴趣的信息。地理信息系统的叠加分析是将有关主题层组成的数据层面，进行叠加产生一个新数据层面的操作，其结果综合了原来两层或多层要素所具有的属性。叠加分析不仅包含空间关系的比较，还包含属性关系的比较。叠加分析的目的是寻找和确定同时具有几种地理属性的地理要素分布，或是按照确定的地理指标，对叠加后产生的具有不同属性级的多边形进行重新分类或分级。

1. 点与多边形叠加

点与多边形叠加，指一个点状地物图层与一个多边形图层相叠，叠加结果通常是将其中一个图层的属性信息“注入”另一个图层中，且更新该数据层。实现点与多边形叠加，主要有两个步骤。第一步，计算多边形对点的包含关系。矢量结构的 GIS 能够通过计算每个点相对于多边形线段的位置，进行点是否在一个多边形中的空间分析判断。第二步，进行属性数据处理。比较简单的方式是将多边形图层的属性数据注入点数据层的属性表中，使点属性表中含有每个点所在的多边形标识序号，以及多边形的某些附加属性。例如，将油井（点）图层与行政区划（多边形）图层叠加，油井的点属性表将更新，该表不仅包含原有的油井本身属性，如井位、井深、出油量等，还添加了所在行政区的标识序号，以及行政区名称和相关经济数据等属性。当然，也可以将点的属性注入多边形上，更新多边形属性表。但是，这样做比较麻烦，因为多边形可能包含不同数目的点，在多边形属性中，可能需要添加若干个点的标识和属性。

2. 线与多边形叠加

线与多边形叠加，指一个线状地物图层与一个多边形图层相叠，叠加结果通常是将多边形层的属性注入线状地物层中，更新其线属性表；然后在线数据层基于更新的属性表，查询分析叠加信息。实现线与多边形叠加也分为两步。第一步，比较线坐标与多边形坐标的关系，判断哪一条线落在哪一个或多个多边形内。为此，必须计算线与多边形边界的交点，以交点作为结点，将原线截为多个、落入不同多边形的新弧段。第二步，重建线的属性表，表中既包含每条新弧段原来所属线的所有属性，也包含新添加的、它所落入的多边形标识序号，以及该多边形的某些附加属性。例如，将河流图层与省市行政区多边形图层相叠加，河流图层中每个新河流段的线属性表不仅含有原河流的信息，还含有该河流段所在省市行政区的标号或其他信息。据此，就可以查询任意省市内的河流长度，计算它的河流密度，分析河流与所在省市其他属性的关联等。

3. 多边形与多边形叠加

多边形叠加是叠加分析中最经典的形式，也是 GIS 最常用的空间分析功能之一。多边形叠加是指将两个或多个多边形图层进行叠加，产生一个新的多边形图层。新图层的多边形是原来各图层多边形交割的结果，每个多边形的属性含有原图层多边形的所有属性，以及在原图层中的序号。实现多边形的叠加也分为两个步骤。第一步，几何求交。即首先求出所有多边形边界线的交点，再根据这些交点重新装配多边形，建立拓扑关系，为每个多边形赋予唯一标识码，并判断新生的多边形分别落在每个参与叠加的多边形层的哪个多边形内，建立新生多边形与原多边形的关系。第二步，在关系数据库中建立结果层的多边形属性表，将原图层中对应多边形的数据拷贝到新的多边形属性表中。

多边形叠加完成后，根据新图层的属性表可以查询原图层的属性信息，新生成的图层和其他图层一样可以进行各种空间分析和查询操作。根据叠加结果最后欲保留空间特征的不同要求，一般的 GIS 软件都提供了 3 种类型的多边形叠加操作，如图 4-2 所示。

多边形的叠加分析的应用十分广泛，是 GIS 软件必不可少的空间分析功能之一。如将地块多边形和高程多边形进行叠加，提取土地使用为住宅和高程低于洪水水位的多边形，通过数据计算，可以大体地估算出由于洪水带来的财产损失。又如在城市规划管理中，将某一权属地块多边形与建筑层多边形或者与绿化多边形进行多边形的叠加分析，就可以获得宗地的建筑密度或绿化率，从而为城市规划管理、决策提供服务。

（三）缓冲区分析

邻近度（Proximity）描述了地理空间中两个地物距离相近的程度，其确

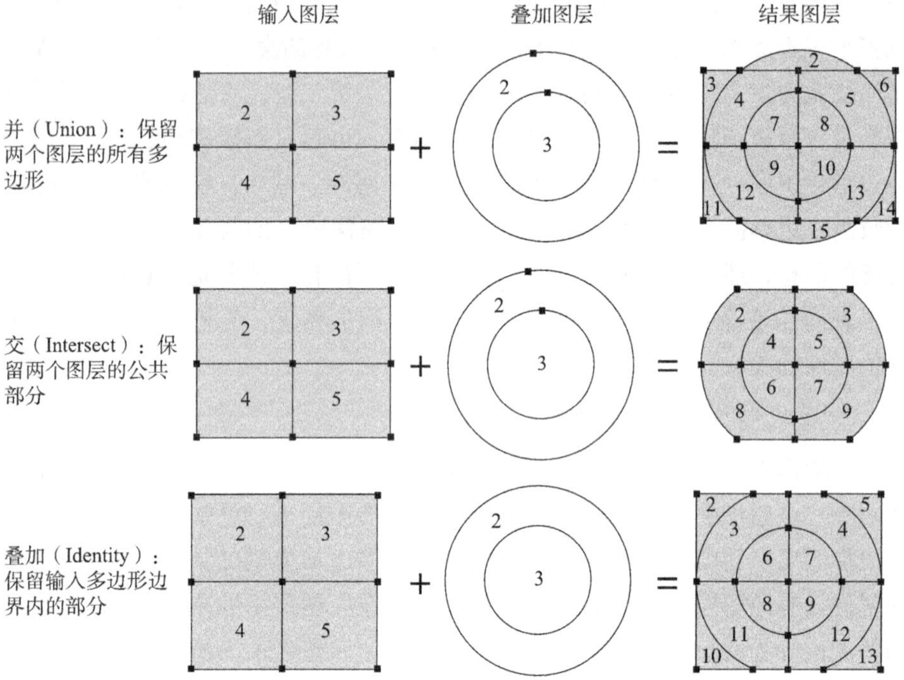

图 4-2　多边形的不同叠加方式

定是空间分析的一个重要手段。① 交通沿线或河流沿线的地物有其独特的重要性，公共设施（商场、邮局、银行、医院、车站、学校等）的服务半径，大型水库建设引起的搬迁，铁路、公路以及航运河道对其所穿过区域经济发展的重要性等，均是邻近度问题。缓冲区分析是解决邻近度问题的空间分析工具之一。缓冲区，又称为影响区和影响带，是指围绕地理要素的一定宽度的区域。缓冲区分析是围绕所选择的要素，用一个预先定义的与这些要素之间的距离（多为欧氏距离）生成一个或多个区域的过程。所得到的缓冲区是一个或一系列面对象（通常为多边形），重叠的区域可以自动融合。在多数情况下，缓冲区围绕一组直线和中心位于凸包的顶点上的圆弧来创建。

缓冲区的产生有 3 种情况：一是基于点要素的缓冲区，通常以点为圆心、以一定距离为半径的圆。例如，城市的噪声污染源所影响的空间范围。二是基于线要素的缓冲区，通常是以线为中心轴线，距中心轴线一定距离的平行条带多边形。如河流污染所影响的范围。三是基于面要素多边形边界的缓冲

① 崔铁军，等．地理空间分析原理［M］．北京：科学出版社，2016.

区，向外或向内扩展一定距离以生成新的多边形（具体见图 4-3）。缓冲区可应用于点、线或多边形对象，或格网数据集中的栅格单元。缓冲区可能是对称的，即从线或多边形的边界以两个方向（左和右或内和外）向外扩展；也可能是不对称的，只向内或向外扩展。

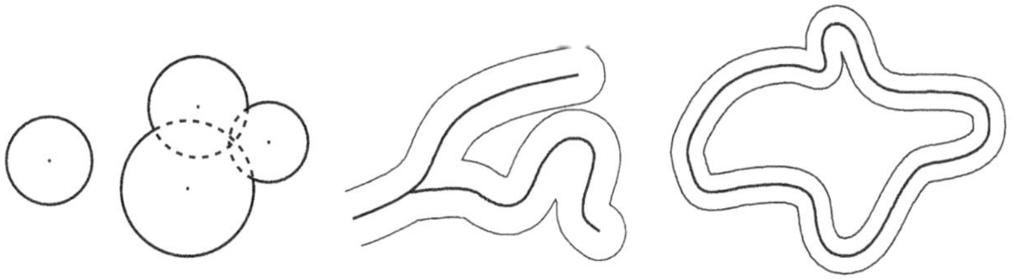

a. 点的缓冲　　b. 线的缓冲　　c. 面的缓冲

图 4-3　缓冲区示意图

缓冲区分析是 GIS 软件中一个很重要的分析功能。在对地物生成缓冲区进行分析时，一般存在着下面几个问题，即"锐角问题""瓶径问题""单侧缓冲区问题"。缓冲区生成的前提是已对地物生成了拓扑关系，缓冲区本身实质上也是一个图斑类型的拓扑，其拓扑数据表结构与一般的图斑数据表结构完全相同，只不过这种拓扑中只有一个图斑。因此缓冲区分析实际上是把缓冲区与另外一个图斑拓扑进行叠加。例如，一条河穿过一片农田，假定洪水泛滥时河两侧 100 米范围内为被淹没区，要求统计出被淹的农田总面积及每块地被淹的面积。首先对河流图层生成网络拓扑，再对农田图层生成图斑拓扑，两个拓扑进行叠加，即可达到对面积进行统计汇总的目的。

（四）空间插值

空间数据往往是根据自己的要求所获取的采样观测值，如土地类型、地面高程等。这些点的分布往往是不规则的，在用户感兴趣或模型复杂区域可能采样点多，反之则少。由此所形成的多边形内部变化不可能表达得更精确、更具体，而只能达到一般的平均水平或"象征水平"。但用户在某些时候却欲获知无观测点的某种感兴趣特征的更精确值，这就导致了空间内插技术的诞生。一般来讲，在已存在观测点的区域范围内估计未观测点的特征值的过程称为内插；在已存在观测点的区域范围外估计未观测点的特征值的过程称为推估。

空间插值的数据通常是复杂空间变化有限的采样点的测量数据，这些已知的测量数据称为"硬数据"。如果在采样点数据比较少的情况下，可以根据已知的导致某种空间变化的自然过程或现象的信息机理，辅助进行空间插值，这种已知的信息机理，称为“软信息”。但通常情况下，由于不清楚这种自然过程机理，不得不对该问题属性在空间的变化作一些假设，例如假设采样点之间的数据变化是平滑变化，并假设服从某种分布概率和统计稳定性关系。采样点的空间位置对空间插值的结果影响很大，理想的情况是在研究区内均匀布点。当区域景观大量存在有规律的空间分布模式时，如有规律间隔的数或沟渠，用完全规则的采样网络则显然会得到片面的结果，正是这个原因，统计学家希望通过一些随机的采样来计算无偏的均值和方差。但是完全随机的采样同样存在缺陷，首先随机的采样点的分布位置是不相关的，而规则采样点的分布只需要一个起点位置，方向和固定大小的间隔，尤其是在复杂的山地和林地中比较容易。其次完全随机采样会导致采样点的分布不均，一些点的数据密集，另一些点的数据缺少。常见的空间采样策略包括规则采样、随机采样、断面采样、分层随机采样、聚集采样与等值线采样等。①

空间插值方法可以分为整体插值和局部插值两类方法。整体插值方法用研究区所有采样点的数据进行全区特征拟合，主要方法包括趋势面分析等；局部插值方法是仅仅用邻近的数据点来估计未知点的值。整体插值方法通常不直接用于空间插值，而是用来检测不同于总趋势的最大偏离部分，在去除了宏观地物特征后，可用剩余残差来进行局部插值，主要方法包括反距离加权插值、样条函数插值、克里金插值等。由于整体插值方法将短尺度的、局部的变化看作随机的和非结构的噪声，从而丢失了这一部分信息。局部插值方法恰好能弥补整体插值方法的缺陷，可用于局部异常值，而且不受插值表面上其他点的内插值影响。

1. 整体插值方法

趋势面分析是一种常见的整体插值方法。某种地理属性在空间的连续变化，可以用一个平滑的数学平面加以描述。思路是先用已知采样点数据拟合出一个平滑的数学平面方程，再根据该方程计算无测量值的点上的数据。这种只根据采样点的属性数据与地理坐标的关系进行多元回归分析，得到平滑数学平面方程的方法，称为趋势面分析。它的理论假设是地理坐标（x，y）

① 邬伦，刘瑜，张晶，等．地理信息系统——原理、方法和应用［M］．北京：科学出版社，2001.

是独立变量，属性值 z 也是独立变量且是正态分布的，同样回归误差也是与位置无关的独立变量。

多项式回归分析是描述长距离渐变特征的最简单方法。多项式回归的基本思想是用多项式表示线、面，按最小二乘法原理对数据点进行拟合。线或面多项式的选择取决于数据是一维的还是二维的。用一个简单的示例来说明，地理或环境调查中特征值 z 沿一个断面在 x_1，x_2，…，x_n 处采样，若 z 值随 x 值增加而线性增大，则该特征值的长期变化可以用下面的回归方程进行计算：

$$z(x)=b_0+b_1x+\varepsilon \qquad \text{公式（4-15）}$$

式中：b_0、b_1 为回归系数；ε 为独立于 x 的正态分布残差（噪声）。但是在许多情况下，不是以线性函数，而是以更为复杂的方式变化，则需用二次多项式进行拟合：

$$z(x)=b_0+b_1x+b_2x^2+\varepsilon \qquad \text{公式（4-16）}$$

对于二维的情况，（x、y）坐标的多元回归分析得到的曲面多项式形式如下：

$$f\{(x,\ y)\} = \sum_{r+s\leqslant p}(b_{rs}\cdot x^r\cdot y^s) \qquad \text{公式（4-17）}$$

其中，p 是趋势面方程的次数。$P=(p+1)\ (p+2)/2$ 是趋势面多项式正常情况下的最少项数个数。零次多项式是平面，有 1 个项数；一次多项式是斜平面，有 3 个项数；二次曲面有 6 个项数；三次趋势面有 10 个项数。计算系数 b_i 是一个标准的多元回归问题。趋势面分析的优点是非常容易理解。另外大多数情况下可用低次多项式进行拟合，但给复杂的多项式赋予明确的物理意义比较困难。

趋势面是个平滑函数，很难正好通过原始数据点，除非是数据点少且趋势面次数高才能使曲面正好通过原始数据点，所以趋势面分析是一个近似插值方法。实际上趋势面最有成效的应用是揭示区域中不同于总趋势的最大偏离部分，所以趋势面分析的主要用途是，在使用某种局部插值方法之前，可用趋势面分析从数据中去掉一些宏观特征，不直接用它进行空间插值。

2. *局部插值方法*

局部插值方法指使用邻近的数据点来估计未知点的值，包括如下步骤：①定义一个邻域或搜索范围；②搜索落在此邻域范围的数据点；③选择表达这有限个点的空间变化的数学函数；④为落在规则格网单元上的数据点赋值。

重复这个步骤直到格网上的所有点赋值完毕。使用局部插值方法需要注意的是：所使用的插值函数；邻域的大小、形状和方向；数据点的个数；数据点的分布方式是规则的还是不规则的。

反距离加权插值是一种易于实现的局部插值方法。它假设未知点 x_0 的属性值是在局部邻域内所有数据点的距离加权平均值。距离倒数插值方法是加权移动平均方法的一种。加权移动平均方法的计算公式如下：

$$\widehat{z}(x_0) = \sum_{i=1}^{n} \lambda_i \cdot z(x_i), \quad \sum_{i=1}^{n} \lambda_i = 1 \qquad \text{公式（4-18）}$$

式中：权重系数由函数 $\varphi\Big(d\ (x,\ x_i)\Big)$ 计算，要求当 $d \to 0$ 时 $\varphi(d) \to 1$，一般取倒数或负指数形式 d^{-r}、e^{-d}、e^{-d^2}。其中 $\varphi\Big(d\ (x,\ x_i)\Big)$ 最常见的形式是距离倒数加权函数，形式如下：

$$\widehat{z}(x_j) = \sum_{i=1}^{n} z(x_i) \cdot d_{ij}^{-r} / \sum_{i=1}^{n} d_{ij}^{-r} \qquad \text{公式（4-19）}$$

式中：x_j 为未知点；x_i 为已知数据点。反距离倒权插值方法是 GIS 软件根据点数据生成栅格图层的最常见方法。距离倒数插值方法计算值易受数据点集群的影响，计算结果经常出现一种孤立点数据明显高于周围点数据的分布模式，可以在插值过程中通过动态修改搜索准则进行一定程度的改进。

四、模型分析方法

土地利用系统是一个涉及社会、经济、自然、环境、技术、政策、法律等各领域的多种学科、开放的、复杂的动态系统。在经济快速发展时期，土地利用系统中的各要素正在发生快速的变化，要对这个开放、复杂和快速变化中的动态系统实行规划，传统的规划方法存在一定局限性，必须加强土地利用规划模型方法论研究，借助新的模型方法实现现代土地利用规划的编制与实施管理。所谓模型，就是将系统的各个要素，通过适当的筛选，用一定的规则所描写出来的简明映像。模型通常表达了某个系统的发展过程或发展结果。模型化是将主观性的思考，以模型的形式反映出来，不同的理论观点、不同的体系可以产生不同的结果。就土地利用规划的一般过程而言，它是在土地利用系统调查、分析与诊断的基础上，应用诸如土地利用评价模型、土地利用优化模型、土地利用分区模型、土地利用动态模拟模型以及土地利用决策模型等完成具体规划方案的编制。①

（一）分值衰减模型

空间缓冲分析是根据分析对象的点、线、面实体，自动建立它们周围一定距离的带状区，用以识别这些实体或主体对邻近对象的辐射范围或影响度。在集体土地均质区域划分工作中，需利用空间缓冲分析方法，根据某一因子对特定评价单元作用强度的大小，确定出某一评价单元的分值。根据分析主体对邻近对象作用性质的不同，采用如下两种分析模型。

（1）线性模型。当主体对邻近对象的影响度（F_i）随距离的增大呈线性形式衰减时，采用线性模型进行作用分值衰减。其计算公式为：

$$F_{ij}=f_0(1-d_{ij}/r_i)$$ 公式（4-20）

（2）指数模型。当主体对邻近对象的影响度（F_i）随距离的增大呈指数形式衰减时，采用指数模型进行作用分值衰减。其计算公式为：

$$F_{ij}=f_0^{(1-d_{ij}/r_i)}$$ 公式（4-21）

式中：F_{ij}为第 i 个因子对第 j 个单元作用分值；f_0 为因子 i 的功能分；d_{ij} 为第 j 个评价单元至第 i 个因子中心的空间距离，可采用欧氏距离或网络距离进行测度；r_i 为第 i 个因子的影响半径。

（二）多准则决策模型

集体土地均质区域划分受到区位条件、基础设施、交通条件及公共设施状况等多个因素的影响，在实际应用中，主要采用多准则决策模型且综合多个因素分析集体土地均质区域的不同影响。本质上，多准则决策是利用已有的决策信息，通过一定的方式对一组（有限个）备选方案进行排序或择优，主要包括两个部分。首先，通过一定的方法获取决策信息，涉及不同因素的权重及其属性值；其次通过一定的方式对决策信息进行聚合，并对方案进行排序和择优。

1. 因素属性值标准化

为了解决多个影响因素的指标量纲难以汇总的问题，需要对各指标进行消除量纲的运算，即进行因素属性值标准化。主要的标准化方法包括极大值标准化与极差标准化等，前者以因素取值的最大值为基础进行计算，而后者

---

① 史密斯，等. 地理空间分析：原理、技术与软件工具：第2版［M］. 杜培军，等，译. 北京：电子工业出版社，2009.

以因素取值的差异为基础进行标准化。以极差标准化为例，考虑到指标体系中既有正向指标，又有逆向指标，多采用模糊隶属度函数法对各指标的“价值”进行标准化。对正向指标，采用半升梯形模糊隶属度函数模型，即：

$$\Phi_{(e_i)}=\frac{e_i-m_i}{M_i-m_i}=\begin{cases}1 & e_i\geqslant M_i\\ \dfrac{e_i-m_i}{M_i-m_i} & m_i<e_i<M_i\\ 0 & e_i\leqslant m_i\end{cases}$$ 公式（4-22）

对逆向指标，采用半降梯形模糊隶属度函数模型，即：

$$\Phi_{(e_i)}=\frac{M_i-e_i}{M_i-m_i}=\begin{cases}1 & e_i\leqslant m_i\\ \dfrac{M_i-e_i}{M_i-m_i} & m_i<e_i<M_i\\ 0 & e_i\geqslant M_i\end{cases}$$ 公式（4-23）

式中：e_i 为相应因素的具体值，i 代表相应的评价单元；M_i、m_i 分别代表第 i 个指标具体值的理论最大值与最小值；$\Phi_{(e_i)}$ 代表 i 指标的隶属度，其值介于0~1。$\Phi_{(e_i)}$ 值越大，表明该项指标的实际数值接近最大值M_i的程度越大，隶属度值与其相应权数的乘积越大，表示该项指标的数值对总目标的贡献越大；隶属度值与 1 之间的差，即为该项指标与最大指标之间的差距和不足。在实际应用中，可采用线性变换方法将其拉伸到［0，100］范围。

2. 因素权重确定

权重是一个因素对集体土地质量影响程度的体现。在集体土地均质区域划分过程中，通过分析确定其因素因子体系后，要对因素按其作用大小进行排序，并按排序的情况确定这些因素的权重，以正确地揭示各因素对土地的影响。因素权重确定方法包括主观赋权和客观赋权的多种方法，这里以特尔斐专家咨询法与熵值法为例进行分析。

（1）特尔斐专家咨询法。特尔斐专家咨询法是一种综合多数专家经验与主观判断的技巧，它的关键在于能对大量非技术性的无法定量分析的要素作出概率估算，并能将概率估算结果告诉专家，充分发挥信息反馈和信息控制的作用，使分散的评估意见逐次收敛，最后集中在协调一致的结果上。实践证明，其结果的可信度较高。特尔斐专家咨询法的步骤如图 4-4 所示。

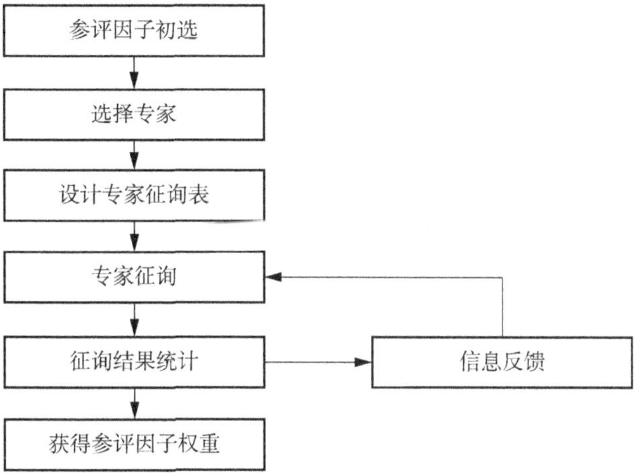

图 4-4　特尔斐专家咨询法

具体的数学模型如下式所示：

$$E = \frac{1}{m}\sum_{i=1}^{m} a_i,\ \delta^2 = \frac{1}{m-1}\sum_{i=1}^{m}(a_i - E)^2 \qquad \text{公式（4-24）}$$

式中：m 表示专家总人数；a_i 表示第 i 位专家的评分值；E 为评分均值。特尔斐专家咨询法是一个多次反复的信息反馈过程，在确定因素体系的情况下，实际应用中一般要进行 2~3 轮征询。第一轮征询时，专家对表格中每个因素因子的重要性作出评价，给出重要性顺序和权重值，但不要求阐述理由。此轮表收回后，组织者进行统计处理，求出总体意见和概率分布，制订出下一轮征询表。在第二、第三轮征询时，将上轮结果反馈给专家，专家可以根据总体意见倾向（以均值表示）和分散程度（以方差或标准差表示），修改以上轮次自己的评估意见，并最终确定征询结果与因素权重。

（2）熵值法。在客观赋权法中，熵值法由于其既能反映指标信息的效应价值，又能克服指标间的信息重叠，在社会经济研究领域得到广泛应用。熵值法是引入热力学中熵概念后发展出来的确定指标权重的一种客观方法，其根据各项指标观测值所提供的信息大小来确定指标权重。在信息论中，熵是对不确定性的一种度量。信息量越大，不确定性就越小，熵也就越小；信息量越小，不确定性就越大，熵也越大。根据熵的特性，可以通过计算熵值来判断一个方案的随机性及无序程度，也可以用熵值来判断某个指标的离散程度，指标的离散程度越大，该指标对综合评价的影响就越大，因此，可根据各项指标的变异程度，利用信息熵这个工具，计算出各个指标的权重，为多指标综合评价提供依据。假设有 m 个专家，n 项因素，形成原始数据矩阵 $X=(y_{ij})m\times n(0\leqslant i\leqslant m,\ 0\leqslant j\leqslant n)$，$y_{ij}$ 为第 i 个专家第 j 个指标的评分值。熵值法计算步骤如下：

①计算第 j 项指标下第 i 个专家指标值的比重 p_{ij}：$p_{ij}=y_{ij}/\sum_{i=1}^{m}y_{ij}$；

②计算第 j 项指标的熵值 e_j：$e_j=-k\sum_{i=1}^{m}p_{ij}\ln p_{ij}$，其中，$k=1/\ln m$；

③计算评价指标 j 的差异性系数 g_j：$g_j=1-e_j$；

④计算评价指标 j 的权重 k_j：$k_j=g_j/\sum g_i$。

3. 多因素信息聚合方法

进一步考虑多个因素的综合影响，应用多准则决策方法，在对各个影响因素进行作用分值量化计算的基础上，组合不同影响因素，计算综合量化作用分值，并分析其空间分布。其实质是通过一定的方式对决策信息进行聚合，常见的聚合方法基于 GIS 的多准则评价问题，对地理空间中指标分布的多准则进行评价，在决策方法上主要有权重线性组合、布尔决策和次序权重平均决策等。其中，权重线性组合方法是根据每个影响因素的影响力，赋予其一定的分值和权重，经过累加，获得集体土地每一宗地上各种因素综合影响力的大小，依此进行集体土地均质区域划分或分级。其计算公式如下：

$$WLC(a_1,\ a_2,\ \cdots,\ a_n)=\sum_{j=1}^{n}w_ja_j \qquad \text{公式（4-25）}$$

式中：$W=(w_1,\ w_2,\ \cdots,\ w_n)^T$ 是与函数 WLC 相关联的权重向量；$w_j\in[0,\ 1]$，$1\leqslant j\leqslant n$，且 $\sum_{j=1}^{n}w_j=1$；$(a_1,\ a_2,\ \cdots,\ a_n)$ 为因素特征值构成的向量。WLC 方法是进行多因素信息聚合的有效方法，具有较高的科学性，简单易行，可操作性强，在集体土地均质区域划分工作中应用较为广泛。

权重线性组合方法在进行分值标准化时采用全局范围的指标值进行计算，但在集体土地均质区域划分应用中，需考虑邻域范围对相应评价单元的影响，可在进行分值标准化时以邻域范围分值为准，并应用邻域内分值重新计算该计算单元的权重。采用以下公式计算影响因素在邻域范围内的作用分差值：

$$r_k^q=\max\{a_{ik}^q\}-\min\{a_{ik}^q\},\ r_k=\max\{a_{ik}\}-\min\{a_{ik}\} \qquad \text{公式（4-26）}$$

在邻域范围内作用分差值的基础上，利用相应的因素指标值标准化方法进行分值计算，并依据相应邻域范围内作用分差值所占比例对权重进行分割，然后利用以下公式计算综合分值：

$$V(A_i^q)=\sum_{k=1}^{n}w_k^q v(a_{ik}^q) \qquad 公式（4-27）$$

式中：r 为因素作用分最大值与最小值的差值；k 为影响因素；q 为定义的邻域；a 为因素指标值；i 为计算单元；v 为因素标准化分值；w 为各影响因素权重；可应用熵值法等方法确定；V 为综合分值。

（三）空间回归模型

在地理空间分析中，变量的观测值（数据）一般都是按照某给定的地理单元为抽样单位得到的，随着地理位置的变化，变量间的关系或者结构会发生变化，这种因地理位置的变化而引起的变量间关系或结构的变化称为空间非平稳性。空间非平稳性在空间数据中是普遍存在的，以空间数据的回归分析为例，因变量 y 与回归变量 x_l，x_2，…，x_n之间的回归函数形式会随观测点地理位置的不同而发生变化，这种变化往往是很复杂的，很难用某一个特定形式的函数来描述。包括经典的回归分析和方差分析在内的大多数统计学方法都设定了观测值相互独立的前提，但在空间统计中，由于空间相关性，许多经典统计推断方法用于空间统计是不合适的，结果是有偏或非最优的。鉴于此，需要在经典回归的基础上，通过考虑空间因素，设计新的推断模型，以提高推断的合理性及准确性。空间回归全局模型和地理加权回归模型分别针对的是此类模型中的代表。

1. 空间回归全局模型

经典的线性回归模型具有严格的前提假设条件——独立、正态和方差齐性。因为空间自相关性的存在，使得这些假设条件很难得到满足。① 所以，在使用传统回归模型解决空间问题时会造成模型参数错误估计并降低模型的有效性。因此需要构建适用于空间数据的回归模型。因为在空间上相邻近的地理单元间可能存在空间依赖，所以在构建空间回归模型探究地理要素间的空间关联时，空间相邻是所要考虑的重要信息因素，也是空间回归模型区别于普通回归模型最主要的特征，但其回归系数不随空间位置而变化，因此是一种全局模型。通常使用空间邻接矩阵对空间临近加以展示并以此构建变量的空间依赖关系，其本质是在经典回归模型的基础上考虑临近地理空间单元的

---

① 白光润．应用区位论［M］．北京：科学出版社，2009.

相互影响。通过在构建模型时显式地引入空间滞后变量，可以估算和检验空间自相关对空间关联的贡献。

空间回归全局模型的一般形式如下式：

$$Y=\rho W_1Y+X\beta+u,\ u=\lambda W_2\varepsilon+\mu,\ \mu\sim N[0,\ \sigma^2 I] \quad \text{公式（4-28）}$$

式中：Y 为因变量；X 为解释变量；β 为解释变量的空间回归系数；u 为随空间变化的误差项；μ 为白噪声；W_1 为反映因变量自身空间趋势的空间权重矩阵；W_2 为反映残差空间趋势的空间权重矩阵，通常根据邻接关系或者距离函数关系确定空间权重矩阵；ρ 为空间滞后项的系数，其值为 0~1，越接近 1，说明相邻地区的因变量取值越相似；λ 为空间误差系数，其值为 0~1，越接近于 1，说明相邻地区的解释变量取值越相似。其中空间权重矩阵通常分为空间邻接矩阵和空间距离矩阵，常用的空间邻接矩阵定义如下：

$$W_{ij}=\begin{cases}0, & i=j \text{ 或 } i\neq j \text{ 且 } i \text{ 与 } j \text{ 不相邻} \\ 1, & i\neq j \text{ 且 } i \text{ 与 } j \text{ 相邻}\end{cases} \quad \text{公式（4-29）}$$

一般形式的空间回归全局模型可以派生出如下几种模型：

（1）当 $\rho=0$，$\lambda=0$ 时，模型为普通线性回归模型，表明模型中没有空间自相关的影响。

（2）当 $\rho\neq0$，$\beta=\lambda=0$ 时，为一阶空间自回归模型。这个模型类似时间序列分析中的一阶自回归模型，反映了变量在空间上的相关特征，即所研究区域的因变量如何受到相邻区域因变量的影响，在实际中运用较少。

（3）当 $\rho\neq0$，$\beta\neq0$，$\lambda=0$ 时，为空间滞后模型。在这个模型中，所研究区域的因变量不仅与本区域的解释变量有关，还与相邻区域的因变量有关。

（4）当 $\rho=0$，$\beta\neq0$，$\lambda\neq0$ 时，为空间误差模型。这个模型所研究区域的因变量 Y 不仅与本区域解释变量 X 有关，还与相邻区域的因变量（表现为 WY）及解释变量（表现为 WX）有关。

（5）当 $\rho\neq0$，$\beta\neq0$，$\lambda\neq0$ 时，为空间杜宾模型。模型中，不仅相邻研究区域间的因变量存在空间自相关性，而且相邻区域间的同一种解释变量也存在空间自相关性，表明模型中的因变量和自变量都不满足独立性。

空间依赖不仅意味着空间上的观测值缺乏独立性，而且意味着有潜在于这种空间相关中的数据结构，也就是说空间相关的强度及模式由绝对位置（格局）和相对位置（距离）共同决定。空间相关性表现出的空间效应可以用以下两种模型来表征：当模型的误差项在空间上相关时，即为空间误差模型；当变量间的空间依赖性对模型非常关键而导致空间相关时，即为空间滞后模型。

2. 地理加权回归模型

在空间滞后与空间误差模型中，回归系数β不随空间位置而变化，但由于空间异质性和空间非平稳性的存在，不同空间子区域中自变量和因变量的关系很可能不同，因此就需要处理空间异质性的局部空间回归方法。基于局部光滑的思想，Fotheringham 提出了地理加权回归模型，该模型将数据的空间位置嵌入回归参数中，利用局部加权最小二乘方法进行逐点参数估计，其中权是回归点所在的地理空间位置到其他各观测点的地理空间位置之间距离的函数。通过各地理空间位置上的参数估计值随地理空间位置的变化情况，可以非常直观地探测空间关系的非平稳性。这种估计方法不但简单易行，估计结果有明确的解析表示，而且得到的参数估计还能进行统计检验，因此一经提出，便得到了广泛关注和研究，成为探测空间关系非平稳性的一种主要方法。地理加权回归同时考虑了空间的相关性与异质性，地理加权回归模型一般形式如下：

$$y_i=\beta_0(u_i, v_i)+\beta_1(u_i, v_i)x_{i1}+\beta_2(u_i, v_i)x_{i2}+\cdots+\beta_p(u_i, v_i)x_{ip}+\varepsilon_i$$

$$i=1, 2, \cdots, n; j=1, 2, \cdots, p \qquad \text{公式（4-30）}$$

式中：y_i与x_{i1}，x_{12}，…，x_{ip}是因变量y与自变量x_{11}，x_{i2}，…，x_{1p}在(u_i, v_i)处的观测值；(u_i, v_i)为第i个采样点的坐标；$\beta_k(u_i, v_i)$是第i个采样点上的第k个回归参数，点被称为回归点。$\varepsilon_i \sim N(0, \sigma^2)$，当$i \neq j$时，$cov(\varepsilon_i, \varepsilon_i)=0$。简记为：

$$y_i=\beta_{i0}+\sum_{k=1}^{p}\beta_{ik}x_{ik}+\varepsilon_i \; i=1, 2, \cdots, n \qquad \text{公式（4-31）}$$

地理加权回归会得出n个回归方程，对应每个回归点j，都会有一个回归方程。若$\beta_{1k}=\beta_{2k}=\cdots=\beta_{nk}$，则地理加权回归模型退化为普通线性回归模型。

地理加权回归模型的核心是空间权重矩阵，它通过选取不同的空间权函数来表达对数据间空间关系的不同认识。值得注意的是，空间回归全局模型中的空间权重矩阵表达的是任意两个空间单元之间的空间临近关系，可以基于邻接关系和距离关系进行构建，矩阵对角线上的元素值均为0；而地理加权回归模型的空间权重矩阵则对每一个空间单元构建，反映该空间单元与其余$n-1$个空间单元的空间关系，并将这种空间关系按照指定的核函数转换为权重值，且以对角矩阵的形式在参数估计过程中发挥作用，并呈现在回归模型中。由于权函数反映其他观测点的样本对回归点的影响，权函数值越大，影响越大，通常由对应两点之间的距离决定，因此空间权函数的选择对于地理加权回归模型的参数估计非常重要。常见的空间权函数有 Gauss 函数、Bi-square 函数等。从参数敏感性的角度看，地理加权回归对于空间权函数的选择并不敏感，但是对于带宽的选择却很敏感，带宽过大会导致回归参数估计的偏差过大，而带宽过小又会导致回归参数估计的方差过大。因此带宽的选择十分重要，常用的带宽选择优化方法包括交叉验证法、Akaike 信息量准则、贝叶斯信息准则及平稳指数法等。

总体上，地理加权回归模型将数据的空间位置嵌入回归参数中，因此考虑了空间的异质性。同时，由于不同位置的观测点对回归参数的影响大小不同（通常离回归点越近，影响越大），因此该模型也考虑了空间相关性。地理加权回归的使用，也以空间相关性与异质性为前提。如果没有空间相关性，那么该模型就缺乏合理性。如果没有空间异质性，那么该模型就缺乏必要性，在集体土地均质区域划分过程中，需结合具体因素进行深入分析。

第四节　集体土地均质区域划分流程与方法

集体土地均质区域分级是在集体土地均质区域评价单元的基础上，综合考虑影响集体土地等级的多个影响因素，按照一定的模型，计算出各评价单元的作用分值，按照分值分布规律与变换特点，选择单元分值频率分布变化转折点的综合分值作为分区界线确定指标，划分出相应级别。总体上，集体土地均质区域分级包括定级法与区片法两种方法，前者主要针对不同用途集体土地的空间分异规律显著的区域，结合多因素信息聚合与 GIS 空间分析方法进行级别划分；后者则将集体土地评价单元归并为相对均质的区片，进而划分土地级别。无论采用哪一种方法，均需对集体土地均质区域分级结果进行相互比较、相互检验、综合分析，在广泛征求领域专家、当地从业人员及土地使用者和社会各相关部门意见的基础上，最终确定其划分方案。两种方法均以集体土地均质区域影响因素量化分析为基础，这里以定级法为主进行分析与描述。

一、评价单元划分

评价单元是评定和划分集体土地均质区域的基本空间单位，是内部特性和区位条件相对均一的地块。一般地讲，可以认为单元是有自己独特性质的一个均质地域，而和周围的地块又有较为明显的差异。评价单元在集体土地均质区域划分中，既是一个能完整反映自身特性的最基本地块，同时也是工作中取样和获得数据的工作单位。划分出的评价单元，可以按其所具有的土地特征值，对照各因素分值评分表，评出各单元的因素分值和总分值，作为评定土地级别的基础。实际上，土地质量的高低是连续分布的。为了充分反映土地利用的形态特点，更好地反映土地的空间实体，在一定的精度要求下，在划分工作中采用一个小面积的均质地域来代替各点的质量状况，因此单元大小要适宜。单元太小时，地块整体属性易被破坏（如太小的单元会割裂完整的商业服务中心，面积太小的地块上的基础设施、道路等区位条件体现不出来等）；单元太大时，则易把多个性质不一的地块包含在内，土地差异性被掩盖，影响评定的土地级别精度。

（一）评价单元划分原则

为了较好地反映单元均质性特点，同时满足集体土地均质区域划分工作的要求，在单元划分过程中，一般采用如下原则。

（1）单元内各定级因素的优劣程度或影响大体一致。这里是指在评价单元地块时，不论是面状分布，还是从因素中心向外以不同方式衰减分布，其分值变化应在较小的幅度内，以保持内部特性和区位条件的相对均一，即要求其间的差异分值标准为 $100/(n+1)$，其中 n 为拟划分的级别数。

（2）明显属于同一商业服务中心的区域，不能分割为不同单元。由于用地功能有一定的整体性，其作用和影响只有保持完整才能显示出来，所以在单元划分中要保证一些特殊功能地块的完整。比如同一个商业服务中心就不能被划分为几个单元。

（3）除交通型道路外，兼有商业等多种用途的道路，不能作为单元之间的分界线。因为兼作商业用途的道路，往往形成一个整体，道路两侧不仅是等效的，而且是互补的。所以在划分单元中，一般不能把同一道路两侧的地方划为不同单元。

（二）评价单元划分方法

1. 主要因素分值重叠法

在资料收集、调查的基础上，计算出各主要因素的分值，利用分层设色法或等值线法，分别构成各自的影响分值分布图，然后将采用的几个主要因素分值图重叠，由此产生不同的图斑，再依单元划分的原则进行图斑的修订，最后形成单元。具体工作步骤如下。

（1）主要因素的确定和分值图绘制。在实际工作中，一般先从所有与土地质量有关的因素中，确定影响土地质量的主要因素。利用选择的主要因素，在已确定的工作底图上，依一定的分值间隔，绘制该因素在全区域内的影响分值等值线图。

（2）利用等值线图叠加得到封闭图斑。等值线图叠加可以一幅图为基础底图，将其他因素的分值线转绘到基础底图上。这样，各自不同的等值线图就共同形成许多封闭的图斑。

（3）划分评价单元。利用主要因素分值图重叠形成的封闭图斑，根据单元划分原则，把内部大体一致、大小合适的图斑修订成单元。修订时把几个图斑给定的权重换算成等值线，便于实际操作。

2. 主要因素判定法

主要因素判定法划分土地定级单元的基本原理是选择区域中条件最复杂、最有代表性的若干剖面，通过计算剖面上一系列具有代表性特征点的主要因素分值，得到剖面的因素分值变化曲线图，按照单元划分的原则，进行单元划分工作。具体工作步骤如下。

（1）选择主要影响因素的典型剖面。选择区域内土地质量及影响因素变化比较典型的方向为剖面。在每一剖面上，确定道路交叉点、转折点、各级结点等作为特征点计算各特征点的主要因素分值，依比例尺点绘在剖面图上，同时按各主要因素变化规律，内插部分点的分值。在完成上述工作后，将各点分值连成一条光滑曲线，即得到了各剖面主要因素分值图。

（2）各剖面线上单元边界线的确定。利用得到的各剖面与主要因素分值曲线图确定单元分界线时，根据土地定级单元划分的原则，单元界线不应该划在曲线的波峰与波谷，同时考虑权属单位土地等级一致性要求，可划分出单元的边界线。

（3）划定评价单元。在划定了主要方向和复杂区域的评价单元边界线以后，可按划定原则和因素分布规律，划定其他评价单元。

3. 网格法

网格法有固定网格法和动态网格法，这两种方法均是以一定大小的网格作为评价单元。由于在划分网格时不易完全与土地的均质条件和区域内部各影响土地质量因素的实际分布状况拟合，因此，网格划分单元除作为工作中取样和获得数据的基本单位外，还需尽量兼顾单元的均质性。固定网格法的具体操作是依一定的经验，给出一个统一的面积限制，然后将同样面积和几何形状的网格布满全部评价区域，且单元不再变动。动态网格法在工作中略有不同。首先选用一定大小的网格构成覆盖评价区域的初步单元体系，其次测评初步单元内主要因素得分值。如果该值在单元的边界四等分点处发现差异大于土地定级单元划分的均质标准，则以四等分对初步划成的单元进行加密。然后，再计算加密形成的每个 1/4 基本单元的四等分点的主要因素得分值。没有差异的成为一个单元，有差异的继续加密，调整网格，直到其内部差异符合规定指标为止。

4. 均质地域法

同一种利用类型的土地，如果是聚集在一个不太大的地域上，就可认为各定级因素对它们的影响在其内部的变化是很小的。如果这样的地域是长期经济调节下或严格科学规划下形成的，则可视为均质区。从土地利用角度看，均质地域是在一系列中心的吸引下形成的。用均质地域划分评价单元，可以反映区域现状及评价单元土地经济特性。其工作步骤如下。

（1）找出评价区域的所有商服中心。商服中心是与人的流动和居住密切相关的行业，它的影响涉及区域的每一角落。因此，按照区域中最低服务职能均分市场区的原则，用商服点将整个地区分成若干区域，形成以商服中心为中心的封闭区域。

（2）划分土地利用类型单元。在以商服业为中心的封闭区域内，按土地利用类型景观一致的原则，将区域分成若干不同利用类型的单元，如商业用地单元、工业用地单元、文教用地单元等。

（3）划分土地评价单元。对划定的土地利用类型单元，进行土地区位条件均一性检测。把影响因素分值图叠加于各土地利用类型单元之上，判断初步划分的单元是否超过均质标准。据此，划定最终评价单元。

二、单元分值取值方法

划分评价单元后，需采用相应的取值方法，根据因素作用分值确定评价单元相应分值，其实质是单元内指标取样，通过在已经划定的评价单元中，获得各因素的影响值。然后，依据多准则决策模型的信息聚合方法，确定评价单元总分值及等级。单元内指标取值包括以点代面、线性内插和面积加权内插 3 种方法。

（一）以点代面

评价单元是一个面状地域，是一个相对均质的地域，内部变化很小，完全可用少数几个点的值来近似地代表整个单元内所用各点的值，所用方法也就简单得多。这就是以点代面的方法，一般常用的点包括：①单元边界特征点。构成土地定级单元的边界是一个封闭曲线或折线。在该线上曲率很大的点、轴向和极值点、曲线的拐点等，都属于边界曲线的特征点。通常，在取得上述各点值的基础上，求得其算术平均数，以代表单元的值。取点的多少，依工作精度和工作地域的复杂程度而取舍。②单元内部特征点。选取单元内最能代表其特征的点，计算这些点的分值。如果只有一个特征点，计算结果即为单元分值。单元内部特征点包括各级结点、道路交叉口、商服中心点、主要土地类型中心点等。③几何中心点。每个单元都构成一个完整的几何图形，通过平面几何方法，求出其几何中心点，再用该点的值代表单元的值。④加权中心点。简单地使用几何中心，有时并不能很好地反映单元的特征，于是又产生了用加权的方法来确定所谓加权中心，即用不同方向的坐标值给予不同的权重来修正几何中心点，修正后的加权中心点值即代表单元的值。

（二）线性内插

对于以点代面法中所述的各种点，它们的分值可以直接测得也可通过线性内插的方法，在已经绘制的两条等值线内求得。假设两条等值线间的分值变化呈线性变化，两条已知等值线间的距离为 D，可按照下式计算单元分值：

$$Y=Y_1+\frac{(Y_2-Y_1)X}{D} \qquad \text{公式（4-32）}$$

式中：Y 为待计算单元格分值；Y_2 为第二条等值线分值；Y_1 为第一条等值线分值；X 为待计算单元格距等值线 Y_1 的最小距离。

（三）面积加权内插

如果单元由若干个不同值的均值区域所组成，则其值可用面积加权的方法求得，即把不同的值所占区域面积的比例作为权重，乘以其分值，再把加权后的各不同区域的值加和，其计算公式如下：

$$Y_i = \sum_k \frac{Y_k S_{ki}}{S_k} \qquad \text{公式（4-33）}$$

式中：Y_i 为待计算单元格分值；Y_k 为与 i 单元格相交的区域 k 的分值；S_{ki}为 i 单元格所在区域与区域 k 相交部分的面积；S_k 为 k 区域面积。也可以按照平滑密度函数原理，通过将原均质区域区划分为网格，并将分值评价分配到网格上，然后按照区域覆盖的网格单元值计算平均系数，采用比重法进行面积加权内插。

三、单元作用分值计算

确定单元及其分值取值方法后，需根据相应用地类型选定的因素因子体系，量化各因素因子对评价单元的影响程度、确定影响规律、作用半径和功能分衰减方式、测算作用分值。根据影响因素的空间分布类型及分值计算方法，将其区分为分值衰减型因素与分区型因素两种类型，前者主要涉及以点、线、面等非连续分布的中心城镇、商服中心、公共设施等要素，其对评价单元的影响随着距离的扩大而衰减，在分值计算时需选择不同的分值衰减模型，对其因素分值按照影响半径进行计算；后者主要是连续分布的分区型因素，如各类基础设施分区、以行政单元为基础的社会经济因素分区及环境质量分区等，其分值是根据各分区标准化分值，对所覆盖单元进行直接赋值。当评价对象空间布局具有特殊性，或因素影响规律存在区域特异性时，可在深入分析的基础上，适当调整量化模型与方法，主要体现在对因素类别的划分（点状、线状、面状因素、分区因素）、功能分衰减模型的选择（指数衰减、线性衰减）等方面。

（一）分值衰减型因素

分值衰减型因素具有两个重要特征：一是这类因素所依附的客体在区域中占地面积小，在空间分布上聚集现象明显，相对于区域整体而言多为点状、线状、面状形态分布；二是这些因素不仅对其自身客体所在位置上的土地有影响，而且还通过区位的波及性和效益外溢等作用形成一定的区位关系，对其周围地块乃至整个区域的土地产生不同影响。按这些因素对土地的影响规律，又可分为影响随距离变化呈线性和非线性两种类型，可采用线性或指数衰减模型计算分值。

1. 宏观区位因素

宏观区位因素涉及中心城镇与集聚区等。以中心城镇为例，中心城镇对土地级别的影响通过人口规模、建成区大小及行政层级等指标来综合表示，通过调查中心城镇人口总量、中心城镇总面积等具体指标，按照极大值标准化或极差标准化方法对各指标进行标准化处理，然后进行加权求和与标准化处理，计算出各个中心城镇的综合规模指数。考虑到中心城镇因行政层级不同，其职能与服务范围也不完全相同，高层级中心城镇包含了低层级中心城镇的职能。因此，需对中心城镇按照综合规模指数进行分级，并对各级中心城镇综合规模指数进行分割计算，并确定各级相应的功能分。

$$F_i = M_i - M_j,\ F_{\min} = M_{\min} \qquad \text{公式（4-34）}$$

式中：F_i 为第 i 级中心城镇的功能分；M_i 为第 i 级中心城镇的规模指数；M_j 为次一级中心城镇的规模指数；$F_{\min}$ 为最低级中心城镇的功能分；$M_{\min}$ 为最低级中心城镇的规模指数。

在完成功能分值计算后，需进一步计算各级中心城镇的影响半径。影响半径一般是根据各级中心城镇规模确定的。通常采用两种方法确定其影响半径。针对一级中心城镇，其服务范围为整个区域，可采用最大距离法，即把中心城镇的影响扩大到区域边界的最大距离半径。对于其他级别的中心城镇，每级别只能作用于部分定级区域，所有级别作用总和才是整个定级区域。这些定级因素、因子的作用半径采用以下公式计算：

$$d_i = \sqrt{SF_i/(\pi \sum_{i=1}^{m} F_i N_i)} \qquad \text{公式（4-35）}$$

式中：d_i 为第 i 级别影响半径；S 为定级区面积；F_i 为 i 级别的作用分值；m 为级别数；N_i 为 i 级别的中心城镇个数。

在确定各级中心城镇的功能分值与影响半径后，采用指数衰减模型分别计算各评价单元针对不同级别中心城镇的分值。受单个中心城镇影响的单元，其作用分值为该中心衰减后的作用分值；当单元受多个中心城镇影响时，其作用分值取不同级别中心城镇衰减后的作用分值之和。

2. 商服繁华程度

商服繁华程度涉及商服中心与农贸市场等因素。以商服中心为例，首先需确定商服中心范围。商服中心范围直接影响到商服中心规模大小及职能构成，也是商服中心级别确定、功能分计算的基础。商服中心范围划定依据包括：①根据城镇商服业分布特点，有的分布于一段街道两旁，有的围绕交叉路口发展，有的形成大规模商业区等。一般密集商店群与周围有明显差异的景观，可选择繁华状况突变处作为商服中心的界限。②确定商服业带中的主要聚集核心，依据其性质及周围商店的聚集程度、不同职能商店重复出现的情况、配套情况及道路条件进行划分。沿街商业带的主要聚集核心有 3 种构成：一是以规模相当的老店、名店为商业核心；二是以较大的综合百货商超、城市综合体为中心的商业核心；三是以构成最低级商服中心的核心百货店、食品店、副食店为主的商业核心。根据以上划定依据，参照有关商业规划成果并经实地调查即可划定商服中心范围。

在确定商服中心范围后，需根据不同城镇规模，对商服中心进行分级，一般划分为 4 个级别，在县域范围内，商服中心也可划分为 3 个级别。根据划分的商服中心边界，调查商服中心指标值，如销售总额、总利润、单位面积销售额、占地面积、营业面积、中心职能种类、商店总数、职工人数等。以上指标可结合实际选用一项或几项，采用与中心城镇类似的方法来衡量商服中心综合规模指数并进行功能分割，计算不同级别商服中心的作用分值及其影响半径，采用指数衰减模型计算各评价单元的商服中心分值。

3. 交通条件

交通条件涉及道路通达度、对外交通便利度、公交便捷度等因素。以道路通达度为例，按照如下步骤进行作用分值计算。

（1）道路作用指数和通达作用分计算。根据道路等级、功能、作用等确定道路的作用指数。按道路在区域交通中所起的作用分为主干道、次干道、支路等类型，主干道、次干道又由于其运输功能不同分为生活型、交通型、混合型 3 种。生活型道路主要行驶非机动车和公共客运车辆，而交通型道路则主要行驶货运机动车辆，如连接城市内部仓库与工厂的货运线、城市过境道路等，混合型道路则兼有上述功能。一般在大中城市道路功能区分明显，而在小城市、小城镇多为混合型道路。各类城镇划分的道路类型数目为：大城市 5~7 类；中等城市 3~5 类；小城市以下 1~3 类。道路通达作用按大小顺序排一般为混合型主干道、生活型主干道、交通型主干道、生活型次干道、交通型次干道、支路。道路通达作用分大小可由定性分析得到，也可结合定性分析，根据道路宽度、机动车流量、非机动车流量等进行计算求得，计算方法与计算中心城镇规模指数方法相同。道路通达作用按 100 分计，即把作用指数（综合指标）转换成道路通达作用分，并经过归类和结合定性分析，确定各类道路的通达度作用分值。需要说明的是，在集体土地均质区域划分时，需考虑区域内各级公路如国道、省道、县乡道等的影响，采用类似方法计算其作用分值。

（2）道路影响半径计算。道路作为线状要素，其影响半径按照平均分割的思路，采用下式进行计算：

$$d=S/2L \qquad \text{公式（4-36）}$$

式中：d 为道路的影响距离；S 为定级估价范围面积；L 为某级道路的总长度。

（3）评价单元道路通达度分值计算。评价单元的道路通达度分值是指在不同相对距离上的各类道路通达度作用分，其计算时采用指数模型进行衰减。当评价单元上存在多种道路类型影响时，取其中最高的得分值；当受单一道路影响时，评价单元道路通达度作用分就是该道路在这一距离上的作用分。

4. 公共设施完备程度

公用设施完备程度主要涉及中小学等以点状为空间形态的要素，其对周边土地的影响存在衰减效应。尽管汽车站、火车站或公交站点属于交通条件因素，但其作用分值计算与公用设施类似。

（1）确定设施类型及其数目。在均质区域划分工作中，公用设施主要指与日常生活密切相关的中小学、幼儿园、诊所、医院以及除商业中心以外的快递点、储蓄所以及公园、体育馆、文化馆、图书馆等文体设施。在划分均质区域过程中，应按照区域状况分析各种设施的分布及其在日常生活中的地位和作用，选定设施数目和类型。

（2）各设施作用分值计算。根据不同设施类型，调查不同的规模及服务能力指标。中小学、幼儿园等调查的指标主要有教学质量、教职工人数、占地面积、总人数等；医院调查的指标主要有医护人数、日门诊人数等；公园（广场）调查的指标主要有接待能力、占地规模等项目。调查内容越多，越能全面、客观地反映各因子个体的规模与作用。根据调查数据，确定公用设施作用分值。对于唯一性设施，如公园、广场等，直接赋分值100，其余公用设施得分通过对调查内容进行标准化处理，结合权重，采用加权平均法计算确定。

（3）设施服务半径计算。对于唯一性公用设施，直接将量算出的该类设施到区域边界的最远距离作为影响半径，其余公用设施采用平均分割法确定，按照下式计算：

$$d_i = \sqrt{S/N_i \pi} \quad \text{公式（4-37）}$$

式中：d_i 为 i 类点状因素因子影响半径；S 为区域范围面积；N_i 为 i 类因素因子的个数。

（4）公共服务设施完备度计算。在各个设施作用分值与服务半径的基础上，按照线性衰减模型计算相应评价单元对不同设施的作用分值，然后结合不同设施的权重，对同一单元的多个设施作用分值进行加权求和，从而得到单元上公用设施完备度分值结果。

（二）分区型因素

1. 社会经济发展状况

社会经济发展状况主要涉及区域经济产值、土地利用状况以及人口分布状况等因素。由于当前我国在统计相关社会经济指标时，多数以行政区作为基本统计单位，因此在调查相关资料时，也是以行政区为单位进行调查。在集体土地均质区域划分时，采用行政村为基本调查单元，同时为了增强可比性，采用人均指标计算其作用分。以人口密度为例，首先调查区域内各行政村总人口数量，然后分别计算其人口密度。① 由于人口密度超过一定阈值后会带来新的问题，并非越大越好，因此在计算分值时需确定最优人口密度值（可根据空间规划领域标准，用理想人口密度作为最优人口密度），而人口密度指标值从最小密度到最佳人口密度时，相应分值从 0 到 100 分，而从最优人口密度到最大人口密度时，分值从 100 分开始下降。在具体计算时，采用下式对大于最佳人口密度值的指标进行修正：

$$X_i = 2X_{\max} - X_j \quad \text{公式（4-38）}$$

式中：X_i 为修正后的人口密度指标值；$X_{\max}$ 为人口密度最优值；X_j 为大于最优人口密度的指标值。

2. 基础设施完善程度

基础设施条件直接影响到土地开发成本。起伏度、倾斜度很大，地下水埋深很浅的土，平整的费用、防潮费用巨大，大大增加开发的成本。周边的

① 孔云峰，朱艳芳，王玉璟．学校分区问题混合元启发算法研究［J］．地理学报，2017，72（2）：256-268.

设施条件很差，不通水、不通电、不通气，也使开发的成本大增。在实际应用中，基础设施涉及给水、排水、供电、供热、供气，不同区域标准不同。如我国北方地区供热因子比较重要，而南方多数地区无集中供热；供水、供电等由于水压大小及供电负荷原因常常在夏季高峰用水期出现断水现象，因此设施的保证率也相当重要；而在部分农村地区无集中供气。① 因此基础设施完善度一般从 3 个方面衡量，即设施类型是否齐备、设施水平、作用保证率，同时选择相应类型设施应结合区域实际，选择具备显著空间异质性、能够区分不同分区差异的基础设施类型，调查供水方式是否分时段集中供水或村民自给供水，排水设施是否存在配套管网或排水沟，供电保证率是否存在差异，供气管网是否铺设等，将各类基础设施进行分区分级，结合指标分析方法确定其设施水平指数与使用保证率，按照下式计算各分区作用分值：

$$F = 100 \times a \times b \qquad 公式（4-39）$$

式中：F 为某设施完善度作用分值；a 为某设施的某个水平指数；b 为某设施某一方面的使用保证率。设施水平指数依照技术水平、分布密度、服务方式等相对差异，其值取 0 ~ 1；设施使用保证率、持续率或可靠率以百分数表示。在此基础上，采用空间叠加分析方法，将相应分区的作用分值直接赋给其覆盖的评价单元，从而计算相应单元的基础设施完善度分值。

3. 环境质量

环境质量是一个综合概念，在集体土地均质区域划分中主要涉及大气环境、水环境、声环境质量。我国对环境质量的评价一般由生态环境部门进行，但在全国范围内进展不均衡，因此计算环境质量优劣度作用分值也要区别对待，用不同的计算方法。

（1）已开展了环境质量综合评价的地区，可直接采用环境质量综合指数作为评价环境质量优劣的指标。计算前应先检查综合评价成果中是否包含了大气、噪声等各种污染，对环境质量影响较大而没有考虑的环境因素要补充进去。计算时采用相应标准化方法对环境评价指标值进行标准化，从而获得环境质量作用分值。

（2）只有单项污染评价的城镇，首先要分析各单项污染对土地环境状况的污染程度，按影响大小决定各自的作用系数，系数与影响大小成正比、介

① 刘卫东，郧明德，周力丰，等．城市地价评估理论探索与实践［M］．北京：科学出版社，2007.

于0~1，各系数之和等于1。该作用系数也可与权重调查一起进行，对各项环境状况评分用下列公式计算：

$$F_i=\frac{100K(X_i-X_{min})}{(X_{max}-X_{min})}$$ 公式（4-40）

式中：F_i 为某一分区环境质量作用分值；K 为某单项环境质量作用系数；X_i 为单项环境质量指标值；X_{max} 为单项环境质量指标的最优值；X_{min} 为单项环境质量指标的最劣值。

（3）对于无定量环境质量资料，采用定性判别方法确定环境质量优劣度作用分值。首先，分析污染程度与功能分区的相关关系，在了解区域污染源分区、功能分区、风向、水流向等的情况下，分析污染程度与功能分区的相关关系。一般认为，工业区的大气、水、噪声污染严重；商业区交通干道汽车废气、噪声污染严重；文教科研区环境相对清洁。其次，根据区域环境污染状况，分析污染源与各功能区相对位置及风向、水流向等，将功能区按环境质量优劣排序，有污染和污染重的功能区排在后面，无污染和污染小的功能区排在前面。最后，将具有两种或多种功能的混合功能区插在两个相似区域之间，按环境质量从优到劣，从100分到0赋值，就得到区域地域空间上环境质量作用分值。

（4）单元环境质量分值的计算有两种方式：①采用环境质量综合评价成果或定性资料进行环境质量优劣度评定的，则为与该单元同区域环境作用分对照所得的分值；②用单项环境污染数据进行环境质量评定的，则为评价单元上各单项环境质量的作用分值之和。

4. 空间规划状况

空间规划是政府思维的产物，代表全体居民和区域的整体长远利益，对土地利用具有刚性制约，各类土地开发与利用活动必须服从于空间规划的需要，这样土地利用活动才具有法律上的可行性。另外，空间规划也在一定程度上反映了土地增值尤其是城镇土地增值的预期。通过编制空间规划，对区域进行功能分区，反映区域发展的主导方向。当前，我国为提升空间治理能力，优化国土空间格局，各地开展了“多规合一”和空间规划体系改革的相关探索，并于2017年印发了《省级空间规划试点方案》，要求以主体功能区规划为基础，全面摸清并分析国土空间本底条件，划定城镇、农业、生态空间以及生态保护红线、永久基本农田、城镇开发边界，统筹各类空间性规划，编制统一的国土空间规划方案。由此，土地利用规划由针对土地利用的时空布局安排演变为追求“多规合一”，围绕健全国土空间开发、资源节约利用、生态环境保护的总要求，推进区域布局、城乡建设、交通发展、土地利用、国土整治、生态保护等空间规划编制过程统一、成果融合，形成全国统一、相互衔接、分级管理的国土空间规划体系。因此，在进行集体土地均质区域划分时，需结合空间规划进展与成果，对规划的空间管制、区域村镇体系及其发展方向等进行定性分析，对区域空间规划因素进行分区，结合不同类型集体用地规划引导机制的作用分值，并结合空间叠加方法计算相应分区覆盖的评价单元的空间规划状况作用分值。

（三）单元总分值计算

集体土地是多种因素相互作用的结果，如果对每种因素因子的影响力赋予一定的分值和权重，经过累加，就能获得每块土地综合影响力的大小，这一结果可以作为划分集体土地均质区域的科学依据。在获得各评价单元不同因素的作用分值的基础上，结合多准则决策模型与空间叠加分析方法，通过一定的方式对多因素作用分值进行聚合，采用权重线性组合等方法，根据不同影响因素的权重及各评价单元的作用分值，经过累加，获得集体土地每一单元上各种因素综合影响力的大小，依此进行集体土地均质区域划分或级别划分。考虑邻域范围对相应评价单元的影响，也可在进行分值标准化时以邻域范围分值为准，并应用邻域内分值重新计算该单元的权重，然后再进行总分值计算。

四、均质区域划分

区域中与土地质量有关的各项要素，其变化或优劣状况一般为连续和渐变的，很少情况下是不连续分布的。其主要原因是，各因素不是孤立地对土地质量发生影响，而是相互作用、互为补充，从而对土地质量产生不同程度的影响，这样，区域土地质量必然是连续变化的。只有在遇到特殊情况时，如河流阻隔、铁路分割、自然条件限制等，才有可能造成土地质量的不连续分布。土地质量的变化规律还同区域功能组合和空间结构密切相关。如果是单一中心，土地质量变化的总体趋势是从中心向边缘质量由高向低逐渐减低；如果是多中心区域，则土地质量的分布规律较复杂。但在每一个中心附近，土地质量都会高于其外围地区，形成若干个以各级中心为中心的岛状分布的土地质量高等级区域。在两个中心之间有些区域，其土地等级会低于其周围任何区域，形成低等级区域。在高等级和低等级区域之间，土地质量是渐变的。在一定区域内，土地质量受各种因素影响，呈面状连续变化，为了管理和使用方便，在不影响土地质量总体变化规律和趋势的情况下，采用两种方式进行均质区域划分。一种方式是将连续变化的土地质量划分为若干区间，区间内的土地质量作为一个不变的整体，并对每一区间用数字按土地质量从高到低或从低到高顺序排列，数字的大小就反映了土地质量的等级。通常，土地级别与土地质量的分布趋势是一致的。因此，土地质量高的地区，其土地级别就高，土地质量低的地区，其土地级别就低。另一种方式是根据评价单元的分值相似性，采用空间分区方法进行区片划分，并不强调其区片级别，在实际应用时直接基于不同区片进行应用。上述两种方式并非完全对立，可结合具体实际进行应用，例如，也可对区片划分不同级别。

（一）级别划分方法

根据土地级别与土地质量的关系，在得到反映各单元综合质量高低的分值后，可采用如下方法划分土地级别。

1. 总分数轴图法

土地质量是在多因素影响下土地属性的综合反映，因此，它是多维空间决定的一个指标，是不能用一维数轴来反映的。鉴于土地单元的分值计算已将多维空间的指标转换成了一个总分值，以此反映土地质量的高低，这样，就可以通过一维数轴来反映土地质量的变化，划定土地级别。具体工作步骤如下。

（1）建立总分值数轴。在平面上建立一个一维数轴，在数轴的方向线上，把标注各总分值标准作为单元对号的标准。

（2）在数轴上标注单元分值。根据单元的总分值大小，将各单元点绘在数轴上方。如果在一个分值上有多个单元，则依次往上点绘，形成高低不一的单元集中与分散分布图。

（3）划定土地级别，并确定各级别分值区间。完成上述工作后，可通过对数轴的观察，根据数轴上点的分布与聚集情况，把相对密集的地方划成一个分组，定出其代表等级，并给出各等级土地的分值区间。

2. 总分频率曲线法

总分频率曲线统计判断法通过对各土地定级单元的总分值进行统计分析，

将全部分值区间划分成若干个细小的区间，然后统计各分值区间内分布的单元总数，计算出各区间内单元数占总单元数的百分比，即频率分布，并画出频率曲线图。最后，按频率分布图的分布趋势来划定土地级别边界。具体工作步骤如下。

（1）确定频率统计的分值区间。在所有土地定级单元中找出分值最高和最低的两个单元，其分值之差为整个统计的总分值区间。在总分值区间内，按等分要求分成若干小区间，作为统计单元的基础。

（2）计算分值区间频率分布。在每一个分值区间内，统计分布于其中的单元个数，用每个区间的单元数，除以全部单元总数得到每个分值区间的单元分布频率。

（3）绘制频率直方图。构造一个二维直角坐标系，横坐标表示总分值和各分值区段，纵坐标表示各区间单元分布的频率。这样可以将各区间的单元频率分布计算结果绘制成频率直方图。

（4）划定土地级别界线。根据得到的频率直方图，划定土地级别界线。土地级别界线应划定在频率分布的空白区或频率分布的低值区，不能将土地级别界线划在频率分布的最高点或相对最高点。

3. 剖面图法

剖面图法是根据工作实践总结出的一种比较直观的、主观分析与客观依据相结合的分级方法。它的主要依据是，土地质量的变化分布在城镇内是连续的，如果从某处剖开，该剖面的变化趋势能够在很大程度上反映总体的变化情况。具体工作步骤如下。

（1）选择分值计算剖面。在工作底图上，依据区域特点，选择若干个最能反映城镇土地质量变化的方向作分值剖面图，该图应能反映区域土地质量最优区、中间区及最劣区的各级土地。

（2）确定每一剖面的级别边界。在已做好的剖面图上，分析剖面变化规律，确定土地级别的边界。根据实践经验，各级中心点或最优区得分较高，而其他地区分值较低，这样就形成波状起伏的剖面。出现波峰点的地方代表了功能中心和分值相对高处，波谷点表示土地质量较差和分值相对低的部分。根据级内差别小、级间差别大的原则，直观判断峰和谷均不是级的边界，这些点所对应的综合得分值可作为级别划分的分值。

（3）确定土地级边界和分值区间。每一个剖面图都可确定一个土地级别的分界线，在此基础上，应根据几个剖面图各自确定的土地级别界线，综合平衡后，确定最后的土地级别分值界线，进而划分土地级别。

（二）区片划分方法

在不考虑级别的情况下，可根据评价单元总分值及不同因素特征值，采用空间聚类、判别分析与空间优化分区等方法划分区片。

1. 空间聚类方法

用空间聚类方法进行土地区片划分，是定性与定量相结合的一种方法。其原理是对单元影响的各个因素构成了自己的参照坐标，有多少个因素，就意味着有多少维空间。一个单元的土地质量，被认为是一个多维空间的向量。利用空间聚类分析，就可以把单元划到不同的集合里去，从而形成区片划分结果。常见的聚类包括基于层次的系统聚类方法、基于密度的聚类方法以及基于网格的聚类方法等。层次聚类又分为凝聚与分裂两种，前者采用自底向上策略，首先将每个样本作为一个簇，然后合并这些原子簇形成越来越大的簇；而后者则相反，采用自顶向下策略，首先将所有样本置于一个簇中然后逐渐细分为越来越小的簇，以增加簇的数目。由于基于样本之间距离的聚类方法只能发现球状的簇，基于密度的方法可用来过滤“噪声点”孤立点数据，以发现任意形状的簇。其主要思想是：只要邻近区域的密度（样本的数目）超过某个阈值继续聚类，即在一个给定范围的区域中必须至少包含某个数目的样本。基于网格的方法是将样本进行分解，划分成网格，然后在网格单元中收集统计信息，或综合密度指标进行空间聚类。在区片划分时，结合土地质量分布规律，可选择不同的聚类方法进行区片划分。

2. 判别分析方法

划分集体土地均质区片以影响土地质量差异的各种因素综合作用程度为依据。虽然各单元的分值固定不变，因采用的方法依据不同，功能各异，导致定级成果不完全吻合。判别分析方法根据城镇土地定级的特点和工作基础，在用总分频率曲线法、数轴法等方法获取分值分布特征的基础上，运用多组判别分析，采用贝叶斯准则对相应单元判定区片归属。具体工作步骤如下。

（1）土地定级单元归类。利用总分频率曲线法、数轴法、剖面图法等，对评价单元进行划分并归类，一种方法形成一种土地单元归类的结果和土地级别边界，多种方法则形成几个归类方案。

（2）建立标准类型。针对多种方法形成的几个归类方案，选取多方案中各土地级都包含的单元，建立标准类别，从而所有单元分为可归并的土地定级单元和未归并的土地定级单元两类。

（3）建立标准类别的特征值，依区片为单位，将各区片中分布的土地定级单元进行分析、处理，以土地级建立标准类别，同时确定各类的特征值。

（4）划定土地级别。按标准类别的特征值和未归类定级单元的特征值，运用多组判别分析方法，采用贝叶斯准则对尚未归属的评价单元进行判定，将所有单元归于不同的区片中。

3. 空间优化分区方法

地理学的分区问题是将特定地理空间划分为若干连续区域，满足一定的约束条件，并达到最优的分区目标。分区遵循区内差异最小化和区间差异最大化这一基本原则，也常常要求分区具有连续性、紧凑性、均衡性等。基于空间优化的分区实质上是指在特定地理空间包含若干地理空间单元，每一个单元有一个属性值或一组属性向量，将空间单元划分为若干区域，满足一定的约束条件，并达到最优的分区目标。约束条件包括：每一个空间单元必须隶属某个分区；每一个分区至少包括一个空间单元；每一个分区内各空间单元必须是连续的（针对不连续空间或存在岛单元，每一个区域内各空间单元必须是邻近的）；最大分区数量约束；每一个分区内空间单元数量约束；每一个分区的面积或其他属性数量约束等。分区目标包括：分区间单元属性差异最大化、分区内差异最小化；分区间交互作用最弱，分区内中心单元与外围单元交互作用最强；分区紧凑度最高；分区面积、人口或其他属性指标差异最小等。在具体应用时，需根据区片划分要求及原则，定义相应的约束规则，应用线性规划、遗传算法等空间优化方法进行均质区域区片划分。

五、BP 神经网络定级方法

BP 神经网络进行单元网格土地定级的实质是采用误差反向传播算法，经过反复训练与调试，从而使神经网络能够准确模拟出土地级别与其影响因素之间复杂的非线性关系，最终快而准地评估出网格级别。它采用 3 层网络模型，即输入层、隐含层、输出层，其中输入层输入网格单元（样本）影响因素分值，输出层输出样本土地级别。BP 神经网络高度的仿真功能经过网络反复学习能有效修正误差，可以跨越传统评价中的专家打分环节，在一定程度上避免主观因素对结果的影响。BP 神经网络的另一优势在于其可以不断调整模型参数，如权重和阈值，以便不断减少模型误差，提高网络的精确性。近年来，人工神经网络不断趋于成熟与完善。

（一）模型简述

人工神经网络（或简称神经网络）是模拟生理学上真实人脑神经网络结构和功能的一种信息处理系统，是由大量具有简单结构和功能的人工神经元（信息处理单元）构成的，能获取、存储和利用经验知识的物理细胞系统。人工神经网络是对人脑神经系统的抽象模拟，具有大规模并行处理和分布式存储、容错性、自学习、非线性动态处理等显著优点，特别适合于处理那些大规模的、动态变化的复杂关系结构问题。按照网络结构、性能、学习方式以及突触连接性质，可将神经网络模型细分为近百种不同形式。目前应用最广也是最重要的是由以 Rumelhart 和 McCelland 为首的科学家在 1986 年所提出的基于误差反向传播算法（back-propagation）的 BP 神经网络。

（二）基本原理

BP 神经网络是目前最完善和运用最广的神经网络模型，其本质是通过样本数据的训练，不断修正网络权值和阈值使误差函数沿负梯度方向下降，从而逼近期望输出。当学习样本提供给网络后，样本输入值从输入层传入网络，经隐含层向输出层传播，输出层的各神经元传出最后的网络输出值。若网络实际输出和样本的目标输出有误差，那么，网络将按照减少目标输出与实际输出之间误差的方向，从输出层反向经过各中间层回到输入层，将误差值分摊到各层，以修正各层之间的连接权值。随着这种误差的逆向传播修正不断进行，网络将逐渐修正到样本输入和目标输出之间的平衡状态。①

BP 神经网络由输入层（input）、隐含层（hidelayer）和输出层（outputlayer）3 部分构成。隐含层作为特征空间，连接着输入层与输出层，其可以拓展为多层，每一层包含单个或多个神经元，且相邻层与层之间全部互相连接，称为深层神经网络。隐含层每层节点个数代表特征空间维数。②

首先，数据组输入（x_1，x_2，…，x_m）进入输入层，通过与隐含层的连接权重（w_{11}^1，w_{12}^1，…，w_{1m}^1），产生数据组（s_1，s_2，…，s_n）作为隐含层的

① 章玲，周德群．多属性决策分析方法与应用：基于属性间关联的研究［M］．北京：科学出版社，2013.

② Alessio Ishizaka，Philippe Nemery. Multi-criteria decision analysis：methods and software［M］. Chichester：John Wiley & Sons Ltd，Wiley，2013.

输入。公式如下：

$$S_j^1 = \sum w_{ij}^1 x_i \quad \text{公式（4-41）}$$

式中：w_{ij}^1表示输入层第 i 个节点到隐含层第 j 个节点的权重；x_i 表示第 i 个输入数据；S_j^1 既表示数据组从输入层到隐含层中第 j 个节点的输出值，又代表隐含层第 j 个节点的输入。

数据组（s_1^1，s_2^1，…，s_n^1）通过隐含层节点激活函数 θ（·）后变为 θ（s_j），其中 s_j 表示隐含层的第 j 个节点产生的输出。这些输出将通过隐含层与输出层的连接权重产生输出层的输入，这里输出层的处理过程和隐含层是一样的，最后会在输出层产生输出 $\bar{y}_j$，这里 j 是指输出层第 j 个节点的输出。

$$S_j^2 = \sum w_{ij}^2 \theta(s_i^1) \quad \bar{y}_j = \sum \theta(s_i^2) \quad \text{公式（4-42）}$$

式中：w_{ij}^2表示隐含层第 i 个节点到输出层第 j 个节点的权重；S_j^2 表示输出层第 j 个节点的输入。

这里需要注意的是，输入数据必须进行归一化处理。原因是输入数据单位不一致、数据范围大，易导致神经网络慢、训练时间长、输出结果不合理等问题。采用的激活函数 θ（·）一般使用 S 型函数［输出范围（0，1）］和双极 S 型函数［输出范围（-1，1）］。数据归一化公式如下：

$$S\text{型函数：} y = \frac{x-\min}{\max-\min}$$

$$\text{双极}S\text{型函数：} y = \frac{2(x-\min)}{\max-\min} - 1 \quad \text{公式（4-43）}$$

在神经网络中，输入数据是已知的，显然影响数据输出的因素是各节点之间的连接权重。连接权重影响数据输出的情况如下：假设输入层第 i 个节点到隐含层第 j 个节点的连接权重发生了一个很小的变化 Δw_{ij}，那么这个 Δw_{ij}将会对 s_j 产生影响，导致 s_j 也出现一个变化，产生 $\Delta\theta(s_j)$，然后传到各个输出层，最后在所有输出层都产生一个误差 Δe。因此为使输出结果合理化，模型使用前必须采用已知测试样本与训练样本对网络不断调节，训练的过程就是将误差降到最小的过程，如果输出结果靠近了正确结果，就能说网络可以对样本进行正确分类了。

BP 神经网络的反向传播过程是：输出层每个节点都会得到一个误差 Δe，把 Δe 作为输出层反向输入，这时候就像是将输出层当作输入层一样把误差往回传播，先得到输出层 δ，然后将输出层 δ 根据连接权重往隐含层传输，这样反向传播得到所有的 δ 以后，权重得以更新。

（三）土地定级基本原理

BP 神经网络进行单元网格土地定级的实质是采用误差反向传播算法，经过反复训练与调试，从而使神经网络能够准确模拟出土地级别与其影响因素之间复杂的非线性关系，最终快而准地评估出网格级别。它采用 3 层网络模型，即输入层、隐含层、输出层，其中输入层输入网格单元（样本）影响因素分值，输出层输出样本土地级别。

定级过程包括两个阶段。第一个阶段是学习过程，将准备好的训练样本级别及其影响因素分值数据输入网络，样本影响因素分值通过输入层，经过隐含层，直至输出层，逐层传播，得到输出层输出值。然后学习开始时输入的样本土地级别作为导师信号，引导网络反复调整，即将输出层的输出值与刚开始输入的相应土地级别进行比较，计算误差，根据误差由输出层至输入层反向循环进行训练，直至网络输出值与输入值的绝对值小于指定的误差，下一步将测试样本的影响因素分值输入网络，计算输出的土地级别，并与测试样本的实际土地级别进行比较，检验网络模拟二者关系的准确性，如果 BP 神经网络输出值与其实际值小于指定误差，说明网络准确地拟合出了网格土地级别与其影响因素间的非线性关系，具有较强的泛化能力，否则应重新对网络进行学习。第二个阶段是工作阶段，将研究范围内网格土地级别影响因素分值由网络输入层输入，利用前面已训练好的网络，正向层层传递，最终在输出层输出网格土地级别，工作过程结束。

BP 神经网络具备自学习、自组织、容错性等优点，且不必列出具体的数学模型，以样本土地级别及其影响因素分值作为学习依据对网络进行训练，最终将学习得到的知识存储于网络隐含层及输出层的权值和阈值中。计算网格土地级别时只要将定级影响因素分值输入网络，便能自动输出网格级别，比较方便、快捷。

（四）土地定级流程

首先，确定神经网络的拓扑结构，包括确定网络层数，输入层、隐含层、输出层的节点数，并以样本影响因素分值为目标输入，土地级别为目标输出，通过样本不断学习，确定神经网络模型的主要参数，包括学习速率、期望误差等。

其次，根据研究区的实际情况，结合调研和专家的意见选择训练区，得到一定数量的已知土地级别的样本，并将样本分为训练样本和测试样本。

再次，将测试样本数据输入已训练的神经网络，通过比较测试样本的真实值和测试值之间的误差判断神经网络的可行性，进行模型验证。

最后，将未知土地级别的定级单元各影响因子作用分值输入已训练的神经网络模型，输出各定级单元土地级别，即实现计算机自动定级。

（五）定级模型构建

1. 模型的网络拓扑结构的确定

（1）网络层数的确定。BP 神经网络层数的增加会提高网络的学习精度，但运算时间也会大大增加并且容易造成局部最小误差而无法收敛。一般地，3 层的网络结构就能完成输入层到输出层的复杂非线性映射，也能够以任意精度逼近任意有理函数，因此，在选择网络层数时会偏向于 3 层的网络结构。

（2）输入和输出神经元个数的确定。神经网络模型的输入层神经元数由实际问题本身确定，输出神经元数则由模型期望输出确定。对于土地质量评价而言，输入层神经元数等于评价指标体系中评价指标的个数，输出层为评价结果。

（3）隐含层神经元个数的确定。隐含层神经元的个数增加会提高神经网络的学习精度，但神经元个数过多会使运算量增加，导致网络学习速率变慢等不良现象；同时隐含层神经元的个数过少会造成网络学习难以达到期望的要求。目前，还没有统一的理论基础来确定隐含层神经元个数，只能本着在满足精度的要求下选取尽可能少的隐含层神经元数的原则，通过经验或大量的实验来摸索。几种估算隐含层神经元个数的公式为：

$$A=\sqrt{N+M}+C;\ A=\sqrt{NM};\ A=\log_2 N \qquad \text{公式（4-44）}$$

式中：A 为隐含层节点数；N 为输入层节点数；M 为输出层节点数；C 为 1~10 的常数。

2. 学习速率的选择

学习速率决定网络训练中的权值变化量，进而影响网络学习的稳定性，学习速率设置偏大会使网络调整网络权值的修正量过大，导致权值超出误差极小值、网络训练不收敛。相反地，学习速率设置偏小可以保证网络收敛，但是收敛得较慢。一般情况下，为了保证网络的稳定性，会更倾向选择较小的学习速率，且取值范围控制在 0.1~0.8。

3. 期望误差的选取

期望误差越小，网络精度越高。在网络训练过程中，期望误差也需要通过不断地对比训练得到。如果期望误差过小，则需要反复训练的次数就增多，此时，神经网络对样本记忆深刻，但对于样本之外的数据却不能正确判断，因此这种过度拟合的情况会导致网络推广的能力变差。如果期望误差过大，训练次数过少，就不能正确学习样本中的“规律”，网络的可靠性和实用价值会降低。一般用均方差（MSE）来表示期望误差。

4. 样本的选择

（1）训练样本。网络训练依赖于对训练样本的学习，得到输入与输出间的对应关系，在很大程度上左右着网络模型与真实函数间的拟合精度问题。如果训练样本没有代表性和典型性，模型的价值会大打折扣，甚至毫无用处。所以，样本的质量在很大程度上决定了一个神经网络能否训练成功。

（2）测试样本。测试样本是用来测试网络精度的，只有测试样本具有较好的性能，才能证明网络具有解决实际问题的能力。

一般衡量网络精度的手段有误差（error）、绝对误差（absolute error）以及均方误差（mean squared error）3 种形式。误差即测试值与真实值的差异；绝对误差是误差占真实值的百分比，反映了测试值与真实值的偏离程度；均方误差是一种计算“平均误差”的简便方法，反映测试值与真实值的变化程度。这 3 种形式均能体现训练网络的有效性。

第五章

集体土地价格评估方法

在集体土地基准地价评估实务工作中涉及样点地价评估和基准地价评估，下面主要从这两个方面探讨集体土地价格评估方法。

第一节 样点地价评估的一般方法

一、收益还原法

收益还原法是目前国际上流行的资产评估 3 大方法之一，该方法是利用资金的时间价值原理，将不动产未来收益折现求其现在市值的一种评估方法。3 种方法中，收益还原法相对较难，但它却以其充分的理论依据在国内外被广泛应用于收益性或具有潜在收益性的不动产估价中。

（一）收益还原法的基本原理

1. 收益还原法的概念

收益还原法（income approach）是指为取得待估不动产的价格，以还原利率将不动产在未来所能产生的正常纯收益贴现到估价时点，并以其贴现之和作为待估不动产的价格。收益还原法被广泛运用于收益性不动产价格的评估，以收益还原法求取的不动产价格通常称为收益价格。[①]

收益还原法在国内外的称谓有很多，主要有：收益还原法、收益现值法、收益资本化法等。在我国土地估价中通常叫作收益还原法。

① 魏文彪．遏制小产权房需稳定商品房价［J］．资源与人居环境，2013（11）：78.

2. 收益还原法的理论依据

收益还原法是基于预期原理，即未来收益权利的现在价值，是不动产所有权在经济上的体现。其基本思想可以粗略地表述如下：由于不动产的使用寿命长久，占用某一收益性不动产，不仅现在能取得一定的纯收益，而且能期待在将来继续取得这个纯收益，这样，该宗不动产的价格就相当于这样一个货币额，如果将这个货币额存入银行也会源源不断地带来一种与这个纯收益等量的收入。形象一点表示：某一货币额×利息率=不动产纯收益。那么，这个金额就是该宗收益性不动产的理论价格，用公式可简单表示为：[①]

不动产价格=纯收益/利息率

这种抽象化的理论，是一种朴实、简单明了、便于人们理解的表达，严格来说是不很确切的。其中包含着3个假设前提：①纯收益每年不变；②利率固定，且不动产投资风险与利率收入风险相当；③收益为无限年期。例如，假设某人拥有一处不动产，每年可产生100万元的纯收益，同时此人有1000万元货币，以10%的年利息率存入银行，每年可得到100万元的利息，则对该不动产所有者来说，理论上这宗不动产与1000万元的货币等价，即值1000万元。

可以看出，运用收益还原法对有收益的不动产进行估价时，首先需要求取该宗不动产的纯收益，即总收益减去总费用；其次要确定还原利率；最后选取适当的计算公式求得待估不动产的价格。

（二）收益还原法的基本公式

由于在应用收益还原法求取不动产价格时，是对未来若干年纯收益的贴现，而纯收益和收益年限都是可变因素，这就增加了现实操作的复杂性。因此，从数学推导角度来看，求取公式的形式就可能各不相同。这就要求估价人员要针对具体实例，选用适合的计算公式来求取待估不动产的价格。

1. 初始计算的情形

公式如下：

$$V=\frac{a_1}{(1+r_1)}+\frac{a_2}{(1+r_1)(1+r_2)}+\frac{a_3}{(1+r_1)(1+r_2)(1+r_3)}+$$

---

① 艾建国. 耕地总量动态平衡政策效果分析及对策［J］. 改革，2003（6）：45-51.

$$\frac{a_4}{(1+r_1)(1+r_2)(1+r_3)(1+a_4)}+\cdots+\frac{a_n}{(1+r_1)(1+r_2)(1+r_3)\cdots(1+r_n)}$$

公式（5-1）

式中：V 表示不动产价格；a_1，a_2，a_3，…，a_n 表示不动产未来各年的纯收益；r_1，r_2，r_3，…，r_n 表示不动产未来各年的收益率。

说明：①此公式实际上是收益还原法基本原理的公式化。②当公式中 a、r、n 变化时可以导出下述各种公式，可见下述各种公式只是该公式的一个特例。③该公式只有理论分析上的意义，实际估价中难以操作。

2. 无限年期且其他因素不变的情形

公式的假设前提是：①a 每年不变；②r 每年不变且大于零；③年期无限。公式如下：

$$V=\lim_{n\to\infty}\frac{a}{r}\left[1-\frac{1}{(1+r)^n}\right]=\frac{a}{r}\left[1-\lim_{n\to\infty}\frac{1}{(1+r)^n}\right]=\frac{a}{r}\ [1-0]\ =\frac{a}{r}$$

公式（5-2）

式中：V 表示不动产价格；a 表示不动产的纯收益；r 表示不动产的收益率。

二、假设开发法

（一）假设开发法基本原理

1. 假设开发法的概念

假设开发法（the hypothetical development method），是在估算开发完成后不动产正常交易价格的基础上，扣除未来不动产正常的开发成本、管理费用、投资利息、开发利润和各种税费等费用后，以剩余之数来确定估价对象不动产价格的一种方法。假设开发法又称剩余法（residual method）、倒算法、残余法或余值法。

2. 假设开发法的原理

假设开发法的基本理论依据与收益法相同，是预期原理。假设开发法估价的基本思路，通过下面模拟一个典型投资者思想活动的例子，可以较好地反映出来。①

假设某开发商想要开发一块可供开发利用的地块，那么他愿意出多少钱来购买这块土地呢？很明显，他购买这一地块并不是供自己使用，而是通过开发后出售为其赚取利润。他很清楚希望得到这一地块的人不止他一个，他们也都有同样的动机，面对竞争，他期望从这一地块开发中得到的利润不低于社会平均利润，否则他宁愿把这笔资金投到其他方面。也就是说，该开发商希望能从这一土地开发中获取社会上房地产开发的一般利润即可。为了获取这一地块，开发商首先要仔细研究待开发地块的内外条件，如坐落位置、面积大小、形状、周围环境、规范限制条件等，以便分析该地块在规划许可范围内最适宜的用途和最大开发程度；然后根据目前房地产市场状况，预测建筑完成后的价格，以及为完成这一开发所需花费的建筑费、设计费、相关税费、各类预付资本的利息和开发商应得的正常开发利润。有了上述的分析和测算，开发商就能知道他可能为取得这块土地所支付的最高价格是多少。

由以上可以看出，假设开发法在形式上是评估新建不动产价格的成本法的倒算。两者的主要区别是适用范围不同：成本法适用于土地价格已知，需要求取开发完成后不动产价格的情况；假设开发法适用于开发完成后不动产价格可通过预测得到，需要求取土地价格的情况。

3. 假设开发法的适用范围

（1）待开发土地的估价（如生地、熟地、毛地）；

（2）待拆迁改造的再开发房地产的估价；

（3）在建工程；

（4）可装修或改变用途的旧房（如装修、扩建、改建等）；

（5）土地整治、复垦；

（6）现有新房地产中地价的单独评估，即从房地产价格中扣除房屋价格之后的地价。

4. 假设开发法的应用前提

应用假设开发法评估不动产的价值需要注意以下几点：第一，是否找到了最佳的开发利用方式。不同的开发利用方式对应不同的价值，寻找到并能

---

① 柴强．中国房地产估价的实践与发展［C］//．中国房地产估价与经纪 2007 年第 6 期（总第 67 期），2007：15-18.

实现最佳的开发利用方式才能反映待估对象的价值。第二，是否准确估计了开发后的成本、价值、利息等。要做到以上两点需要估价人员掌握产品市场、建筑技术、开发成本、利息等相关资料，并且要求估价人员具有很强的市场分析和判断能力以及产品的研发能力；另外也需要有一个稳定健康、公平公正的市场环境。

（二）假设开发法基本公式

1. 理论公式

待开发不动产的价格＝开发完成后的不动产价格－开发成本－管理费用－投资利息－销售税费－购买待开发不动产应负担的税费－开发利润

对于上述公式中具体应减去的项目，掌握的基本原则是设想得到估价对象后，至开发完成还需要支出的一切合理、必要的费用、税金及应得的利润。所以，如果是已经投入的费用，则包含在待开发不动产的价值内，不应作为扣除项。例如，评估毛地的价值，即该土地上有待拆迁安置的房屋，这时减去的项目中还应包括拆迁安置补偿费；如果评估的是拆迁安置后的土地价值，则不应扣除拆迁安置补偿费。

2. 应用公式

运用假设开发法进行具体估价时，一是要把握待开发房地产在投资开发前后的状况，二是要把握投资开发后的房地产经营方式。待开发房地产在投资开发前的状况，即估价对象状况，有土地（又可分为生地、毛地、熟地）、在建工程和旧房等；在投资开发后的状况，有熟地和房屋（包含土地）等。所谓生地，是指已完成土地使用批准手续（包括土地使用权出让手续）可用于建筑的土地，该建筑用地无基础设施，或者有部分基础设施，但尚不具备完全的“三通”（通路和临时水、电）条件，同时地上地下待拆除的房屋、构筑物尚未拆除。所谓毛地，是指已完成土地使用批准手续（包括土地使用权出让手续），具有“三通”（通路和临时水、电）或者条件更完备的基础设施，但未进行拆迁的可用于建筑的土地。所谓熟地，是指具有完善的基础设施，且地面平整，可用于建筑的土地。

（1）求生地价格的公式。

①适用于在生地上建成房屋的公式：

生地价格＝开发完成后房地产价格－由生地建成房屋的开发成本－管理费用－投资利息－销售税费－开发利润－购买生地应负担的税费

②适用于将生地开发成熟地的公式：

生地价格=开发完成后的熟地价格-由生地开发成熟地的开发成本-管理费用-投资利息-销售税费-开发利润-购买生地应负担的税费

（2）求毛地价格的公式。

①适用于在毛地上建成房屋的公式：

毛地价格=开发完成后房地产价格-由毛地建成房屋的开发成本-管理费用-投资利息-销售税费-开发利润-购买毛地应负担的税费

②适用于将毛地开发成熟地的公式：

毛地价格=开发完成后的熟地价格-由毛地开发成熟地的开发成本-管理费用-投资利息-销售税费-开发利润-购买毛地应负担的税费

（3）求熟地价格的公式。

熟地价格=开发完成后房地产价格-由熟地建成房屋的开发成本-管理费用-投资利息-销售税费-开发利润-购买熟地应负担的税费

（4）求旧房价格的公式。

旧房价格=装修改造后房地产价格-装修改造成本-管理费用-投资利息-销售税费-装修改造投资利润-购买旧房应负担的税费

（5）求在建工程价格的公式。

在建工程价格=续建完成后的房地产价格-续建成本-管理费用-投资利息-销售税费-续建投资利润-购买在建工程负担的税费

三、市场比较法

（一）市场比较法的基本原理

1. 市场比较法的概念

市场比较法（market comparison approach）又称买卖实例比较法、市价比较法、交易实例比较法、市场资料比较法、现行市价法、市场法等，是将估价对象与接近估价时点的已发生交易的类似不动产进行比较，对类似不动产的成交价格进行适当的修正，进而得出估价对象在估价时点的客观合理价格的方法。它是不动产估价方法中最常用的估价方法之一，也是目前国内外广泛应用的经典估价方法。

这里的“类似不动产”，是指在同一供需范围内，在用途、建筑结构、规划条件等方面，与估价对象相似的不动产。采用市场比较法求得的价格，称为比准价格。比准价格经过修正后，得出市场价值。[①]

2. 市场比较法的基本原理

市场比较法的理论依据，就是经济学中的替代原理。在市场上任何经济主体都谋求以最小的代价取得最大的利润或效用，所以其在选择商品时会选择效用大而价格低的商品。因此，在同一市场上，效用均等的物品或服务在价格上应该相等，即具备替代关系。另外，在同一市场上具有完全替代关系的商品同时存在时，商品的价格是经过相互影响之后才决定的。这就是说，相同类型、只有替代关系的商品之间，由于市场竞争，其价格相互牵制而趋于一致。

替代原理广泛应用于经济活动之中，同样适合于不动产市场。具体来讲，在同一市场上从事不动产交易时，任何有理性的当事人都会依据替代原理，将拟交易的不动产价格与类似不动产的成交价格进行比较，然后决定其市场行为。因此，任何买者不会接受以比市场上的正常价格过高的价格成交，任何卖者自然也不会接受以比市场上的正常价格过低的价格成交。最终的结果是类似的不动产，价格相互牵制而接近。正是因为在不动产价格形成中有替代原理的作用，所以在进行不动产估价时，可以依靠评估人员的专业知识和经验，通过对交易情况、交易日期、区域因素、个别因素等一系列影响因素的调整修正，使待估案例与交易案例之间基本满足替代关系存在的条件。当然，在现实的市场交易中，由于每个交易者的动机、偏好、对市场的了解程度、财务状况、讨价还价能力等不同，具体某一宗不动产交易的成交价格可能会偏离其正常的市场价格。但是，从统计学的角度看，只要有足够多的交易实例，通常可以通过市场的常态来推测待估不动产的价格。[②]

（二）市场比较法的基本公式

市场比较法就是通过对一系列因素进行修正，得到估价对象在估价时点市场状况下的价格水平。这些因素主要有交易情况因素、交易日期因素、区域因素和个别因素 4 类。在市场比较法中，根据实际比较的基准不同，计算公式可分为直接比较修正公式和间接比较修正公式两类。

---

① 赵明媚．浅析市场比较法在我国房地产估价中的应用［J］．黑龙江科技信息，2009（35）：163，73.

② 周小萍，陈百明，张添丁．中国“藏粮于地”粮食生产能力评估［J］．经济地理，2008（3）：475-478.

1. 直接比较修正公式

所谓直接比较修正，是以待估不动产的状况为基准，把各交易案例与其逐项比较，然后将比较的结果转化为修正价格的系数。其基本公式为：

$$
\begin{aligned}
P_D &= P_A \times K_A \times K_B \times K_C \times K_D \\
&= P_A \times \frac{100}{(\quad)} \times \frac{(\quad)}{100} \times \frac{100}{(\quad)} \times \frac{100}{(\quad)}
\end{aligned}
\quad \text{公式（5-3）}
$$

式中：P_D 为待估不动产的价格；P_A 为比较案例不动产的价格；

$K_A=\frac{100}{(\quad)}=\frac{\text{正常交易情况指数}}{\text{可比实例交易情况时数}}$——交易情况修正系数；

$K_B=\frac{(\quad)}{100}=\frac{\text{评估基准日价格指数}}{\text{可比实例交易时价格指数}}$——交易日期修正系数；

$K_C=\frac{100}{(\quad)}=\frac{\text{待估对象所处区域因素条件指数}}{\text{可比实例所处区域因素条件指数}}$——区域因素修正系数；

$K_D=\frac{100}{(\quad)}=\frac{\text{待估对象个别因素条件指数}}{\text{可比实例个别因素条件指数}}$——个别因素修正系数。

在上述公式中，交易情况修正系数 K_A 中的分子 100 表示以正常交易情况下的价格为基准而确定可比实例交易情况的价格修正参数；交易日期修正系数 K_B 中的分母 100 表示以可比实例交易时的价格指数为基准而确定评估基准日的价格指数；区域因素修正系数 K_C 中的分子 100 表示以待估对象所处的区域环境为基准而确定可比实例所处区域环境的修正系数；个别因素修正系数 K_D 中的分子 100 表示以待估对象的个别因素条件为基准而确定可比实例个别因素的修正系数。当然，比较的基准不同，100 所处的位置也不同，其他表示方法也可以。

2. 间接比较修正公式

间接比较修正是以一宗标准的房地产为基准，把交易案例不动产和待估不动产均与之逐项比较，然后把结果转化为修正价格系数。标准不动产是指一定区域内设定的，具备的条件在一定范围内有代表性，可起示范及比较标准作用的不动产。根据间接比较的原理，其基本公式为：

$$
\begin{aligned}
P_D &= P_A \times K_A \times K_B \times K_O \times K_C \times K_D \\
&= P_A \times \frac{100}{(\quad)} \times \frac{(\quad)}{100} \times \frac{100}{(\quad)} \times \frac{(\quad)}{100} \times \frac{(\quad)}{100}
\end{aligned}
\quad \text{公式（5-4）}
$$

式中：P_D、P_A、K_A、K_B 的含义同前；$K_O=\frac{100}{(\quad)}=\frac{\text{标准房地产状况指数}}{\text{可比实例状况指数}}$；

K_C 和 K_D 的含义为以标准房地产的区域因素和个别因素条件为基准（即 100）而确定待估对象的区域因素和个别因素条件的修正系数。

四、成本法

（一）成本估价法的基本原理

1. 成本法的定义

成本法（cost approach），又称原价法、成本逼近法，是三大基本估价方法之一。它是通过求取估价对象在估价时点时的重置价格或重建价格，然后扣除折旧，以此估算估价对象的客观合理价格或价值的方法。成本法从不动产重新开发建设的角度进行评估，对重新开发建设的各环节产生的成本和利润、税金进行求和，再扣除不动产已经产生的折旧，即得到待估对象的不动产价格。①

成本法估价中的几个基本概念：

（1）重建成本：建造相同建筑物所需要的人工、材料价格和采用原建筑物的材料、设计及技术所需要的成本。

（2）重置成本：建造与目标不动产功能相同不动产的人工、材料价格和管理费用以及采用目前的设计、材料与标准所需要的成本。

（3）建筑物残值（率）：建筑物达到使用年限，不能继续使用，经拆除后的旧料价值减去拆除的清理费用得到的价值。残值与房屋造价的比率即为残值率。

（4）建筑物成本主要包括：房屋主体结构工程的建筑装修费用、舍内各种配套设施及安装费、勘察设计费、建筑红线内的室内各种设施配套安装费、管理费、贷款利息等。

（5）应计折旧：是指到估价时点建筑物所发生的所有折旧，主要包括物理折旧、经济折旧、功能折旧等。②

需要指出的是，成本法所采用的“成本”（cost）是具有特定含义的成本。具体表现为，估计时点时的价格：成本法所指的成本并非历史成本或账

① 艾建国，丁烈云，贺胜兵．论房价与地价的相互关系——基于北京、上海、武汉数据的实证研究［J］．城市发展研究，2008（1）：77-83.

② 朱道林，董玛力．城市地价水平与经济发展水平关系分析——以长江三角洲主要城市为例［C］//．国际估价论坛论文集（第二册）．［出版者不详］，2007：151-158.

面成本，也并非总是“现在”，也可能是过去。所以不能总是用现在或过去的成本代替估价时点时的价格。经济成本：成本法所采用的“成本”是不动产重新建造时的完全价格，即经济成本，包括建造成本、一切合理必要的费用、税费及应得的利润等，并非人们通常认为的成本，其实质是一种价格。客观成本：重新构建价格不是个别企业或个人的实际耗费，而是社会一般的公平耗费，即是客观成本，不是实际成本。消费者的成本：成本法中的成本并非指开发商或承建商所付出的成本，而是包括所有最终消费者的成本，以这种成本为基础评估出来的价格才能保证其科学性和公正性。

2. 成本法的原理

成本法的理论依据是生产费用价值论——商品的价格是由其生产所必需的费用而决定的。所需的必要费用越高，价格越高；反之，价格越低。不动产的价格或价值也是与其开发建设所花费的必要费用相联系的。一方面，开发建设所花费的必要费用越多，出售者的要价越高。也就是说从卖方的角度来看，成本法的理论依据是生产费用价值论。即不动产的价格是基于“生产费用”的，重在过去的投入。具体而言，卖方愿意接受的最低价格不能低于其为开发建造该不动产已花费的代价；如果低于该代价，他就会亏本。另一方面，买者在决策以什么样价格购入不动产时，他不仅会与相邻房地产当前的市场价格进行比较，还会与自己购买土地、自己委托建设所花的必要成本进行比较。也就是说从买方的角度来看，成本法的理论依据是替代原理，即买方愿意支出的最高价格不能高于其所预计的重新开发建造该不动产所需花费的代价，如果高于该代价，他还不如自己开发建造（或者委托他人开发建造）不动产。①

综合买卖双方，他们的共同点只能是价格等于包含正常的费用、合理利润和税金的成本。所以，我们可以根据开发建造估价对象所需的正常费用、税金和利润之和来估算其价格。

3. 成本法的适用范围

只要是新近开发建设、可以假设重新开发或者计划开发建设的不动产，都可以采用成本法估价。成本法特别适于评估那些无收益又很少发生交易的不动产，如学校、图书馆、医院、政府办公楼、军队营房、公园等公用公益不动产，以及特殊工业厂房、油库、发电站、码头、油田等有独特设计或只

---

① 周小萍，陈百明，张添丁．中国“藏粮于地”粮食生产能力评估［J］．经济地理，2008（3）：475-478.

针对特殊用途而建造的不动产的估价。单纯的建筑物的估价基本上也是采用成本法。另外，成本法也适用于市场不完善或狭小市场上无法运用比较法进行估价的不动产。在房地产保险及损害赔偿中通常也采用成本法估价，因为往往只是局部损毁，也必须使其恢复到原有的设计状态或者完全重建；对于发生全部损毁的，有时也需要通过重置或重建的办法来解决。

运用成本法估价需要注意的是：现实生活中不动产的价格直接取决于其效用，而非花费的成本，成本的增减一定要对效用有所作用才能形成价格。换一个角度看，不动产成本的增加并不一定能增加其价值，投入的成本不多也不一定说明其价值不高。价格等于成本加平均利润，只有在特定条件下才成立。因此，运用成本法估价一是要区分实际成本和客观成本，估价中采用的应是客观成本（假设开发建设时大多数开发商的正常花费），而不是实际成本（某个具体的开发商的实际花费）。二是要结合供求分析确定最终的不动产价格，当市场供大于求时，价格低于成本；供不应求时，价格高于成本。不动产价格要在具体的供求状况下进行向上或向下的调整。

成本法估价比较费力，测算重新构建价格和折旧也有一定的难度，尤其是那些过于老旧的建筑物，往往需要估价人员针对建筑物进行实地勘察，需要依靠其主观判断。因此，成本法主要适用于比较新的建筑物的估价，不大适用于过于老旧的建筑物的估价。成本法估价还要求估价人员有专业知识和丰富的经验，特别是要具有良好的建筑、建筑材料、建筑设备和工程造价等方面的专业知识。

（二）成本法的基本公式

1. 成本法最基本的公式

成本法最基本的公式为：

$$不动产价格=重新购建价格-折旧$$

上述公式可以根据下列 3 类估价对象而具体化：①新开发的土地；②新建的房地产（此处指房地、建筑物两种情况）；③旧的房地产（此处指房地、建筑物两种情况）。

新开发的土地和新建的房地产采用成本法估价一般不存在折旧问题，但应考虑工程质量、规划设计、周围环境、房地产市场状况等而予以适当的增减价调整。例如，运用成本法评估某在建工程的价值，即使该在建工程实实在在投入了较多费用，但在房地产市场不景气时也要予以减价调整。[1]

2. 适用于新开发土地的基本公式

新开发土地包括填海造地、开山造地、农地整理、征用农地后进行“三通一平”等开发的土地，在城市旧区中拆除旧建筑物等开发的土地。[2] 在这些情况下成本法的基本公式为：

新开发的土地价格=（土地取得费+土地开发费+税费+投资利息+投资利润+土地增值收益）×修正系数

3. 适用于新建不动产的基本公式

在新建不动产的情况下，成本法的基本公式为：

新建不动产的价格=购置土地价格+建造建筑物价格

式中：

购置土地价格=(土地取得费+土地开发费+税费+投资利息+投资利润+土地增值收益)×修正系数建造建筑物价格
=直接成本+间接成本+正常利润

第二节 集体农用地样点地价评估方法

一、影响因素分析

农用地是指直接或间接为农业生产所利用的土地，包括耕地、园地、林地、草地等。影响农用地价格的因素主要包括自然因素、社会经济因素和特殊因素。农用地价格的指导性影响因素体系如下。

自然因素，是指影响农用地生产力的各种自然条件，包括10℃有效积温、降水量、降水均衡度、无霜期、灾害性气候状况、地形坡度、土壤质地。有效土层厚度、土壤障碍层深度、土壤有机质含量、土壤盐渍化程度、地下水埋深、田块大小、地块形状等。

社会经济因素，是指影响农用地收益的社会经济发展条件、土地制度和

① 周小萍，陈百明，张添丁．中国“藏粮于地”粮食生产能力评估［J］．经济地理，2008（3）：475-478.

② 魏文彪．遏制小产权房需稳定商品房价［J］．资源与人居环境，2013（11）：78.

交通条件等，包括区域城市化水平、城市规模、农业生产传统、人均土地指标（人均耕地、人均农用地）、农民人均收入水平、单位土地投入资本量、单位土地投入劳动量、农产品市场供求、农用基本设施状况、农机应用方便度、土地利用规划限制、交通通达度等。

特殊因素，是指影响农用地生产力和收益所独有的条件或不利因素，如特殊的气候条件、土壤条件、环境条件、环境污染状况等。

我国农用地大多分布在农村地区，属于集体土地。对于集体农用地的评估，根据地类进行划分，主要从耕地、园地、林地、草地 4 个方面进行介绍。

（一）耕地

1. 水田地价的影响因素

根据农用地价格影响因素体系并结合水田的利用性质确定水田的地价影响因素。在确定水田的地价影响因素时，要注意田块的保水能力、水源条件、灾害性气候、种植制度、利用方式等因素的影响。

2. 旱地地价的影响因素

根据农用地价格影响因素体系并结合旱地的利用性质确定旱地的地价影响因素。在确定旱地的地价影响因素时，要注意地块形状、地形坡度、灌溉条件、灾害性气候、种植制度、利用方式等因素的影响。

3. 水浇地地价的影响因素

根据农用地价格影响因素体系并结合水浇地的利用性质确定水浇地的地价影响因素。在确定水浇地的地价影响因素时，要注意田块的保水能力、水源条件、地下水埋深、种植制度、利用方式等因素的影响。

（二）园地

根据农用地价格影响因素体系并结合园地的利用性质确定园地的地价影响因素，在确定园地的地价影响因素时，要注意土壤厚度、土壤有机质含量、地下水埋深、园地类型、利用方式、园艺设施状况、距城市远近、独特的小气候以及特殊土壤等因素的影响。

（三）林地

根据农用地价格影响因素体系并结合林地的利用性质确定林地的地价影响因素，在评估林地价格时，应充分考虑立地条件、砾石含量、地形坡度、林地类型、林业设施状况、林木经营结构、交通运输条件及林木、基础设施及开发利用方式等因素的影响；对具有生态及旅游价值的林地，还要考虑生态及旅游价值对土地价格的影响。

（四）草地

根据农用地价格影响因素体系结合草地的利用性质确定草地的地价影响因素。在确定草地的地价影响因素时，要注意土壤质量、土壤沙化程度、草地类型、草场经营方式、收益水平、草地承包经营期限、有无其他经营或权利限制、基础设施状况与水平等因素的影响。

二、估价技术要点

（一）耕地

在基准地价评估过程中运用各种估价方法评估耕地价格，要在遵循《农用地估价规程》相关规定的基础上，[①] 结合耕地的收益、经营特征与流转市场的建设与发育状况开展。主要评估方法为收益还原法，有市场比较案例的，还可选用市场比较法。如果是新开发整理的耕地，可采用成本逼近法；如果是待开发的耕地，可采用剩余法。

具体估价中，除了参照各不动产估价方法的一般估价程序、具体公式参数条件等，还应关注以下技术要点。

（1）要考虑到权利种类对耕地价格的影响，在耕地基准地价评估时，集体耕地权利类型一般可设定有集体所有权、承包经营权、经营权，不同的权利类型下会有不同的价格。

（2）要考虑不同地类对耕地价格的影响，根据土地利用现状分类，集体耕地类型有旱地、水浇地、水田等，不同地类的利用方式及效益不同，不同地类会有不同的价格。

（3）在评估耕地价格时，要根据土地所处区域条件、近 3 年来耕地的实际耕作状况及可能的新的耕作利用方式，确定耕作制度、复种指数等，并根据其耕作制度分析其利用状况及收益能力。

（4）在评估耕地价格时，要充分考虑农田基本设施对耕地价格的影响，包括引水渠、排水渠、田间道路、机耕道路等，分析其可用程度对地价产生

---

① 自然资源部.《农用地估价规程》（GB/T 28406—2012），2012.

的影响，对于通过性设施对农用地可能产生的负面影响也要充分考虑。

（5）应用收益还原法评估耕地地价时，其估价结果的可信度主要取决于土地的预期纯收益和还原率是否准确。在测算耕地纯收益时，总收益和总费用的测算要全，一般采用实测的方式，即具体计算待估宗地在 1 年内各种产出物的经济价值和各种投入的费用总和，收益及费用数据可采用近 3 年的客观平均值。

在进行总收益核算时，对于直接生产经营的，原则上应依据估价对象所在区域主导种植方式及主导种植的农业作物，核定客观正常收益水平；总收益应包括主产品收益和副产品收益，如秸秆收益等；年收益若以实物方式约定，应以估价期日物价水平为基础，适当考虑物价变化、市场预期等因素的影响；有农业补贴政策的，分析补贴未来趋势，可把长期的相关补贴纳入收益计算中。

年总费用是指在生产经营活动中所支付的正常合理必要的客观总费用，对费用支出超过或不足 1 年的，应统一折算到 1 年；土地税费项目和标准应按照当地相关规定计算；对采用工厂化农业经营方式的，在土地纯收益中应扣除该投入所形成固定资产的客观纯收益。

确定土地还原率时应注意不同土地权利、不同经营方式、不同种植类型、不同地貌类型之间土地还原率的差别。土地还原率一般可采用“安全利率+风险调整值”方法测算，确定风险调整值时除考虑自然灾害对农业生产的风险外，还需考虑农业生产周期长、市场供需变化等风险。一般而言，普通种植项目风险低于特种种植项目风险，养殖风险高于种植风险，工厂化农业风险低于非工厂化农业风险，经营权的还原利率高于承包经营权的还原利率，承包经营权的还原利率高于所有权的还原利率。

（6）采用市场比较法时，应关注比较实例价格是否包含地上农作物、农田设施及其他实物，以及种植类型、耕作制度、经营方式、流转方式等对价格的影响；优先选择流转方式与评估目的相同或相近的交易实例，当流转方式不同时，应考虑进行价格修正；应区分不同种植类型与经营方式的案例，原则上做到同类型比较，即在经营方式上区分普通大田种植、大棚等设施种植、工厂化种植等类型；在种植类型上区分水田、旱地等类型。在完成耕地定级的区域，可依据定级因素因子体系，采用定级指数计算影响因素修正系数。

（7）在成本逼近法中，土地取得费可采用开发前相应地类价格，如林地、草地及未利用土地等；土地开发费应为设定开发程度内涵下，同等地域条件下农田基本设施建设必要投入的客观费用，可采用工程预算法、类似工程费用比较法测算，也可参照当地农用地开发整理项目投资标准或中低产田改造投资标准确定；确定耕地增值收益，应综合考虑开发完成后耕地的肥力提高程度、田间配套设施水平及当地经济环境等因素，可依据开发完成后耕地效益增加水平进行测算。

（二）园地

在基准地价评估过程中所采用的园地评估方法主要包括收益还原法、市场比较法和成本逼近法等常用方法。如果是新开发的园地，可采用成本逼近法；如果是待开发的园地，可采用剩余法。园地地价评估的技术要点如下。

（1）要考虑到权利种类对园地价格的影响，在集体园地基准地价评估时，集体园地权利类型一般可设定有集体所有权、承包经营权、经营权，不同的权利类型下会有不同的价格。

（2）要考虑不同地类对园地价格的影响，根据土地利用现状分类，集体园地类型有果园、茶园等，不同地类的利用方式及效益不同，也会有不同的价格。

（3）在评估园地价格时，要考虑到估价对象是否包括地上经济作物及有关设施等，如果包括就考虑包括后对园地价格的影响。

（4）在园地价格评估时，要适当考虑特殊区位的土壤及气候条件对园地利用产生的垄断收益及垄断价格。

（5）在园地价格评估时，要考虑基础设施条件状况，也要适当考虑区位条件，如距消费地的距离、路网状况等。

（6）在园地价格评估时，对具有景观及旅游价值的园地，需要充分考虑景观及旅游价值对土地价格的影响。

（7）采用收益还原法时，应结合待估对象地上经济作物的现状及生长阶段，依据其经济寿命周期及生长发育状况，分阶段计算年总收益及年总费用；对产量有大、小年规律的经济作物，收益或费用数据应考虑连续若干年期的客观平均值。例如，用收益还原法评估果园用地地价时，需要尽量消除大、小年对纯收益的影响，其收益及费用数据可采用最近连续 3~5 年的客观平均值。

在总收益核算时，既要考虑主产品收益也要考虑副产品收益，在经济寿命周期末年，根据估价设定条件，考虑地上树木的木材收益。

年总费用核算时，应考虑销售费用；对于投入所形成的固定资产，若该固定资产在价格内涵确定的使用期内需要更新再投资，则应按其使用年限摊销费用，并考虑资金的投资利润。

确定园地还原率时应综合考虑利用方式、经营品种、经营投入高、周期长、市场不确定性大等风险，普通种植园地还原利率低于特种种植园地还原利率，经营权的还原利率高于承包经营权的还原利率。

（8）采用市场比较法时，除参照交易实例关注要点外，还应特别关注所选案例的立地质量、地力等级、经营的经济作物种类、利用方式、品种、年龄和经营年限等条件应与待估对象具有可比性。

（9）应用成本逼近法时，土地取得费可采用开发前相应地类价格，如林地、草地及未利用土地等；土地开发费应为设定开发程度内涵下，同等地域条件下农田基本设施建设必要投入的客观费用，可采用工程预算法、类似工程费用比较法测算，也可参照当地农用地开发整理项目投资标准确定；确定园地增值收益，应综合考虑开发完成后园地的肥力提高程度、田间配套设施水平及当地经济环境等因素，可依据开发完成后园地效益增加水平进行测算。

（三）林地

林地的地价评估，根据其利用状况和所处地区条件，可采用市场比较法、成本逼近法和收益还原法等。林地地价评估的技术要点如下。

（1）要考虑到权利种类对林地价格的影响，在集体林地基准地价评估时，集体林地权利类型一般有集体所有权、承包经营权、经营权，不同的权利类型下会有不同的价格。

（2）要考虑不同地类对林地价格的影响，根据土地利用现状分类，集体林地类型有林地、灌木林地、疏林地等，不同地类的利用方式及效益不同，也会有不同的价格。

（3）在评估林地价格时，要考虑估价对象是否包括林木及有关林业设施等，如果包括就需要充分考虑包括后对林地价格的影响。

（4）市场比较法适用于林地市场交易比较活跃的地区。市场比较法除可直接用于评估林地的价格外，还可用于在其他估价方法中对有关参数的求取。采用市场比较法评估林地地价时，比较案例的林木类别及林地开发经营方式要与评估对象的一致。

（5）采用收益还原法评估林地价格时，宜以林木生长期和采伐期为周期计算年平均总收益和总费用，林地收益要综合考虑木材和其他收益，估价过程中林地可能只有其中一种或几种收益，应按实际收益种类进行计算。

（6）在应用成本逼近法时，土地取得费可采用开发前相应地类价格，如草地及未利用土地等；土地开发费应为设定开发程度内涵下，同等地域条件下农田基本设施建设必要投入的客观费用；确定林地增值收益时，应综合考虑开发完成后林地的肥力提高程度、田间配套设施水平及当地经济环境等因素，可依据开发完成后林地效益增加水平进行测算。

（四）草地

草地的地价评估，根据其利用状况和所处地区条件，可采用收益还原法、市场比较法、成本逼近法等。草地地价评估的技术要点如下。

（1）要考虑到权利种类对草地价格的影响，在集体草地基准地价评估时，集体草地权利类型一般可设定有集体所有权、承包经营权、经营权，不同的权利类型下会有不同的价格。

（2）在评估草地价格时，要考虑草地的经营方式和草种结构，区分圈养和单独经营草场等不同方式。

（3）在评估放牧草地价格时，要区分连续放牧与划区轮牧等不同的放牧制度；采用收益还原法进行评估时，其经营收益来源于牲畜的出售收益，在测算总收益时要考虑出栏率和牲畜生长期，收益和费用数据一般宜采用连续3~5年的客观平均值；采用市场比较法评估放牧草地时，可比实例的草地类型、放牧制度等因素应与评估对象一致。

（4）在评估牧草生产草地价格时，应考虑轮割制度、草群结构、草群品质，区分牧草地、药用草地以及蜜源草地等不同的植物类型；采用收益还原法进行评估时，经营收益主要是草经营使用费及打草收益，计算纯收益时可采用近3年的收益和费用数据客观平均值；采用市场比较法评估放牧草地时，可比实例的草地植被类型、轮割制度等因素应与评估对象一致。

（5）对草地价格进行评估时，有时还要考虑其生态价值，按生态价值评估方法进行评估。

（6）在应用成本逼近法时，土地取得费可采用开发前相应地类价格，如荒草地或其他未利用土地等；土地开发费应为设定开发程度内涵下，同等地域条件下草地基本设施建设必要投入的客观费用；增值收益应综合考虑开发完成后草地的肥力提高程度，以及效益增加水平。

第三节　集体建设用地样点地价评估方法

集体建设用地使用权价格，是指集体建设用地对应于不同用途和权能特征，在公开市场或特定市场条件下形成的使用权价格；无特殊说明时，均指公开市场条件下形成的，一定年期的权利价格。集体建设用地价格评估，按照土地利用方式可区分为集体经营性建设用地使用权价格、宅基地使用权价格、其他建设用地使用权价格；按照权能特征可区分为出让土地使用权价格、作价出资（入股）土地使用权价格、租赁土地使用权价格等。

一、影响因素分析

（一）集体经营性建设用地

农村集体经营性建设用地，是指具有生产经营性质的农村建设用地。农村集体经济组织使用乡（镇）土地利用总体规划确定的建设用地，兴办企业或者与其他单位、个人以土地使用权入股、联营等形式共同举办企业，如过去的乡镇企业用地。集体经营性建设用地根据用途进行细分，主要包括土地利用总体规划、城乡规划所确定的工业、商业等经营性用途的集体土地。

1. 商业用地

（1）分析一般因素时应重点关注。自然因素：城镇地理位置及与经济发展的关系、气候条件等；社会因素：人口数量与家庭规模、城镇发展与公共设施建设、居民生活方式等；经济因素：城镇的性质与国际化程度、地区经济增长、财政金融状况与利率水平、交通体系、物价水平、就业与居民收入水平、产业结构与商业服务业的发展前景、服务业市场状况等；行政因素：土地利用规划与管制、建筑规划与管制、不动产租金与税收政策、调控政策等。

（2）分析区域因素应重点关注。自然因素：区域在城镇中的位置等；社会因素：常住人口及流动人口数量、社会人文环境等；交通状况：街道状况、道路状况与交通便捷程度等；基础设施状况：供水、排水、供电、供气、供热、通信等基础设施与公用服务设施状况等；商服繁华程度：所在区域的性质（商服区、住宅区还是工业区）、距各类商服中心的距离、商务设施的种类规模与集聚程度、商服氛围、经营类别、客流的数量与质量等；行政因素：区域经济政策、土地规划及城镇规划限制、交通管制等；环境因素：区域环境与景观、噪声、空气污染及危险设施或污染源的临近程度等。

（3）分析个别因素应重点关注。宗地地形、地质、地势、日照、通风、干湿、宽度、深度、面积、形状、临街状况、邻接道路等级、通达性、宗地利用状况、与商服中心的接近程度、与客流的适应性、相邻不动产的使用状况、规划限制、地上建筑物的成新度、土地权利状况及使用年限等。

2. 工业用地

（1）分析一般因素时应重点关注。自然因素：城镇地理位置、地质条件、水文气候条件等；社会因素：城镇发展与公共设施建设等；经济因素：地区经济增长、财政金融状况与利率水平、交通体系、产业政策、产业结构、技术创新、物价工资及就业水平、相同或相关产业的市场状况等；行政因素：城镇土地利用规划、工业地产租金与税收政策、调控政策等。

（2）分析区域因素应重点关注。交通状况：对外交通便捷程度、交通管制、距货物集散地（车站、码头、机场）距离及货物集散地的规模档次、道路构造及档次、道路体系等；基础设施状况：供水、排水、供热、供电、供气、电信等的通达与供给；环境状况：污染排放状况及治理状况、距危险设施或污染源的临近程度、自然条件等；工业区成熟度：所在工业区性质、相关产业的配套及集聚状况、工业区的未来发展趋势等；行政因素：规划限制、政府的特殊政策、产业管制等。

（3）分析个别因素应重点关注。地形、地势、地质、水文条件、面积、临路状况、位置、土地使用限制、土地开发程度、土地权利状况及使用等。

（二）宅基地

1. 分析一般因素时应重点关注

自然因素：城镇地理位置及与经济发展的关系、气候条件、发生自然灾害的概率等；社会因素：人口数量与家庭规模、城镇发展与公共设施建设、居民生活方式等；经济因素：地区经济增长、财政金融状况与利率水平、交通体系、物价水平、当地就业状况、居民的收入与消费水平、土地与不动产市场状况等；行政因素：土地利用规划与管制、城乡规划与控制、土地与不动产税收制度、土地与不动产政策等。

2. 分析区域因素应重点关注

自然因素：区域在城镇中的位置、自然条件及发生自然灾害的概率等；社会因素：社区规模功能与安全保障、人口密度、邻里的社会归属文化程度及生活方式等；交通条件：距社会经济活动中心的距离、道路状况与交通管制、出行的便捷程度等；基础设施状况：供水、排水、供热、供电、供气、通信等基础设施与公用服务设施状况等；经济发展水平：区域经济发展规模及水平、居民收入水平等；行政因素：区域经济政策、土地规划及城镇规划限制；环境因素：区域环境与景观、空气、噪声、光源污染及危险设施或污染源的临近程度等。

3. 分析个别因素应重点关注

宗地地形、地质、地势、日照、通风、干湿、宽度、深度、面积、形状、容积率、建筑密度、临街状况、毗邻道路的类型与等级、通达性、供水、排水与供电、供气、供暖、通信等的通达及保证程度、规划限制、宗地利用状态、地上建筑物的成新、通风与眺望景观、土地权利状况及使用、与交通设施的距离、与商服设施公共设施及公益设施的接近程度、与危险设施及污染源的接近程度、相邻土地利用等。

（三）其他建设用地

其他建设用地主要包括农村基础设施、公共设施用地，以及未确定为集体经营性建设用地和宅基地的其他各类集体建设用地。影响因素应重点关注：评估公共管理与公共服务类用地价格时，相关影响因素分析可参照商业用地影响因素。评估公共设施、公园绿化与交通运输用地时，相关影响因素分析可参照住宅用地影响因素或工业用地影响因素。

二、估价方法选择和技术要点

（一）集体经营性建设用地

在集体土地基准地价评估过程中，运用各主要估价方法评估集体经营性建设用地使用权价格时，除参照遵循《城镇土地估价规程》（GB/T 18508—2014）等的相关规定外，还应关注集体土地市场发育情况、集体土地空间分布特征等对地价形成的潜在影响。

1. 收益还原法

(1) 确定年总收益时，在缺少经营收益资料时，可采用具备可比性的当地类似产业的客观经营收益数据，经过必要的校核修正，测算待估宗地的收益水平。

(2) 确定年总费用时，鉴于各地执行的土地税费政策和标准存在差异，应按照当地相关规定计算。

(3) 确定还原率时，当有可比的集体建设用地交易资料时，宜通过从交易资料中提取的土地纯收益与价格比率法测算还原率；因缺乏适用的市场交易资料而选择其他方法测算还原率时，考虑交易主体的市场风险偏好等影响，集体建设用地的还原率通常略高于同区域同类型国有建设用地，一般上浮比例不超过 3 个百分点。

2. 市场比较法

(1) 无集体土地交易实例不得采用市场比较法。当同一区域或同一供需圈内，3 年以内的可比实例不足 3 例时，可适当扩大实例搜寻范围，放宽时间选择年限；需要增加比较实例来源时按照先调整范围后调整时间的原则处理。当可比实例距评估期日的时间较长时，应关注不同时期集体土地市场环境的变化，进行必要的修正。

(2) 在区域因素修正中，除考虑常规因素外，还应关注体现集体建设用地空间分布特征及影响其价值水平的特色因子，例如：在繁华程度因素中，考虑距中心城镇、乡村居民点的距离；在交通条件因素中，考虑公交线路、县道及乡村道路的影响；在基础公共设施因素中，考虑娱乐活动站所、乡村旅游设施、零售点、固定的物流配送中心等。

(3) 在个别因素修正中，应充分考虑宗地的产权差异、利用方式差异等因素对地价的影响。

3. 剩余法

(1) 确定待估宗地最有效的利用方式，应根据宗地所在区域的国土空间规划及相关专项规划、详细规划等确定规划条件，并结合估价对象实际可行的利用方式进行。

(2) 确定开发周期时，原则上不超过 3 年。

(3) 测算开发成本各项税费时，应考虑集体经营性建设用地与国有建设用地的差异，税费项目和标准依据当地相关规定取值。

（4）在确定利润率时，应结合集体经营性建设用地区位及产业经营风险对利润率的影响确定。

4. 成本逼近法

（1）确定土地取得费时，应结合所处区域的用地结构，合理分析确定土地取得费的客观方式。

对于通过农用地转用形成新增的集体建设用地，参照集体农用地价格评估方法确定土地取得费。

对于通过旧村改造、土地整治、增减挂钩等调整后形成的新增集体建设用地，运用成本逼近法时应考虑建新区与拆旧复垦区直接相关的客观成本费用；各类涉地指标费用不应纳入。

确需参照征地相关费用时，应注意分析集体建设用地与国有建设用地在成本构成上的差异，其中不应包括对土地所有权转移的补偿费和仅在征地环节发生的税费。

（2）确定土地开发费时，在地价定义设定的开发程度范围内，由各方投资完成的区域客观开发费用均应计入；具体取值标准可借鉴或采用同区域土地开发费用客观水平。

（3）确定相关税费时，应根据当地具体的政策规定确定税费项目及标准，对于从土地增值中提取的税费项目（如土地增值收益调节金、土地增值税等），不应计入相关税费。

（4）测算利息时，利率的确定宜考虑土地开发领域金融政策的影响。

（5）在确定土地增值时，应综合考虑土地用途的改变、土地开发后所能达到的基础设施水平、周边设施的完善程度、宗地的规划限制性条件、土地权利的限制性因素等。

（二）宅基地

宅基地在用途和权能方面均具有特定约束条件，其地价在特定市场条件下形成。在集体土地基准地价评估过程中，运用各主要估价方法评估宅基地使用权价格时，除参照遵循《城镇土地估价规程》《集体土地评估指引》等相关规定，以及本书提出的集体建设用地价格评估的普遍性要求外，还应关注以下技术要点。

1. 收益还原法

适用于宅基地及其地上建（构）筑物出租案例较多的区域。

（1）确定年总收益时，应深入调查出租对象的构成及质量状况、使用状况等对租金的影响，并通过周边区域调查分析确定客观租金水平。当宅基地具备符合政策规定的农家乐、民宿、乡村旅游等经营性功能时，可根据情况考虑相关经营活动获取的客观经营性收益。

（2）确定年总费用时，应依据当地有关政策规定，结合土地及地上建筑物的具体利用方式，明确费用的构成项目及标准。

（3）确定还原利率时要充分考虑到宅基地土地市场的独特性及不完整性，充分考虑到市场风险。

（4）在确定土地使用年限时，在正常情况下，拥有宅基地的村民可以永久使用，其所有的土地使用年限为无限期。

2. 市场比较法

适用于相同或相邻流转区域内有宅基地使用权交易案例的情形；并可依据集体经营性建设用地市场比较法的相关思路，适当扩大宅基地可比实例的来源。

（1）选择可比实例时，应考虑不同类型的交易主体和不同交易方式对宅基地交易价格的影响，选择与待估宗地类同或可修正为与待估宗地具有相同权利特征和市场特征情况下的交易实例。应实地调查交易实例的状况，考察其构成、特征及其与待估宗地的对应性、可比性。不得选择城镇住宅用地交易作为可比实例。

（2）结合宅基地制度改革的推进情况，考虑不同时期、不同区域内宅基地政策对可比实例价格、估价对象价格的影响。

（3）区位条件、环境状况、公共设施状况、基础设施状况、庭院状况等是影响宅基地的主要因素，需对其进行实地考察，并全面、准确描述。

3. 剩余法

适用于存在农村住房合法合规流转市场的地区。

待开发的宅基地，可采用市场比较法或者收益还原法评估开发完成后的农宅价格，开发成本测算要通过实地调查掌握当地的农房建设成本与标准，不宜直接采用当地城镇住房建设的成本取费标准。相关税费项目与标准依据当地农房建设的有关政策规定确定。

4. 成本逼近法

适用于缺乏农村住房或宅基地交易和市场收益的地区。

（1）确定土地取得费时，应根据宅基地取得前所在区域的土地的利用情况，取得前是农用地的，依据农用地评估方法确定；取得前是其他用地的，依据其他用地的评估方法确定。

（2）确定土地开发费用时，应根据使该类土地具备建房条件所需各项客观费用确定。

（3）当区位等客观条件对地价的影响未能充分体现时，可增加区位条件等其他修正。

（4）根据待估宗地在利用方式转变、开发投资等方面的具体情况，以及估价目的和地价内涵的界定，合理分析确定增值收益。

（三）其他建设用地

1. 估价方法

在集体土地基准地价评估过程中，运用各主要估价方法评估公共管理与公共服务和交通运输用地价格时，宜选市场比较法，并至少辅以另一种适宜的估价方法；如缺少市场可比案例，可酌情选用成本逼近法；慎用收益还原法与剩余法。

2. 技术要点

（1）评估公共管理与公共服务和交通运输用地，除遵循一般估价原则外，还应遵循如下原则：发现并模拟市场价格的原则；区分市场定价与政策优惠的原则；以区位效用为主兼顾用途差异的原则。

评估公共管理与公共服务和交通运输用地价格，首先应遵循发现并模拟市场价格原则，评估该类用地的正常市场价格；在特定市场情况下，可根据中央及地方的现行相关法规与政策，对前述的正常市场价格加以修正，测算基于特定政策约束下的参考性价格。

（2）评估公共管理与公共服务和交通运输用地正常市场价格时，应比照同一供需圈内相同类别用地的市场价格；在缺乏同类用地市场价格的情况下，可参考与区域土地利用规划相符的毗邻地的市场价格。

第四节　集体土地基准地价评估方法

根据测算思路及资料情况，集体土地基准地价评估方法主要有交易样点测算法、投入产出效益样点测算法、级差收益测算法等。

一、交易样点测算法

基准地价交易样点测算法，就是利用已发生的各类土地交易样点，在求算各土地交易样点地价的基础上确定基准地价。这种方法根据资料可以测算所有集体土地的基准地价，其测算方法及步骤如下。

（一）测算区域的确定

利用地租、地价测算集体基准地价，同样要先确定基准地价的测算区域。

对已完成集体土地定级的，可利用集体土地级别作为测算基准地价的基本区域，同时按照地价、地租的变化幅度，确定某一种类型的基准地价测算是否需要细划地价区段。一般情况下，当区域平均价与样点地价差异超过30%，且超过的样点数在土地使用价值上确有差异，样点分布呈组团表现并满足数理统计推断的需要时，可继续划分区域测算基准地价，区域划分直到区域平均价与样点地价差异不超过30%为止。

对土地市场发育良好，地价、地租样点数量多的区域，基准地价的测算可先不划分土地级别，但必须确定基准地价测算的区域，而区域确定的客观标准是土地条件的差异，根据样点地价地租空间分布的差异性划定测算区域。

利用地租、地价资料测算基准地价时，划定测算区域的主要作用有以下几点。

（1）保证划分区域内的样点地价、地租信息共享，使同样土地条件的交易样点能全部应用到地价评估中。

（2）基准地价要求覆盖范围合理，土地估价是通过有地价、地租的样点来评估各区域的基准地价。因此，划定区域是评估基准地价的基础。对于没有交易案例或案例较少的区域，可采用区域因素比较的方法，确定区域基准地价。

（3）突出重点区域的地价样点调查，保证收集样点的精度。

（4）有助于分析地价与影响因素的关系。按地价评估的理论和基准地价测算的要求，划分基准地价测算区域的依据应是影响土地使用的一系列因素，这些因素包括土地定级因素和影响土地价格的社会因素及个别因素。各地可按实际情况进行因素选择，但确定因素后的区域划分标准，应尽量规范化。其工作程序一般为——选择划分区域的因素，确定因素划分区域的标准，调查资料的图件，初步区分区域，实地校核、调整和确定区域边界。

（二）资料的调查收集

利用土地市场中已形成的地租、地价样点资料测算基准地价，必须先计算出目前市场中已存在的土地转移形式中的地价，按目前我国土地市场的实际情况和土地转移方式，能计算土地价格的有以下方式：土地出让、土地转让、土地出租、房屋出租、房屋买卖、柜台出租、土地入股、合作建房、土地征用和拆迁、企业兼并等。各县（区）可根据实际情况，确定测算基准地价中采用的资料类型。

1. 资料调查表

按土地转移类型和各种类型计算地价的需要，制定相应的地价资料调查表，由各地根据市场发育状况，选择确定调查工作用表。

2. 资料调查方式及部门

各县（区）可根据实际情况，确定基准地价估价中的资料调查方式和调查部门。

3. 资料调查要求

资料调查采取普查及抽样调查方式。对样点较少的地类采用普查方式，调查现实发生及存在的所有样点资料；对样点较多的地类采用抽样调查的方式，每一类的抽样比例，应根据区域和样点密集程度，由各县（区）确定。一般来说调查样本至少应占调查总量的15%，每级有效总样本数不少于30个。

调查资料时，要同时调查宗地的土地条件。调查应分区域进行，选择的样本要有代表性，可能的情况下，样本分布范围要广。在资料调查基础上，要将样点标注在工作底图上，以反映样本分布趋势，并可定性剔除一些不合格样本，同时也能初步检验划分测算区域的正确性。

（三）样点资料的处理

1. 样点地价计算

应用土地估价的一般方法，结合样点地价资料，分别计算各样点的地价。

2. 土地年限修正

基准地价评估所需的宗地地价，一般按法律规定的各类土地最高使用年限进行修正。对于前面计算的样点宗地地价，要根据交易中的年期进行年期修正。没有明确年限的，按所有权价格计算方法修正到法定最高出让年限；

对有年期但没有到最高出让年限的，也要修正到法定最高出让年限。

（1）有限年期使用权地价修正到法定最高出让年期地价的计算公式为：

$$P_m = P_n \times \frac{1-[1/(1+r_d)^m]}{1-[1/(1+r_d)^n]} \qquad \text{公式(5-5)}$$

式中：P_m 表示最高出让年限的土地使用权价格；n 表示实际出让年期或剩余出让年期；P_n 表示有限年期出让地价；m 表示土地使用权出让最高年限；r_d 表示土地还原利率。

（2）所有权地价修正到法定最高使用年期地价的计算公式为：

$$P_m = P \times \left[1-\frac{1}{(1+r_d)^m}\right] \qquad \text{公式（5-6）}$$

式中：P 表示土地所有权价格；P_m、r_d、m 含义同上。

3. 交易时间修正

以年为单位，区别不同土地用途，计算地价年度之间的平均上涨或下降幅度，编制市场地价交易时间修正系数，计算公式为：

$$K_{ij} = P_{is}/P_{ij} \qquad \text{公式（5-7）}$$

式中：K_{ij}表示某类土地用途第j年数据修正到评估年的时间修正系数；P_{is}表示该类土地用途评估年该类土地交易平均价或地价指数；P_{ij}表示该类土地用途第j年土地交易平均价或地价指数。

对不同年份发生的交易宗地地价，地价修正到评估年份的计算公式为：

$$P_{ls} = K_{ij} \times P_{ji} \qquad \text{公式（5-8）}$$

式中：P_{ls}表示修正到评估年的宗地地价；P_{ji}表示第j年第i宗地的实际成交地价。

4. 容积率修正

容积率修正按区域进行，以城乡规划规定的区域容积率为标准，不同的容积率按土地用途进行抽查调查，得到不同容积率下的单位面积地价，然后用下式计算容积率修正系数：

$$K_r = P_{is}/P_i \qquad \text{公式（5-9）}$$

式中：K_r 表示容积率修正系数；P_{is}表示某一区域某一用途规定容积率下单位面积平均地价；P_i 表示该区域该用途在某一容积率时单位面积的平均地价。对不同容积率情况下发生的交易地价，按下式将地价修正到规定容积率的价格。

$$P_{ls}=K_r \times P_{li}$$ 公式（5-10）

式中：P_{ls}表示修正到规定容积率时的宗地地价；K_r表示容积率修正系数；P_{li}表示某一容积下的宗地成交价。

5. 开发程度修正

开发程度修正就是把各个样点交易时的开发程度修正到相应基准地价设定的开发程度。

$$P_{ls}=P_{li}+K_r$$ 公式（5-11）

式中：P_{ls}表示修正到规定开发程度的样点地价；P_{li}表示某一开发程度的交易价；K_r表示开发程度修正额。

6. 样点地价分布图的编制

将经过处理的样点资料，按样点的实际位置，标注在工作图上，从图上分析地价的变化规律，检验区域边界划定的准确性。样点地价图一般用来区分土地用途，其表示方法可采用直接表示法或样点地价分级表示法，前者适合于地价资料丰富的地区，后者适用于地价样点较少的地区。样点地价的分级数目一般由各地根据实际情况确定。

（四）样点数据的检验

1. 资料处理方法检验

资料处理方法的检验按照有同样使用价值的土地，在相同的市场条件下，应该有同样的价格进行。在同一个区域中，不同方法处理的结果，应服从样本来自同一总体的检验，按数理统计的要求，检验方法有多种。

当检验结果认为样本地价为不同总体的样本时，则需检验区域划分准确性和不同地价计算方法可能产生的系统误差，若误差大，则需要调整测算区域或方法，重新进行检验，直到符合要求为止。

2. 资料归类

资料归类以基准地价测算区域或类型为单位，按不同测算路径，将经过处理的资料和通过处理方法检验的资料进行分类整理，资料整理表如表 5-1 所示。

表 5-1　地租、地价资料整理表

土地区域及编号	土地用途	交易方式	成交地价/（元/m^2）	修订后价格/（元/m^2）
—	—	—	—	—

3. 数理统计检验

数理统计检验的是区域或按区域归并后的土地类型。

4. 剔除异常数据

根据市场发育程度和数理统计检验结果，选择合适标准，剔除样本中的异常数据。

（五）基准地价的确定

在基准地价评估时，为了保证基准地价的现势性，一般都采用近2~3年以内的地价交易样点数据，并将样点地价统一修正到基准地价评估所设定的地价内涵，再采用样点地价平均法测算级别基准地价。

1. 样点充足

若各类地价样点数量充足，则在测算区域基础上，根据调查到的各类地价交易样点，采用相应的地价评估方法、修正方法，并参照《城镇土地估价规程》技术要求，选取适宜方法测算样点地价。

同时对样点地价进行各项修正，经过总体统一性检验和均值方差检验剔除异常样本，得到经过检验的合格的有效样点地价，且采用简单算术平均值作为该区域或级别的基准地价。

$$\overline{X}=\frac{1}{n}\times(x_1+x_2+\cdots x_n) \quad \text{公式（5-12）}$$

式中：$\overline{X}$ 为基准样点地价；n 为样点个数；x_1、x_2、x_n 为各样点地价。

2. 样点不充足

对于无地价样点或样点数量不足情况下的基准地价评估，需要立足已有的基础资料调查和研究成果，分析影响地价因素变化和基准地价之间的关系，建立科学合理的数学模型，测算无地价样点或样点数量不足土地级别的基准地价；或者应用成本逼近法测算相应地类末级或区域的土地地价，再应用综合分值修正求取其他级别或区域的地价。

（1）成本逼近法。

这种方法适用于土地取得成本、开发成本明晰的地类，如集体建设用地。农用地通过开发使之变成建设用地，开发过程中征地单位要支付土地取得费、土地开发费、有关税费等，还要支付投入资金的利息，也应得到合理的利润，这些都可看作开发土地所投入的成本，据此可计算出新增建设用地的成本地价。此外，农用地开发为建设用地后，由于用途改变，土地发生增值，所以成本地价加上增值即为新增集体建设用地的土地价格。集体建设用地价格计算公式为：

集体建设用地价格=土地取得费+土地开发费+相关税费+利息+利润+增值收益。

①土地取得费。根据《农村集体土地价格评估技术指引》中的规定，“对于通过农用地转用形成的新增集体建设用地，参照集体农用地价格评估方法确定土地取得费”，农用地取得费主要涉及农用地取得成本、地上附着物补偿费、青苗补偿费等多项费用。②相关税费。根据调查，新增建设用地税费包括耕地占用税和耕地开垦费等。③土地开发费。土地开发费是指区域土地平均开发程度下需投入的各项客观费用之和。主要根据对区域新征用土地开发基础设施配套情况的调查和土地开发成本测算，确定土地开发费。④投资利息。资金利息的计算是对土地取得和开发过程中投入资金所产生利息的计算。以土地取得费、土地开发费和有关税费为计算基数，以复利方式计息，计算开发期间相应的利息。⑤投资利润。利润是对土地投资的回报，土地开发总投资应计算合理的利润。土地开发总投资包括土地取得费、土地开发费和各项税费。按照开发性质和各地实际，确定开发中各项投资的正常回报率，估计土地投资应取得的投资利润。利润率参考土地开发行业同期平均利润率来确定。⑥土地增值收益。土地增值率的确定主要受以下几个方面的影响：土地用途发生改变。当农用地转变为建设用地之后，会产生一定的增值；大量的农用地转变为建设用地之后，改变了土地的经济区位条件，提高了区域土地价值，也会产生一定的增值；土地开发改良了土地条件，提高了土地本身的利用效益，提高了土地价值，也会产生一定的增值。⑦地价修正。地价修正主要是土地年期修正，成本逼近法把计算得到的地价设为无限年期，需要修正到基准地价设定的土地年期。⑧基准地价确定。成本逼近法计算结果可作为确定末级土地基准地价的参考数值，其他级别或区域可根据本区域土地质量分值和区域地价、土地质量分值进行推算，从而确定相应区域及地类的基准地价。

（2）地价样点分值模型。

在土地定级的基础上，通过建立样点地价与土地定级单元总分值之间的数学关系模型，求出各用途、各级别的模型参数，计算级别基准地价。具体过程如下：根据划分的评价单元，将调查得到的有效样点按评价单元进行合并，单元内各项数据取其平均值，以评价单元总分值为 x 轴，单元样点平均地价为 y 轴，作二维散点图和拟合图，经过综合分析得到曲线方程。通过实际模型验算，选择合适模型，用该模型拟合曲线。当某定级因素发生变化，足以引起土地级别的调整，而在该区域又没有新的交易样点地价资料，无法调整级别的基准地价时，则可以应用该模型，直接用定级因素分值的变化来计算新的地价。其一般程序有：

①用定性方法划分均质区域；②用定级方法计算区域内的定级因素综合分值；③把区域内同一利用类型的样点地价和定级因素综合分值代入相应公式，求取参数值；④把定级因素综合分值和参数代入公式，求区域地价。公式如下：

$$Y_n = A(1+r)X_n \qquad \text{公式（5-13）}$$

式中：Y_n 为第 n 级或区域内地价；A 为常数；r 为地价级差系数或区域级差系数；X_n 为第 n 级或区域内定级因素综合分值。

二、投入产出效益样点测算法

投入产出效益样点测算法，就是利用已发生的各类土地投入产出效益样点，在求算各土地效益样点地价的基础上确定基准地价，主要是针对集体农用土地基准地价评估。其测算方法及步骤如下。

（一）测算区域的确定

利用效益样点测算集体农用土地基准地价，同样要先确定基准地价的测算区域。

对已完成集体土地定级的，可利用集体土地级别作为测算基准地价的基本区域，同时按照地价、地租的变化幅度，确定某一种类型的基准地价测算是否需要细划地价区段。一般情况下，区域平均地价与样点地价差异超过30%，且超过的样点数在土地使用价值上确有差异，样点分布呈组团表现并满足数理统计推断的需要，可继续划分区域测算基准地价，区域划分直到区域平均价与样点地价差异不超过30%为止。

对没有完成集体土地定级的，可根据影响土地质量的主导因素，相对地划分均质区域，使每个均质区域土地质量条件具有一致性，所有均质区域即是基准地价测算区域；也可以根据效益样点地价测算结果，根据效益样点地价水平的接近性、空间的相邻性，划定基准地价测算区域。

（二）资料的调查收集

根据实际土地利用中的耕地、园地、林地、草地等农用地块，确定各类土地的投入产出效益样点，调查收集测算基准地价需要的样点资料。

1. 资料调查表

按土地类型和各种类型效益样点计算地价的需要，确定相应地类的投入产出调查表、背景情况调查表等工作用表。

2. 资料调查方式及部门

各县（区）可根据实际情况，确定基准地价估价中的资料调查方式和部门。

3. 资料调查要求

资料调查采取普查及抽样调查的方式。效益样点较少的地类采用普查方式，调查现实发生及存在的所有的效益样点资料；效益样点较多的地类采用抽样调查的方式，每一类的抽样比例，应根据区域和样点密集程度，由各县（区）确定。一般来说调查样本至少应占其总量的15%，每级有效总样本数不少于30个。

调查资料时，要同时调查宗地的土地条件。调查应分区域进行，选择的样本要有代表性，在可能的情况下，样本分布范围要广。在资料调查基础上，要将样点标注在工作底图上，以反映样本分布趋势，并可定性剔除一些不合格样本等，同时也能初步检验划分测算区域的正确性。

（三）样点资料的处理

1. 样点地价计算

应用土地估价的收益还原法，结合样点地价资料，分别计算各类效益样点地价。在利用效益资料计算样点土地收益时，要注意扣除人力成本及投入资金的利润。

2. 样点地价修正

根据各类基准地价设定条件和效益样点状况，进行相应地价的修正，包括年期修正、期日修正、基础设施状况修正、利用方式修正等。

3. 样点地价分布图编制

将经过处理的样点资料，按样点的实际位置，标注在工作图上，从图上分析地价的变化规律，检验区域边界划定的准确性。样点地价图一般区分土地用途，其表示方法可采用直接表示法或样点地价分级表示法，前者适合于地价资料丰富的地区或地类，后者适合于样点较少的地区或地类，样点地价的分级数目一般根据实际情况确定。

（四）样点数据的检验

1. 资料处理方法检验

资料处理方法的检验，按照有同样使用价值的土地，在相同的市场条件下，应该有同样的价格进行。在同一个区域中，不同方法处理的结果，应服从样本来自同一总体的检验，按数理统计的要求，检验方法有多种。

当检验结果认为样本地价为不同总体的样本时，则需检验区域划分的准确性和不同处理计算方法可能产生的系统误差，若误差大，调整后，重新进行检验，直到符合要求为止。

2. 资料归类

资料归类以基准地价测算区域或类型为单位，将经过处理的资料和通过处理方法检验的样点资料进行分类整理，资料整理表如表 5-2 所示。

表 5-2 效益样点资料整理表

土地区域及编号	土地用途	处理方式	计算地价/（元/m^2）	修订后价格/（元/m^2）
—	—	—	—	—

3. 数理统计检验

数理统计检验以区域或按区域归并后的土地类型样点地价进行，检验数据如有差异性，把异常数据剔除掉。

（五）基准地价的确定

在基准地价评估时，一般采用当前及近 2～3 年以内的样点数据，并将样点地价统一修正到基准地价评估所设定的地价内涵，再采用样点地价平均法测算级别或均质区域的基准地价。对于高级别土地来讲，由于处于土地交易活跃区域，采集的有效地价样点一般能满足要求。对于某些级别土地，由于大多情况下处于土地交易不活跃地区，往往难以收集到能满足数理统计要求的有效地价样点，应用样点地价平均法等方法评估基准地价就会受到制约和限制。因此，需要考虑级别区域内样点地价数量少和不足的情况。下面以集体建设用地基准地价确定为例进行说明。

1. 样点充足

在效益样点充足时，依据收集到的各种用地类型的样点资料，对样点地价进行各项修正后，经过总体统一性检验和均值方差检验剔除异常样本，采用简单算术平均值作为该区域或级别的基准地价。该方法的优点在于它直接在定级或均质区域划定的基础上计算基准地价，无须拟合地价模型。

$$\overline{X}=\frac{1}{n}\times(x_1+x_2+\cdots+x_n) \quad \text{公式（5-14）}$$

式中：$\overline{X}$ 为基准地价；n 为样点个数；x_1、x_2、x_n 为各样点地价。

2. 样点不充足

样点数量不足或无地价样点时，需要立足已有的基础资料调查和研究成果，分析影响地价的因素变化和基准地价之间的关系，可简单地采用内插法确定相应级别或区域的基准地价，也可建立科学合理的数学模型，测算无地价样点或样点数量不足土地级别或区域的基准地价。如指数模型等。

$$Y_n=A(1+r)^{xn} \quad \text{公式（5-15）}$$

式中：Yn 表示第 n 级土地基准地价；A 为常数；r 表示地价级差系数；xn 表示第 n 级土地级别指数或单元土地质量指数。

三、级差收益测算法

（一）级差收益测算法的原理

基本原理是：测算出某一用途土地在某一土地级别（区块）上单位面积的平均收益，然后用收益法计算土地级别（地块）地价。这主要适用于商服用地、工矿仓储用地等经营性集体建设用地基准地价的评估。

根据马克思的级差地租理论，集体土地的级差收益，主要是指由于企业占用土地区位的不同，收益额也不同。在社会主义市场经济条件下，企业占用土地获得的超额利润，包含在企业利润总额中，也就是说，土地级差收益是企业全部利润中的一部分。因此，要分析计算土地级差收益的数量，就必须先分析企业利润的构成以及变化规律，同时分析企业超额利润与土地级别的关系，弄清它们之间的内在联系，然后从中找出基准值和级差系数，并剔除非土地因素的影响，才能准确有效地从中分离出与土地有关的那部分超额利润，即土地级差收益。

（二）企业利润与影响因素的关系

以商服企业为例，影响企业利润的主要因素有以下几个。

1. 土地级别

土地级别综合反映了集体土地区位和土地质量的差异，它也是影响商服业利润的最重要的土地因素。

2. 占用土地面积

占用土地面积的大小对商服企业利润的影响主要表现在两个方面：首先，企业占用土地面积大，意味着可拥有大量营业面积，从而具备大规模经营的条件；其次，土地和资金这两大生产要素，在一定的条件下可以互相替代。例如，当企业使用面积确定时，占地面积大预示着可以降低建筑层数，增加首层商服企业的营业及辅助用地面积，更易吸引顾客光顾。结果，商服企业在低层中的营业额和利润要比同等面积的高层高得多。

3. 资金量

商服企业资金包括固定资金和流动资金两部分。其中，商服企业拥有的固定资金越多，它的经营条件和营业环境越好，越能提供高水平的服务，从心理上吸引更多的顾客，同时为企业的大规模经济提供雄厚的物质基础。商服企业流动资金的多少，标志着商品吞吐量的大小，以及商品档次的高低和花色品种的多少。很明显，企业流动资金多，其商品的进销量大，商品档次高，花色品种全，服务对象广，销售机会多，从而获得的利润总量就大。所以，在一般情况下，商服企业的利润与资金量成正比例关系。

4. 活劳动投入量

活劳动投入量是指商服企业在商品经营销售过程中所付出的有效劳动总量，一般由商业职工数量和他们的素质及劳动时间和劳动方式所决定。在测算时，活劳动投入量一般用企业支付给职工的收入总额来体现，包括职工工资、奖金、加班费以及其他附加费等。

5. 经营品种和经营范围

商服企业经营不同的商品，不仅在购销价格上有差别，而且在资金占用量、周转速度快慢、损耗率大小以及盈利水平高低等方面也不尽相同，特别是在目前我国尚未形成各行业间的平均利润率的情况下，这些无疑要对商服企业的利润率和利润总额产生较大影响。与此同时，商服企业的规模和经营销售范围也影响经营品种的档次和销售量，再加上在一定时期内社会对各类商品的需要程度和需求欲望不同，以及一定销售范围内消费者的收入水平和消费层次结构不同等，都会使不同经营范围内不同规模的商服企业的商品销售和盈利差别较大。由于这种差别与土地级别密切相关，为使测算简化，这一因素就合并到土地等级的影响之中。

6. 经营管理水平

经营管理水平是造成商服企业间获利差别的一个重要因素。在同样的条件下，经营管理好的企业可因此获得额外收益。相反，经营管理差的企业则因此丧失其本应得到的部分收益，甚至得到一个负效益。这种与经营管理水平相对应的额外收益又称为“经济利润”。就我们所研究的范围整体而言，各商服企业的经济利润总和等于零，亦即经营管理因素对商服企业总利润的影响总和为零，故测算中可不予考虑。

根据以上分析，在影响商服企业利润的 6 个因素中，经营品种和经营范围因素归并到土地级别中考虑；经营管理水平的影响在实际中相互抵消，这样就剩下 4 个影响因素，即土地级别、占用土地面积、资金量和活劳动投入量。我们知道，商服企业利润是随着影响因素的变化而变化的，也就是说，各影响因素是自变量或称解释变量，企业利润为因变量或称被解释变量，它们之间存在一种函数关系，因此，我们可以用下列函数式表达其关系：

$$P=f(K,\ L,\ S,\ N) \qquad \text{公式 (5-16)}$$

式中：P 表示商服企业的年利润总额；K 表示资金占用量；L 表示企业全部职工的年工资总额；S 表示企业占用土地面积；N 表示企业所在土地级别。

若将这一理论模式中各项指标分别除以企业占用土地面积指标，这不仅消除了各企业用地面积不等的影响，而且企业利润和其他影响因素均统一为单位面积指标，便于度量和比较，从而使模式进一步简化为：

$$Y=(X_l,\ X_2,\ X_3) \qquad \text{公式 (5-17)}$$

式中：$X_l=K/S$ 表示单位土地面积资金占用量；$X_2=L/S$ 表示单位土地面积活劳动投入量；$X_3=N$ 表示商服企业所在土地级别；$Y=P/S$ 表示单位土地面积利润额。

由此关系式我们可知 3 个因素对利润的影响程度或影响系数分别为：

$$\frac{\infty f}{\infty X_1},\ \frac{\infty f}{\infty X_2},\ \frac{\infty f}{\infty X_3}$$

并可把关系式进一步变换为：

$$Y=f(X_1)+f(X_2)+f(X_3) \qquad 公式（5-18）$$

式中：$f(X_1)$、$f(X_2)$、$f(X_3)$ 可分别理解为资金、劳动力、土地 3 要素对利润的分割部分。其中 $f(X_3)$ 就是土地的级差收益。

（三）级差收益测算法的程序

1. 集体土地级别的确定

集体土地定级是对土地的使用价值进行评价，基准地价测算是对区域土地的经济收益或租价进行评价，两者之间存在紧密联系。参照《城镇土地定级规程》规定的技术路线，集体土地定级应采用多因素综合评价方法，将集体土地划分为若干级，其工作程序一般为收集资料、指标选择、资料整理、因素分值计算表的编制、权重确定、单元划分、单元分值计算、土地级别确定、级差收益测算等。

2. 资料收集

（1）选择测算对象。用于基准地价测算的土地类型是使用土地过程中能直接获得经济收益的用地类型，当前集体建设用地主要有商服用地、工矿仓储用地等地类。

（2）资料收集要求。①调查样本要符合统计原理，即样本要保证足够数量。同时还要保证行业齐全，每级土地样本分布尽量均匀。②样本数据要准确。数据准确包含两层含义，一是统计内容能比较真实准确地反映企业实际利润水平，一般要收集企业 2~3 年的各项内容，以平均数作为可利用的数据。二是统计各项数据要准确可靠。

（3）资料收集。①商服用地效益调查。调查的主要内容有：土地级别、用地单位、行业属性、位置、职工人数、营业面积、企业占地面积、流动资金、固定资产净值、工资总额、年净利润等。②工矿仓储用地效益调查。调查的主要内容有：土地级别、用地单位、经济性质、位置、职工人数、企业占地面积、流动资金、固定资产净值、工资总额、利税总额、实现利润等。

3. 样本数据处理

（1）土地利用类型的划分。划分土地利用类型，一是根据行业特点对土地利用类型中资金收益不同的土地利用方式进行归类，确定建立分类型测算收益的基础；二是作为数理统计中样本抽样比例和检验总体的基础；三是可以作为基准地价的代表范围。

集体建设用地利用类型的划分，应依据其特点和各土地类型获得经济收益的差异，将土地利用类型分为商服用地、工矿仓储用地。

（2）单元土地质量指数的计算。土地级别是土地质量的等级反映，按人们的习惯，土地质量从优到劣按 1，2，…，n 排列，但用于收益测算时土地级别要转换成土地质量指数，而土地质量指数的大小正好与土地级别相反，即 1 级土地的土地质量指数为 n，而 n 级土地的质量指数则为 1。

土地定级中的单元总分值和土地级别都是反映土地质量的标准，有时为了在土地级别的基础上提高基准地价评估的精度，也可用单元总分值作为基准地价测算的基础。

土地定级的单元总分值是划定土地级别的基础。当利用土地级别进行级差收益测算时，估计精度会受到一定影响。因此，将反映土地质量状况的单元总分值用于收益测算时，由于评定土地级别时采用 100 分为限进行封闭区间计算，为达到曲线拟合同实际数据相一致，便于与同土地级别的测算结果相对照，必须将单元总分值转换为单元土地质量指数，再用于收益测算。单元土地质量指数按下式计算：

$$X_{1n} = \frac{f_i}{n} \qquad \text{公式（5-19）}$$

式中：X_{1n}表示某单元土地质量指数；f_i 表示某单元总分值；n 表示土地级别数。

（3）企业标准资本额的计算。在我国目前的条件下，资本投入不同的企业的收益率有较大差别，因此造成在单位土地收益相同的情况下，支付地租和地价的能力有较大差别，为保证不同行业的资料能用于基准地价测算，需将企业资本折算为统一可比的标准资本额。

①行业或类别资本效益折算系数的计算。计算行业或类别资本效益折算系数要以土地利用类型划分的结果为基础，以商业、工业用地为标准，分别计算出在行业用地或类别用地内部不同利用方式下，目前已存在的资本效益折算系数。其计算公式为：

$$K_{ci} = C_{rm}/C_r \qquad \text{公式（5-20）}$$

式中：K_{ci}表示某用地类型中的某行业或类别资本效益折算系数；C_{rm}表示

该用地类型中某一行业或类别全区域平均的资金利润率；C_r 表示该用地类型中标准行业或类别全区域平均资金利润率。

②规模资本效益折算系数的计算。进行规模资本效益折算的原因同行业或类别资本效益折算一样，计算时要分别以商业、工业中当地最佳企业规模或技术水平下的资本收益为标准，将不同行业内不同规模下的现实资本收益同标准收益比较，以反映出资本在行业内由于规模不同而造成的经济差异，并通过系数折算的方式，将资料整理成为可比标准，用于收益测算和基准地价评估。其计算公式为：

$$K_{CS}=C_{rn}/C_{\max} \qquad 公式（5-21）$$

式中：K_{CS}表示某一行业或类别某一规模下的资本效益折算系数；C_{rn}表示该行业或类别某一规模下全区域平均资金利润率；$C_{\max}$表示该行业或类别最佳规模下的全区域平均资金利润率。

③企业标准资本额的计算。目前，进行企业标准资本额折算主要是进行行业或类别资本效益折算和规模资本效益折算，在确定了行业和规模资本效益折算系数后，可将任一企业的资本折算为标准资本额，其计算公式为：

$$C_s=C_e\times K_{ci}\times K_{cs} \qquad 公式（5-22）$$

式中：C_s 表示企业标准资本额；C_e 表示企业实际用的资本额。

④企业合理工资量的计算。只有在合理劳动力数量下支出的工资量，方能给企业带来收益，多余劳动力不仅不创造利润，还会增加企业不合理的支出。为正确计算出土地收益，必须计算出企业在正常状况下合理的工资支出量，按当地各行业不同技术水平下劳动力的定员标准，用下式计算：

$$L_{cs}=L_{ce}\times\frac{L_{ps}}{L_{pe}} \qquad 公式（5-23）$$

式中：L_{cs}表示某企业在标准定员情况下应支出的工资额；L_{ce}表示某企业实际支出的工资额；L_{ps}表示某一技术水平下同等规模的企业应有劳动力的标准数量；L_{pe}表示企业实际占有的劳动力数量。

⑤企业效益资料的整理。在确定了标准资本额和合理工资量后，将收集到的每个企业效益资料进行标准资本折算和合理工资支出量计算后，重新进行抽样数据的归类和汇总。

（4）指标选择与样本数据归类。

①样本数据归类。

归类前，首先要确定归类标准和内容，进行归类管理的内容应是用于级差收益测算的指标，这些指标主要有单位土地面积的净收益、单位土地面积标准资金占有量、单位土地面积合理工资占有量、企业所在土地级别或单元总分值等。

根据样本数据归类的内容，以土地级别或区域为单位，在级内按商服业、工业等土地利用类型，将经过处理的资料分类整理。

资料归类要保证每类型中样本量符合数理统计推断的需要。一般情况下，区域范围越大，分的类型越多；区域范围越小，分的类型越少。

②数理统计检验。

数理统计检验是在土地级别范围内，按土地分类数据的归并结果，对每一类样本数据进行总体和方差检验。

样本总体分布类型检验。对样本的总体分布类型进行检验，以确定用什么方法对样本数据的准确性、可靠性进行验证。另外，一些参数值的计算和测算模型的建立，也都需要测定样本总体的分布类型。

样本数据的准确性检验。数据准确性检验是从总体中剔除异常值。异常值是指同一土地级别的同行业中，由于某些特殊因素影响而造成明显大于或小于其他观测值的数据。常采用数理统计方法检验数据准确的合理性，当样本总体属正态分布时，可用 t 检验法，而对非正态分布函数，可采用均值—方差法。

（四）模型选择与系数估计

1. 选择测算模型

土地级差收益测算的一个关键性技术问题是建立合适的数学模型。究竟采用什么模型好，要根据经济理论有关检验结果确定。

（1）选择方法一。在已知线性模型的前提下，一种简单而有效的方法是根据被解释变量与解释变量的二维散点图来初步确定模型的数学形式。具体做法是：①根据样本资料，分别作出被解释变量 Y 与解释变量 $X_j(j=1,\ 2,\ 3)$ 之间的二维散点图；②根据样本点（Y_i，X_{ji}）（$i=1,\ 2,\ \cdots,\ n$）的分布图形，逐一确定变量 X_j 在模型中的函数形式，在此基础上设定测算模型的数学形式。

（2）选择方法二。这是一种建立在多次试验基础之上的选择方法，具体做法是：①将认为可能的数量模型全部列出；②将样本数据依次代入各个模型中进行拟合，从而得出不同的样本回归模型；③对所得的各样本回归模型进行经济检验和计量经济检验；④从已通过各项检验的模型中，选出相对最优者作为测算的数学模型。

这是一种比较实用的选择方法，但因计算工作量较大，一般要借助计算机和有关的统计回归分析软件来完成。

（3）选择方法三。这种方法是根据已设定模型提供的信息进行选择，通常用于模型的数学形式调整。具体做法是：①选定某一种数学模型；②将样本数据代入模型进行拟合检验，并从中求出估计值：③根据散点图中提供的信息，对模型的数学形式加以调整。

在实际测量中，上述 3 种方法可以结合起来应用。方法一通常用于数学模型的初次选择，方法二用于为初选模型提供调整方案，方法三则用于多次试验中的比较选择。

2. 系数估计

数学模型设定后，就可以采用适当的方法，根据样本资料提供的信息求出模型中的参数。目前，参数估计多采用最小二乘法。

3. 因素系数估计值的可靠性检验

通过样本数据设定数学模型后，样本数据可能存在的系统误差、数学模型的设定错误、模型变量选择不当等都会导致估计值的较大偏差。因此，必须对系数估计值的可靠性加以检验。一般要从经济、统计和计量经济学 3 个方面进行检验。

（1）经济意义检验。检验的目的在于了解系数的估计值是否满足理论评价准则的要求，一般从符号和值域两个方面检验。符号检验主要是根据模型中变量设计所要达到的条件进行检验；值域检验是根据现实经济条件加以具体限定。如果目前各行业的资金利润一般不超过 30%，则可对资金参数估计值加以限定。

系数估计值与理论评估准则相悖的原因通常有以下几种：①样本量太小，不足以反映现实经济中的收益特征；②样本抽取方法不科学，导致数据出现系统偏差；③样本数据填报质量过差，扭曲了现实经济中的收益特征；④参数估计时，违反了所用方法要求的前提条件，致使估计失真。

遇到这种情况时，首先应寻找出违反经济评价准则的具体原因，然后再有针对性地采用一些补救措施，如增大样本量、采用科学的抽样方法、重新核实数据以及换用其他估计方法等。

（2）统计检验。统计检验是通过对各解释变量影响作用的显著性和模型的拟合效果进行检验来间接说明估计值的可靠性，统计的常规性检查有以下3项。

①回归系数 b_j 的统计显著性检验。这项检验通过考察 b_j 是否可能近似于零，来判断要求 X_j 对净收益 Y 的影响是否显著。检验的步骤为：建立检验统计量 $t(b_j)=b_j/S(b_j)(j=1,\ 2,\ 3)$，并根据样本资料计算出检验统计量的样本值；根据预先确定的显著性水平 $I_{ni}=Y_{ni}-(b_2X_2+b_3X_3+V)$ 和自由度（$n-3$），从 t 分布表中查到临界值 $t_0(n-3)$ 将 $t(b_j)$ 与 $t_a(n-3)$ 进行比较，如有 $t(b_j)>t_a(n-3)$，则可以认为 b_j 显著不等于零，X_j 对 Y 有显著影响。

②回归系数的总体显著性检验。这项检验的作用在于通过考察各体是否可能都近似于零，来判断3种要素在总体上对净收益的影响是否显著。检验的基本步骤为：建立检验统计量 F_i 并计算出样本值。

根据预先选定的显著性水平 a 和自由度 V_1、V_2，与 F 分布表中查到的临界值 $F_a(V_1,\ V_2)$ 进行比较，如果有 $F>F_a(V_1,\ V_2)$ 成立，则可认为3种生产要素对净收益的总体影响是显著的。

③模型的拟合优度检验。这项检验的目的在于考察所建立的模型与样本数据的拟合程度，一般多用可决系数 R（有时又称判定系数）来度量。一般讲 R 越接于1，说明变量的总体解释能力越强，模型的拟合效果越好。

（3）计量经济学检验。进行计量经济学检验的目的就在于计算模型是否满足所要求的基本假定，从而对统计检验的有效性作出评价。检验的项目主要有异方差性检验和多重共线性检验。

（五）土地收益的计算

确定了集体土地级差收益测算的模型，经过系数估计和因素系计值的可靠性检验后，就可利用选定模型计算土地收益。用于收益测算的常用模型如下。

1. 指数模型

$$Y_n=A(1+r)^{X1n} \qquad \text{公式（5-24）}$$

$$Y_n=A(1+r)^{aX1n} \qquad \text{公式（5-25）}$$

式中：Y_n 表示第 n 级土地上样本每平方米土地的地价或土地收益；r 表示利润级差系数或地价级差系数；X_{1n} 表示第 n 级土地级别指数或单元土地质量指数；A 为回归常数；a 为模型待定系数。此模型主要用于在地价或土地收益和土地质量等级已知的情况下来估算土地级的基准地价。

2. 多元线性模型

$$Y_n=b_1f(X_{1n})+b_2X_2+b_3X_3+e_n \quad 公式（5-26）$$

$$Y_n=b_0+b_1X_{1n}+b_2X_2+b_3X_3 \quad 公式（5-27）$$

式中：Y_n 表示土地使用者每平方米土地上的利润值；X_{1n}表示第 n 级土地级别指数或单元土地质量指数；X_2 表示每平方米土地上标准资金占有量；X_3 表示每平方米土地上标准工资占有量；b_0 为常数，大于零；b_1、b_2、b_3 分别为土地、资本、劳动力的回归系数；e_n 为误差项。

此模型主要用于在企业利润、土地等级、资本、劳动力工资已知的情况下，估算土地的收益，从而确定出地价。对房屋出租也可以按此模型处理，将租金作为 Y_n，房屋的建筑费用作为 X_2，房屋出租的管理费等作为 X_3。

3. 生产函数模型（多元非线性模型）

$$Y_n=f(X_{1n})^a \cdot X_2^{\beta} \cdot X_3^{\gamma} \cdot e^{nh} \quad 公式（5-28）$$

$$Y_n=A\ (1+r)^{X_{1n}} \cdot X_2^{b_2} \cdot X_3^{b_3} \quad 公式（5-29）$$

式中：Y_n、X_{1n}、X_2、X_3 与模型 2 相一致；r 为利润级差系数；A 为常数；b_2 和 b_3 分别为资本、劳动力的回归系数；α、β、γ 为通用模型回归常数；e^{nh} 为误差项。

4. 分级回归模型

$$Y_n=f(X_{1n})+b_2X_2+b_3X_3+V \quad 公式（5-30）$$

式中：Y_n、X_2、X_3 与模型 2 相一致；f（X_{1n}）表示某级土地上，土地给企业带来的利润为自变量 X_1 的未知函数；X_{1n}表示第 n 级土地级别指数或单元土地质量指数；V 为误差项；b_2、b_3 分别为资本、劳动力的回归系数。

对于不同的测算模型，在模型各系数已定的情况下，各模型计算土地收益的公式为：

$$指数模型：I_{ni}=A(1+r)^{X_{1n}} \quad 公式（5-31）$$

$$多元线性模型：I_{ni}=Y_{ni}-(b_o+b_2X_2+b_3X_3) \quad 公式（5-32）$$

$$多元非线性模型：I_{ni}=\frac{Y_{ni}}{X_2^{b_2}X_3^{b_3}} \quad 公式（5-33）$$

$$分级回归模型：I_{ni}=Y_{ni}-(b_2X_2+b_3X_3+V) \quad 公式（5-34）$$

以上各式中：I_{ni}表示第一级土地上样点单位面积的土地收益；Y_{ni}表示第一级土地上样点单位面积的利润；A、X_{1n}、r、b_0、b_2、b_3、X_2、X_3、V 的含义同上。

对于有土地经营资料的样点区域，将各样点的资本、劳动力资料及相应的估计参数代入土地收益的计算公式中，则可计算出样点的土地收益。将样点资料代入模型时，除直接将样点数据代入外，也可以按土地级或均质区域将其中的样点资料进行平均处理后，代入模型得到级别或区域的土地平均收益。

对于一些区域中没有或很少有样点经营资料的情况，在系数通过模型已定的情况下，可利用土地质量指数或级别直接计算出土地的收益。

（六）基准地价的确定

在计算出级别或区域的土地收益后，则可采用收益还原法的计算公式，求出级别、区域基准地价，计算公式为：

$$P_{lb}=\frac{I_n}{r_d}\left[1-\frac{1}{(1+r_d)^n}\right] \qquad \text{公式（5-35）}$$

式中：P_{lb}表示某一用途土地在某一土地级上的基准地价；I_n 表示某一用途土地在某一土地级上单位面积的平均收益；r_d 为土地还原利率；n 表示某一用途法定最高使用年限。

第六章 集体土地基准地价评估信息系统

为规范农村集体土地基准地价评估数据库的内容、数据库结构、数据交换格式，促进农村集体土地级别与基准地价数据的管理和共享，根据《土地管理法》等法律法规，按照《河南省自然资源厅办公室关于部署开展2019年度自然资源评价评估工作的通知》（豫自然资办发〔2019〕40号）、《中国土地估价师与土地登记代理人协会关于印发〈农村集体土地价格评估技术指引〉的通知》（中估协发〔2020〕16号）等文件的要求，结合河南省农村集体土地基准地价评估工作的实际情况，特制定《河南省农村集体土地基准地价评估数据库标准及成果汇交要求》（以下简称《数据库标准》），包括数据库成果内容、汇交要求和质检规则等内容。

第一节 数据库成果内容

一、数据库要素分类编码

数据库要素分类大类采用面分类法，小类以下采用线分类法。根据分类编码通用原则，将土地级别与基准地价数据库要素依次按大类、小类、一级类、二级类、三级类和四级类划分，要素代码采用十位数字（字符）层次码组成，其结构如图6-1。

XX	XX	XX	XX	X	X
大类码	小类码	一级类要素码	二级类要素码	三级类要素码	四级类要素码

图 6-1　土地级别与基准地价数据库要素

大类码为专业代码，设定为二位数字码，其中基础地理专业码为 10，土地专业码为 20；小类码为业务代码，设定为二位数字码，空位以 0 补齐，农村集体农用地定级估价业务暂定为 10，农村集体建设用地定级估价业务暂定为 20。一至四级类码为要素分类代码，其中一级类码为二位数字码、二级类码为二位数字码、三级类码为一位数字码、四级类码为一位数字码，空位以 0 补齐。三级和四级码数字 1~9 不够用时采用 A~Z 续。本标准四级类要素码暂时不用，以 0 补齐，待将来扩充使用。

农村集体土地基准地价评估数据库要素包括基础地理要素、工作底图要素、阻隔信息、土地定级要素、土地估价要素等，各类要素的代码与名称描述见表 6-1。

表 6-1　农村集体土地数据库要素代码和名称描述

要素代码	要素名称	说明
1000000000	基础地理要素	
1010000000	境界与政区	
1010010000	境界范围	
1010020000	行政区	行政区要素参考《基础地理信息要素分类与代码》（GB/T 13923）的结构进行扩充，各级行政区的信息使用行政区属性表描述
1020000000	工作底图	
1020010000	地物注记	
1020020000	点状地物	
1020030000	线状地物	
1020040000	面状地物	

续表

要素代码	要素名称	说明
2000000000	土地信息	
2010000000	集体农用地定级估价信息	
2010010000	阻隔区与地类单元	
2010010100	通道	
2010010200	阻隔区	
2010010300	地类单元	
2010020000	定级因素因子	
2010020100	局部气候差异	自然因素
2010020110	温度	自然因素
2010020120	积温	自然因素
2010020130	降水量	自然因素
2010020140	蒸发量	自然因素
2010020150	酸雨	自然因素
2010020160	灾害天气	自然因素
2010020170	无霜期	自然因素
2010020180	其他局部气候因子	2010020180~220100201Z0
2010020200	地形地貌条件	自然因素
2010020210	地貌类型	自然因素
2010020220	地形部位	自然因素
2010020230	海拔高度	自然因素
2010020240	相对高度	自然因素
2010020250	坡度	自然因素
2010020260	坡向	自然因素
2010020270	侵蚀程度	自然因素
2010020280	其他地形地貌因子	2010020280~20100202Z0
2010020300	土壤条件	自然因素
2010020310	土壤有机质含量	自然因素
2010020320	土层厚度	自然因素
2010020330	障碍层深度	自然因素

续表

要素代码	要素名称	说明
2010020340	土壤质地	自然因素
2010020350	剖面构型	自然因素
2010020360	土壤 pH	自然因素
2010020370	土壤盐碱状况	自然因素
2010020380	土壤污染状况	自然因素
2010020390	土壤侵蚀状况	自然因素
20100203A0	土壤中砾石含量	自然因素
20100203B0	其他土壤因子	20100203B0~20100203Z0
2010020400	水资源状况	自然因素
2010020410	地下水埋深	自然因素
2010020420	水源保证率	自然因素
2010020430	水源水质	自然因素
2010020440	其他水资源因子	2010020244~201002024Z
2010020500	基本设施条件	社会经济因素
2010020510	林网化程度	社会经济因素
2010020520	供水条件（灌溉保证率）	社会经济因素
2010020530	排水条件	社会经济因素
2010020540	供电条件（田间供电）	社会经济因素
2010020550	田间道路	社会经济因素
2010020560	其他基本设施因子	2010020560~20100205Z0
2010020600	耕作便利条件	社会经济因素
2010020610	耕作距离（经营距离）	社会经济因素
2010020620	耕作装备	社会经济因素
2010020630	田块大小	社会经济因素
2010020640	田块形状	社会经济因素
2010020650	田块平整度	社会经济因素
2010020660	田面高差	社会经济因素
2010020670	其他耕作便利因子	2010020670~20100206Z0
2010020700	土地利用状况（分用地类型）	社会经济因素

续表

要素代码	要素名称	说明
2010020710	耕地经营规模	社会经济因素
2010020720	种植园地经营规模	社会经济因素
2010020730	林地经营规模	社会经济因素
2010020740	草地经营规模	社会经济因素
2010020750	设施农用地经营规模	社会经济因素
2010020760	耕地经营效益	社会经济因素
2010020770	种植园地经营效益	社会经济因素
2010020780	林地经营效益	社会经济因素
2010020790	草地经营效益	社会经济因素
20100207A0	设施农用地经营效益	社会经济因素
20100207B0	耕地利用集约度	社会经济因素
20100207C0	种植园地利用集约度	社会经济因素
20100207D0	林地利用集约度	社会经济因素
20100207E0	草地利用集约度	社会经济因素
20100207F0	设施农用地利用集约度	社会经济因素
20100207G0	人均耕地	社会经济因素
20100207H0	人均种植园地	社会经济因素
20100207I0	人均林地	社会经济因素
20100207J0	人均草地	社会经济因素
20100207K0	人均设施农用地	社会经济因素
20100207K0	耕地利用方式	社会经济因素
20100207M0	种植园地利用方式	社会经济因素
20100207N0	林地利用方式	社会经济因素
20100207O0	草地利用方式	社会经济因素
20100207P0	设施农用地利用方式	社会经济因素
20100207Q0	其他土地利用因子	20100207Q0~20100207Z0
2010020800	区位条件影响度	区位因素
2010020810	中心城镇	区位因素
2010020820	商业繁华区	区位因素

续表

要素代码	要素名称	说明
2010020830	产业园区	区位因素
2010020840	集中区	区位因素
2010020850	集散地	区位因素
2010020860	商服设施	区位因素
2010020870	农贸市场	区位因素
2010020880	大型超市	区位因素
2010020890	专业市场	区位因素
20100208A0	定期集市	区位因素
20100208B0	其他区位条件因子	20100208B0~20100208Z0
2010020900	道路通达度	交通条件
2010020910	道路	国道、省道、县道、乡村道路
2010021000	对外交通便利度	交通条件
2010021010	汽车站（客运）	交通条件
2010021020	汽车站（货运）	交通条件
2010021030	火车站（客运）	交通条件
2010021040	火车站（货运）	交通条件
2010021050	高速路口	
2010021060	其他对外交通站点	2010021060~20100210Z0
2010021100	其他因素 10~99	2010021100~2010029900
2010021110	其他因素 10~99 因子 1~Z	2010021110~20100299Z0
2010030000	定级单元总分值（定级指数）	
2010030100	综合用地单元总分值	
2010030200	耕地单元总分值	
2010030300	种植园地单元总分值	
2010030400	林地单元总分值	
2010030500	草地单元总分值	
2010030600	设施农用地单元总分值	
2010030700	宜农未利用地单元总分值	
2010030800	其他用地单元总分值	2010030800~2010039900

续表

要素代码	要素名称	说明
2010040000	定级单元总分值分级	
2010040100	综合用地单元总分值分级	
2010040200	耕地单元总分值分级	
2010040300	种植园地单元总分值分级	
2010040400	林地单元总分值分级	
2010040500	草地单元总分值分级	
2010040600	设施农用地单元总分值分级	
2010040700	宜农未利用地单元总分值分级	
2010040800	其他用地单元总分值分级	2010040800~2010049900
2010050000	土地级别	
2010050100	综合用地	
2010050200	耕地	
2010050300	种植园地	
2010050400	林地	
2010050500	草地	
2010050600	设施农用地	
2010050700	宜农未利用地	
2010050800	其他用地	2010050800~2010059900
2010060000	定级表格	
2010060100	定级类型	
2010060200	定级因素权重和赋值规则	
2010070000	地价样点	
2010070100	交易样点	转用、流转、租赁
2010070200	收益样点	
2010070300	其他样点	2010070300~2010079900
2010080000	地价表格	
2010080100	样点地价统计	
2010080200	基准地价参数	
2010080300	基准地价成果	

续表

要素代码	要素名称	说明
2010080400	宗地修正因素权重	
2010080500	宗地修正系数	
2010080600	宗地修正因素指标说明	
2020000000	集体建设用地定级估价信息	
2020010000	阻隔区与地类单元	
2020010100	通道	
2020010200	阻隔区	
2020010300	地类单元	
2020020000	定级因素因子	
2020020100	宏观区位影响度	宏观区位影响度
2020020110	中心城镇	宏观区位
2020020120	商业繁华区	宏观区位
2020020130	产业园区	宏观区位
2020020140	集中区	宏观区位
2020020150	集散地	宏观区位
2020020160	其他宏观区位因子	2020020160~20200201Z0
2020020200	社会经济发展状况	社会经济发展状况
2020020210	经济产值	社会经济发展状况
2020020220	人均收入	社会经济发展状况
2020020230	人口状况	社会经济发展状况
2020020240	建设用地占比	社会经济发展状况
2020020250	人均建设用地	社会经济发展状况
2020020260	其他社会经济因子	2020020260~20200202Z0
2020020300	商服繁华影响度	繁华程度
2020020310	商服设施	繁华程度：常规商服设施
2020020320	农贸市场	繁华程度：其他商服设施
2020020330	大型超市	繁华程度：其他商服设施
2020020340	专业市场	繁华程度：其他商服设施
2020020350	定期集市	繁华程度：其他商服设施

续表

要素代码	要素名称	说明
2020020360	其他商服设施	2020020360~20200203Z0
2020020400	道路通达度	交通条件
2020020410	道路	交通条件：国道、省道、县道、乡村道路等
2020020500	公交便捷度	交通条件
2020020510	公交站点	交通条件
2020020520	公交线路	交通条件
2020020530	其他公交站线	2020020530~20200205Z0
2020020600	对外交通便利度	交通条件
2020020610	汽车站（客运）	交通条件
2020020620	汽车站（货运）	交通条件
2020020630	火车站（客运）	交通条件
2020020640	火车站（货运）	交通条件
2020020650	高速路口	交通条件
2020020660	其他对外交通站点	2020020660~20200206Z0
2020020700	基础设施完善度	基本设施
2020020710	供水	基本设施
2020020720	排水	基本设施
2020020730	电力	基本设施
2020020740	电信	基本设施
2020020750	供热	基本设施
2020020760	供气	基本设施
2020020770	其他基础设施	2020020770~20200207Z0
2020020800	公用设施完备度	基本设施
2020020810	中学	基本设施
2020020820	小学	基本设施
2020020830	幼儿园	基本设施
2020020840	托儿所	基本设施
2020020850	医卫设施	基本设施
2020020860	老年活动站所	基本设施

续表

要素代码	要素名称	说明
2020020870	体育场馆	基本设施
2020020880	文娱场所	基本设施
2020020890	农家乐	基本设施
20200208A0	乡村旅游设施	基本设施
20200208B0	电商营销点	基本设施
20200208C0	物流配送中心	基本设施
20200208D0	邮政局	基本设施
20200208E0	其他公用设施	20200208E0~20200208Z0
2020020900	环境质量优劣度	环境条件
2020020910	自然环境	环境条件：大气、水、声等环境
2020020920	人居环境	环境条件
2020020930	其他环境	2020020930~20200209Z0
2020021000	绿地覆盖度	环境条件
2020021010	绿地	环境条件
2020021100	自然条件优劣度	环境条件
2020021110	工程地质	环境条件
2020021120	地形地貌	环境条件
2020021130	地下水	环境条件
2020021140	地质灾害	环境条件
2020021150	洪水淹没	环境条件
2020021160	其他自然条件	2020021160~20200211Z0
2020021200	景观条件优劣度	环境条件
2020021210	自然景观	环境条件
2020021220	人文景观	环境条件
2020021230	其他景观	2020021230~20200212Z0
2020021300	规划实施影响度	区域规划
2020021310	国土空间规划	区域规划
2020021320	旅游发展规划	区域规划
2020021330	城市更新规划	区域规划

续表

要素代码	要素名称	说明
2020021340	相关功能区规划	2020021340~20200213Z0
2020021400	产业集聚影响度	产业集聚效益
2020021410	产业集聚规模	产业集聚效益
2020021420	其他产业集聚因子	产业集聚效益
2020021500	其他因素 15~99	2020021500~2020029900
2020021510	其他因素 15~99 因子 1~Z	2020021510~20200299Z0
2020030000	定级单元总分值	
2020030100	综合用地单元总分值	
2020030200	商业服务业用地单元总分值	
2020030300	工业用地单元总分值	
2020030400	农村宅基地单元总分值	
2020030500	公共管理与公共服务用地单元总分值	
2020030600	特殊用地单元总分值	
2020030700	交通运输用地单元总分值	
2020030800	水域及水利设施用地单元总分值	
2020030900	其他用地单元总分值	
2020040000	定级单元总分值分级	
2020040100	综合用地单元总分值分级	
2020040200	商业服务业用地单元总分值分级	
2020040300	工业用地单元总分值分级	
2020040400	农村宅基地单元总分值分级	
2020040500	公共管理与公共服务用地单元总分值分级	
2020040600	特殊用地单元总分值分级	
2020040700	交通运输用地单元总分值分级	
2020040800	水域及水利设施用地单元总分值分级	
2020040900	其他用地单元总分值分级	

续表

要素代码	要素名称	说明
2020050000	土地级别	
2020050100	综合用地	
2020050200	商业服务业用地	
2020050300	工业用地	
2020050400	农村宅基地	
2020050500	公共管理与公共服务用地	
2020050600	特殊用地	
2020050700	交通运输用地	
2020050800	水域及水利设施用地	
2020050900	其他用地	
2020060000	定级表格	
2020060100	定级类型	
2020060200	定级因素权重和赋值规则	
2020070000	地价样点	
2020070100	交易样点	出让、转让、租赁、抵押等
2020070200	收益样点	包括宅基地有偿使用（退出）等样点
2020070300	其他样点	2020070300~2020079900
2020080000	地价表格	
2020080100	样点地价统计	
2020080200	基准地价参数	
2020080300	基准地价成果	
2020080400	宗地修正因素权重	
2020080500	宗地修正系数	
2020080600	宗地修正因素指标说明	

二、数据库要素分层

要素采用分层的方法进行组织管理，要素集和要素类名称及要素类特征见表 6-2。空间要素集名称由字符“G”开头，后加要素代码和要素名称；空间要素类名称由字符“L”开头，后加要素代码和要素名称或组合，空间要素类别名中不包含要素代码；属性数据表名称由字符“T”开头，后加要素代码和要素名称。

表 6-2　要素分层名称及各层要素

序号	要素集内容：名称	要素类内容：名称	几何特征*	约束**
1	境界与政区：G+要素代码+要素名称	境界范围：L+要素代码+要素名称	R	M
		行政区：L+要素代码+要素名称	R	O
2	工作底图：G+要素代码+要素名称	地物注记：L+要素代码+要素名称	P	O
		点状地物：L+要素代码+要素名称	P	O
		线状地物：L+要素代码+要素名称	L	O
		面状地物：L+要素代码+要素名称	R	O
3	阻隔区与定级单元：G+要素代码+要素名称	通道：L+要素代码+要素名称	L	C
		阻隔区：L+要素代码+要素名称	R	C
		定级单元：L+要素代码+要素名称	R	M
4	扩散性定级因素：G+因素代码+因素名称	定级因素：L+因素代码+因素名称+“_”+地类名称***+“定级”	R	M
		定级因子：L+因子代码+因子名称+“_扩散源”	P/L/R	C
		定级因子：L+因子代码+因子名称+“_线性扩散”	R	C
		定级因子：L+因子代码+因子名称+“_指数扩散”	R	C
		道路因子：扩散结果+“_”+地类名称***+“定级”	R	C
5	区域性定级因素：G+因素代码+因素名称	定级因素：L+因素代码+因素名称“_”+地类名称***+“定级”	R	M
		定级因子：L+因子代码+因子名称	R	M
6	定级单元总分值：G+要素代码+要素名称	单元总分值：L+要素代码+要素名称	R	M
7	定级单元总分值分级：G+要素代码+要素名称	单元总分值分级：L+要素代码+要素名称	R	C
8	土地级别：G+要素代码+要素名称	土地级别：L+要素代码+要素名称+“级别”	R	C
9	定级表格：无要素集	定级类型：T+要素代码+要素名称	T	M
		定级因素因子权重及赋值规则：T+要素代码+要素名称	T	M

续表

序号	要素集内容：名称	要素类内容：名称	几何特征*	约束**
10	地价样点：G+要素代码+要素名称	地价样点：L+要素代码+要素名称	P	M
11	地价表格：无要素集	样点地价统计：T+要素代码+要素名称	T	M
		基准地价参数：T+要素代码+要素名称	T	M
		基准地价成果：T+要素代码+要素名称	T	M
		宗地修正因素权重：T+要素代码+要素名称	T	M
		宗地修正系数：T+要素代码+要素名称	T	M
		宗地修正因素指标说明：T+要素代码+要素名称	T	M

注：1. * 几何特征：P 为点 Point，L 为线 Line，R 为面 Polygon，T 为表 Table。
2. **约束：M 为必选，O 为可选，C 为条件必选。
3. ***地类名称：从表 6-1 土地级别名称中提取。

三、空间要素属性结构

（一）境界范围和行政区属性结构

具体情况见表 6-3。

表 6-3　境界范围和行政区属性结构描述

序号	字段名称*	字段代码	类型	长度	精度	值域	约束	备注
1	标识码	BSM	String	18		数字字母	M	
2	要素代码	YSDM	String	10		见表 6-1	M	
3	行政区代码	XZQDM	String	12		见 GB/T2260	M	见本表注 1
4	行政区名称	XZQMC	String	100		见 GB/T2260	M	
5	等差面积	DCMJ	Double	18	8	>0	M	单位：平方米
6	计算面积	JSMJ	Double	18	8	>0	O	单位：平方米 见本表注 2
7	备注	BZ	String	254			O	

说明：* 空间要素的“字段名称”以字段别名出现。

注：1. 行政区代码在现有行政区划代码的基础上扩展到行政村级，即：县以上行政区划代码+乡（镇）级代码+村级代码，县及县以上行政区划代码采用 GB/T 2260 中的 6 位数字码，乡（镇）级为 3 位数字码，村级为 3 位数字码。代码长度共 12 位，表示县级境界范围时，代码后 6 位补 0。
2. 指行政区界线坐标计算的椭球面积。本标准中所有面积字段如无特别说明，均指椭球面积。

（二）地物注记属性结构

具体情况见表 6-4。

表 6-4 地物注记属性结构描述

序号	字段名称	字段代码	类型	长度	精度	值域	约束	备注
1	标识码	BSM	String	18		数字字母	M	
2	要素代码	YSDM	String	10		见表 6-1	M	
3	注记内容	ZJNR	String	60			O	
4	字体	ZT	String	4			O	
5	颜色	YS	String	12			O	
6	磅数	BS	Integer	4		>0	O	单位：磅
7	形状	XZ	String	1			O	
8	下画线	XHX	String	1			O	
9	宽度	KD	Double	18	1	>0	O	
10	高度	GD	Double	18	1	>0	O	
11	间隔	JG	Double	6	2	>0	O	
12	注记点左下角 $_X$ 坐标	ZJDZXJXZB	Double	18	3	>0	O	
13	注记点左下角 $_Y$ 坐标	ZJDZXJYZB	Double	18	3	>0	O	
14	注记方向	ZJFX	Double	10	6	[0，2Π]	O	单位：弧度

（三）工作底图信息属性结构

具体情况见表 6-5。

表 6-5 工作底图信息属性结构描述

序号	字段名称	字段代码	类型	长度	精度	值域	约束	备注
1	标识码	BSM	String	18		数字字母	M	
2	要素代码	YSDM	String	10		见表 6-1	M	
3	行政区代码	XZQDM	String	12		见表 6-3 注 2	M	
4	行政区名称	XZQMC	String	60		非空	M	
5	地物名称	DWMC	String	100			O	
6	地类代码	DLDM	String	4			O	见本表注 1
7	地类名称	DLMC	String	60			O	见本表注 1
8	用地性质	YDXZ	String	30			O	见本表注 2

续表

序号	字段名称	字段代码	类型	长度	精度	值域	约束	备注
9	用地位置	YDWZ	String	100			O	
10	长度	CD	Double	18	2	>0	O	见本表注 3 单位：米
11	宽度	KD	Double	18	2	>0	O	见本表注 3 单位：米
12	面积	MJ	Double	18	2	>0	O	见本表注 3 单位：平方米
13	备注	BZ	String	254			O	

注：1. GB/T 21010—2017 中的二级类代码、二级类名称。
2. 用地性质：国有、集体。
3. 长度、宽度仅为线状地物时填写，面积仅为面状地物时填写。

（四）通道属性结构

具体情况见表 6-6。

表 6-6 通道属性结构描述

序号	字段名称	字段代码	类型	长度	精度	值域	约束	备注
1	标识码	BSM	String	18		数字字母	M	
2	要素代码	YSDM	String	10		见表 6-1	M	
3	阻隔区编号 1	ZGQBH1	String	20			O	
4	阻隔区编号 2	ZGQBH2	String	20			O	
5	备注	BZ	String	254			O	

说明：要素为空记录时，表示不考虑通道。

（五）阻隔区属性结构

具体情况见表 6-7。

表 6-7 阻隔区属性结构描述

序号	字段名称	字段代码	类型	长度	精度	值域	约束	备注
1	标识码	BSM	String	18		数字字母	M	
2	要素代码	YSDM	String	10		见表 6-1	M	
3	阻隔区编号	ZGQBH	String	20			O	
4	面积	MJ	Double	18	2	>0	O	单位：平方米
5	备注	BZ	String	254			O	

说明：要素为空记录时，表示不考虑阻隔区。

（六）地类单元属性结构

具体情况见表 6-8。

表 6-8　地类单元属性结构描述

序号	字段名称	字段代码	类型	长度	精度	值域	约束	备注
1	标识码	BSM	String	18		数字字母	M	见本表注
2	要素代码	YSDM	String	10		见表 6-1	M	
3	图斑编号	TBBH	String	8			M	见本表注
4	地类编码	DLBM	String	5			M	见本表注
5	地类名称	DLMC	String	60			M	见本表注
6	权属性质	QSXZ	String	2			M	见本表注
7	权属单位代码	QSDWDM	String	19			M	见本表注
8	权属单位名称	QSDWMC	String	60			M	见本表注
9	座落单位代码	ZLDWDM	String	19			M	见本表注
10	座落单位名称	ZLDWMC	String	60			M	见本表注
11	图斑面积	TBMJ	Double	18	8	>0	M	见本表注 单位：平方米
12	图斑地类面积	TBDLMJ	Double	18	8	>0	M	见本表注
13	备注	BZ	String	254			O	见本表注

注：以全国第三次土地利用现状调查 DLTB 图层为基本参考，对应字段取 DLTB 字段值。

（七）定级因素因子作用分值属性结构

具体情况见表 6-9。

表 6-9　定级因素因子作用分值属性结构描述

序号	字段名称	字段代码	类型	长度	精度	值域	约束	备注
1	标识码	BSM	String	18		数字字母	M	
2	要素代码	YSDM	String	10		见表 6-1	M	
3	编号	BH	String	20			O	见本表注
4	名称	MC	String	60			O	
5	指标	ZB	Double	18	2	>0	O	

续表

序号	字段名称	字段代码	类型	长度	精度	值域	约束	备注
6	分级	FJ	Integer	4		>0	O	
7	面积	MJ	Double	18	2	>0	O	单位：平方米
8	作用分值	ZYFZ	Double	18	2	0~100	M	
9	描述	MS	String	200			O	
10	备注	BZ	String	254			O	

注：按“要素代码”+“3位顺序码”编写。

（八）扩散性因素（因子）扩散源属性结构

具体情况见表6-10、表6-11。

表6-10　扩散性因素（因子）（除道路外）扩散源属性结构描述 *

序号	字段名称	字段代码	类型	长度	精度	值域	约束	备注
1	标识码	BSM	String	18		数字字母	M	
2	要素代码	YSDM	String	10		见表6-1	M	
3	编号	BH	String	20			O	见本表注1
4	名称	MC	String	60			O	
5	指标	ZB	Double	18			O	
6	分级	FJ	Integer	4		>0	C	见本表注2
7	长度	CD	Double	18		>0	O	见本表注3 单位：米
8	宽度	KD	Double	18		>0	C	见本表注3 单位：米
9	面积	MJ	Double	18		>0	O	见本表注3 单位：平方米
10	服务半径	FWBJ	Double	18	2	>0	M	单位：米
11	功能分	GNF	Double	18	2	0~100	M	见本表注4
12	描述	MS	String	200			O	
13	备注	BZ	String	254			O	

说明：* 当因素因子赋分规则为扩散性取值时选用此表。

注：1. 按“要素代码”+“3位顺序码”编写。

2. 按功能分割时，该字段必填。

3. 长度、宽度仅为线状地物时填写，面积仅为面状地物时填写。

4. 当表为负相关因素因子时，扩散分析时采用负相关赋值。功能分割时，填写功能分割分。

表 6-11 扩散性因素（因子）（道路）扩散源属性结构描述

序号	字段名称	字段代码	类型	长度	精度	值域	约束	备注
1	标识码	BSM	String	18		数字字母	M	
2	要素代码	YSDM	String	10		见表 6-1	M	
3	编号	BH	String	20			O	见本表注 1
4	名称	MC	String	60			O	
5	指标	ZB	Double	18			O	
6	分级	FJ	Integer	4		>0	C	见本表注 2
7	长度	CD	Double	18		>0	O	见本表注 3 单位：米
8	宽度	KD	Double	18		>0	C	见本表注 3 单位：米
9	面积	MJ	Double	18		>0	O	见本表注 3 单位：平方米
10	服务半径	FWBJ	Double	18	2	>0	M	单位：米
11	定级类型名称+功能分	GNF+定级类型代码	Double	18	2	0~100	M	见本表注 4
12	描述	MS	String	200			O	
13	备注	BZ	String	254			O	

注：1. 按“要素代码”+“3 位顺序码”编写。
2. 按功能分割时，该字段必填。
3. 长度、宽度仅为线状地物时填写，面积仅为面状地物时填写。
4. 定级类型代码取表 6-1 中的土地级别代码。

（九）定级单元总分值及总分值分级属性结构

具体情况见表 6-12。

表 6-12 定级单元总分值及总分值分级属性结构描述

序号	字段名称	字段代码	类型	长度	精度	值域	约束	备注
1	标识码	BSM	String	18		数字字母	M	
2	要素代码	YSDM	String	10		见表 6-1	M	
3	总分值	ZFZ	Double	18		0~100	M	见本表注 1
	平均总分值	PJZFZ	Double	18		0~100	M	
4	总分值分级	ZFZFJ	Integer	4		>0	C	见本表注 2
5	面积	MJ	Double	18	2	>0	M	单位：平方米

续表

序号	字段名称	字段代码	类型	长度	精度	值域	约束	备注
6	最小总分值	ZXZFZ	Double	18	2	0~100	C	见本表注 3
7	最大总分值	ZDZFZ	Double	18	2	0~100	C	见本表注 3
8	备注	BZ	String	254			O	

注：1. 当为总分值分级图层时，填写平均总分值（分级的面积加权平均总分值）。
2. 当为总分值分级图层时填写。
3. 当为总分值分级图层时填写，为分级的最小最大总分值区间（下含上不含）。

（十）土地级别属性结构

具体情况见表 6-13。

表 6-13 土地级别属性结构描述

序号	字段名称	字段代码	类型	长度	精度	值域	约束	备注
1	标识码	BSM	String	18		数字字母	M	见本表注 1
2	要素代码	YSDM	String	10		见表 6-1	M	
3	图斑编号	TBBH	String	8			M	见本表注 1
4	地类编码	DLBM	String	5			M	见本表注 1
5	地类名称	DLMC	String	60			M	见本表注 1
6	权属性质	QSXZ	String	2			M	见本表注 1
7	权属单位代码	QSDWDM	String	19			M	见本表注 1
8	权属单位名称	QSDWMC	String	60			M	见本表注 1
9	座落单位代码	ZLDWDM	String	19			M	见本表注 1
10	座落单位名称	ZLDWMC	String	60			M	见本表注 1
11	图斑面积	TBMJ	Double	18	8	>0	M	单位：平方米
12	图斑地类面积	TBDLMJ	Double	18	8	>0	M	单位：平方米
13	平均总分值	PJZFZ	Double	18	2	0~100	M	见本表注 2
14	最小总分值	ZXZFZ	Double	18	2	0~100	M	见本表注 3
15	最大总分值	ZDZFZ	Double	18	2	0~100	M	见本表注 3
16	土地级别	TDJB	Integer	4		>0	M	
17	级别面积	JBMJ	Double	18	2	>0	M	
18	备注	BZ	String	254			O	

注：1. 以定级单元图层为参考，获取不同用地类型的对应字段值。
2. 级别的面积加权平均总分值。
3. 指级别的最小最大总分值区间（下含上不含）。

（十一）地价样点属性结构

具体情况见表 6-14、表 6-15。

表 6-14 土地交易（其他）样点属性结构描述

序号	字段名称	字段代码	类型	长度	精度	值域	约束	备注
1	标识码	BSM	String	18		数字字母	M	
2	要素代码	YSDM	String	10		见表 6-1	M	
3	样点编号	YDBH	String	20			M	
4	地类编码	DLBM	String	5			M	见本表注 1
5	地类名称	DLMC	String	60			M	见本表注 1
6	权属性质	QSXZ	String	2			O	见本表注 1
7	权属单位代码	QSDWDM	String	19			O	见本表注 1
8	权属单位名称	QSDWMC	String	60			O	见本表注 1
9	座落单位代码	ZLDWDM	String	19			O	见本表注 1
10	座落单位名称	ZLDWMC	String	60			O	见本表注 1
11	样点面积	YDMJ	Double	18	2	>0	M	单位：公顷
12	交易类型	JYLX	String	60			M	见本表注 2
13	交易时间	JYSJ	String	10			O	见本表注 3
14	交易总价	JYZJ	Double	18	2	>0	M	单位：万元
15	单位交易价	DWJYJ	Double	18	2	>0	M	单位：元/平方米
16	定级总分值	DJZFZ	Double	18	2	>0	O	
17	土地级别	TDJB	Integer	4		>0	M	
18	样点地价	YDDJ	Double	18	2	>0	M	单位：元/平方米
19	备注	BZ	String	254			O	

注：1. 以土地利用现状调查 DLTB 图层为基本参考，对应字段取 DLTB 字段值。
2. 交易类型包括：出让、转让、租赁等。
3. 格式：YYYY-MM-DD，如 2020-07-31。

表 6-15 土地收益样点属性结构描述

序号	字段名称	字段代码	类型	长度	精度	值域	约束	备注
1	标识码	BSM	String	18		数字字母	M	
2	要素代码	YSDM	String	10		见表 6-1	M	
3	样点编号	YDBH	String	20			M	

续表

序号	字段名称	字段代码	类型	长度	精度	值域	约束	备注
4	地类编码	DLBM	String	5			M	见本表注 1
5	地类名称	DLMC	String	60			M	见本表注 1
6	权属性质	QSXZ	String	2			O	见本表注 1
7	权属单位代码	QSDWDM	String	19			O	见本表注 1
8	权属单位名称	QSDWMC	String	60			O	见本表注 1
9	座落单位代码	ZLDWDM	String	19			O	见本表注 1
10	座落单位名称	ZLDWMC	String	60			O	见本表注 1
11	样点面积	YDMJ	Double	18	2	>0	M	单位：公顷
12	总投入	ZTR	Double	18	2	>0	M	单位：万元
13	总收益	ZSY	Double	18	2	>0	M	单位：万元
14	单位纯收益	DWCSY	Double	18	2	>0	M	单位：元/平方米
15	定级总分值	DJZFZ	Double	18	2	>0	O	
16	土地级别	TDJB	Integer	4		>0	M	
17	样点地价	YDDJ	Double	18	2	>0	M	单位：元/平方米
18	备注	BZ	String	254			O	

注：1. 以土地利用现状调查 DLTB 图层为基本参考，对应字段取 DLTB 字段值。
2. 格式：YYYY-MM-DD，如 2020-07-31。

四、属性数据表结构

（一）要素代码表

具体情况见表 6-16。

表 6-16 要素代码表属性结构（属性表名：YSDM）

序号	字段名称	字段代码	类型	长度	精度	值域	约束	备注
1	标识码	BSM	String	18		数字字母	M	
2	要素代码	YSDM	String	10		见表 6-1	M	
3	要素名称	YSMC	String	60		见表 6-1	M	
4	代码层级	DMCJ	Integer	1		1~6	M	见本表注 1
5	要素类型	YSLX	Integer	1		0~4	M	见本表注 2

续表

序号	字段名称	字段代码	类型	长度	精度	值域	约束	备注
6	要素特征	YSTZ	Integer	1		0~3	M	见本表注 3
7	备注	BZ	String	254			O	

注：1. 数据库要素分类码级别，大类、小类、一级类、二级类、三级类和四级类，分别以数字 1~6 表示。
2. 0 表示仅为类代码无实体，1 为点状要素类，2 为线状要素类，3 为面状要素类，4 为属性表。
3. 0 为区域赋值，1 为点状扩散类，2 为线状扩散类，3 为面状扩散类。

（二）土地定级类型表

具体情况见表 6-17。

表 6-17 土地定级类型表属性结构

序号	字段名称	字段代码	类型	长度	精度	值域	约束	备注
1	标识码	BSM	String	18		数字字母	M	
2	定级代码	YSDM	String	10		见表 6-1	M	见本表注 1
3	定级类型	DJLX	String	60		非空	M	见本表注 2
4	选择标记	XZBJ	Integer	1		0~1	M	见本表注 3
5	级别数量	JBSL	Integer	2		>0	M	
6	备注	BZ	String	254			O	

注：1. 取表 6-1 中的各类土地级别代码。
2. 取表 6-1 中的各类土地级别名称。
3. 标记取值 0 表示不选，取值 1 表示选择。

（三）土地定级因素因子权重及赋值规则表

具体情况见表 6-18。

表 6-18 土地定级因素因子权重及赋值规则表属性结构

序号	字段名称	字段代码	类型	长度	精度	值域	约束	备注
1	标识码	BSM	String	18		数字字母	M	
2	要素代码	YSDM	String	10		见表 6-1	M	
3	要素名称	YSMC	String	60		见表 6-1	M	
4	要素层级	YSCJ	Int	1		0~1	M	见本表注 1
5	分值相关性	FZXGX	Int	1		0~1	M	见本表注 2
6	定级类型名称*+选择	XZ+定级类型代码**	Int	1		0~1	M	见本表注 3

续表

序号	字段名称	字段代码	类型	长度	精度	值域	约束	备注
…	…………	………………	Int	1		0~1	M	见本表注3、见本表注4
7	定级类型名称*+权重	QZ+定级类型代码**	Double	18	2	0~1	C	
…	…………	…………	Double	18	2	0~1	C	见本表注4
8	定级类型名称*+规则	GZ+定级类型代码**	Integer	1		0，1，2	C	见本表注5
…	…………	…………	Integer	1		0，1，2	C	见本表注4、见本表注5
9	备注	BZ	String	254			O	

说明：*取表6-1中的各类土地级别名称，**取表6-1中的各类土地级别代码。

注：1. 值域0代表功能分与作用分值正相关，1代表功能分与作用分值负相关。

2. 值域0代表因素，1代表因子。

3. 值域0代表未选择，1代表选择。

4. 依据定级类型数量，确定字段数量。

5. 值域0表示区域赋值，1表示线性衰减，2表示指数衰减。与要素代码（YSDM）表关联。区域性因素因子只能填写0，扩散性因素因子只能填写1或2，其他数字无效。

（四）样点地价统计表

具体情况见表6-19。

表6-19 样点地价统计表属性结构

序号	字段名称	字段代码	类型	长度	精度	值域	约束	备注
1	标识码	BSM	String	18		数字字母	M	
2	土地类型	TDLX	String	10			M	见本表注1
3	样点类型	YDLX	String	2			M	见本表注2
4	土地级别	TDJB	Integer	3		>0	M	
5	样点数量	YDSL	Integer	10		>0	M	
6	平均地价	DJAVG	Double	18	2	>0	M	单位：元/平方米
7	地价下限	DJMIN	Double	18	2	>0	M	单位：元/平方米
8	地价上限	DJMAX	Double	18	2	>0	M	单位：元/平方米
9	备注	BZ	String	254			O	

注：1. 取表6-1中的各类土地级别代码。

2. 01交易样点，02收益样点，03其他样点。

（五）基准地价参数表

具体情况见表 6-20。

表 6-20 基准地价参数表属性结构

序号	字段名称	字段代码	类型	长度	精度	值域	约束	备注
1	标识码	BSM	String	18		数字字母	M	
2	土地类型	TDLX	String	10			M	见本表注 1
3	开发程度	KFCD	String	20			M	见本表注 2
4	基准容积率	JZRJL	Double	18	2	>0	M	见本表注 2
5	土地还原利率	TDHYLL	Double	18	2	>0	M	
6	房屋还原利率	FWHYLL	Double	18	2	>0	M	见本表注 2
7	使用年期	SYNQ	Integer	4		>0	M	见本表注 3
8	估价期日	GJQR	String	10			M	见本表注 4
9	备注	BZ	String	254			O	

注：1. 取表 6-1 中的各类土地级别代码。
2. 仅在集体建设用地基准地价评估时填写。
3. 指各类土地法定最高使用年限，无限年期填写 0。
4. 格式：YYYY-MM-DD，如 2020-01-01。

（六）基准地价成果表

具体情况见表 6-21。

表 6-21 基准地价成果表属性结构

序号	字段名称	字段代码	类型	长度	精度	值域	约束	备注
1	标识码	BSM	String	18		数字字母	M	
2	土地类型	TDLX	String	10			M	见本表注 1
3	地价类型	DJLX	String	60			M	见本表注 2
4	土地级别	TDJB	Integer	3		>0	M	
5	基准地价	DJAVG	Double	18	4	>0	M	单位：元/平方米
6	地价下限	DJMIN	Double	18	4	>0	M	单位：元/平方米
7	地价上限	DJMAX	Double	18	4	>0	M	单位：元/平方米
8	备注	BZ	String	254			O	

注：1. 取表 6-1 中的各类土地级别代码。
2. 包括经营权、承包经营权、使用权、所有权等。

（七）宗地地价修正因素权重表

具体情况见表6-22。

表6-22 宗地地价修正因素权重表属性结构

序号	字段名称	代码	类型	长度	精度	值域	约束	备注
1	标识码	BSM	String	18		数字字母	M	
2	土地类型	TDLX	String	10			M	见本表注1
3	地价类型	DJLX	String	60			M	见本表注2
4	影响因素	YXYS	String	60			M	
5	影响因子	YXYZ	String	60			M	
6	权重	QZ	Double	18	4	0~1	M	见本表注3
7	备注	BZ	String	254			O	

注：1. 取表6-1中的各类土地级别代码。
2. 包括经营权、承包经营权、使用权、所有权等。
3. 按所有因子总排序填写。

（八）宗地地价修正系数表

具体情况见表6-23。

表6-23 宗地地价修正系数表属性结构

序号	字段名称	字段代码	类型	长度	精度	值域	约束	备注
1	标识码	BSM	String	18		数字字母	M	
2	土地类型	TDLX	String	10			M	见本表注1
3	地价类型	DJLX	String	60			M	见本表注2
4	土地级别	TDJB	Integer	3		>0	M	
5	影响因素	YXYS	String	60			M	
6	影响因子	YXYZ	String	60			M	
7	劣	TJ1	Double	18	4	<0	M	
8	较劣	TJ2	Double	18	4	<0	M	
9	一般	TJ3	Double	18	4	0	M	
10	较优	TJ4	Double	18	4	>0	M	
11	优	TJ5	Double	18	4	>0	M	
12	备注	BZ	String	254			O	

注：1. 取表6-1中的各类土地级别代码。
2. 包括经营权、承包经营权、使用权、所有权等。

（九）宗地地价修正因素指标说明表

具体情况见表 6-24。

表 6-24　宗地地价修正因素指标说明表属性结构

序号	字段名称	字段代码	类型	长度	精度	值域	约束	备注
1	标识码	BSM	String	18		数字字母	M	
2	土地类型	TDLX	String	10			M	见本表注 1
3	地价类型	DJLX	String	60			M	见本表注 2
4	土地级别	TDJB	Integer	3		>0	M	
5	影响因素	YXYS	String	60		见表 29	M	
6	影响因子	YXYZ	String	60		见表 29	M	
7	劣	TJ1	String	200			M	
8	较劣	TJ2	String	200			M	
9	一般	TJ3	String	200			M	
10	较优	TJ4	String	200			M	
11	优	TJ5	String	200			M	
12	备注	BZ	String	254			O	

注：1. 取表 6-1 中的各类土地级别代码。
　　2. 包括经营权、承包经营权、使用权、所有权等。

第二节　数据库成果汇交要求

一、数据库格式要求

（一）矢量数据

矢量数据包括矢量数据库和矢量成果图数据。矢量数据的空间投影、坐标系统与数据库成果内容要保持一致。

1. 矢量数据库

矢量数据库采用 ArcGIS gdb 文件数据库格式，gdb 文件目录按照“行政区划代码（6 位）+DJGJSJK-JTNYD. gdb”（集体农用地）、“行政区划代码（6 位）+DJGJSJK-JTJSYD. gdb”（集体建设）的规则命名。行政区划代码取 6 位。

ArcGIS gdb 数据库中空间要素按空间要素集和空间要素类进行组织，空间要素集及包含的空间要素类名称详见表6-2。表格信息直接存放在gdb数据库中，不归入空间要素集。

2. 矢量成果图

提交以相对路径保存的成果图ArcMap mxd文件。

（1）矢量成果图命名。提供集体农用地、集体建设用地各类用地定级总分值图和最终级别与基准地价图。总分值图件按照“行政区划代码（6位）+地类名称+定级成果图.mxd”的规则命名，级别与基准地价图件按照“行政区划代码（6位）+地类名称+级别与基准地价成果图.mxd”的规则命名，地类名称按照土地利用现状分类标准取值。如果是集体农用地、耕地、种植园地、林地、设施农用地，定级总分值图、级别与基准地价图为必选；如果是集体建设用地、商业服务业用地、工业用地、农村宅基地、公共管理与公共服务用地，定级总分值图、级别与基准地价图为必选。其他类型根据实际情况备选。例如：

410212耕地定级总分值图.mxd

410212种植园地定级总分值图.mxd

410212林地定级总分值图.mxd

410212设施农用地定级总分值图.mxd

410212耕地级别与基准地价图.mxd

410212种植园地级别与基准地价图.mxd

410212林地级别与基准地价图.mxd

410212设施农用地级别与基准地价图.mxd

410212商业服务业用地定级总分值图.mxd

410212工业用地定级总分值图.mxd

410212农村宅基地定级总分值图.mxd

410212公共管理与公共服务用地定级总分值图.mxd

410212综合用地级别与基准地价图.mxd

410212商业服务业用地级别与基准地价图.mxd

410212工业用地级别与基准地价图.mxd

410212农村宅基地级别与基准地价图.mxd

410212公共管理与公共服务用地级别与基准地价图.mxd

（2）矢量成果图图层内容。矢量成果图mxd中的相关数据源链接mdb数据库中的对应图层，图层引用时采取相对路径引用。

(3) 矢量成果图制作规范。

(二) 栅格数据

1. 栅格数据库

栅格数据存储在栅格数据目录下的文件地理数据库 gdb 里。gdb 文件目录按照“行政区划代码（6 位）+DJGJSJK-JTNYD-Grid. gdb”（集体农用地）、“行政区划代码（6 位）+DJGJSJK-JTJSYD-Grid. gdb”（集体建设）的规则命名。栅格数据集名称以字母“R”开头，后续名称与矢量图层相对应，例如矢量图层“L2010020310 土壤有机质含量”，对应的栅格图层为“R2010020310 土壤有机质含量”。仅存储定级过程中选定的定级因素因子、总分值、总分值分级矢量图层对应的栅格数据集。

2. 栅格成果图

栅格成果图数据格式采用 jpg 格式，分辨率要求在 300PPI 以上。文件命名按照矢量成果图命名规则，名称与矢量成果图保持一致。

(三) 文档数据

定级估价文档数据格式采用 Adobe 10. 0 的 pdf 格式。定级估价文档分为工作报告和技术报告两部分，按照“行政区划代码（6 位）+工作报告 . pdf”和“行政区划代码（6 位）+技术报告 . pdf”的规则命名。排版格式应与上报审批的印刷稿相同。

(四) 表格数据

定级估价成果表格格式采用 Microsoft Office 2010 Excel 以上版本的 xlsx 格式。文件名称按照“行政区划代码（6 位）+表格名称 . xlsx”的规则命名。“表格名称”包括“级别面积统计表”“基准地价成果表”等。

(五) 元数据

元数据按照《国土资源信息核心元数据标准》（TD/T 1016—2003）规定的内容报送，采用 xml 格式。文件名称按照“行政区划代码（6 位）+metadata. xml”的规则命名。

(六) 其他文档

1. 外业调查证明材料

外业调查证明材料包括外业培训、实地调查等方面的照片和说明材料，采用 pdf 格式。文件名称按照“行政区划代码（6 位）+外业调查证明材料 . pdf”的规则命名。

2. 成果论证意见

成果论证意见采用 pdf 格式。文件名称按照“行政区划代码（6 位）+成果论证意见 . pdf”的规则命名。

3. 成果听证资料

成果听证资料，包括听证公告、听证会照片和听证会情况记录等内容，采用 pdf 格式。文件名称按照“行政区划代码（6 位）+成果听证资料 . pdf”的规则命名。

4. 成果验收意见

成果验收意见采用 pdf 格式。文件名称按照“行政区划代码（6 位）+成果验收意见 . pdf”的规则命名。

5. 数据库说明文档

数据库有关情况说明的文档内容除包括元数据说明的情况外，还包括需要补充说明的其他情况，文档采用 pdf 格式。文件名称按照“行政区划代码（6 位）+数据库有关情况说明 . pdf”的规则命名。

6. 数据库质量检查报告和记录

数据库质量检查结果报告和质检记录由厅统一下发的数据库质量检查软件自动生成，采用 pdf 和 xlsx 格式。质检报告和质检记录文件名称按照“行政区划代码（6 位）+数据库质量检查报告 . pdf”“行政区划代码（6 位）+数据库质量检查结果记录 . xlsx”的规则命名。

二、数据库成果组织

（一）组织单元

数据库成果以县（市、区）级行政辖区为组织单元。

（二）数据库文件组织结构

报送的数据库成果以文件夹的形式组织。目录结构如图 6-2 所示。其中，根目录名称中的“XXXXXX 行政区”指县（市、区）级“行政区划代码（6 位）+行政区名称”，包括两个二级目录，分别是“集体农用地”和“集体建设用地”。具体文件数量依据定级类型数量而定。

```
└─ XXXXXX行政区集体土地基准地价评估数据库成果
   ├─ 集体农用地
   │  ├─ 1.矢量数据
   │  │   数据库文件名称.gdb
   │  │   矢量成果图文件名称.mxd
   │  │   ……………
   │  ├─ 2.栅格数据
   │  │   栅格数据库文件名称.gdb
   │  │   矢量成果图文件名称.jpg
   │  │   ……………
   │  ├─ 3.文档数据
   │  │   工作报告文件名称.pdf
   │  │   技术报告文件名称.pdf
   │  ├─ 4.表格数据
   │  │   级别面积统计表文件名称.xlsx
   │  │   基准地价成果表文件名称.xlsx
   │  ├─ 5.元数据
   │  │   元数据文件名称.xml
   │  ├─ 6.其他文档
   │  │   外业调查证明材料文件名称.pdf
   │  │   成果论证意见文件名称.pdf
   │  │   成果听证资料文件名称.pdf
   │  │   成果验收意见文件名称.pdf
   │  │   数据库有关情况说明文件名称.pdf
   │  ├─ 数据库质量检查报告文件名称.pdf
   │  └─ 数据库质量检查结果记录文件名称.xlsx
   └─ 集体建设用地
      ├─ 1.矢量数据
      │   数据库文件名称.gdb
      │   矢量成果图文件名称.mxd
      │   ……………
      ├─ 2.栅格数据
      │   栅格数据库文件名称.gdb
      │   矢量成果图文件名称.jpg
      │   ……………
      ├─ 3.文档数据
      │   工作报告文件名称.pdf
      │   技术报告文件名称.pdf
      ├─ 4.表格数据
      │   级别面积统计表文件名称.xlsx
      │   基准地价成果表文件名称.xlsx
      ├─ 5.元数据
      │   元数据文件名称.xml
      ├─ 6.其他文档
      │   外业调查证明材料文件名称.pdf
      │   成果论证意见文件名称.pdf
      │   成果听证资料文件名称.pdf
      │   成果验收意见文件名称.pdf
      │   数据库有关情况说明文件名称.pdf
      ├─ 数据库质量检查报告文件名称.pdf
      └─ 数据库质量检查结果记录文件名称.xlsx
```

图 6-2 数据库成果目录结构

三、其他要求

各级行政边界统一使用第三次全国土地调查使用的行政区划边界，各个行政区之间不重不漏。

提交电子成果数据要以光盘或移动硬盘为存储介质，请勿对文件进行压缩处理，内容应与上报审批的纸质文档和纸质图件保持一致。

报厅审查或备案的各级成果材料应包括纸质报送公文，电子成果数据，加盖市、县级自然资源主管部门公章的纸质资料清单等。

第三节 数据库成果质检规则

数据库成果质检规则详情见表 6-25。

表 6-25 数据库成果质检规则

序号	检查分类	检查项目	检查内容	检查代码	检查对象	检查方式	错误级别
1	数据文件检查	目录及文件规范性	数据内容是否符合《成果汇交要求》，是否存在丢漏	1101	所有数据	自动	I
2			是否符合《成果汇交要求》对目录结构和文件命名的要求	1102	所有数据	自动	I
3		数据格式符合性	是否符合《成果汇交要求》规定的文件格式	1201	所有数据	自动	I
4		数据有效性	数据文件能否有效和正常地打开	1301	所有数据	自动	I
5	空间数据检查	数学基础	地理坐标系是否采用“2000 大地坐标系”	2101	所有图层	自动	I
6			投影坐标系是否采用高斯-克吕格投影，坐标、分带是否符合《成果汇交要求》	2102	所有图层	自动	I
7		图层完整性	必选图层是否齐备	2201	必选图层	自动	I
8		图层规范性	图层名称、别名、图层组是否符合《成果汇交要求》	2301	所有图层及数据库表格	自动	I
9			图层要素类型是否符合《成果汇交要求》	2302	所有图层及数据库表格	自动	I
10		定级范围	定级范围是否在变更调查行政区范围内	2401	阻隔区图层	自动	II
11		面层内拓扑关系	层内要素是否自相交和重叠	2501	所有面图层	自动	II

续表

序号	检查分类	检查项目	检查内容	检查代码	检查对象	检查方式	错误级别
12	属性数据检查	属性数据结构一致性	图层属性字段的数量、名称、类型是否符合《成果汇交要求》	3101	所有图层及数据库表格	自动	I
13			图层属性字段的长度、精度是否符合《成果汇交要求》	3102	所有图层及数据库表格	自动	II
14		要素代码一致性	字段值是代码的字段取值是否符合《成果汇交要求》	3201	字段取值为代码的图层	自动	I
15			每个图层要素代码字段的取值是否唯一并符合《成果汇交要求》	3202	所有图层及数据库表格	自动	I
16		数值范围符合性	字段取值是否符合《成果汇交要求》规定的值域范围	3301	所有图层及数据库表格	自动	I
17		字段数值必填性	必填字段是否不为空	3401	所有图层及数据库表格	自动	I
18		字段数值唯一性	标识码字段取值是否唯一，是否有重复	3501	包含标识码字段的图层及数据库表格	自动	II
19		数据表完整性	必选表格是否齐备并满足《成果汇交要求》	3601	所有数据库表格	自动	I
20		数据逻辑一致性	数据记录行是否为空，行数是否符合要求	3701	所有图层及数据库表格	自动	I
21			数据库表格内数据逻辑的一致性	3702	所有图层及数据库表格	自动	I
22	计算结果检查	图层表格间的逻辑性	数据库图层与数据库表格间数据逻辑的一致性	4101	所有图层及数据库表格	自动	I
23		因子分值计算精度	随机选择扩散性因素或因子进行缓冲区分析，对比与成果中因素或分值的偏差程度	4201	因子分值图层	自动	II
24		因素分值计算精度	在定级范围内，随机选择100个空间点，叠加计算因素作用分值，检查与成果中因素分值的偏差程度	4301	因素分值图层	自动	II
25		总分值计算精度	在定级范围内，随机选择100个空间点，叠加计算定级因素作用总分值，检查与成果中因素总分值的偏差程度	4401	总分值图层	自动	II

续表

序号	检查分类	检查项目	检查内容	检查代码	检查对象	检查方式	错误级别
26	计算结果检查	级别划分合理性	对比总分值分级图层与级别图层，检查级别成果与总分值分级的偏离程度	4501	总分值分级和级别图层	自动	II
27			分析样点地价与土地级别的相关性，是否存在逻辑错误	4502	地价样点图层	自动	II
28		地价计算正确性和合理性	地价样点级别的正确性。依据土地级别，检查样点级别提取是否正确	4601	地价样点图层	自动	I
29			基准地价确定的合理性。依据样点地价统计结果，检查基准地价的偏离程度	4602	样点地价统计和基准地价表	自动	II
30			基准地价修正体系系数计算的正确性	4603	基准地价、修正因素权重、系数和说明表	自动	I
31	报告图件表格和元数据检查	元数据内容完整性	元数据内容是否符合《成果汇交要求》	5101	元数据文件	自动	II
32		电子表格内容	Excel表格数据与数据库表格的一致性	5201	Excel电子表格	自动	II
33		报告图件成果规范性	依据《成果汇交要求》检查报告图件规范性	5301	电子报告和图件成果	手动	II

第七章 集体农用地基准地价评估实证研究

第一节 案例区的选择及案例区概况

一、案例区的选择

集体土地基准地价评估是一个全新的工作，大多面临资料缺少、缺少相关经验的情况。案例区的选取必须考虑资料的可得性、集体土地流转与入市基础等，案例区需要有大量各类土地流转与交易的样点。

河南省长垣市毗邻黄河，是一个典型的传统农业大县，为河南省体制改革试点之一。近年来，长垣市以农业增效、农民增收为目的，以标准化、品牌化、规模化、产业化为目标，通过努力探索和成功实践，各项工作在全省范围内处于领先。自 2015 年被列为国家第一批经营性集体建设用地入市试点，长垣市对此高度重视，制定了相关政策和配套措施，在各个方面取得了较好的成果。长垣市民营经济在河南省乃至全国都比较活跃，集体经营性建设用地需求旺盛，集体土地流转相对较多，可以提供较好的参考。

本书选取了长垣市作为集体土地基准地价评估对象，结合长垣市农村集体土地制度改革工作，从土地定级与基准地价评估的技术思路出发，在实践的基础上探讨了评估技术中的一些主要问题，以期为即将开展的集体土地基准地价评估工作提供指导。

二、长垣市概况

（一）长垣市地理环境与自然资源

1. 基本情况

长垣市是河南省辖县级市，由新乡市代管，位于豫东北地区，介于东经114°29′~114°59′、北纬34°59′~35°23′，总面积为1051平方千米。全境北接滑县、濮阳县，南接封丘县、兰考县，东临山东省东明县，西邻滑县。全县涵盖包括满村镇、丁栾镇、樊相镇、魏庄街道办事处、常村镇等在内的11个镇2个乡5个街道办事处。截至2020年年底，全市常住人口为90.54万人，城镇人口为52.17万人。

2. 地形地貌

长垣市系黄河流域冲积平原的一部分。东临黄河、境内无山。地势平缓，为豫北平原地区，但太行余脉伸向县境。境内中部有临黄堤，将全市分成东西两大片，堤东为临黄区，堤西为背黄区。临黄区属天然文岩渠水系，地势东南高西北低，从东南向西北倾斜。背黄区属金堤河水系，地势比较平坦，个别地段有缓坡现象。

3. 气象气候

长垣市属暖温带大陆性季风型气候，气温、日照、降水均有明显的季节性变化。年平均日照为2415.5小时，日照百分率达55%。年平均气温为13.6℃。年平均无霜期为208天，年平均降水量为644.4毫米。

4. 水文与水资源

长垣市属于黄河流域，流域总面积为1051平方千米。除生产堤以东109平方千米为黄河干流控制，占总流域面积的10.4%，其余部分属天然文岩渠和金堤河两大水系。临黄堤以东、生产堤以西为天然文岩渠水系，控制流域面积为242平方千米，占总流域面积的23.6%。临黄大堤以西为金堤河水系，控制流域面积为700平方千米，占总流域面积的66%，处水系最上游。现有确权县管河道58条，总长539.41千米。年自然降水总量为5.69亿立方米，平均径流深为50毫米，地面径流总量为0.44亿立方米。天然文岩渠流域为0.115亿立方米。地面径流水，一般矿化度为0.4~0.7克/升，属重碳酸型淡水，适合用作工农业用水。地下水总储量达2.556亿立方米，其中埋深在60

米以内的浅层地下水储量达 1.823 亿立方米（不包括苦咸水），埋深在 60 米以下的深层地下水达 0.733 亿立方米。

5. 土壤

长垣市分为潮土和风沙土两大土类；黄潮土、盐碱化潮土和冲积性风沙土 3 个亚类；沙土、两合土、淤土、盐碱土、风沙土和灌淤土 6 个土属。

（二）长垣市社会经济概况

长垣市是全国文明城市、国家园林县城、国家新型城镇化综合试点地区、全国科普示范区、节水型社会建设达标县、国家农产品质量安全县、全国农村创新创业典型县、革命文物保护利用片区分县、国家第一批经营性集体建设用地入市试点县（市）。

2020 年，长垣市地区生产总值为 490.17 亿元，较上年增长了 4.9%。其中：第一产业增加值为 52.01 亿元，第二产业增加值为 261.65 亿元，第三产业增加值为 176.51 亿元，三次产业结构比为 10.61∶53.38∶36.01。2020 年，长垣市一般公共预算收入为 34.08 亿元，较上年增长了 12.5%。税收收入为 28.99 亿元，较上年增长了 11.8%，税收收入占地方公共财政预算收入的 85.1%。人均可支配收入为 26466.77 元，较上年增长了 5.3%；城镇居民人均可支配收入为 30611.01 元，较上年增长了 2.1%；城镇居民家庭恩格尔系数为 22.2%。农村居民人均可支配收入为 23187.96 元，较上年增长了 7.3%。

（三）长垣市土地利用现状

根据长垣市第三次国土资源调查成果，长垣市土地面积为 103824.76 公顷[①]，其中农用地、建设用地和其他土地面积分别为 80889.02 公顷、20591.73 公顷和 2344.01 公顷，分别占土地总面积的 77.91%、19.83% 和 2.26%，土地利用现状及结构见表 7-1。

表 7-1　长垣市土地利用现状及结构

地类		面积/公顷	比重/%
农用地	耕地	65899.94	63.47
	种植园地	1141.18	1.10
	林地	8863.68	8.54

① 1 公顷 = 0.01 平方千米

续表

<table>
<tr><th colspan="3">地类</th><th>面积/公顷</th><th>比重/%</th></tr>
<tr><td rowspan="2">农用地</td><td colspan="2">其他农用地</td><td>4984.23</td><td>4.80</td></tr>
<tr><td colspan="2">合计</td><td>80889.02</td><td>77.91</td></tr>
<tr><td rowspan="5">建设用地</td><td rowspan="2">城乡建设用地</td><td>城镇工矿用地</td><td>4008.95</td><td>3.86</td></tr>
<tr><td>农村居民点</td><td>15394.27</td><td>14.83</td></tr>
<tr><td colspan="2">小计</td><td>19403.22</td><td>18.69</td></tr>
<tr><td colspan="2">交通水利及其他建设用地</td><td>1188.51</td><td>1.14</td></tr>
<tr><td colspan="2">合计</td><td>20591.73</td><td>19.83</td></tr>
<tr><td rowspan="3">其他土地</td><td colspan="2">水域</td><td>1973.47</td><td>1.90</td></tr>
<tr><td colspan="2">自然保留地</td><td>370.54</td><td>0.36</td></tr>
<tr><td colspan="2">合计</td><td>2344.01</td><td>2.26</td></tr>
<tr><td colspan="3">总计</td><td>103824.76</td><td>100.00</td></tr>
</table>

(四)长垣市集体土地现状

1. 长垣市集体农用地现状

根据长垣市第三次国土资源调查成果，长垣市集体农用地面积为75105.66公顷，其中耕地、种植园地、林地的面积分别为61711.65公顷、1086.86公顷、8147.96公顷，分别占集体农用地总面积的82.17%、1.45%、10.85%，除此之外，还有4159.18公顷的其他农用地，主要包括农村道路、坑塘、沟渠等，占集体农用地总面积的5.53%。具体情况见表7-2。

表7-2 长垣市集体农用地结构

<table>
<tr><th>二级类</th><th>类型编码</th><th>类型名称</th><th>面积/公顷</th><th>比重/%</th></tr>
<tr><td rowspan="4">耕地</td><td>101</td><td>水田</td><td>3889.93</td><td>5.18</td></tr>
<tr><td>102</td><td>水浇地</td><td>56095.45</td><td>74.69</td></tr>
<tr><td>103</td><td>旱地</td><td>1726.27</td><td>2.30</td></tr>
<tr><td colspan="2">小计</td><td>61711.65</td><td>82.17</td></tr>
<tr><td rowspan="2">种植园地</td><td>201</td><td>果园</td><td>1086.86</td><td>1.45</td></tr>
<tr><td colspan="2">小计</td><td>1086.86</td><td>1.45</td></tr>
<tr><td rowspan="3">林地</td><td>301</td><td>乔木林地</td><td>5157.73</td><td>6.87</td></tr>
<tr><td>307</td><td>其他林地</td><td>2990.23</td><td>3.98</td></tr>
<tr><td colspan="2">小计</td><td>8147.96</td><td>10.85</td></tr>
</table>

续表

二级类	类型编码	类型名称	面积/公顷	比重/%
其他农用地	1202	设施农用地	480.89	0.63
	1006	农村道路	1333.39	1.78
	1104	坑塘水面	886.68	1.18
	1104A	养殖坑塘	190.75	0.25
	1107	沟渠	1259.57	1.68
	1107A	干渠	7.90	0.01
	小计		4159.18	5.53
总计			75105.66	100.00

2. 长垣市集体建设用地现状

（1）集体建设用地面积。根据第三次国土资源调查成果的土地利用现状情况统计，长垣市集体建设用地面积为 15506.36 公顷。其中住宅用地最多，面积为 11867.67 公顷，占集体建设用地总面积的 86.53%；工业用地面积为 1587.42 公顷，占集体建设用地总面积的 10.23%；公共管理与公共服务用地面积为 554.81 公顷，占集体建设用地面积的 3.57%；商业服务业用地面积为 249.74 公顷，占集体建设用地总面积的 1.61%；交通运输用地面积为 1145.29 公顷，占集体建设用地总面积的 7.4%；特殊用地面积为 85.67 公顷，占集体建设用地总面积的 0.55%；水域及水利设施用地最少，面积为 15.75 公顷，占集体建设用地总面积的 0.10%。具体情况见表 7-3。

表 7-3 长垣市集体建设用地结构

二级类	类型编码	类型名称	面积/公顷	比例/%
商业服务业用地	05H1	商业服务业用地	249.74	1.61
	小计		249.74	1.61
工业用地	601	工业用地	1473.87	9.50
	602	采矿用地	14.67	0.09
	604	仓储用地	98.88	0.64
	小计		1587.42	10.23
住宅用地	701	城镇住宅用地	840.34	5.42
	702	农村宅基地	11027.33	71.11
	小计		11867.67	86.53

续表

二级类	类型编码	类型名称	面积/公顷	比例/%
公共管理与公共服务用地	08H1	机关团体新闻出版用地	75. 86	0. 49
	08H2	科教文卫用地	386. 85	2. 49
	08H2A	高教用地	5. 38	0. 03
	809	公用设施用地	51. 22	0. 33
	810	公园与绿地	4. 13	0. 03
	0810A	广场用地	31. 37	0. 20
	小计		554. 81	3. 57
特殊用地	9	特殊用地	85. 67	0. 55
	小计		85. 67	0. 55
交通运输用地	1001	铁路用地	4. 10	0. 03
	1003	公路用地	374. 75	2. 42
	1004	城镇村道路用地	687. 84	4. 44
	1005	交通服务场站用地	78. 60	0. 51
	小计		1145. 29	7. 4
水域及水利设施用地	1109	水工建筑用地	15. 75	0. 10
	小计		15. 75	0. 10
总计			15506. 36	100. 00

（2）集体建设用地市场状况。据不完全统计，2015—2019 年，长垣市集体经营性建设用地入市（出让）合计 202 宗，面积为 246. 26 公顷，出让总价为 49390. 25 万元（不包括租赁用地）。具体情况见表 7-4。

表 7-4　长垣市集体经营性建设用地入市情况统计

地类		2015 年	2016 年	2017 年	2018 年	2019 年	合计
商业服务业用地	入市宗地数	3		6	7	11	27
	入市面积/公顷	0. 60		3. 35	7. 83	7. 32	19. 11
	入市平均地价/（元/平方米）	347. 49		509. 71	505. 27	531. 87	511. 30
	入市总价/万元	206. 87		1701. 40	3938. 41	3876. 25	9722. 93
工业用地	入市宗地数	2	1	8	71	53	135
	入市面积/公顷	2. 52	3. 50	16. 92	85. 51	81. 17	189. 63
	入市平均地价/（元/平方米）	193. 49	151. 49	144. 94	169. 78	168. 43	166. 96
	入市总价/万元	484. 62	527. 90	2440. 90	14446. 27	13602. 81	31502. 50

续表

地类		2015年	2016年	2017年	2018年	2019年	合计
公共管理与公共服务用地	入市宗地数		4		23	21	48
	入市面积/公顷		1.24		16.97	19.31	37.52
	入市平均地价/（元/平方米）		216.26		199.60	235.67	218.72
	入市总价/万元		267.73		3369.49	4527.60	8164.82
租赁（工业用地）	入市宗地数			9	67	32	108
	入市面积/公顷			8.33	79.89	74.78	163.00
	入市平均地价/（元/平方米）			54.04	53.19	49.29	51.44
	入市总价/万元			447.85	4227.76	3668.02	8343.63
合计（不含租赁）	入市宗地数	5	5	14	97	81	202
	入市面积/公顷	3.12	4.74	20.27	110.31	107.80	246.26
	入市总价/万元	691.49	2287.20	4142.30	21754.17	20515.09	49390.25

（3）集体建设用地入市价格变化情况。近几年集体经营性建设用地入市逐步推开，2015—2019年合计入市300宗，其中出让234宗，2015年出让3宗，2016年出让4宗，2017年出让23宗，2018年出让98宗，2019年出让106宗，各用途入市平均价格情况见图7-1。

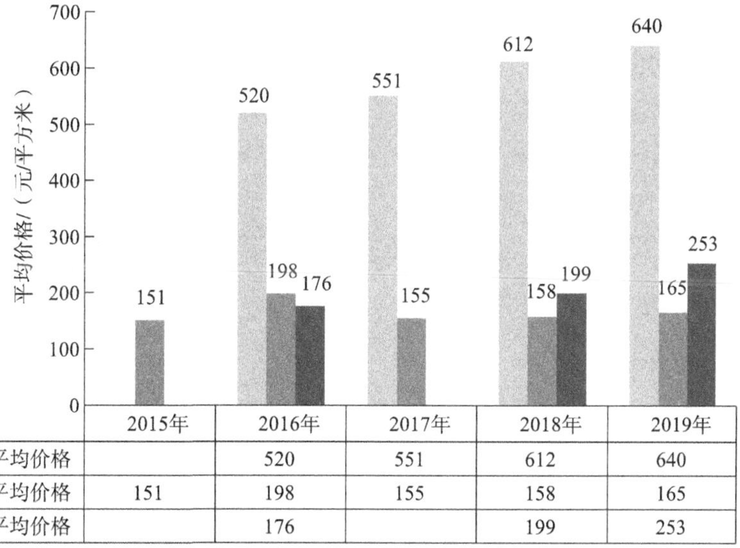

图7-1 2015—2019年长垣市集体经营性入市平均价格情况

从入市情况看，商服用地、公共用地平均价格逐年提高，工业用地价格除

2016年最高达198元/平方米外，其他年份逐步在155元/平方米上下浮动（未考虑租赁入市方式）。工业用地是长垣市集体经营性建设用地入市的主体（所占比例最大），说明集体经营性建设用地入市改革以来，长垣市经营性建设用地的地价并未出现较大幅度提高的趋势，但商业作为对市场最为敏感的一种用地类型，入市价格呈现逐年上升趋势，说明社会对商业用地的预期效益及用地需求较高。

第二节　长垣市集体农用地定级

按照《农用地定级规程》要求，科学分析反映定级因素因子对土地质量的影响程度，结合长垣市实际和各地类具体情况，选择并确定农用地定级因素因子体系。主要方法是经过专家意见征询与反馈，将专家打分结果进行整合，确定农用定级指标与权重值；采用多边形叠置法划分定级单元，计算定级单元各定级因素因子分值，计算定级总分值，划分土地级别，土地级别的划分为基准地价评估打下基础。

一、资料的调查收集

资料收集是制定集体农用地基准地价的基础性工作，主要涉及农用地定级资料、农用地估价资料以及法规政策等。长垣市基础资料收集主要采用行政手段和实地调查等多种形式相结合的方式展开，根据《农用地定级规程》《农用地估价规程》等要求，编辑收集基础资料清单，由长垣市自然资源和规划局协调，向长垣市交通公路局、长垣市统计局、长垣市农业农村局、长垣市水利局、长垣市各乡（镇、街道办事处）等多部门收集数据资料。

（一）定级资料调查收集

1. 自然条件

主要包括长垣市气候资料、地形地貌、土壤条件、水文资料等。

2. 利用水平

主要涉及农作物播种面积、单产、总产的统计资料，样点土地利用条件、农业生产实测资料、农用地经营规模、经营效益、利用集约度、利用现状、利用方式和农业技术试验资料等。

3. 社会经济与区位条件

主要包括人均耕地、单位面积资金投入、单位面积纯收入、农民人均收入等投入产出资料，农用地图斑与中心城镇、农贸市场的距离及交通通达程度等资料。

4. 其他资料

主要有长垣市农用地分等、2014—2018 年耕地质量等别年度更新及监测评价的最终成果资料、中间成果及基础资料汇编等；农业区划资料、土壤普查、土壤环境质量、耕地地力调查与质量评价、测土配方施肥调查成果资料、土地利用现状调查资料、土地利用总体规划、土地利用年度变更资料等。

（二）估价资料调查收集

1. 投入产出效益情况

近 3 年中农田的效益情况调查。主要包括种子、农药、肥料、农机（农具和灌溉）、劳动力等投入情况以及农田的亩均产量、亩均产值、农产品价格等产出情况调查。

2. 交易资料调查

农用地承包、转包、出租、拍卖、联营入股等土地流转交易的相关资料。

3. 社会经济及农田利用资料

包括当地农村经济发展状况资料、农业和社会经济发展统计资料、土地利用总体规划资料、基本农田保护区资料等。

4. 其他资料

农用地历史地价资料、农业开发和农业生产的政策等农副产品价格、工日值的统一标准、税费收取标准等资料；农业统计资料、农产品市场价格资料、具体项目征地各项实际补偿标准等；以及评估范围内前一轮农用地分等定级估价成果、征地统一年产值和 2015 年征地区片综合地价成果等。

二、集体农用地定级因素因子的选择

（一）定级因素因子选择分析

1. 自然因素分析

自然因素是影响农用地级别确定的最重要、最基础因素，是反映农用地产出的重要指标。长垣市全域内气候差异较小，各用地类型在长垣市范围内受气候差异影响不明显；长垣市境内无山，地势平坦，地形地貌差异不大，地形地貌因素不再考虑。土壤条件对农作物的产出影响较大，不同土壤的土壤形态、肥力特征和生产性能都有所不同，有机质含量、土层厚度、土壤质地、剖面构型等需要考虑，水是农业生产之要，主要考虑地下埋深及水源保证率。

2. 区位因素分析

区位因素包括区位条件和交通条件。区位条件包括中心城镇影响度和农贸市场影响度。距离中心城镇、农贸市场越近，农产品商品化程度越高，土地利用效率及产生的效益也就越高。交通条件包括道路通达度和对外交通便利度，道路通达度主要指对内交通，对外交通设施主要考虑高速出入口。

3. 耕作便利因素分析

耕作便利因素主要包括基础设施条件、耕作便利条件等。基础设施条件越完善越有利于保障农用地稳定产出。由于各区各乡（镇）街道办事处经济、交通及农业发展水平不同，基础设施条件也略有不同；耕作便利条件是影响农用地投入成本的重要因素之一，受农用地空间分布的影响，耕作地块情况也是千差万别，结合长垣市的实际，农用地定级的因素因子需要考虑耕作距离、田块大小、田块形状、田间道路密度等影响。

4. 土地利用状况因素分析

土地利用状况主要考虑经营效益、利用集约度、人均耕地等因素。

（二）定级因素因子的确定

通过对各相关影响因素的分析，再与相关专家充分对接后，最终确定长垣市集体农用地定级因素因子体系。耕地共选取了 9 个因素、20 个因子；林地共选取了 7 个因素、11 个因子；种植园地共选取 9 个因素、20 个因子；设施农用地共选取了 7 个因素、12 个因子（见表 7-5~表 7-8）。

三、集体农用地定级因素因子权重确定

长垣市集体农用地定级因素因子的权重，主要是以特尔斐专家咨询法确定的。应用特尔斐专家咨询法的基本程序如下。

组织领导。由土地级别与基准地价更新领导小组负责选择专家、组织咨

询等。

选择专家。按照所选专家的权威性高、代表性广、人数适当等原则，经过严格的推荐与审定程序，挑选了20多位对当地情况了解、懂业务、负责任的专家。

设计咨询表格及有关说明材料。

专家咨询及轮间信息反馈。一般需要进行两轮以上专家咨询，直至取得满意的结果。

在专家咨询过程中，首先，向专家说明定级工作的意义、思路和基本内容，介绍分类定级因素、因子的含义、专家咨询的要求等；其次，采用单独咨询的方法，由专家各自填写有关表格，并应用计算机统计首轮咨询结果；再次，把第一轮咨询的结果反馈给各位专家，并进行第二轮咨询；最后，统计第二轮咨询结果。

表 7-5　长垣市集体耕地定级因素权重

因素类别	因素	权重	标准差	因子	权重	标准差
1. 自然条件	土壤条件	0.26	0.02	表层土壤质地	0.26	0.03
				土壤盐碱化状况	0.24	0.02
				剖面构型	0.23	0.01
				土壤有机质含量	0.27	0.02
	水资源状况	0.12	0.03	地下水埋深	0.47	0.02
				水源保证率	0.53	0.02
2. 区位条件	区位条件	0.13	0.02	中心城镇影响度	0.58	0.03
				农贸市场影响度	0.42	0.03
	交通条件	0.11	0.01	道路通达度	0.53	0.01
				对外交通便利度	0.47	0.01
3. 耕作便利状况	基础设施状况	0.14	0.02	灌溉保证率	0.35	0.02
				排水条件	0.33	0.03
				田间供电	0.32	0.02
	耕作便利条件	0.12	0.03	田块大小	0.21	0.01
				田块形状	0.22	0.02
				耕作距离	0.28	0.03
				田间道路密度	0.29	0.02
4. 土地利用状况	经营效益	0.05	0.02	单位面积产出	1.00	—
	人均耕地	0.03	0.02	人均耕地面积	1.00	—
	土地利用集约度	0.04	0.02	单位面积投入	1.00	—

表 7-6 长垣市集体林地定级因素权重

因素类别	因素	权重	标准差	因子	权重	标准差
1. 自然条件	土壤条件	0.35	0.02	表层土壤质地	0.26	0.03
				土壤盐碱化状况	0.24	0.02
				剖面构型	0.23	0.01
				土壤有机质含量	0.27	0.02
	水资源状况	0.09	0.03	地下水埋深	1	—
2. 区位条件	区位条件	0.11	0.02	道路通达度	0.53	0.02
	交通条件	0.22	0.02	中心城镇影响度	1	—
				对外交通便利度	0.47	0.02
3. 土地利用状况	经营效益	0.08	0.01	单位面积产出	1	—
	人均林地	0.07	0.02	人均农用地面积	1	—
	土地利用集约度	0.06	0.01	单位面积投入	1	—

表 7-7 长垣市集体种植园地定级因素权重

因素类别	因素	权重	标准差	因子	权重	标准差
1. 自然条件	土壤条件	0.25	0.02	表层土壤质地	0.26	0.03
				土壤盐碱化状况	0.24	0.02
				剖面构型	0.23	0.01
				土壤有机质含量	0.27	0.02
	水资源状况	0.12	0.03	地下水埋深	0.58	0.02
				水源保证率	0.42	0.02
2. 区位条件	区位条件	0.17	0.02	中心城镇影响度	0.53	0.03
				农贸市场影响度	0.47	0.03
	交通条件	0.14	0.01	道路通达度	0.53	0.02
				对外交通便利度	0.47	0.02
3. 经营便利状况	基础设施状况	0.12	0.02	灌溉保证率	0.35	0.03
				排水条件	0.33	0.02
				田间供电	0.32	0.01
	经营便利条件	0.09	0.02	田块大小	0.21	0.01
				田块形状	0.22	0.02
				耕作距离	0.28	0.02
				田间道路密度	0.29	0.03

续表

因素类别	因素	权重	标准差	因子	权重	标准差
4. 土地利用状况	经营效益	0.04	0.02	单位面积产出	1	—
	人均农用地	0.04	0.01	人均农用地面积	1	—
	土地利用集约度	0.03	0.01	单位面积投入	1	—

表 7-8　长垣市集体设施农用地定级因素因子权重

因素类别	因素	权重	标准差	因子	权重	标准差
1. 自然条件	水资源状况	0.24	0.02	地下水埋深	0.47	0.02
				水源保证率	0.53	0.02
2. 区位条件	区位条件	0.19	0.03	中心城镇影响度	0.58	0.02
				农贸市场影响度	0.42	0.02
	交通条件	0.18	0.03	道路通达度	0.53	0.01
				对外交通便利度	0.47	0.01
3. 耕作便利状况	基本设施条件	0.18	0.01	供水条件	0.35	0.03
				排水条件	0.34	0.02
				供电条件	0.31	0.01
	经营便利条件	0.08	0.01	经营距离	1	0.01
4. 土地利用状况	经营效益	0.07	0.02	单位面积产出	1	—
	土地利用集约度	0.06	0.02	单位面积投入	1	—

由专家打分结果可以看出，最小标准差为 0.01，最大标准差为 0.03，通过二轮咨询活动，专家意见趋向一致，咨询结果可信度较高，后经各位专家同意，将此结果作为长垣市集体农用地因素因子权重值。

四、定级因素因子作用分值计算

（一）土壤条件

长垣市集体耕地土壤条件因素包含表层土壤质地、土壤盐渍化状况、土壤有机质含量、剖面构型 4 个因子，分别评价其对土地质量的影响程度。

1. 表层土壤质地分值的计算

表层土壤质地一般指耕作层土壤的质地，是重要的土壤物理性质，关系到土壤的耕作性能、土壤养分的多寡、水分的渗透与保蓄、土壤空气的供给与导热性能等，直接影响土壤的肥力和作物的生长，是集体耕地自然质量好坏的重要指标。对于耕地而言，壤土类土壤远比砂土类、黏土类土壤的通气、透水、保水及保肥能力强，更适宜作物的生长。参考长垣市耕地质量评定成果及土壤普查成果，长垣市土壤类型共分 3 大均质区，主要为壤土、黏土、砂土，各均质区分值赋分根据耕地质量评定的分值，在此基础上，采用极差标准化确定各表层土壤质地级别及作用分值，结果如表 7-9 所示。

表 7-9　长垣市表层土壤质地作用分值

级别	表层土壤质地	耕地分等分值	作用分值	分布的主要区域
一级	壤土	100	100	芦岗乡、苗寨镇、赵堤镇、武邱乡、佘家镇、丁栾镇、常村镇、满村镇、樊相镇所辖的土地
二级	黏土	90	67	中心城镇 5 个街道办事处所辖的土地
三级	砂土	70	0	张三寨乡、恼里镇所辖的土地

2. 土壤盐渍化状况分值的计算

根据土壤普查和耕地质量评定成果，长垣市北部赵堤镇部分村庄土壤盐渍化程度较高，长垣市东南部恼里镇及东部常村镇部分村庄土壤轻微盐渍化。根据长垣土壤盐渍化程度，将土壤盐渍化分为 3 个级别，确定土壤盐渍化作用分值，具体见表 7-10。

表 7-10　长垣市土壤盐渍化状况作用分值

级别	表层土壤质地	作用分值	主要分布区域
一级	无盐化：土壤无盐化，作物没有因盐渍化引起的缺苗断垄现象，表层土壤含盐量<0.1%（易溶盐以苏打为主）或<0.2%（易溶盐以氯化物为主）或<0.3%（易溶盐以硫酸盐为主）	100	中心城区 5 个街道办事处、樊相镇、丁栾镇、满村镇、芦岗乡、武邱乡、苗寨镇所辖的土地
二级	轻度盐化：由盐渍化造成的作物缺苗 2~3 成，表层土壤含盐量 0.1%~0.3%（易溶盐以苏打为主）或 0.2%~0.4%（易溶盐以氯化物为主）或 0.3%~0.5%（易溶盐以硫酸盐为主）	50	佘家乡所辖的部分村庄土地
三级	中度盐化：由盐渍化造成的作物缺苗 3~5 成，表层土壤含盐量 0.3%~0.5%（易溶盐以苏打为主）或 0.4%~0.6%（易溶盐以氯化物为主）或 0.5%~0.7%（易溶盐以硫酸盐为主）	0	恼里镇、赵堤镇、常村镇所辖部分村庄土地

3. 土壤有机质含量分值的计算

土壤有机质含量是衡量土壤肥力的重要指标，有机质含量越高，土壤肥力越高，其土地质量也越高；反之，则土地质量越低。有机质含量是集体农用地自然质量好坏的重要指标。结合长垣市耕地土壤的实际情况，将长垣市土壤级别分为3级，利用级差标准化计算方法，计算各级别的作用分值。通过将定级单元与土壤有机质含量分布成果进行叠加分析后，即可得到定级单元有机质含量的相关指标值，具体见表7-11。

表7-11 长垣市土壤有机质含量作用分值

级别	有机质含量	作用分值	主要分布区域
一级	[10, 20)	100	中心城区5个街道办事处以及张三寨镇、满村镇、芦岗乡、苗寨镇所辖的土地
二级	[6, 10)	57	常村镇、攀相镇、丁栾镇、赵堤镇所辖土地
三级	<6	0	恼里镇所辖的土地

4. 剖面构型分值的计算

土壤剖面构型不仅反映土壤形成的内部条件与外部环境，还体现了耕作土壤的肥力状况和生产性能。根据长垣市耕地质量评定成果，将长垣市剖面构型分为5种均质区，分别为通体壤、壤/黏/黏、黏/砂/黏、壤/砂/砂、通体砂，根据各类型对耕地质量的影响分值，采用极差标准化计算其作用分值，具体见表7-12。

表7-12 长垣市有效土层厚度作用分值

级别	剖面构型	耕地分等分值	作用分值	主要分布区域
一级	通体壤	100	100	中心城区所辖的街道办事处、常村镇、樊相镇、丁栾镇、苗寨镇、芦岗乡、苗寨镇所辖土地
二级	壤/黏/黏	90	83	恼里镇、佘家镇所辖土地
三级	黏/砂/黏	80	67	满村镇、武邱乡所辖土地
四级	壤/砂/砂	60	33	孟岗镇及黄河滩区土地
五级	通体砂	40	0	方里镇部分土地

（二）水资源状况

农田灌溉需水量不仅与地下水有关，还与渠系水利用及工程配套有密切关系。长垣市属黄河流域，黄河流经东部边境长达50余千米，黄河大堤—太行堤将全市河渠自然分为两个水系，堤西为金堤河流域，堤东为天然文岩渠流域。全市水资源总量约为5.408亿立方米，其中地表径流量约为0.44亿立方米，浅层地下水约为1.823亿立方米，引用外水约为4.493亿立方米，其他用水约为1.348亿立方米，全市水资源开发利用率为64%。结合长垣市区域内特征，水资源状况主要考虑与地下水埋深有关，还考虑了水资源保证率。

1. 地下水埋深作用分值的计算

根据收集的2017年、2018年、2019年长垣市地下水月报及水文站点，确定了年平均地下水埋深。长垣市最大水埋深区为樊相镇，水埋深为18.17米；最小水埋深区为魏庄镇区域，水埋深为3.42米。根据各水文站点水埋深数据，将长垣市地下水埋深分为4个级别，各级别作用分值见表7-13。

表7-13　长垣市地下水埋深作用分值表

级别	地下水埋深	作用分值	主要分布区域
一级	<5	100	魏庄街道及恼里镇所辖土地
二级	[5，10)	64	南蒲街道、蒲东街道、孟岗镇、芦岗乡、苗寨镇、方里镇、丁栾镇、赵堤镇、武邱乡所辖土地
三级	[10，15)	29	蒲西街道、蒲北街道、满村镇、张三寨镇及佘家镇所辖土地
四级	≥15	0	常村镇、樊相镇所辖土地

2. 水源保证率作用分值的计算

长垣市属黄河流域，多年来实施了引黄灌溉工程，开展了多项农业综合开发灌区工程项目，逐年升级改造，灌溉均匀度达到95%以上，也是各种灌溉方式中最省水的灌溉方式，为农业生产和生活发挥了极其重要的作用。目前全市域内共有4个灌区，分别为大功、石头庄、郑寨及左寨灌区。大功灌区位于长垣市中部，为引黄灌区，灌区涉及常村、南蒲、蒲西、蒲北、樊相、丁栾、魏庄、孟岗、蒲东、张三寨10个乡（镇），灌区内工程布置合理，多年来农业产量较高；石头庄灌区也为引黄灌区，水源属金堤河流域，位于长垣市东北部，灌区涉及7个乡（镇）办事处；郑寨灌区位于长垣市东北部，涉及武邱乡、苗寨镇的全部以及芦岗乡的部分耕地；左寨灌区位于长垣市东南部，涉及恼里、魏庄和芦岗乡的耕地，水源为黄河水源，全部为农业灌溉用水。各灌区的范围、设计的水源保证率及作用分值见表7-14。

表 7-14 长垣市各灌区的范围、设计的水源保证率及作用分值

级别	名称	范围	水源保证率	作用分值
一级	石头庄灌区	位于长垣市东北部，属黄河支流金堤河流域，西至唐满沟和文明渠，南起长孟公路沟，北和滑县、濮阳接壤	80%	100
二级	大功引黄灌区	位于长垣市中部，灌区东至孙东闸和大车总干，南起封丘县境内靠河大堤，北和滑县接壤	76%	50
三级	左寨灌区	位于长垣市东南部，南至封丘县界，北至石头庄灌区渠，西至天然文岩渠右堤，东至黄河西岸	75%	38
四级	郑寨灌区	位于长垣市东北部，东邻黄河，西至天然文岩渠，南与左寨灌区接壤，北到长垣市界	72%	0

（三）基础设施

长垣市集体农用地基础设施条件包含了灌溉条件、排水条件和供电因素，除此之外，设施农用地定级时还考虑了供水条件，分别评价其对土地质量的影响程度。

1. 灌溉保证率作用分值的计算

水是重要的农业生态环境资源，良好的灌溉条件能使农作物增产增收，创造较佳的生产效益和经济效益。参考长垣市耕地质量评定成果中提取的灌溉条件图层，将灌溉条件分为 4 个级别，各级别作用分值根据耕地质量评定中各种灌溉条件的分值级差，标准化求取，灌溉保证率作用分值见表 7-15。

表 7-15 长垣市灌溉保证率作用分值

级别	灌溉条件	耕地分等分值	作用分值	主要分布区域
一级	充分满足（80%以上）	100	100	常村镇、樊相镇及蒲西、蒲东、蒲北、南蒲 4 个街道所辖区域
二级	基本满足（60%~80%）	80	67	张三寨镇、满村镇、孟岗镇、丁栾镇、方里镇、佘家镇及赵堤镇所辖区域
三级	一般满足（30%~60%）	60	33	武丘乡、苗寨镇、芦岗乡、魏庄街道及恼里镇所辖土地
四级	无灌溉条件（30%以下）	40	0	黄河滩区土地

2. 排水条件作用分值的计算

较好的排水条件是优化农业生产经营效益的一个重要策略，完善的排水体系能较好地协调水、热、气的矛盾，提高经营效益。利用从农业局获取的排水分区图层，结合为村委会外业调查的排水条件资料，将排水条件划分为4个级别，并分别赋予其作用分值，具体见表7-16。

表7-16 长垣市排水条件作用分值

级别	排水条件	作用分值	主要分布区域
一级	充分满足，有比较健全的排水体系，无积水	100	樊相镇、满村镇、方里镇、张三寨镇、佘家镇、孟岗镇及蒲西、蒲北、蒲东三个街道所辖区域
二级	满足，排水体系基本健全，暴雨后有短期积水	80	武邱乡、苗寨镇、魏庄街道、芦岗乡、丁栾镇、赵堤镇所辖土地
三级	排水体系一般，有雨易积水	40	常村镇及南蒲街道部分土地
四级	无排水体系	0	恼里镇部分土地

3. 供电条件作用分值的计算

供电是实现农业机械化、自动化生产、经营的重要前提条件，良好的供电条件可以提高农业生产效率和经营效益，根据外业调查资料，将供电分为4个级别，具体见表7-17。

表7-17 长垣市供电条件作用分值

级别	供电条件	作用分值	主要分布区域
一级	电网密、供电设施好，区域内电网负荷密度高	100	蒲西、蒲东、蒲北及南蒲4个街道所辖土地
二级	电网分布一般，供电设施好，区域电网负荷密度一般	70	魏庄街道、樊相镇、满村镇及张三寨镇所辖土地
三级	电网分布较疏，供电设施一般，电网负荷密度低	40	常村镇、丁栾镇、佘家镇、武邱乡、赵堤镇所辖土地
四级	电网分布很疏，供电设施较差，电网负荷密度极低	0	黄河滩区部分土地

4. 供水条件作用分值的计算

供水条件是农业生产和经营的重要基础设施保障，根据外业调查的资料，供水状况分为4个区域，具体见表7-18。

表 7-18 长垣市供水条件作用分值

级别	设施状况	分布	作用分
一级	供水管网密，全天供水，供水保证率>90%	蒲东北关村、东关村、南街村、杨庄村、王庄村等 82 个村庄	100
二级	供水管网一般，定时供水，供水时长超过 12 小时，供水保证率在 80%~90%	常村李占村、王占村、樊相镇、冯寨村、韩寨村、小屯村等 260 个村庄	75
三级	供水管网疏，供水时长 8 小时左右，供水保证率为 50%	方里镇陈庄村、吕庄村、张庄村、芦岗乡张寨村、小辛庄村等 200 个村庄	30
四级	村民自备井	芦岗乡杨占村、尚占村等 68 个村庄	0

（四）耕作便利条件

长垣市集体耕地便利条件因素包含田间道路密度、耕作距离、田块大小、田块形状 4 个因子，分别评价其对土地质量的影响程度。

1. 田间道路密度分值的计算

田间道路是为了满足农业物资运输、农业耕作和其他农业生产活动的道路。便捷高效的田间道路体系，使田块之间和田块居民点之间保持便捷的交通联系，满足农业机械化生产、安全便捷的生活需要。

田间路网密度反映某一田块内单位面积上拥有的田间道路的状况，在此之前首先要知道各行政区内道路长度。在长垣市第三次国土资源调查数据库中提取现状农村道路的图斑进行叠加分析，以行政村为单元，计算出各行政村的农村道路长度；然后利用 ArcGIS 分析工具计算各行政村区域面积；运用道路长度除以面积得出各行政区内路网密度。计算公式如下：

$$B_i = A_i / S_i \qquad \text{公式（7-1）}$$

式中：A_i 为 i 区域内道路长度指标值，其量纲为千米；S_i 为区域面积，其量纲为平方千米；B_i 为 i 区域内田间道路密度指标值，量纲为千米/平方千米。

根据计算的田间路网密度分值，采用自然间断点分级法，综合考虑田间路网密度分值分布特点，划分出 5 个均值区间，具体见表 7-19。

表 7-19 长垣市田间路网密度作用分值

级别	田间路网密度/（千米/平方千米）	作用分值
一级	≥5	100
二级	[3.5，5)	75

续表

级别	田间路网密度/（千米/平方千米）	作用分值
三级	[2，3.5)	52
四级	[0.05，2)	23
五级	<0.05	0

2. 耕作距离分值的计算

耕作距离指地块与居民点的距离远近，反映田块外部耕种便利条件，从农业生产角度来看，耕作便利与居民点距离呈现越近越便利，越远越不便利的关系。

耕作距离是每地块到所属农村居民点的距离。从长垣市第三次国土资源调查成果的“DLTB”中提取 DLMC 为“村庄”及“集体农用地”图斑，将同一坐落代码的村庄进行合并生成质心点，用农用地图斑生成质心点，利用 ArcGIS 分析工具邻域分析计算出每块图斑的耕作距离。对每块的耕作距离采用自然间断点分级法，划分出 5 个均值区间，计算出各区间作用分值，具体见表 7-20。

表 7-20　长垣市耕作距离作用分值

级别	耕作距离/千米	作用分值
一级	耕作距离<500	100
二级	500≤耕作距离<1000	80
三级	1000≤耕作距离<1500	50
四级	1500≤耕作距离<2000	30
五级	耕作距离≥2000	0

3. 田块大小分值的计算

田块的大小直接决定了种子、化肥、农药等生产资料的投入量，也是农业机械化进行田间作业计算工时和收费的主要依据。一般来说，田块越大，越便于机械化操作，耕作成本越低。结合长垣市集体农用地实际情况，采用自然间断点分级法，将田块大小划分为 5 个均值区间，参考地形坡度因子评价过程，具体计算结果见表 7-21。

表 7-21 长垣市田块大小作用分值

级别	田块大小/公顷	作用分值
一级	s≥30	100
二级	15≤s<30	75
三级	6≤s<15	45
四级	1≤s<6	25
五级	s<1	0

4. 田块形状分值的计算

田块形状是代表集体农用地耕作便利程度的一个重要因子。理论上，当田块形状为长方形时，便于耕作；当田块形状为不规则多边形或者圆形时，不便于耕作。一般而言，长方形田块长宽比越大，越有利于耕作。图斑的形状系数一般用下式表示：

$$K=\frac{4\sqrt{S}}{L} \qquad \text{公式（7-2）}$$

式中：S 为图斑面积；L 为图斑周长；K 为形状系数。当图斑为正方形时，$K=1$，长方形田块长宽比越大，K 值越小。但若长宽比过大，图斑呈现细长条形，也会影响耕作的便利程度。当图斑为圆形时，K 达到最大值，$K=1.12$。根据调查，长垣市的图斑多数的长宽比为 4∶1 左右，形状系数 $K=0.8$，一般认为这种田块最有利于耕作。从以上分析可以看出，田块形状属于适度型影响因素，采用峰型函数模型确定其作用分值，具体见表 7-22。

表 7-22 长垣市田块形状作用分值

级别	田块形状系数 K	作用分值
一级	[0.7，0.9]	100
二级	[0.9，1）或 [0.6，0.7)	70
三级	[1，1.07)，(0.6，0.53)	35
四级	[1.07，1.12]，≤0.53	0

（五）土地利用状况

长垣市集体农用地定级土地利用状况主要考虑了单位面积产出、单位面积投入、人均耕地、人均农用地等因子，分别评价其对土地质量的影响程度。

1. 单位面积投入

单位面积投入是指在单位面积土地上投放的劳动力和资本数量。在其他条件一定的情况下，单位面积投入越多，土地利用度就越高；单位面积投入越低，土地利用度就越低。

根据长垣市各村的农用地投入产出样点资料及有关资料，以村为单位计算各村的单位农用地面积投入情况，采用自然间断点分级法将长垣市农用地单位面积投入划分为4个均值区间，具体见表7-23。

表7-23　长垣市单位面积投入作用分值

级别	单位面积投入/（元/亩①）	作用分值
一级	>1200	100
二级	(1050，1200]	72
三级	(950，1050]	35
四级	<950	0

2. 人均耕地

人均耕地反映了一个地区耕地的稀缺程度或利用潜力，人均耕地面积揭示了一定区域内人地关系的演化过程，人均耕地越少，农产品供需缺口越大，土地稀缺性和保障功能越明显，土地预期收益价值越高；人均耕地越多，土地稀缺性相对弱化，预期值降低。根据公安部门提供的人口数据和长垣市第三次国土资源调查结果，耕地面积与户籍人口的比值为人均耕地。人均耕地指标是一个反向指标，人均耕地面积越大，分值越小。人均耕地均值区间及作用分值见表7-24。

表7-24　长垣市人均耕地均值区间及作用分值

级别	均值区间/（亩/人）	作用分值
一级	<0.5	100
二级	[0.5，1.0)	70
三级	[1.0，1.5)	40
四级	[1.5，2.5)	20
五级	≥2.5	0

① 1亩=666.67平方米

3. 人均农用地

在林地、种植园地、设施农用地定级中，主要考虑人均农用地指标。人均农用地反映了一个地区农业用地稀缺程度或利用潜力，人均农用地越少，农产品供需缺口越大，土地稀缺性和保障功能越明显，土地预期收益价值越高；人均农用地越多，土地稀缺性相对弱化，预期值降低。根据公安部门提供的人口数据和长垣市第三次国土资源调查结果，计算得到农用地面积与户籍人口的比值为人均农用地。人均农用地指标是一个反向指标，人均农用地面积越大，分值越低。人均农用地均值区及作用分值见表 7-25。

表 7-25 长垣市人均农用地均值区及作用分值

级别	均值区间/（亩/人）	作用分值
一级	<0.7	100
二级	[0.7，1.0)	75
三级	[1.0，1.5)	50
四级	[1.5，2.6)	30
五级	≥2.6	0

4. 单位面积产出

通过外业调查资料，结合长垣市统计局有关农业统计数据分析，按各乡镇平均亩产量数据量化，采用自然间断点分级法分出 4 个均值区间。计算得出的单位面积产出作用分值见表 7-26。

表 7-26 长垣市单位面积产出作用分值

级别	经营效益（单位面积产出，元/亩）	作用分值
一级	>2350	100
二级	(2200，2350]	70
三级	(1850，2200]	30
四级	<1850	0

（六）区位条件

长垣市集体耕地区位因素包含了中心城镇影响度和农贸市场影响度 2 个因子，分别评价其对土地质量的影响程度。

1. 中心城镇影响度

中心城镇影响度是耕地区位条件优劣的重要指标。中心城镇作为全市或各乡镇的中心集散地，其规模效应大小综合反映在城镇规模、人口规模等主要指标方面，在一定程度上间接影响土地利用效益和空间分布，它不仅直接影响农产品的销售，而且为农业生产提供农业生产资料、技术及生产信息。一般来说，离中心城镇越近，农用地级别越高；离中心城镇越远，农用地级别越低，体现了农业区位论的衰减规律。

（1）因子指标获取过程。结合长垣市实际，各定级单元除受所在乡（镇）影响外，周边乡（镇）的影响都要考虑进去。中心城镇主要调查了城区及各乡（镇）的人口和建设区面积指标值，对指标值分别标准化后计算各中心城镇的规模指数。

（2）各中心城镇规模指数及功能分计算。采用加权求和法计算各中心城镇的规模指数，根据各指标对中心城镇影响度的影响程度，并征询专家意见，确定各指标权重。其中，人口权重为0.4，面积权重为0.6。各中心城镇规模指数的计算公式如下：

$$F_j = \sum W_{ij} \times X_{ij} \qquad \text{公式（7-3）}$$

式中：F_j 为 j 因子的中心作用分值；W_{ij}、X_{ij} 分别为 j 因子第 i 个指标的权重和标准化值。

（3）确定各级别乡镇的最大作用半径。各级别乡镇最大作用半径的确定遵循定量分析与定性分析相结合的原则。定量计算公式如下：

$$d_i = \sqrt{SF_i/(\pi \sum_{i=1}^{m} F_i N_i)} \qquad \text{公式（7-4）}$$

式中：d_i 为第 i 级中心城镇的作用半径；S 为定级范围面积；F_i 为 i 级别的功能分值；m 为级别数；N_i 为 i 级别的样点数。

定性分析的条件是：在确定影响半径时，各级中心城镇考虑了最大影响范围。长垣市中心城镇功能分值及影响半径计算结果见表7-27。

表7-27　长垣市中心城镇功能分值及影响半径计算结果

中心城镇名称	中心城镇建成区总面积/公顷	人口/万人	综合规模指数	级别	功能分值	影响半径/米
中心城区	4023.76	28.5	100	1	100	20000

续表

中心城镇名称	中心城镇建成区总面积/公顷	人口/万人	综合规模指数	级别	功能分值	影响半径/米
丁栾镇	416.36	2.2	9	2	9	5800
恼里镇	503.07	2.3	11			
满村镇	354.70	1.9	8			
常村镇	408.84	2.4	9			
樊相镇	367.62	2	9			
孟岗镇	299.92	1.8	8			
赵堤镇	180.80	0.98	4	3	3	4500
方里镇	183.63	0.99	4			
张三寨镇	110.99	0.77	3			
芦岗乡	120.26	0.85	3			
苗寨镇	97.06	0.63	2			
武邱乡	100.71	0.61	2			
佘家镇	110.57	0.67	3			

2. 农贸市场影响度

农贸市场对农产品的流通具有积极意义，农贸市场既可以是大型集贸市场，也可以是一般集市，是农产品的集散地。农贸市场的规模和作用半径影响农产品的销售和销售便利程度。定级单元越靠近大的农贸市场，农用地土地利用效益也越大，土地质量越高。

（1）因子指标获取过程。根据外业收集资料，长垣市有 26 个农贸市场。本次农贸市场影响度分别以其占地面积、年营业额计算。

（2）各农贸市场规模指数计算。采用加权求和法计算各综合超市的规模指数，根据各指标对综合超市影响度的影响程度，并征询专家意见，确定各指标权重。其中，经营面积权重为 0.4，年营业额权重为 0.6。

各农贸市场规模指数的计算公式如下：

$$Mi = \sum_{i=1,\ j=1}^{n} M_{ij} \times W_j \qquad \text{公式（7-5）}$$

式中：M_i 表示第 i 个农贸市场的规模指标；W_j 表示第 j 个指标的权重；

M_{ij}表示第 i 个农贸市场第 j 个指标的规模指数；j 表示占地面积、年营业源 2 个指标；i 表示各农贸市场。

（3）确定各农贸市场所在级别及功能分值。按各农贸市场规模指数将定级范围内的农贸市场划分为 4 个级别。分别计算各级别内平均规模指数，利用无量纲化方法计算各级别农贸市场功能分值，具体见表 7-28。

（4）确定各级别农贸市场作用半径。各级别农贸市场作用半径的确定遵循定量分析和定性分析相结合的原则，通过长垣市总面积与各级别农贸市场的数量关系，结合各区域农贸市场的乡级作用半径进行修正确定。

在具体计算时，需根据其服务范围对其影响范围进行分级，在此基础上再计算影响半径。

表 7-28　长垣市农贸市场功能分值及影响半径

编号	农贸市场名称	占地面积/平方米	年营业额/万元	综合规模指数	级别	功能分值	影响半径/米
1	南蒲中原新发地	45000	2000	100.00	一级	100	7500
2	魏庄大付占村集农贸市场	22000	1050	50.69	二级	48	5310
27	丁栾镇集会	25600	1130	56.69			
5	樊相镇味才街	23000	1100	53.06			
8	恼里东街农贸市场	20000	1200	52.22			
4	张寨村集会	19500	1150	50.42			
14	常村农贸市场	20300	1000	47.56			
7	大留寺集会	19000	950	44.86			
3	王堤村集会	17000	910	41.64			
9	马村农贸市场	15000	900	25.00	三级	25	3800
26	孟岗镇集会市场	13333	500	27.31			
11	常村韦庄农贸市场	10800	580	26.50			
25	满村宜丘集市	10000	600	26.11			
23	满村前满村集市	9800	600	25.89			
12	常村后大郭农贸市场	10500	560	25.67			
24	满村陈墙集市	9600	528	23.87			
10	常村小郭农贸市场	10000	510	23.86			
1	南浦枣科村集会	8900	500	22.39			
13	常村李寨农贸市场	8950	490	22.19			

续表

编号	农贸市场名称	占地面积/平方米	年营业额/万元	综合规模指数	级别	功能分值	影响半径/米
16	芦岗集贸市场	7000	260	15.00	四级	10	2400
15	赵堤镇农贸市场	7200	180	12.50			
20	方里集会场	6600	150	11.08			
28	张三寨镇集会	5400	120	9.00			
19	芦岗关公刘村	1500	200	6.67			
18	芦岗杨桥集会	1900	110	4.86			
21	武邱集会	1200	140	4.83			

（七）道路通达度

道路通达度是指到达村庄居民点的交通运输条件，便利的交通条件有利于提高农业生产资料和农产品运输速度。一般来说，道路通达度通过道路等级来体现，越靠近主要交通干道，交通运输越便利，耕地级别越高。通过交通局提供的数据可知，长垣市域内有 1 条国道、5 条省道、12 条县道、63 条乡道。

1. 交通道路体系及其指标值的确定

根据长垣市道路的类型、质量和宽度，将道路分为 3 个级别。采集各级道路的平均宽度确定其规模指数，规模指数的计算公式如下：

$$M_m = \frac{A_m}{A_{\max}} \times 100 \qquad \text{公式（7-6）}$$

式中：M_m 表示第 m 级道路的规模指数；A_m 表示第 m 级道路的平均宽度；$A_{\max}$ 表示各级别道路平均宽度的最大值。

按上述计算过程计算各级别道路平均规模指数，利用无量纲化方法计算各级别道路作用分值，具体见表 7-29。

2. 各级道路最大作用半径的确定

各级别道路作用半径的确定遵循定量分析和定性分析相结合的原则。结合道路对农产品、农业生产资料等运输情况，参考如下公式计算：

$$d_i = \frac{s}{2l_i} \qquad \text{公式（7-7）}$$

式中：d_i 表示第 i 级道路的最大作用半径；l_i 表示第 i 级道路的总长度；s 表示定级范围面积。

表 7-29　长垣市各级别道路功能分值及影响半径

道路类型	平均宽度/米	规模指数	功能分值	半径/米
国道省道	28	1	100	2970
县道	15	0.54	54	2100
乡道	7	0.25	25	810

（八）对外交通便利度

对外交通是土地分等定级中反映土地交通区位条件的指标之一，对外交通主要选择了长垣市的货运集散地高速路口。根据调查的资料，计算作用分值和影响半径。

1. 对外交通设施作用指数和作用分值计算

$$I_i^T = I_{\max}^T \times \lambda_i^T \qquad \text{公式（7-8）}$$

式中：I_i^T 表示 i 对外交通设施的作用指数；$I_{\max}^T$ 表示 i 设施所属的某类对外交通设施规模及影响最大者的作用指数；λ_i^T 表示 i 对外交通设施相对于规模及影响最大的同类设施作用折算系数。

$$f_i^T = 100 \times I_i^T \qquad \text{公式（7-9）}$$

式中：f_i^T 表示 i 对外交通设施的作用分；I_i^T 表示 i 对外交通设施的作用指数。

2. 作用半径的确定

对外交通设施服务半径以设施场所为原点，作用半径影响范围依据城镇定级规程进行确定，各类型对外交通设施的功能分值及服务半径详见表 7-30 和表 7-31。

表 7-30　长垣市对外交通设施（高速出入口）功能分值及影响半径

编号	设施名称	年平均日交通量	综合规模指数平均值	作用分值	服务半径/米
1	大广高速站	20000	100	100	18500
2	长济高速口（长垣北）	18500	90	90	13100

表 7-31 长垣市对外交通设施（货运站）功能分值及影响半径

编号	设施名称	货运量/（万吨/年）	作用分	服务半径/米
1	长垣市南蒲货运站	35	100	9000
2	长垣市蒲东货运站	30	86	8500
3	魏庄办事处货运站	28	80	8000
4	丁栾镇货运站	15	43	5900
5	赵堤镇货运站	10	29	4890

五、定级单元划分与单元作用分值计算

（一）定级单元的划分

定级单元是定级指数测算的基本空间单位，单元内土地质量相对均一、单元之间有较大差异。根据《农用地定级规程》（GB/T 28405—2012）及《长垣市集体农用地基准地价制订技术方案》要求，结合长垣市实际情况，此次采用多边形叠置法划分定级单元。

（二）阻隔地物和扩散点的确定

在因素因子作用分值计算过程中，有时会遇到某些地理要素的阻隔，例如河流、湖泊、高速公路等阻碍物，造成这些因素或因子只对一侧范围内的土地定级起作用，而对另一侧不发生影响。这些阻碍物构成了土地定级阻隔层，阻隔层对因素因子作用分值扩散起屏蔽或阻隔作用。长垣市集体农用地定级主要以铁路、文岩渠为阻隔物，划分了 6 个阻隔区、26 个通道。

（三）土地定级单元作用分值的计算

为便于计算机处理，土地单元定级因素因子的作用按如下方法取值：扩散性因素因子，以定级单元的几何中心点的分值代表单元分值；非扩散性因素因子（面状因素、因子），按面积比例加权求得单元分值，在同一分值区时，就取该分值区的分值。

（四）扩散性因素因子的扩散分析

对于扩散性因素因子，由计算机自动进行扩散分析。扩散时，考虑扩散点、扩散规律（指数衰减或直线衰减）、因素因子中心分值和服务半径等。根据程度要求，因素因子的扩散模型随着土地用途的不同而不同，具体见表

7-32。

表 7-32 各用途评价因素因子扩散模型

因素	中心城镇	道路	对外交通设施	农贸市场
耕地	指数	指数	指数	线性
种植园地	线性	线性	线性	线性
林地	线性	线性	线性	线性
设施农用地	指数	指数	指数	线性

（五）单元因素因子分值计算

扩散性因素因子，当受多个同因子个体影响时，取其中最高值作为单元因子分值，单元因素分值是单元因子分值的加权和；面状因素因子，其因子分值就是单元的直接取值，单元因素分值是单元因子的加权和。

（六）单元总作用分值计算

单元总作用分值计算，是根据多因素综合评价法的原理，采用加权求和的方法。计算公式为：

$$F = \sum_{i=1}^{n} w_i f_i \qquad \text{公式（7-10）}$$

式中：F 为单元总分值；n 为定级因素数；w_i 为第 i 因素权重；f_i 为第 i 因素分值。

六、级别的划分与确定

（一）级别划分的原则

农用地级别的划分遵循如下原则：土地级别高低与土地质量相对优劣的对应关系基本一致；各级土地之间的收益应有明显的差别；级别之间应渐变过渡，相邻单元之间级差不宜过大；应尽可能地保持土地权属单位的完整性。

（二）级别划分的方法

土地级别的划分是根据土地单元的总分值，采用数轴总分值法确定城区各土地级别的分值区间，从而确定各土地单元归属的土地级别（具体见表 7-33）。图 7-2、图 7-3、图 7-4、图 7-5 分别为长垣市集体耕地定级、林地定级、种植园地定级、设施农用地定级的频率直方图。频率直方图反映了某一总分值或总分值区间内土地单元的个数。

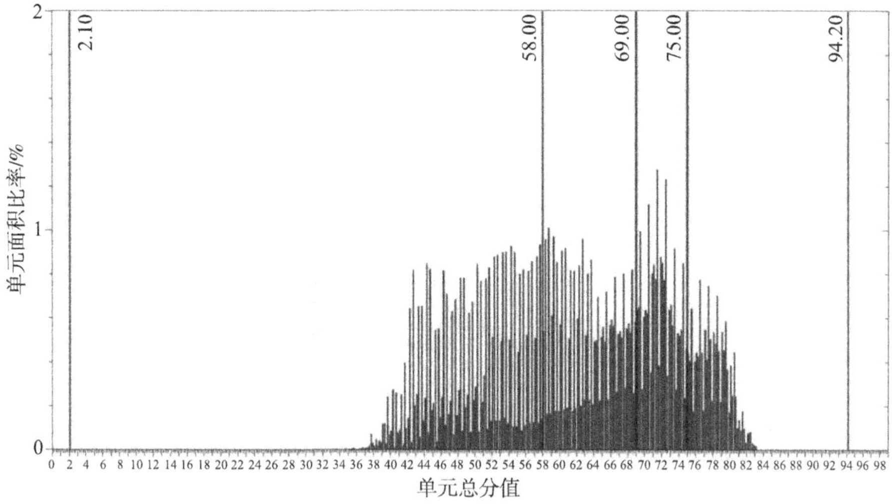

图 7-2 长垣市集体耕地定级频率直方图

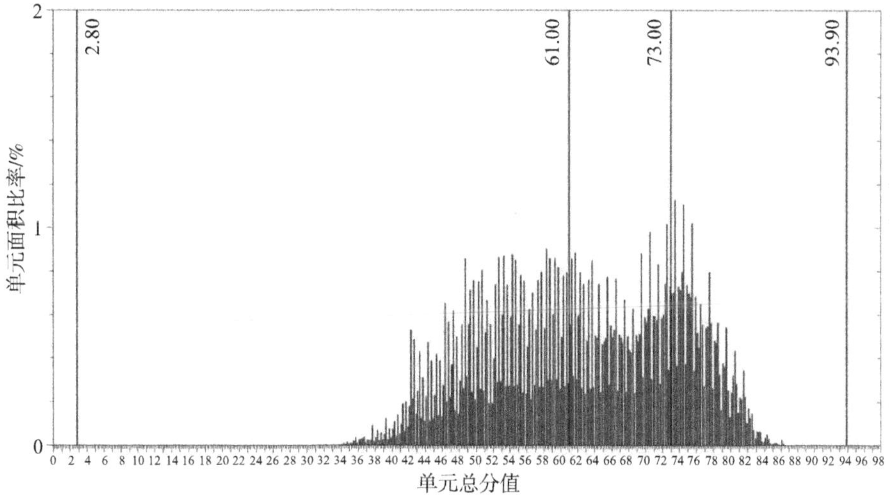

图 7-3 长垣市集体林地定级频率直方图

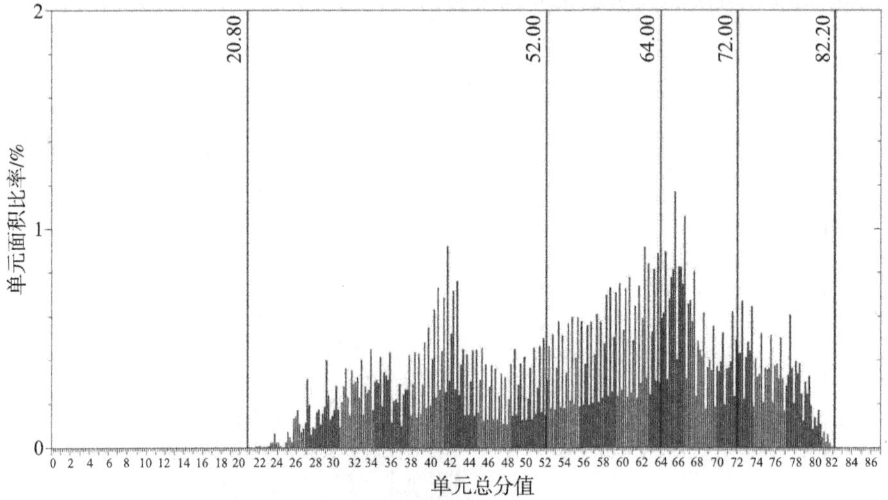

图 7-4　长垣市集体种植园地定级频率直方图

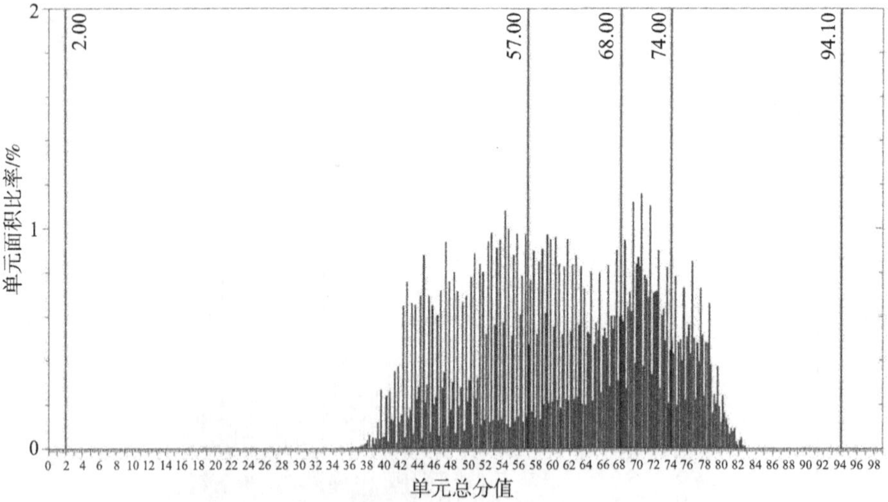

图 7-5　长垣市集体设施农用地定级频率直方图

表 7-33 长垣市各类集体农用地级别总分值区间

定级类别	级别	分值区间
耕地	一级	[75, 94.2]
	二级	[69, 75)
	三级	[58, 69)
	四级	[2.1, 58)
种植园地	一级	[72, 82.2]
	二级	[64, 72)
	三级	[52, 64)
	四级	[20, 52)
林地	一级	[73, 93.9]
	二级	[61, 73)
	三级	[2.8, 61)
设施农用地	一级	[74, 84.1]
	二级	[68, 74)
	三级	[57, 68)
	四级	[2, 57)

（三）级别检验

对初步划分的集体农用地级别进行校验，确保集体农用地级别在定级范围内可比。各类农用地级别初步划分后，对定级单元划分的合理性、科学性进行校验，长垣市土地级别划分验证主要结合投入产出效益样点资料和当地有关部门领导意见综合确定。具体见表 7-34。

表 7-34 长垣市集体农用地级差收益检验结果

类型级别		一级	二级	三级	四级
耕地	样点平均收益/（元/亩·年）	1250	1100	965	870
	样点数量	100	200	155	55
林地	样点平均收益/（元/亩·年）	1040	920	820	
	样点数量	43	44	22	
种植园地	样点平均收益/（元/亩·年）	1500	1350	1210	1100
	样点数量	22	23	6	2
设施农用地	样点平均收益/（元/亩·年）	2090	1830	1590	1365
	样点数量	28	19	7	5

从表7-34中可以看出，各级别从高级向低级是逐步减少的正级差，符合土地级别的一般规律，由此可见，初步划分的土地级别是相对合理的。

（四）级别调整与确定

对划定的土地级别界线，经长垣市自然资源局及有关部门的领导与专家充分协商、论证后，在不影响定级科学性的基础上进行修正，再到实地落实，最终确定土地级别边界。为保持级别的连续性，级别调整过程中级别界线参考村界和主要的线状地物。面积汇总按两种方法进行，第一种是汇总各类级别内该类农用地的面积及所占比例，第二种是汇总各类级别的土地总面积。

（1）各类农用地级别确定和级别内该类农用地面积统计校验合格的农用地级别确定组成农用地定级结果，将级别边界落实到定级工作底图上，并汇总各类级别内该类农用地各级别面积，具体见表7-35。

表7-35　长垣市集体农用地各类级别该类农用地面积汇总

地类级别	一级		二级		三级		四级		合计
	面积/公顷	占比/%	面积/公顷	占比/%	面积/公顷	占比/%	面积/公顷	占比/%	
耕地	11234.01	18.20	25472.10	41.28	18473.03	29.93	6532.52	10.59	61711.65
林地	2636.65	32.36	3285.33	40.32	2225.99	27.32			8147.96
种植园地	701.53	64.55	287.68	26.47	92.33	8.49	5.33	0.49	1086.86
设施农用地	94.80	19.71	240.58	50.03	90.34	18.78	55.18	11.48	480.89
合计	14666.98	20.53	30107.69	42.15	20881.68	29.23	6593.03	9.23	71427.37

（2）各类农用地各级别面积统计。上述长垣市集体农用地级别成果是采用因素法在现状地类条件下确定的土地级别，级别范围内可视为一个均质区。因各类农用地利用现状之间较易发生改变，为保证成果便于应用，综合考虑长垣市集体农用地各地类级别范围，汇总统计各级别的总面积，具体见表7-36。

表7-36　长垣市各类农用地各级别面积汇总

地类级别	一级		二级		三级		四级		小计
	面积/公顷	占比/%	面积/公顷	占比/%	面积/公顷	占比/%	面积/公顷	占比/%	
耕地	14479.15	20.27	29375.87	41.13	21044.78	29.46	6527.57	9.14	71427.37
林地	15520.8	21.73	38090.33	53.33	17816.24	24.94			71427.37

续表

地类级别	一级		二级		三级		四级		小计
	面积/公顷	占比/%	面积/公顷	占比/%	面积/公顷	占比/%	面积/公顷	占比/%	
种植园地	14479.15	20.27	36561.04	51.19	13859.61	19.40	6527.57	9.14	71427.37
设施农用地	14479.15	20.27	27671.73	38.74	16129.32	22.58	13147.17	18.41	71427.37

第三节 长垣市集体农用地基准地价评估

一、集体农用地基准地价内涵的界定

集体农用地基准地价是指政府根据管理需要，针对集体农用地不同级别或不同均质区域，按照不同的利用类型，分别评估确定某一估价期日的平均价格。界定集体农用地基准地价内涵是评估其价格的基础。结合长垣市的集体农用地分布和利用现状，根据普遍适用性原则，确定长垣市集体农用地基准地价界定包括评估对象、土地权利类型、土地权利年期、基础设施状况、评估基准日等，具体如下。

（1）评估对象：长垣市市域内的集体农用地，包括耕地、林地、种植园地和设施农用地。

（2）土地权利类型：依据《农村集体土地价格评告技术指引》（中估协［2020］16号）要求，集体农用地基准地价内涵对应的权利类型至少应包括承包经营价格、经营权价格。

（3）土地使用年期：耕地、种植园地、林地和设施农用地土地权利年期均为30年。

（4）基础设施状况：根据各类农用地的实际情况设定。

（5）评估基准日：2020年1月1日。

长垣市集体农用地基准地价内涵见表7-37。

表 7-37 长垣市集体农用地基准地价内涵

用地类型		耕地、林地、种植园地、设施农用地
土地权利类型		承包经营权、经营权
土地权利年期		30 年
农田基本设施状况		通水、通电、通路、土地平整
基础设施状况	耕地	宗地外通水、通电、通路，宗地内土地平整
	林地	宗地外通路
	种植园地	宗地外通水、通电、通路
	设施农用地	宗地外通水、通电、通路，宗地内土地平整
估价期日		2020 年 1 月 1 日

二、集体农用地基准地价评估主要参数的确定

（一）集体农用地承包经营权价格评估的还原利率

还原利率也是选用评估方法运用的基本指标之一。还原利率是将净收益还原为价格的比率，其实质是一种投资收益率。根据《农用地土地估价规程》（GB/T 28406—2012），还原利率的确定有 3 种方法：租价比法、安全利率加风险调整值法、投资风险与投资收益率综合排序插入法。由于农用地受到国家政策的限制，不能进行自由交易，农用地买卖交易的案例较少，因此不适宜通过租价比法确定还原利率。同时，投资风险与投资收益率综合排序插入法难以准确界定投资市场的实际收益，因此也不采用投资风险与投资收益率综合排序插入法确定集体农用地土地还原利率。在长垣市集体农用地基准地价评估中采用安全利率加风险调整值法来确定长垣市各类农用地的还原利率。

安全利率加风险调整值法是在安全利率的基础上，根据对象的社会经济环境条件，考虑风险调整值，进而确定土地还原利率。其一般公式为：

$$r=r_0+r_1 \qquad \text{公式（7-11）}$$

式中：r 为土地还原利率；r_0 为安全利率；r_1 为风险调整值。

这里的安全利率指无风险的资本投资利率，包括真实报酬率和通货膨胀率，实际地价评估中通常选用一年期定期存款利率或三年期国债利率作为安全利率。农业作为收益和风险都相对较低的行业，采用一年期定期存款利率作为安全利率更为合适。自 2015 年 11 月起至今，央行定期一年存款利率一直稳定在 1.5%，故将 1.5%作为安全利率。

公式中的风险调整值为风险收益率，包括市场风险和特殊风险两种。市场风险是指在市场条件下，一些不可预测的因素条件变化带来的风险；特殊风险是指因天灾人祸等原因造成的风险。在确定还原利率时，须统筹兼顾，因地制宜地确定风险调整值。经分析，设施农用地、种植园地相对于耕地的收益较高，但受到市场供应、市场环境等因素的影响也较大，风险调整值也更大；耕地风险大于林地风险。根据有关专家的咨询意见，确定耕地、种植园地、设施农用地、林地的风险调整值分别为1.5%、1.8%、2.7%、1.3%。

根据以上分析，采用安全利率加风险调整值法确定的耕地、种植园地、设施农用地、林地的还原利率分别为3.0%、3.3%、4.2%和2.8%，具体见表7-38。

表7-38 长垣市集体土地承包经营权评估的安全利率及风险调整值情况分析

用地类型	安全利率（一年期定期存款利率）	风险调整值	还原利率
耕地	1.5%	1.5%	3.0%
种植园地	1.5%	1.8%	3.3%
设施农用地	1.5%	2.7%	4.2%
林地	1.5%	1.3%	2.8%

（二）集体农用地经营权价格评估的还原利率

由于经营权受让方面临的市场不确定性大，因此通过流转而来的集体土地的经营者面临的风险和不确定性因素要高于从村集体获得承包经营权的农民。因此，经营权价格评估中的还原利率一般略高于承包经营权的还原利率。根据承包土地的收益与分析，并考虑农业投资的风险，通过专家咨询，确定集体农用地经营权还原利率比承包经营权的还原利率高0.2%~0.6%。考虑各种农业的投资风险，确定各类集体农用地经营权安全利率及风险调整值，具体见表7-39。

表7-39 长垣市集体土地经营权安全利率及风险调整值情况分析

用地类型	安全利率（一年期定期存款利率）	风险调整值	还原利率
耕地	1.5%	2.0%	3.5%
种植园地	1.5%	2.3%	3.8%

续表

用地类型	安全利率（一年期定期存款利率）	风险调整值	还原利率
设施农用地	1.5%	3.3%	4.8%
林地	1.5%	1.6%	3.1%

（三）收益还原法涉及的其他参数

1. 农业总收益确定

年总收益是农用地按法定用途，合理有效利用土地所取得的持续而稳定的客观正常年收益。农产品年收入，是指农用地用于农业生产过程中，每年平均的农业生产产品的收入。

农业生产产品收入包括主产品收入和副产品收入。收入计算根据其产量和评估期日的平均市场价格进行。计算公式为：

年总收益=总产量×平均市场价格

2. 农业总费用确定

总费用是指农用地的使用者在进行生产经营中所支付的年平均客观总费用。直接从事生产经营的农用地，将农用地维护费和生产农副产品的费用之和作为总费用。

生产农产品的费用一般包括生产农产品过程中所支付的直接及间接费用，如租赁费、种苗费、肥料费、人工费、机工费、农药费、材料费、水电费、农具费及有关的税费、利息等。即生产总费用=租赁费+种苗费+肥料费+人工费+机工费+农药费+材料费+水费+农具费。

三、集体农用地样点地价的计算

（一）承包经营权样点地价计算

根据规程和有关技术方案的要求，集体土地承包经营权基准地价的评估主要是通过调查各类集体农用地的投入产出收益，采用收益还原法进行评估。

调查的地价样点资料主要包括背景资料和调查样点资料。调查背景资料主要有集体农用地类型及其数量和分布、农业行业的种植情况及经营情况、农业的投入产出等，主要通过自然资源局、统计局、农业农村局、林业局、物价局等部门收集获取。调查样点资料主要有耕地投入产出样点、林地投入产出效益样点、种植园地投入产出效益样点、设施农用地投入产出效益样点、农用地承包样点、农用地出租及农用地转包样点，这些资料对基准地价的评估具有直接的参考价值。应用相应的地价计算公式，分别计算出各交易样点的实际地价，根据样点的空间位置，落实样点土地级别，剔除地价超出范围的异常样点，并统计各级别各类样点平均地价。

农用地承包经营权计算公式如下：

$$P_c = a_c / r \times [1 - 1/(1+r)^n] \quad \text{公式（7-12）}$$

式中：P_c为集体农用地承包经营权价格；a_c为集体农用地纯收益；r为土地还原利率，此处耕地、林地、种植园地、设施农用地的还原利率分别为3.0%、2.8%、3.3%、4.2%；n为土地使用年期，此处取30年。

1. 耕地样点地价计算

（1）土地年总收益。通过调查发现，长垣市的耕地冬季的主要种植作物为小麦，夏季以玉米为主，有少量的豆类、红薯、花生等，其总收益与玉米接近，相差不大。将调查样点近3年（或者正常年份）的各种作物的总收入平均值作为年平均收入。

（2）确定经营年总费用。根据调查，目前样点所在地区粮食作物种植的成本投入大概与种植过程中年均支出投入相当，评估过程中的总成本可以参照种植过程中的年均支出投入。投入包括种子投入、肥料投入、农药及地膜投入、水电投入、播种及收割费用、其他人力费用，具体以调查的实际样点为准。

（3）确定土地年均纯收益。

（4）样点地价计算。根据收益还原法的计算公式，计算该耕地样点地价：

$$P = a / r \times [1 - 1/(1+r)^n] \quad \text{公式（7-13）}$$

式中：P为土地价格；a为土地纯收益；r为土地还原利率，此处取2.5%；n为土地使用年期，此处取30年。

根据外业调查资料，采用收益还原法测算每个样点地价，并分别汇总和分类统计，计算结果见表7-40。

表7-40 长垣市耕地样点地价计算结果

耕地	一级	二级	三级	四级
样点个数/个	100	200	155	55
平均/（元/平方米）	39.18	34.57	30.29	27.18

2. 林地样点地价计算

由于林地的特殊性，在不同的生长阶段，其投入和产出差异很大。因此在对林地价格评估时，以生长期和采伐期为周期计算平均总收益和总费用。

（1）土地年均总收益。根据调查的林地种植面积、生长周期、经济效益等，计算年均总收益，即假设林地达到最佳采伐阶段以后全部采伐，计算总收益，再根据生长周期，计算年均收益。

（2）确定经营年均总费用。经营总费用包含种植总周期内的总费用，即苗木成本、肥料投入、农药投入、人力作业投入、机械作业投入、运输费用、其他间接费用等，再根据生长周期计算年均投入。

（3）确定土地年均纯收益。

（4）样点地价计算。计算样点地价时，直接按照基准地价年限内涵，测算到30年年期的价格。计算公式如下：

$$P=a/r\times[1-1/(1+r)^n]$$ 公式（7-14）

式中：P 为土地价格；a 为土地纯收益；r 为土地还原利率，此处取2.3%；n 为土地使用年期，此处取30年。

根据外业调查资料，对所有有效样点按照以上方法计算其年均总收益、年均投入、年均收益，采用收益还原法进行测算，并分别汇总和分类统计，具体见表7-41。

表7-41 长垣市林地样点地价计算结果

林地	一级	二级	三级
样点个数/个	43	44	22
平均/（元/平方米）	33.28	29.49	26.51

3. 种植园地样点地价计算

根据调查的种植园地投入产出效益样点，长垣市的种植业以种植苹果树、桃树、葡萄居多。种植园地与耕地、林地不同，在生长期不同的时间节点投入和产出差异很大，因此需要以生长期内全部的投入产出来计算年均收益。以苹果树调查数据为例，采用收益还原法计算地价。苹果树按生长年限有生长期、丰果期和衰老期，一般定植后5~7年进入盛果期，树龄30年左右后进入衰老期不再结果，因此以苹果树生长期5年、盛果期正常经营20年来对样点进行评估，衰老期5年。其他园地与苹果树类似，分别确定生长期、盛果期和衰老期以及不同阶段的投入产出，计算生命周期内的总投入、总产出、总收益、年均收益。

（1）种植园地年均总收益。计算生命周期内年均总收益，以苹果园为例：某样点苹果园在生长期产量相对较低，平均500~2500斤/年，盛果期产量相对较高，可以达到4200斤/年，衰老期产量开始逐渐下降，平均2000~3500斤/年，一般情况下，进入衰老期后，由于产量低，果园将被全部毁掉。初步估算，生长期内年均产量2900斤/亩，平均售价约为1.30元/斤，则生长期年均总收益为3770元/亩。

（2）确定经营年总费用。生长期内总费用包含苗木成本、肥料投入、农药投入、人力作业投入、机械作业投入、运输费用、其他间接费用等。各项费用以实际调查样点为准。

（3）确定土地年均纯收益。

（4）样点地价的计算。计算样点地价时，直接按照基准地价年限内涵，测算到30年年期的价格，计算公式如下：

$$P=a/r\times[1-1/(1+r)^n] \qquad \text{公式（7-15）}$$

式中：P 为土地价格；a 为土地纯收益；r 为土地还原利率，此处取2.8%；n 为土地使用年期，此处取30年。

按照以上思路和方法计算其他所有有效样点的地价，并分别汇总和分类统计，具体见表7-42。

表7-42 长垣市种植园地样点地价计算结果

种植园地	一级	二级	三级	四级
样点个数/个	22	23	6	2
平均/（元/平方米）	45.41	40.68	36.39	33.21

4. 设施农用地样点地价计算

根据调查，长垣市养殖业以养猪、养鸡为主，并有一些牛羊的养殖，各种养殖行业的投入产出差异较大。以南蒲镇街道办事处南孔庄村设施农用地样点为例。该样点级别为一级地，宗地用地面积为1亩，地面建筑为一般砖混房屋，容积率约为0.6，生产设备齐全，有基本的取暖、通风、用水、排水条件，养殖种类为鸡，多年平均养殖数量约为1260只，养殖期为3个月，本次评估按生鸡价格10.27元/斤、平均重量为5斤来评估。

（1）年均总收益为64701元。

（2）确定经营年总费用。经营年总费用包含成本投入、建筑成本、幼崽成本、饲料成本、人力成本、医药成本、运输费用和其他间接费用等，其中建筑成本为一次投入、多年使用。通过调查，一般人为鸡舍可以使用 8~10 年，在此按 8 年计算，分摊到每一年；其他费用按 1 年 4 次出栏计算。各种投入具体见表 7-43。

表 7-43 长垣市设施农用地各种投入汇总 单位：元/（亩·年）

成本类型	成本投入	建筑成本	幼崽成本	饲料成本	人力成本	医药成本	运输费用	其他间接费用	总投入
年均投入	414	4740	20195	23086	12854	863	309	335	62796

（3）确定土地年均纯收益为 1905 元/（亩·年）。

（4）样点地价的计算。调查样点为集体农用地直接生产经营，因此计算样点地价时，直接按照基准地价年限内涵，测算到 30 年年期的价格，并考虑纯收益递增率，计算公式如下：

$$P=a/r\times[1-1/(1+r)^n] \qquad \text{公式（7-16）}$$

式中：P 为土地价格；a 为土地纯收益；r 为土地还原利率，此处取 3.0%；n 为土地使用年期，此处取 30 年。

地价样点的价格 = 1905/0.03/667×[1−1÷(1+0.03)30] = 62.27 元/米^2

其他有效调查样点按照同样的方式，采用收益还原法进行测算，并分别汇总和分类统计，具体见表 7-44。

表 7-44 长垣市设施农用地样点地价计算结果

设施农用地	一级	二级	三级	四级
样点个数/个	28	19	7	5
平均/(元/平方米)	61.59	53.81	46.68	40.11

（二）经营权样点地价计算

经营权是从农村土地承包经营权中分离出的，就是承包农户将其承包土地的经营权流转出去，由其他组织或者个人经营，可以通过调查各类集体农用地的投入产出收益，采用收益还原法评估土地经营情况；其流转费用同样可视为经营权流转的纯收益。因此集体农用地流转的费用可以看作集体农用地流转的收益。调查样点有少量农用地出租样点，但是农用地出租实际上与农用地流转的含义和形式基本相同，也属于农用地流转的一部分。因此，可以根据农用地流转收益，采用收益还原法评估集体农用地经营权基准地价。

根据调查，农用地出租的主要收益即为租金，实际无押金交付，并且农业补贴一般由承租人享有，因此地块租金收益即为土地流转的土地纯收益，采用收益还原法计算集体农用地经营权基准地价。

1. 集体农用地流转收益的计算

根据外业调查的土地流转资料，长垣市的土地流转类型有耕地、林地、种植园地和设施农用地，其中以耕地流转为主。分别计算各类各级的流转样点的流转价格，并计算统计各级农用地流转收益的平均值及平均纯收益，具体见表7-45。

表7-45 长垣市耕地各级别出租样点个数与平均出租价格

地类	级别	样点个数	平均流转价格/（元/亩）（流转收益）
耕地	一级	20	857
	二级	22	739
	三级	15	638
	四级	3	566
林地	一级	4	663
	二级	4	557
	三级	6	500
种植园地	一级	4	1068
	二级	8	949
	三级	9	847
	四级	6	728
设施农用地	一级	5	1548
	二级	6	1283
	三级	8	1102
	四级	7	950

2. 集体农用地经营权基准地价的测算

根据土地流转的年土地纯收益，采用收益还原法计算集体农用地经营权基准地价。计算公式如下：

$$P=a/r\times[1-1/(1+r)^n] \quad \text{公式（7-17）}$$

式中：P 为集体农用地经营权价格；a 为集体农用地流转的纯收益，即流转价格；r 为土地还原利率，耕地、林地、种植园地、设施农用地的还原利率分别为2.7%、2.5%、3.0%、3.5%；n为土地使用年期，此处取30年。根据各类农用地中各级别样点地价的平均值、最大值、最小值等，确定各类各级集体农用地基准地价的波动幅度。

四、集体农用地样点地价的修正

由于集体农用地的投入和产出及流转样点，均是以估价期日的价格水平为准调查的，因此，各类农用地的样点地价不需要进行期日修正；同时所调查的样点的基础设施条件等也与内涵设定的条件一致，在此也不再进行修正。因此可以根据各类用地的投入产出效益样点地价和流转收益确定该类用地的基准地价。在此基础上，根据各类用地各级别内样点地价的地价水平及其波动情况，综合确定其波动幅度。

五、集体农用地基准地价的确定

通过对收集的样点进行计算，经过汇总后采用简单算术平均的方式得到各级别范围农用地承包经营权和经营权基准地价，具体见表7-46、表7-47。

表7-46 长垣市各类集体农用地承包经营权基准地价

土地级别		一级地			二级地			三级地			四级地		
		下限	平均值	上限	下限	平均值	上限	下限	平均值	上限	下限	平均值	上限
耕地	元/平方米	36.40	39.20	42.50	31.30	34.60	37.10	28.50	30.30	33.40	25.10	27.20	29.60
	万元/亩	2.43	2.61	2.83	2.09	2.31	2.47	1.90	2.02	2.23	1.67	1.81	1.97
林地	元/平方米	30.20	33.30	36.30	27.10	29.50	32.50	24.30	26.50	28.20			
	万元/亩	2.01	2.22	2.42	1.81	1.97	2.17	1.62	1.77	1.88			
种植园地	元/平方米	41.60	45.40	49.80	37.40	40.70	43.90	34.40	36.40	39.50	31.20	33.20	35.30
	万元/亩	2.77	3.03	3.32	2.49	2.71	2.93	2.29	2.43	2.63	2.08	2.21	2.35
设施农用地	元/平方米	55.30	61.60	67.40	48.40	53.80	58.30	41.50	46.70	51.60	37.20	40.10	43.40
	万元/亩	3.69	4.11	4.49	3.23	3.59	3.89	2.77	3.11	3.44	2.48	2.67	2.89

表7-47 长垣市各类集体农用地经营权基准地价

土地级别		一级地			二级地			三级地			四级地		
		下限	平均值	上限	下限	平均值	上限	下限	平均值	上限	下限	平均值	上限
耕地	元/平方米	23.10	26.20	30.50	20.10	22.60	25.80	17.70	19.50	21.90	14.80	17.30	18.50
耕地	万元/亩	1.54	1.75	2.03	1.34	1.51	1.72	1.18	1.30	1.46	0.99	1.15	1.23

续表

土地级别		一级地			二级地			三级地			四级地		
		下限	平均值	上限	下限	平均值	上限	下限	平均值	上限	下限	平均值	上限
林地	元/平方米	17.90	20.80	23.90	16.10	17.50	19.20	13.40	15.70	16.90			
	万元/亩	1.19	1.39	1.59	1.07	1.17	1.28	0.89	1.05	1.13			
种植园地	元/平方米	28.50	31.40	34.70	25.40	27.90	30.40	22.60	24.90	26.80	20.20	21.40	23.80
	万元/亩	1.90	2.09	2.31	1.69	1.86	2.03	1.51	1.66	1.79	1.35	1.43	1.59
设施农用地	元/平方米	36.40	42.70	48.80	31.30	35.40	39.80	26.70	30.40	33.70	24.20	26.20	28.40
	万元/亩	2.43	2.85	3.25	2.09	2.36	2.65	1.78	2.03	2.25	1.61	1.75	1.89

六、集体农用地宗地评估修正体系的建立

（一）编制基准地价修正体系

基准地价修正体系是指利用替代原理，建立基准地价、宗地地价及影响因素之间的相关关系，是在各土地级别基准地价的基础上，建立基准地价修正系数体系，进行各种影响地价因素条件的修正，由土地级别基准地价求得具体宗地的地价。

1. 宗地地价修正体系因素选择

对于不同的用地来说，影响宗地地价的因素因子不同。针对不同用地类型，分别选择不同的影响因素及因子。根据《农用地估价规程》(GB 728405—2012）的要求，宗地地价的影响因素指在各级别内对宗地地价影响较大的自然因素、社会经济因素和特殊因素。宗地地价影响因素选择的原则：①考虑不同用途选择不同的影响因素；②考虑宗地条件与级别条件之间的差异；③各类型用地具体的因素选择可根据各类农用地估价的有关规定确定。

按照上述原则，结合地租地价理论和区位理论可知，影响土地级别和影响土地价格的区域因素具有相似性。

2. 宗地地价修正体系修正因素权重的确定

宗地地价因素因子权重的确定，采用特尔斐专家咨询法，确定了各用地类型宗地地价影响因素的权重值。

3. 基准地价修正幅度计算

首先，计算基准地价上调或下调的最大幅度。根据基准地价及波动幅度

计算各级土地地价的上调或下调的最大幅度，计算公式为：

$$F_1=[(I_{nh}-I_{lb})/I_{lb}]\times100\% \quad 公式(7-18)$$

$$F_2=[(I_{lb}-I_{nl})/I_{lb}]\times100\% \quad 公式（7-19）$$

式中：F_1 表示基准地价上调最大幅度；F_2 表示基准地价下调最大值，I_{lb} 表示基准地价；I_{nh}表示基准地价的最高值；I_{nl}表示基准地价的最低值。

其次，确定影响地价各因素、因子的最大修正幅度。根据各类用地因素、因子权重及基准地价上调或下调的最大幅度，计算出各因素、因子的最大修正幅度。

按照前面确定的不同用途各因素对地价的影响，按以下公式计算各因素的修正幅度。

$$F_{1i}=F_L\times W_i \quad 公式（7-20）$$

式中：F_{1i}为某一因素的上调幅度；F_{2i}为某一因素的下调幅度；W_i 为某一因素对宗地地价的影响权重。

在上调和下调幅度值之间内插修正值，将宗地地价修正幅度划分成 5 个档次。以基准地价为一般水平，其修正系数为零。在一般水平与上限价格之间，内插条件较优的修正系数（$F_{1i}/2$）。在一般水平与下限价格之间，内插条件较劣的修正系数（$F_{2i}/2$）。这样，优、较优、一般、较劣、劣 5 个档次分别对应的修正系数为 F_{1i}、$F_{1i}/2$、0、$F_{2i}/2$、F_{2i}。

4. 编制宗地地价影响因素修正系数表及指标说明表

利用各因素、因子的权重确定 5 个档次的修正系数后，按类、分级别编制出耕地、种植园地、林地、设施农用地宗地地价影响因素、因子修正系数表。与此相对应，按 5 个档次量化所有影响因素、因子的标准，编制出宗地地价影响因素指标说明表。

（二）其他修正

1. 宗地地价使用年期修正系数

根据各用地类型土地还原利率及设定的土地最高出让年期，计算使用年期修正系数。长垣市集体耕地、种植园地、林地、设施农用地的土地承包经营权最高使用年期为 30 年，当待估宗地剩余使用年限不足最高使用年期时，应进行使用年限修正。使用年期修正系数计算公式为：

$$K_n=\frac{1-\frac{1}{(1+r_d)^n}}{1-\frac{1}{(1+r_d)^m}}$$ 公式（7-21）

式中：K_n 为使用年期修正系数；m 为最高出让年期；n 为实际使用年期；r_d 为土地还原利率。

2. 期日修正

期日修正是将基准地价估价基准期日的价格修正到宗地评估估价期日的价格。其修正公式为：

$$V_e=V_o\times I_p/I_b$$ 公式（7-22）

式中：V_e 为估价期间宗地价格；V_o 表示各类基准地价的估价期日统一为2020年1月1日；I_p 为估价期日的地价指数；I_b 为基准地价评估期日的地价指数。

第四节 集体农用地基准地价的应用

长垣市集体农用地基准地价可以在集体农用地宗地价格的评估、集体农用地资产的估算等方面进行应用。

一、集体农用地宗地承包经营权价格的评估

承包经营权是集体组织成员获得的无偿承包经营集体农用地的权利。当由于某种原因村集体需要收回承包经营权时，村集体经济组织需要对村民作出合适的补偿。此外，若村民自愿退出承包经营权，村集体经济组织也需要对村民作出补偿。此时，可以根据承包经营权基准地价计算具体宗地的承包经营权价格。可以利用基准地价系数修正法对其进行评估，其评估过程如下。

（一）收集有关基准地价资料

收集相关集体农用地基准地价成果，包括基准地价报告、基准地价图、宗地地价修正体系及有关各种地价影响因素的资料，影响待评估宗地地价的各种因素因子等。

（二）确定待估宗地所处级别及基准地价

确定待估宗地所在的位置，根据当地农用地基准地价评估报告、基准地

价图和有关基准地价批文，确定待估宗地所处级别及基准地价，并确定地价内涵。

（三）分析待估宗地的地价影响因素

按照影响因素指标说明影响因素体系，调查待估宗地的各影响因素状况，并对各因素状况进行准确描述，编制待估宗地地价影响因素条件说明表。

（四）确定待估宗地修正系数

根据各影响因素状况，按照影响因素指标说明表中的划分标准，确定各因素的级别标准，并查对修正系数表确定待估宗地修正系数。

（五）按公式计算待估宗地价

根据收集到的基础资料，按照对应用途评估待估宗地地价，公式如下：

$$p = p_1 \times s \qquad \text{公式（7-23）}$$

$$p_1 = p_{ab} \times (1 \pm \sum K_i) \times K_j \qquad \text{公式（7-24）}$$

式中：p 为待估宗地总价；p_1 为待估宗地单价；p_{ab} 为某一用途、某级别的承包经营权基准地价；K_j 为估价期日、土地使用年期等其他修正系数；s 为宗地总土地面积。

二、集体农用地宗地流转价格的评估

集体农用地流转价格是指在农用地发生流转时，承包者需要支付给原承包经营者的费用，该费用若是一次性交清约定年限的总费用，实质就是集体农用地的经营权价格，其价格可以参照上节方法和过程进行评估；若每年交一次，实质就是集体农用地的年租金或者是经营权价格的年度化表示方式。流转价格的内涵与经营权的内涵一致，计算公式为：

$$a = V \cdot r / [1 - 1/(1+r)^n] \qquad \text{公式（7-25）}$$

式中：a 为集体土地年租金；V 为集体农用地经营权价格；r 为集体农用地经营权的还原利率；n 为法定的最高使用权年限（30 年）。

本节仍以长垣市为例，根据集体农用地的经营权基准地价的波动幅度，计算年租金的波动幅度，具体见表 7-48。具体宗地的流转价格可以先评估宗地的经营权价格，再通过上述公式计算。

表 7-48 长垣市各类集体农用地流转基准地价

土地级别		一级地			二级地			三级地			四级地		
		下限	平均值	上限	下限	平均值	上限	下限	平均值	上限	下限	平均值	上限
耕地	元/平方米	1.13	1.29	1.50	0.99	1.11	1.27	0.87	0.96	1.07	0.73	0.85	0.91
	元/亩	756	857	998	657	739	844	579	638	716	484	566	605
林地	元/平方米	0.86	0.99	1.14	0.77	0.84	0.92	0.64	0.75	0.81			
	元/亩	570	663	761	513	557	612	427	500	538			
种植园地	元/平方米	1.45	1.60	1.77	1.30	1.42	1.55	1.15	1.27	1.37	1.03	1.09	1.21
	元/亩	969	1068	1180	864	949	1034	769	847	912	687	728	810
设施农用地	元/平方米	1.98	2.32	2.65	1.70	1.92	2.16	1.45	1.65	1.83	1.32	1.42	1.54
	元/亩	1319	1548	1769	1135	1283	1443	968	1102	1222	877	950	1029

三、集体农用地资产价值的估算

有了各类各级集体农用地的基准地价，就可以根据各类各级集体农用地的面积，估算集体农用地的资产价值。集体农用地的基准地价包括承包经营权价格和经营权价格，此处估算的资产价值的主体是村集体，因此应使用承包经营权价格。公式如下：

$$M_j = \sum P_{ij} \times S_{ij} \qquad \text{公式（5-26）}$$

式中：M_j 为 j 类集体农用地的资产总量，j=1、2、3、4 分别代表耕地、林地、种植园地和设施农用地；P_{ij}为 j 类集体农用地 i 级别的承包经营权基准地价；S_{ij}为 j 类集体农用地 i 级别的面积。

根据以上方法，可以粗略估算长垣市集体农用地的资产价值，具体见表 7-49。根据核算结果，长垣市集体农用地的资产总量约为 237.51 亿元，其中耕地、林地、种植园地、设施农用地的价值分别为 205.91 亿元、24.37 亿元、4.71 亿元、2.52 亿元。

表 7-49 长垣市集体农用地资产估算结果

土地级别		一级地	二级地	三级地	四级地	合计
耕地	基准地价/（元/平方米）	39.2	34.6	30.3	27.2	
	面积/公顷	11234.01	25472.1	18473.03	6532.52	61711.66
	资产价值/亿元	44.04	88.13	55.97	17.77	205.91

续表

土地级别		一级地	二级地	三级地	四级地	合计
林地	基准地价/（元/平方米）	33.3	29.5	26.5		
	面积/公顷	2636.65	3285.33	2225.99		8147.97
	资产价值/亿元	8.78	9.69	5.90		24.37
种植园地	基准地价/（元/平方米）	45.4	40.7	36.4	33.2	
	面积/公顷	701.53	287.68	92.33	5.33	1086.87
	资产价值/亿元	3.18	1.17	0.34	0.02	4.71
设施农用地	基准地价/（元/平方米）	61.6	53.8	46.7	40.1	
	面积/公顷	94.8	240.58	90.34	55.18	480.90
	资产价值/亿元	0.58	1.29	0.42	0.22	2.52
小计/亿元						237.51

四、其他方面的应用

（一）为土地整治及耕地占补平衡提供依据

1. 反映土地整治实施项目效果

农用地定级成果、特别是耕地定级成果将区域范围内的耕地划分为不同级别，因此耕地定级成果对耕地质量变化情况反映得更灵敏，在土地开发整治项目实施前后，可以指导项目的设计、施工和验收等工作，并进行综合的效益评价。在土地整治前，通过对待整治区域的土地质量状况进行调查，了解区域的基本情况，如有机质含量、耕作便利条件等，测算出预整治范围内农用地的质量，对土地整治项目可能应用的技术指标、工程指标等进行分析，明确改善和优化土地整治质量的最终目标。完成以上工作之后，结合土地整治的具体情况，对该范围内耕作便利条件、有机质含量等进行分析，依据耕地质量定级和基准地价评估成果，重新评定项目区耕地质量级别，并测算出对应的地价，对比开发整理前后土地质量，分析土地开发整理效益，综合评定土地整治项目的经济效益。

2. 为耕地占补平衡提供依据

耕地占补平衡遵循“占多少，补多少”的原则，在实际的管理中，可以实现数量上的平衡，质量平衡却难以控制，主要原因是耕地质量可参考的依据主要是耕地质量分等成果，耕地质量分等成果是在宏观上对耕地质量进行总体控制，同一个等别内耕地质量也会有较大差异，但耕地质量定级成果是耕地质量分等成果的延续和创新，考虑了社会经济条件和区位条件对耕地质量的影响，同一级别的耕地质量差异较小，质量更容易控制。耕地占补平衡既要保持数量不减少，同时也应该保持质量不降低，耕地质量定级和基准地价成果形成后可以计算出不同级别不同类型耕地的折算系数，以确保实现耕地占用补充前后质量和数量的平衡。

（二）规范农用地流转市场

在城市化飞速发展的背景下，农村劳动力缺失现象普遍存在，农地流转形成规模化经营属于常态，确定标准、统一、公平的土地流转价格，确保双方的权益均能够得到保障，方能构建土地承包经营权规范的流转市场。这个基础要想顺利实现，必须建立农用地完善的评估价格体系，通过规范的标准来显示出农用地质量的好坏。农用地基准地价评估成果给农用地使用权流转提供了一个客观、合理的参照体系，通过农用地流转市场的价格机制，优化配置相关资源，扩大农业生产规模化，提高用地效率。

第八章 集体建设用地基准地价评估实证研究

本章选择长垣市为研究对象，对集体建设用地定级和基准地价评估进行实证研究。首先，利用多因素综合评价方法和BP神经网络模型分别对集体建设用地进行定级，并对两种方法的优缺点和定级结果进行比较，最后结合两种方法的定级结果以及长垣市实际情况确定土地级别。在此基础上进行集体建设用地基准地价评估。

第一节　基准地价评估资料的调查与整理

一、资料的收集与调查

（一）各种背景资料的收集与调查

各种背景资料是集体建设用地定级估价的基础。主要包括长垣市总体规划图及用地现状图，新增城市建设用地基础设施配套费用标准，2018年、2019年全市社会经济发展概况和社会经济发展规划，《2018—2019年长垣市统计年鉴》，各类房屋重置价、耐用年限、残值率、维修费、管理费用、保险费等费用标准，房屋出租过程中征收的管理费、房产税、营业税等费用标准，房屋买卖过程中管理费、交易契税、房产税等费用标准，新增城市建设用地各类农用地的征地补偿、安置补助费、耕地占用税、基础设施配套费等费用标准，房屋拆迁中拆迁补偿费、安置补助费等费用标准，近年来社会商品平均物价上涨指数、各类建筑材料价格上涨指数，当前银行各类储蓄利率水平、各种贷款利率水平等。

（二）定级资料的收集与调查

（1）中心城镇。调查内容包括长垣市中心城镇的数量、位置、范围，中心城镇人口总量，中心城镇总面积，中心城镇经济总量等。

（2）交通条件。调查长垣市辖区内国道、省道、县乡道路的路网分布、道路类型、级别标准、流量、道路长度及宽度等；建成区内部道路状况有关的道路网分布、道路类型、级别标准、车流量、道路长度及宽度等数据。

（3）区域经济发展水平。调查长垣市各乡镇区域经济发展水平的国民生产总值、投入水平、城镇综合服务能力等经济指标，人口状况、农民人均纯收入等收入指标。

（4）用地结构。调查长垣市各乡镇国有土地面积、集体建设用地面积以及相应行政村宅基地、商服用地、工矿仓储用地等建设用地面积。

（5）城镇产业集聚状况。调查城镇产业集聚区的数量、范围、性质，各集聚区产业类型数、企业数量、年产值、年利润、职工人数等。

（6）基础设施与公共服务设施资料。包括交通、供水供电、商业服务、教育、文化、卫生事业等生产服务设施和生活服务设施的分布及规模大小、服务能力等。

（7）环境条件。主要调查收集区域内人居环境质量状况、大气环境、水环境等资料。

（8）村镇规划状况。收集村镇总体规划（规划文本、规划说明书等）、产业集聚区规划及有关图件资料、国民经济和社会发展五年计划和年度计划安排的项目情况等。

（9）商服繁华程度资料。包括商业服务业中心的数量、位置、范围、销售额、利润额、占地面积、营业面积、功能种类等。

（三）估价资料的收集与调查

（1）农村集体建设用地流转资料。包括流转地块的名称、编号、土地位置、所属村集体、相关规划指标、流转面积、土地状况、竞买保证金和交易方式，以及流转成交价、成交时间、使用年限、每年每平方米价格、递增年数、递增价格、使用权类型、用途、流转年限。

（2）集体建设用基础设施配套费用等资料。包括各类集体建设用地基础设施配套费用标准及土地三通、五通、七通一平开发费用标准，新增集体建设用地各类农用地的征地补偿、安置补助费、青苗补偿费、水利建设基金、耕地占用税、土地开发费、基础设施配套费、土地有偿使用费等费用标准等。

二、资料的整理

（一）定级资料的整理

集体建设用地定级的因素因子，可分为扩散性与非扩散性因素因子。对于扩散性的因素，如中心城镇影响度、道路通达度，随着距离的增加，其作用分值会按一定规律衰减（指数衰减或直线衰减）；而非扩散性因素多为面状因素，则直接采用区域赋值的方法确定其作用分值。

1. 扩散性因素量化

（1）标准化处理。对调查数据进行标准化处理，以便确定扩散性因素、因子个体的综合指数、级别、作用分值与影响半径等。通常采用下式对调查数据进行标准化处理：

$$M_i = 100 \times A_i / A_{max} \qquad \text{公式（8-1）}$$

式中：M_i为标准化值；A_i为某项指标值；A_{max}为某项指标最大值。

（2）因素因子作用分计算。若某种定级因素因子只有一个，直接将其赋值100；若有多个，则对各因子的指标值标准化后，按下式计算其中心作用分值：

$$F_j = \sum W_{ij} \times X_{ij} \qquad \text{公式（8-2）}$$

式中：F_j为j因子的中心作用分值；W_{ij}、X_{ij}分别为j因子第i个指标的权重和标准化值。

（3）确定影响半径。对于扩散性因素因子，需要确定其各自的影响半径，以便进行分值扩散。确定影响半径的主要方法如下。

一是最大距离法。把定级因素因子的个体影响扩大到定级边界的最大距离作为半径，对唯一性因素因子影响半径的确定一般采用这种方法。

二是算术平均分割法。某些因素因子可分为若干类型，每种类型都可作用于整个定级区域。对这些因素因子的每种类型的影响半径可采用此法求得。

对于点状因素因子，可用下式计算其作用半径：

$$d_i = \sqrt{S / N_i \pi} \qquad \text{公式（8-3）}$$

式中：d_i为i类点状因素因子影响半径；S为定级估价范围面积；N_i为i类因素或因子的个数。

对线状因素因子（如道路等），采用下式计算：

$$d = S/2L \quad \text{公式（8-4）}$$

式中：d 为道路的影响距离；S 为定级估价范围面积；L 为某级道路的总长度。

三是加权平均分割法。某些定级因素因子可分为若干级别，但每级别只能作用于部分定级区域，所有级别作用总和才是整个定级区域。这些定级因素因子的作用半径采用下式计算：

$$d_i = \sqrt{S F_i / (\pi \sum_{i=1}^{m} F_i N_i)} \quad \text{公式（8-5）}$$

式中：d_i为第 i 级别影响半径；S 为定级区面积；F_i为 i 级别的作用分值；m 为级别数；N_i为 i 级别的样点数。

（4）计算定级单元作用分值。对于扩散性的因素因子（如点状、线状等因素因子），其作用分值按一定规律衰减，因此，按照相应的公式来计算确定其作用分值。

直线衰减法公式：

$$f_i = M_i(1-r_i)(r_i = d_i/d) \quad \text{公式（8-6）}$$

指数衰减法公式：

$$f_i = M_i^{(1-ri)}(r_i = d_i/d) \quad \text{公式（8-7）}$$

式中：f_i表示因素在某个相对距离上对土地的作用分值；M_i表示某个因素个体第 i 级规模指数；d_i为实际距离；d 为因素影响半径；$r_i = d_i/d$，表示地块相对距离。

距离计算可采用直线距离，计算过程中若存在地理要素的阻隔，例如河流、湖泊、高速公路等阻碍物，则先计算出至障碍可通行处的作用分值，以可通行处为结点，按结点处的因素作用分及剩余作用距离为半径，以结点为原点再次进行衰减；也可以直接采用路网距离进行计算。

2. 非扩散性因素因子作用分值计算

对于非扩散性因素因子作用分值的确定分两种情况。

（1）有指标值。有指标值的面状因素因子，其分值计算采用如下公式：

$$f_i = 100 \times (X_i - X_{min}) / (X_{max} - X_{min}) \quad \text{公式（8-8）}$$

式中：f_i为某因素因子作用分；X_{min}、X_{max}、X_i分别为因子某项指标的最小值、最大值和 i 因子的指标值。

（2）无指标值。对无指标值的只有定性说明的因素因子，可直接按各区域因素因子状况赋予一定分值，分值体系采用（0，100）的半封闭区间。

（二）估价资料的整理

土地交易样点资料主要有集体经营性建设用地入市样点、集体土地使用权房地出租、房地买卖、新增建设用地等，各类样点统计见表8-1，这些资料对基准地价的评估具有直接的参考价值。对样点资料逐项审查、归类，将主要项目缺失的、填报数据不符合要求或数据明显偏离正常情况的样点剔除。然后把各类交易样点表格数据输入计算机，建立起各类交易样点属性数据库，按各类交易样点的交易类型建立与属性数据库相对应的空间数据库。

表8-1　集体建设用地样点统计

样点类型			Ⅰ级	Ⅱ级	Ⅲ级	Ⅳ级	Ⅴ级	Ⅵ级	合计
商服	集体经营性建设用地入市出让样点（商服）	总样点		3	6	9	5	4	27
		有效样点		2	6	9	4	3	24
	商服房地出租	总样点	21	28	60	52	56	41	258
		有效样点	18	25	53	48	54	35	233
	商服自用门面样点	总样点	12	23	38	37	32	21	163
		有效样点	10	18	35	32	30	18	143
	商服有效总样点		28	45	94	89	88	56	400
工业	集体经营性建设用地入市出让样点（工业）	总样点		3	45	58	21		127
		有效样点		3	43	58	21		125
	工业房地出租	总样点		15	38	50	37		140
		有效样点		13	32	45	32		122
	工业出租样点	总样点	3	8	20	54	38		123
		有效样点	3	8	16	49	32		108
	工业有效总样点		3	24	91	152	85		355
住宅	房地出租	总样点	13	23	34	40	38	16	164
		有效样点	11	20	29	35	33	12	140
	宅基房屋买卖样点	总样点	6	8	13	31	23	21	102
		有效样点	5	6	10	27	22	20	90
	住宅有效总样点		17	28	42	66	56	33	242
公共	集体经营性建设用地入市出让样点（公共）	总样点		8	10	17	13		48
		有效样点		8	10	17	13		48

第二节　长垣市集体建设用地定级

按照相关规程与技术要求，结合长垣市实际和各地类具体情况，选择并确定集体用地定级因素因子体系。采用特尔斐专家咨询法，确定建设用地定级的各因素因子的权重；采用多边形叠置法划分定级单元，计算定级单元各定级因素因子分值，计算定级总分值，划分土地级别。

一、多因素综合评价法定级实证

（一）定级因素因子及其权重确定

土地定级因素因子的选择是进行土地定级的基础，为了全面准确地反映土地区位和质量的差异性，本研究坚持在主导因素原则、普适性原则、差异性原则、针对性原则、因地制宜原则的基础上，采用理论与实践相结合的方法确定定级的因素因子体系。首先，依据相关技术规范和指引的要求；其次，充分考虑集体建设用地的一般特点，同时参考其他省市集体建设用地定级时选择的原则和方法；最后，对长垣市周边环境进行实地踏勘，在综合分析的基础上，选取适宜的因素因子。在本次定级过程中，不同用地类型的定级因素因子的组合主要依据《农村集体土地价格评估技术指引》《长垣市集体建设用地基准地价制订技术方案》的要求，参照《城镇土地分等定级规程）（GB/T 18507—2014）并结合实际进行选择，从而构成了长垣市集体建设用地定级因素因子指标体系，具体见表 8-2~表 8-5。

权重是反映各定级因素重要性的量度，对定级结果有很大影响。在长垣市集体建设用地定级中，采用特尔斐法确定指标权重，邀请相关行业专家共同组成专家咨询组，对各因素因子权重进行两轮打分，计算其均值确定指标权重。

表 8-2　集体商业服务业用地定级因素因子权重

因素名称		因素权重	标准差	因子名称	因子权重	标准差
宏观区位因素	宏观区位影响度	0.16	0.03	中心城镇影响度	1	—
社会经济因素	经济条件	0.11	0.01	人均纯收入	1	—
	人口状况	0.06	0.02	人口密度	1	—
	土地利用状况	0.09	0.01	建设用地占比	1	—

续表

因素名称		因素权重	标准差	因子名称	因子权重	标准差
繁华程度	商服繁华程度	0.12	0.03	商服中心	1	—
	农贸市场	0.06	0.01	农贸市场	1	—
交通条件	道路通达度	0.08	0.02	道路通达度	1	—
	对外交通便利度	0.12	0.03	汽车站	0.38	0.01
				火车站	0.35	0.01
				高速出入口	0.27	0.02
基础设施状况	基础设施完善度	0.13	0.01	供水	0.38	0.03
				排水	0.24	0.02
				供气	0.38	0.03
环境条件	环境条件	0.04	0.01	人居环境质量	0.56	0.01
				综合环境质量	0.44	0.01
规划因素	规划限制	0.03	0.03	空间规划管制分区	0.46	0.02
				村庄规划类型	0.54	0.02

表 8-3 集体住宅用地定级因素因子权重

因素名称		因素权重	标准差	因子名称	因子权重	标准差
宏观区位因素	宏观区位影响度	0.13	0.02	中心城镇影响度	1	—
社会经济因素	经济条件	0.06	0.01	人均纯收入	1	—
	人口状况	0.05	0.01	人口密度	1	—
	土地利用状况	0.06	0.02	建设用地占比	1	—
繁华程度	商服繁华程度	0.07	0.01	商服中心	1	—
	农贸市场	0.03	0.01	农贸市场	1	—
交通条件	道路通达度	0.08	0.02	道路通达度	1	—
	对外交通便利度	0.10	0.03	汽车站	0.35	0.03
				火车站	0.33	0.02
				高速出入口	0.32	0.02

续表

因素名称		因素权重	标准差	因子名称	因子权重	标准差
基础设施状况	基础设施完善度	0. 12	0. 02	供水	0. 38	0. 03
				排水	0. 23	0. 02
				供气	0. 39	0. 03
	公共设施完善度	0. 15	0. 03	中学	0. 17	0. 01
				小学	0. 16	0. 01
				幼儿园	0. 15	0. 02
				公园广场	0. 19	0. 02
				医院	0. 1	0. 01
				体育馆	0. 15	0. 02
				邮局	0. 08	0. 01
环境条件	自然条件优劣度	0. 04	0. 02	洪水淹没状况	1	—
	环境质量优美度	0. 06	0. 01	人居环境质量	0. 56	0. 03
				综合环境质量	0. 44	0. 03
规划因素	规划限制	0. 05	0. 02	空间规划管制	0. 46	0. 02
				村庄规划类型	0. 54	0. 02

表 8-4 集体工业用地定级因素因子权重

因素名称		因素权重	标准差	因子名称	因子权重	标准差
宏观区位因素	宏观区位影响度	0. 15	0. 01	中心城镇影响度	1	—
社会经济因素	经济条件	0. 12	0. 01	人均纯收入	1	—
	土地利用状况	0. 08	0. 01	建设用地占比	1	—
交通条件	道路通达度	0. 13	0. 03	道路通达度	1	—
	对外交通便利度	0. 15	0. 03	汽车站	0. 28	0. 02
			0. 01	火车站	0. 25	0. 01
			0. 01	高速出入口	0. 47	0. 03

续表

因素名称		因素权重	标准差	因子名称	因子权重	标准差
基础设施状况	基础设施完善度	0.16	0.02	供水	0.4	0.02
			0.02	排水	0.21	0.03
			0.01	供气	0.39	0.02
环境条件	自然条件优劣度	0.08	0.03	洪水淹没	0.46	0.02
			0.03	工程地质条件	0.54	0.02
产业集聚影响度	产业集聚影响度	0.06	0.02	产业集聚影响度	1	—
规划因素	规划限制	0.07	0.02	空间规划管制	0.47	0.02
			0.02	村庄规划类型	0.53	0.02

表 8-5　集体公共管理与公共服务用地定级因素因子权重

因素名称		因素权重	标准差	因子名称	因子权重	标准差
宏观区位因素	宏观区位影响度	0.12	0.01	中心城镇影响度	1	—
社会经济因素	经济条件	0.07	0.02	人均纯收入	1	—
	人口状况	0.05	0.03	人口密度	1	—
	土地利用状况	0.06	0.02	建设用地占比	1	—
繁华程度	商服繁华程度	0.05	0.02	商服中心	1	—
	农贸市场	0.02	0.02	农贸市场	1	—
交通条件	道路通达度	0.06	0.01	道路通达度	1	—
	对外交通便利度	0.10	0.03	汽车站	0.35	0.02
			0.02	火车站	0.33	0.02
			0.01	高速出入口	0.32	0.03
基础设施状况	基础设施完善度	0.15	0.03	供水	0.38	0.01
			0.02	排水	0.23	0.02
			0.02	供气	0.35	0.03
	公共设施完善度	0.17	0.02	中学	0.17	0.02
			0.03	小学	0.16	0.03
			0.03	幼儿园	0.15	0.01
			0.01	公园广场	0.19	0.03

续表

因素名称		因素权重	标准差	因子名称	因子权重	标准差
基础设施状况	公共设施完善度	0.17	0.01	医院	0.10	0.03
			0.03	体育馆	0.15	0.02
			0.01	邮局	0.08	0.02
环境条件	自然条件优劣度	0.04	0.01	洪水淹没状况	1	—
	环境质量优美度	0.06	0.03	人居环境质量	0.56	0.01
			0.03	综合环境质量	0.44	0.01
规划因素	规划限制	0.05	0.02	空间规划管制	0.46	0.02
			0.02	村庄规划类型	0.54	0.02

（二）土地定级因素因子作用分值计算

1. 商服繁华影响度作用分值

商服中心是资金、物资、信息和人口流动频繁，经济和政治集聚能力和辐射能力较强的特殊地域，是商业和服务部门集中分布的地段，是繁华程度的主要体现，它对确定土地级别及基准地价起着关键作用。通过实地调查，分析有关资料，确定长垣市共20个商服中心，再对各个商服中心的商服企业进行普查，调查统计结果如表8-6所示。

（1）商服中心规模指数计算与级别划分。以主要商业企业的经营规模大小为标志，将各商服中心的经济指标（营业面积、年营业总额）数据进行最大标准化处理，各自权重为0.5，得出各商服中心指标值，然后进行加权求和，再进行最大值标准化，以此作为各级商服中心的规模指数。根据商服中心规模指数，商服中心共划分为4个级别，其中一级1个，二级6个，三级6个，四级7个。

（2）商服中心功能分的确定。商服中心功能包括与自身级别相应的商服功能和低于其级别的各级功能，一级商服中心包含二级、三级、四级商服中心的服务功能。二级商服中心包含三级、四级商服中心的服务功能，三级商服中心包含四级商服中心的服务功能。基于上述原理，按下式对商服中心的服务功能进行分割，并确定各级相应的功能分。

$$F_i^M = I_i^M - I_l^M ;\ f_{min}^M = I_{min}^M \qquad 公式（8-9）$$

式中：F_i^M 表示某商服中心 i 级功能的功能分；I_i^M 表示 i 级商级中心的规模指数；I_l^M 表示次一级商服中心的规模指数；f_{min}^M表示最低级商服中心的功能

分；$I_{\min}^{M}$表示最低级商服中心的规模指数。

（3）各级商服中心服务半径的确定。依据《城镇土地分等定级规程》，作为一级商服中心，应服务于整个定级范围，服务半径应为商服中心至定级边缘的最大距离，其他商服中心的影响半径是根据算术平均分割法确定的。经计算，一级商服中心的服务半径为 26000 米，二级商服中心的服务半径为 8957 米，三级商服中心的服务半径为 6712 米，四级商服中心的服务半径为 6495 米。

表 8-6　商服中心功能分计算结果

序号	商服中心名称	营业面积/平方米	年营业额/万元	综合规模指数	级别	平均规模指数	分割功能分值	服务半径/米
1	亿隆广场	45000	2800	100	1	100	35	26000
2	蒲东老城区商业街	26000	1600	57.46	2	65	30	8957
3	宏利 A 生活	25000	1840	60.63				
4	南蒲街道西商服中心	35000	1920	73.17				
5	万德隆时代广场	30000	2080	70.48				
6	蒲北商服中心	30576	1800	66.12				
7	魏庄商业街	28000	1600	59.68				
8	丁栾商业街	23500	1050	44.86	3	35	18	6712
9	张樊商服中心	15600	990	35.01				
10	恼里商业街	16000	820	32.42				
11	常村商业街	14800	930	33.05				
12	前满村商业街	13900	890	32				
13	长孟路商业街	12800	900	30.29				
14	万客隆购物广场	8500	520	17	4	17	17	6495
15	芦岗乡商业街	7300	500	17.04				
16	苗寨镇商服中心	6258	480	15.52				
17	方里商服中心	8000	450	18				
18	华龙武丘生活广场	7800	440	16.52				
19	佘家商服中心	8900	490	19				
20	张三寨商服中心	6450	460	19				

2. *农贸市场影响度*

对农贸市场主要调查了占地面积、年营业额。对调查数据进行最大值标准化处理，其中占地面积权重为 0.4，年营业额权重为 0.6，确定综合指数、级别、作用分值；影响半径按加权平均分割法计算，各级别农贸市场影响半径根据定性和定量分析相结合的方法确定，结果见表 8-7。

表 8-7 农贸市场影响度计算结果

编号	农贸市场名称	占地面积/平方米	年营业额/万元	综合规模指数	级别	功能分值	影响半径/米
1	南蒲中原新发地	45000	2000.00	100.00	一级	100	7580
2	魏庄大付占村集农贸市场	22000	1050.00	50.69	二级	48	5310
27	丁栾镇集会	25600	1130.00	56.69			
5	樊相镇味才街	23000	1100.00	53.06			
8	恼里东街农贸市场	20000	1200.00	52.22			
4	张寨村集会	19500	1150.00	50.42			
14	常村农贸市场	20300	1000.00	47.56			
7	大留寺集会	19000	950.00	44.86			
3	王堤村集会	17000	910.00	41.64			
9	马村农贸市场	15000	900.00	39.17			
26	孟岗镇集会市场	13333	500.00	27.31	三级	25	3800
11	常村韦庄农贸市场	10800	580.00	26.50			
25	满村宜丘集市	10000	600.00	26.11			
23	满村前满村集市	9800	600.00	25.89			
12	常村后大郭农贸市场	10500	560.00	25.67			
24	满村陈墙集市	9600	528.00	23.87			
10	常村小郭农贸市场	10000	510.00	23.86			
1	南浦枣科村集会	8900	500.00	22.39			
13	常村李寨农贸市场	8950	490.00	22.19			
16	芦岗集贸市场	8000	350.00	17.64	四级	10	2400
15	赵堤镇农贸市场	7200	180.00	12.50			
20	方里集会场	6600	150.00	11.08			
28	张三寨镇集会	5400	120.00	9.00			
19	芦岗关公刘村	1500	200.00	6.67			
18	芦岗杨桥集会	1900	110.00	4.86			
21	武丘集会	1200	140.00	4.83			

3. 中心城镇影响度

中心城镇是指城区、集镇已建成区，是区域政治、经济、文化中心，对周边区域有辐射作用。中心城镇对土地级别的影响通过人口、面积来综合表示，调查内容为中心城镇人口总量、中心城镇总面积等。对调查数据进行标准化处理，然后进行加权求和，其中人口权重为0.4，面积权重为0.6，再进行最大值标准化，确定综合指数、级别、作用分值与影响半径，影响半径按加权平均分割法计算，具体计算时考虑了各级中心城镇实际最大影响半径，具体结果见表8-8。

表8-8　中心城镇影响度计算结果

中心城镇名称	中心城镇建成区总面积/公顷	人口/万人	综合规模指数	级别	功能分值	影响半径/米
中心城区	4023.76	28.5	100	1	100	20000
丁栾镇	416.36	2.2	9	2	9	5800
恼里镇	503.07	2.3	11			
满村镇	354.70	1.9	8			
常村镇	408.84	2.4	9			
樊相镇	367.62	2	9			
孟岗镇	299.92	1.8	8			
赵堤镇	180.80	0.98	4	3	3	4500
方里镇	183.63	0.99	4			
张三寨镇	110.99	0.77	3			
芦岗乡	120.26	0.85	3			
苗寨镇	97.06	0.63	2			
武邱乡	100.71	0.61	2			
佘家镇	110.57	0.67	3			

4. 道路通达度作用分值

参照《城镇土地分等定级规程》规定，并结合长垣市的实际情况，道路类型分区域进行划分，在县中心城区范围内，沿用城镇基准地价道路类型划分的情况，将道路划分为6种类型，即混合型主干道、生活型主干道、交通型主干道、生活型次干道、交通型次干道、支路。中心城区外围，长垣市域内有1条国道、5条省道、12条县道、63条乡道。

根据长垣市道路的类型、质量和宽度，将道路分为3个级别，具体见表8-9。

采集各级道路的平均宽度确定其规模指数，规模指数的计算公式如下：

$$M_m = \frac{A_m}{A_{max}} \times 100 \qquad \text{公式（8-10）}$$

式中：M_m表示第 m 级道路的规模指数；A_m表示第 m 级道路的平均宽度；A_{max}表示各级别道路平均宽度的最大值。

各级别道路作用半径的计算公式如下：

$$d_i = \frac{s}{2l_i} \qquad \text{公式（8-11）}$$

式中：d_i表示第 i 级道路的最大作用半径；l_i表示第 i 级道路的总长度；s 表示定级范围面积。

根据上述公式及实际调查情况综合分析得到各级别道路最大作用半径，具体结果见表 8-10。

表 8-9 中心城区范围内道路规模指数及影响半径计算结果

道路类型	商服用地定级	住宅用地定级	工业用地定级	公共管理与服务用地定级	影响半径/米
混合型主干道	1	0.8	0.9	0.8	1200
生活型主干道	0.9	1	0.7	1	1200
交通型主干道	0.6	0.7	1	0.7	1200
生活型次干道	0.7	0.65	0.4	0.65	650
交通型次干道	0.4	0.4	0.65	0.4	650
支路	0.2	0.2	0.2	0.2	350

表 8-10 中心城区范围外道路通达度指标计算结果

道路类型	平均宽度	规模指数	功能分值	半径/米
国道省道	28	1	100	2970
县道	15	0.54	54	2100
乡道	7	0.25	25	810

5. 对外交通便利度作用分值

对外交通设施指长途车站、火车站、高速公路出入口等对外界经营的客运站、货运站和重点对外交通接点。根据调查各设施的资料，计算作用分和影响半径。

(1) 对外交通设施作用指数和作用分计算。

$$I_i^T = I_{max}^T \times \lambda_i^T \quad 公式(8-12)$$

式中：I_i^T 表示 i 对外交通设施的作用指数；I_{max}^T 表示 i 设施所属的某类对外交通设施规模及影响最大者的作用指数；λ_i^T 表示 i 对外交通设施相对于规模及影响最大的同类设施作用折算系数。

$$f_i^T = 100 \times I_i^T \quad 公式(8-13)$$

式中：f_i^T 表示 i 对外交通设施的作用分；I_i^T 表示 i 对外交通设施的作用指数。

(2) 作用半径的确定。对外交通设施服务半径以设施场所为原点，作用半径影响范围依据城镇定级规程进行确定，各类型对外交通设施的功能分值和服务半径见表 8-11~表 8-13。

表 8-11 对外交通设施（客运站）指标及计算结果

编号	设施名称	每日往返班次/（班/日）	客运量/（人次/年）	功能分值	服务半径/米
1	长垣市客运总站	40	296000	100	6871
3	长垣市客运东站	34	250000	84	6315
4	长垣新运十八分公司	32	240000	81	6187
5	丁栾镇孙庄汽车站	24	175000	59	5283
6	308 省道客运站点	22	160000	54	5052
7	满村客运站	22	170000	57	5207
8	恼里客运站	23	170000	57	5207
9	佘家客运站	12	88000	30	3746
10	苗寨客运站	12	87000	29	3725
11	魏庄长恼路汽车站	10	73000	25	3412
12	樊相客运站	10	73000	25	3412
13	芦岗客运站	10	73000	25	3412
14	方里镇县际公交汽车站	10	73000	25	3412
15	樊相镇汽车站	9	65000	22	3220
16	武邱乡汽车站	8	60000	20	3094
17	张三寨镇汽车站	8	58000	20	3042
18	赵堤镇汽车站	8	58000	20	3042
19	武丘乡罗圈站	8	58000	20	3042

表 8-12 对外交通设施（火车站、货运站）指标及计算结果

编号	设施名称	客运量/货运量	功能分值	服务半径/米
1	长垣市火车站（客运）	17 万人/年	100	28000
2	长垣市火车站（货运）	40 万吨/年	100	28000
3	长垣市南蒲货运站	35 万吨/年	100	9000
4	长垣市蒲东货运站	30 万吨/年	86	8500
5	魏庄办事处货运站	28 万吨/年	80	8000
6	丁栾镇货运站	15 万吨/年	43	5900
7	赵堤镇货运站	10 万吨/年	29	4890

表 8-13 对外交通设施（高速公路出入口）指标及计算结果

编号	设施名称	年平均日交通量	综合规模指数	功能分值	服务半径/米
1	大广高速站（长垣站）	20000	100	100	18500
2	长济高速口（长垣北站）	18500	90	90	13100

6. 基础设施完善度的作用分值

长垣市基础设施选择供水、排水、供气 3 个类型因子。供水方面，各乡镇区域周边村庄的供水方式主要分为分时段集中供水或村民自给供水。根据供水时间保证率的差异，可分为 4 级。排水方面，各乡镇排水较差或基本无排水系统。根据排水方式、各行政村有无排水沟等方面的差异，将排水状况分为 4 级。供气方面，各乡镇有的行政村已供气；有的行政村已经铺设管道，规划近期供气。根据区域是否供气、近期能否实现供气及目前供气保证率，将供气状况分为 4 级。基础设施都属于面状因素，通过对外业调查及有关资料的分析，采用直接赋分法确定作用分值，各基本设施作用分值见表 8-14~表 8-16。

表 8-14 供水状况指标计算

级别	设施状况	分布	作用分值
1	供水管网密，全天供水，供水保证率>90%	蒲东北关村、东关村、南街村、杨庄村、王庄村等 82 个村庄	100
2	供水管网一般，定时供水，供水时长超过 12 小时，供水保证率在 80%到 90%	常村李占村、王占村、樊相镇冯寨村、韩寨村、小屯村等 220 个村庄	75

续表

级别	设施状况	分布	作用分值
3	供水管网疏，供水时长 8 小时左右，供水保证率 50%	方里镇陈庄村、吕庄村、张庄村、芦岗乡张寨村、小辛庄村等 290 个村庄	30
4	村民自备井	芦岗乡杨占村、尚占村等 18 个村庄	0

表 8-15　排水状况指标计算表

级别	设施条件	作用分值
1	主要分布于市区及部分镇区，布设排水管道、排水管网密、排水管道质量优	100
2	排水管网一般，村内主要街道有排水网，其他街道有排水沟	70
3	有排水管网、管网疏，排水条件差，村内主要街道有排水沟，其他街道无排水沟	40
4	排水条件较差，村庄内无排水沟，地面排水	0

表 8-16　供气状况指标计算结果

级别	设施状况	作用分值
1	已架设供气管道，已供气，供气保证率良好	100
2	正在铺设供气管道，规划近期 6 个月准备供气	75
3	规划近期铺设管道，规划 1 年内供气	40
4	无供气规划	0

7. 公用设施完备度的作用分值

（1）公用设施调查。根据长垣市的实际情况，选择了中小学、幼儿园、医院、公园（广场）等设施类型。中小学、幼儿园等调查的指标主要有教学质量、教职工人数、占地面积、总人数等；医院调查的指标主要有医护人数、日门诊人数等；公园（广场）调查的指标主要有接待能力、占地规模等。总地来说调查的项目、内容较多，以期能全面、客观地反映各因子个体的规模与作用。

（2）作用分值及影响半径的计算。对于唯一性设施，如公园、广场等，直接赋分值 100，采用直接量算出该类设施到定级边界最远距离的影响半径；其余公用设施通过对调查内容标准化处理，结合权重，采用加权平均法计算确定作用分值，采用加权分割法结合规程综合确定影响半径。

（3）公用设施完备度的计算。根据上述公用设施的作用分值和影响半径，依线性衰减公式计算各类设施对土地定级单元影响分值，然后加权计算各土地定级单元的公用设施的完备度作用分值。各中学、小学、幼儿园的级别、综合规模指数平均值、功能分值及影响半径等见表 8-17~表 8-23。

表 8-17 公用设施（中学）指标计算

学校名称	级别	综合规模指数平均值	功能分值	影响半径/米
长垣职业中等专业学校、河南宏力学校、长垣市第一高级中学、长垣市第一初级中学	1	73	100	4650
长垣市凯杰中学、长垣市第十中学、蒲东中心校初中部、长城中学、长垣市东英学校、魏庄街道中心学校、长垣市凯杰中学、长垣市行知学校、蒲西初级中学、一中初中部	2	37	51	3200
长垣市景荣初级中学、长垣市银河学校、南蒲街道中心学校、樊相一中、华龙学校、蒲东二中、常村镇中心校、方里一中、青竹中学、长垣市蘧孔学校、长垣市南洋学校、蒲北街道中心学校、武邱乡第一初级中学	3	13	18	1996
樊相镇中心学校、丁栾镇中心学校、苗寨镇初级中学、佘家镇二中、孟岗镇第一初级中学、满村镇中心学校、恼里中心学校、常村镇第三初级中学、芦岗中心学校、长垣市佘家镇中心学校、郑新庄新世纪学校、二中、高章士学校、丁栾镇第二初级中学、方里二中、孟岗镇第三初级中学、苗寨镇曙光中学、张三寨镇三中、四中、赵堤镇中心学校	4	7	10	1428

表 8-18 公用设施（小学）指标计算

学校名称	级别	综合规模指数平均值	功能分值	影响半径/米
行知学校（小学）、蒲城中心校小学、长垣市凯杰中学、河南宏力学校、长垣市县直实验小学、长垣市正大双语学校	1	56	100	3130
丁栾镇中心小学、培森小学、南浦社区小学、南蒲街道樊屯小学、南蒲街道陶行社区小学、蒲东办事处南街中心小学、蒲东街道中心小学、长垣市保华学校、蒲东办事处南关中心小学、蒲东办事处顿庄中心小学、东街小学、蒲东办事处实验小学、蒲城小学、蒲西办事处中心学校、蒲西小学、蒲西办事处西关中心小学、长垣市蘧孔学校	2	28	51	2230

续表

学校名称	级别	综合规模指数平均值	功能分值	影响半径/米
常村镇高村小学、常村镇常村小学、常村镇大堤西小学、常村镇同悦社区小学、常村镇韦庄小学、常村镇马村小学、常村镇后大郭小学、丁栾镇第一中心小学、丁栾镇薛官桥小学、丁栾镇沙邱小学、丁栾镇罗章寨中心小学、丁栾镇大沙邱小学、樊相镇良庙小学、樊相镇留村寺中心小学、樊相镇青岗小学、樊相镇高庙中心小学、樊相镇樊相中心小学、樊相镇秦庄小学、樊相镇辛店中心小学、樊相镇北成功小学、苏庄小学、方里小学、张庄小学、方里乡方西小学、大付占小学、小青小学、杨桥小学、芦岗乡乔寨中心小学、大浪口小学、编号 24-128	3	7	13	1200
常村镇前孙东小学、常村镇李寨小学、常村镇辛兴小学、常村镇宁庄小学、常村镇刘唐小学、常村镇大功社区小学、常村镇油坊寨小学、常村镇小郭小学、丁栾镇官路西小学、丁栾镇打兰寨小学、栾镇韩寨小学、丁栾镇前吴庄小学、丁栾镇马良堌小学、丁栾镇后吴庄小学、丁栾镇东角城教学点、丁栾镇官路东小学、樊相镇白寨教学点、樊相镇韩寨小学、樊相镇白寨教学点、樊相镇吴屯小学、樊相镇大张庄小学、樊相镇上官村小学、方里乡蒲办张小学庄街道董寨小学、武邱乡师家中心小学、武邱乡卓占小学、武邱乡三义村小学、武邱乡于占教学点、武邱乡后师教学点、张三寨镇陈安和小学、张三寨镇皮村小学、张三寨镇横堤中心小学、张三寨镇临河小学、张三寨镇草坡小学、张三寨镇韩村教学点、张三寨镇小屋小学、张三寨镇大堽中心小学、张三寨镇河道小学、张三寨镇官桥营中心小学、张三寨镇西角城教学点、张三寨镇张卜寨教学点、小寨村小学、大寨村小学、新店村小学、东岸下小学，编号 129-247	4	3	5	730

表 8-19　公用设施（幼儿园）指标计算

名称	级别	综合规模指数平均值	功能分值	影响半径/米
长垣市凯杰中学小太阳幼儿园、河南宏力学校幼儿园、樊相北大双语幼儿园、蒲西蒲光社区幼儿园、蒲东京师长城实验幼儿园	1	71	100	2260

续表

名称	级别	综合规模指数平均值	功能分值	影响半径/米
实验幼儿园、长垣市金色摇篮潜能开发婴幼园、南蒲阔寨社区幼儿园、长垣市博苑富美实验幼儿园、蒲东第一幼儿园、武丘红星幼儿园、长垣市直实验幼儿园南蒲分园、蒲东新区幼儿园、长垣市保华幼儿园、蒲西区新标准体系幼儿园、蒲北童年小苑幼稚园、长垣市银河辰星幼儿园、蒲东办事处金色摇篮幼儿园、长垣市佘家老岸艳红幼儿园、蒲西风采艺术幼儿园、长垣市正大双语学校幼儿园、蒲北幼儿园、常村镇同悦社区幼儿园、满村中心幼儿园、长垣市佘家陈庄中心幼儿园、满村前墙阳光幼儿园、樊相小童星幼儿园、新世纪幼儿园、孟岗张野寨幼儿园	2	42	59	1650
西街幼儿园、孟岗镇幼儿园、长垣市建业小哈佛森林半岛幼儿园、芦岗第一幼儿园、蒲西区伟才幼儿园、蒲东鹤立幸福泉幼儿园、赵堤小博士幼儿园、孟岗小红星幼儿园、蒲东办事处清华幼儿园、长垣市恼里大爱和谐幼儿园、南蒲家天下育琳幼儿园、丁栾第一幼儿园、蒲西哆来咪美育幼儿园、长垣市佘家艳红幼教睿智园、长垣市凯杰小太阳容园幼儿园、蒲北婴智杰亲子乐园、武丘第一幼儿园、丁栾快乐家族幼儿园	3	22	31	1200
蒲东办事处蒲城幼儿园、张三寨中心幼儿园、张三寨镇张卜寨幼儿园、长垣市魏庄京师阳光幼儿园、樊相世纪星幼儿园、佘家南王庄阳光幼儿园、常村牛河幼儿园、方里陈庄童之梦幼儿园、丁栾镇丁东幼教中心幼儿园、蒲东小哈佛幼儿园、芦岗小苹果幼儿园、满村盛和幼儿园、蒲西爱心幼儿园、南蒲办事处金寨大风车幼儿园、武丘小博士幼儿园、家家乐幼儿园、长垣市芦岗大付寨阳光幼儿园、蒲西食博园春天幼儿园、芦岗哆唻咪幼儿园、魏庄嘉禾金宝贝幼儿园、丁栾镇中心幼儿园、张三寨小哈佛幼儿园、满村邓东童星宝贝幼儿园、小橡树幼儿园、魏庄参木未来星幼儿园、魏庄后参木硕哈幼儿园	4	10	14	630

表 8-20 公用设施（医院）指标计算

医院名称	级别	功能分值	影响半径/米
长垣市宏力医院	1	100	7830
长垣市人民医院、长垣市中医院、长垣市妇幼保健院	2	60	6060
蒲东卫生院、蒲北卫生院、蒲西卫生院、魏庄卫生院、总管卫生院	3	32	4430

续表

医院名称	级别	功能分值	影响半径/米
佘家卫生院、张三寨卫生院、武丘卫生院、恼里镇卫生院、满村卫生院、芦岗卫生院、常村镇中心医院、苗寨卫生院、方里卫生院、赵堤镇卫生院、樊相镇卫生院、南蒲卫生院、长垣仁济医院、孟岗镇卫生院	4	7	2070

表 8-21 公用设施（公园广场）指标计算

编号	名称	可接待人数/人	占地面积/平方米	综合规模指数	功能分值	影响半径/米
1	三善园	40000	450000	100	100	10531
2	如意园	21000	250000	54	54	7768
3	东湖公园	18000	200000	45	45	7037
4	亿隆公园	10000	120000	26	26	5374
5	王家潭公园	8000	66000	17	17	4299
6	湿地公园	10000	90000	23	23	4925
7	中央公园	10000	98000	23	23	5049
8	容园	5000	30000	10	10	3134
9	伦语公园	1000	926	1	1	987

表 8-22 公用设施（文体设施）指标计算

编号	名称	可接待人数/人	占地面积/平方米	功能分值	影响半径/米
1	长垣市体育馆	600	3000	100	11000
2	南蒲街道体育馆	500	2000	75	9520
3	体育馆	580	3000	98	10900

表 8-23 公用设施（邮局）指标计算

单位名称	级别	功能分值	影响半径/米
中国邮政	1	100	6680
张占邮政支局、蒲东中国邮政、蒲西中国邮政	2	73	5710
魏庄街道办邮政、樊相镇邮政储蓄、恼里镇邮政、常村镇邮政、储蓄支行、邮局赵堤支局、芦岗邮局、邮政局、苗寨邮政所、方里邮局、中国邮政、佘家邮政储蓄、张三寨邮局	3	30	3600

8. 产业集聚影响度

根据长垣市城区产业集聚状况和城区发展规划，结合实际情况主要调查各产业集聚区的企业数量、年产值、职工总人数等项目。对企业数量、年产值、职工人数各类指标进行标准化处理，结合专家咨询意见，计算出各产业集聚区的加权分值。加权分值的标准化结果确定为该产业集聚区作用分值，具体见表 8-24。

表 8-24 产业集聚影响度指标计算

编号	集聚区名称	集聚区类型	企业数/个	年产值/万元	职工人数/人	作用分值
K1	河南省起重工业园区	起重	1200	650000	50000	100
K2	长垣健康产业园区	医疗卫材	1000	70000	48900	95
K3	南蒲小微创业园区	起重配件、电子电器产业	900	60000	40000	85
K4	长垣市小微企业创业园	起重产业	950	65000	45000	88
K5	防腐产业园	防腐材料	35	20000	10000	60
K6	樊相镇创业园	家居卫材	20	20000	1000	25
K7	工业园区	起重	780	1000	4000	50
K8	魏庄配件市场	起重	950	70000	5600	55
K9	华豫大道工业集聚区	起重	160	18000	20000	45
K10	长垣市循环经济产业园	医疗卫材	11	12000	1800	25
K11	常村镇创业园	加工业	3	60000	840	25
K12	新中益电厂	火力发电及三产	4	7000	1600	25
K13	赵堤镇创业园	工业	4	2600	360	20
K14	尚占创业园	工业	3	1800	170	20
K15	再制造产业园	工业	35	10000	1500	20
K22	满村镇医疗器械创业园	卫生材料	15	300000	5000	40

9. 人均经济收入作用分值

理论上，人均经济收入较高的区域，其土地级别和土地价格也相对较高。根据调查的各村人均收入情况，采用极差标准化对指标值进行标准化处理，据此编制人均经济收入指标作用分值表，具体见表 8-25。

表 8-25 人均经济收入指标作用分值计算结果

级别	人均收入	作用分值
1	≥20000	100
2	[18000，20000)	80
3	[15000，18000)	52
4	[12000，15000)	30
5	<12000	0

10. 建设用地占比作用分值

建设用地在区域中所占比例越大，人类活动强度也就相对越强，其土地级别和土地价格也就相对较高。根据长垣市各村集体建设用地占土地总面积的比例，进行极差标准化处理，据此编制建设用地占比指标作用分值表，具体见表 8-26。

表 8-26 建设用地占比指标作用分值计算结果

级别	建设用地占比	作用分值
1	≥50	100
2	[30，50)	65
3	[20，30)	35
4	[10，20)	14
5	<10	0

11. 人口状况作用分值

统计长垣市市域内各行政村常住人口数作为区域人口指标，通过计算机量算出不同行政村的面积，计算出各行政村常住密度，根据公式计算得出各区域的人口密度作用分值。人口密度指标作用分值计算公式为：

$$X_i = P_i / S_i$$

$$F_i = 100(X_i - X_{\min}) / (X_{\max} - X_{\min}) \quad \text{公式 (8-14)}$$

式中：X_i 为计算出的区域人口密度；P_i 为区域人口数量；S_i 为区域面积；$X_{\max}$ 为定级区最大人口密度；$X_{\min}$ 为最小区域人口密度；F_i 为人口密度作用分值。具体结果见表 8-27。

表 8-27　人口密度指标作用分值计算结果

级别	人口密度	作用分值
1	≥3000	100
2	[2000，3000)	75
3	[1000，2000)	50
4	[500，1000)	25
5	<500	0

12. 环境条件作用分值

根据实际情况，环境条件主要考虑人居环境和综合环境两个因子。根据村庄整治规划和外业调查资料，将综合环境条件划分为3级，将人居环境指标划分为5级，具体见表8-28、表8-29。

表 8-28　综合环境条件作用分值计算结果

级别	区域分布	作用分值
1	黄河大堤以东滩区区域，区域受洪水淹没，大气、水有轻微污染，区域内基础设施较差，道路硬化率低，易积水，综合环境较差	0
2	铁路沿线区，区域内长垣市南部华豫大道工业园区、天然文岩渠以东至黄河大堤以西的区域，大气、水有轻微污染，综合环境差	50
3	除1和2之外的其他区域	100

表 8-29　人居环境指标作用分值结果

级别	村庄分类	人居条件	行政村	作用分值
1	城区村	位于城区内的村庄，村庄规模较好，基础设施和生活环境良好	菜北村、菜南村、曹屯村、柴堤村、崔庄村、大张村、郭庄村、东瓦棚村、杜村村、段屯村、顿庄村、樊屯村、付堤村、付寨村、郭寨村、韩了墙村、合阳村、何寨村等共81个村	100
2	镇区村	位于镇区内的村庄，村庄内环境较好，村庄规模有序、规整	安寨村、北街村、常西村、陈安和村、东街村、樊西村樊东村、方东村、李户占村等43个村	80
3	中心村	具有自然特色和民族特色，但村庄内基础设施和生态环境需要改善	白河村、伯玉村、崔安和村、大浪口村、东小青村、高村、官桥营村、韩板村等73个村	60

续表

级别	村庄分类	人居条件	行政村	作用分值
4	一般村	生产生活条件一般、有村庄空心化现象，建房存在无序、垃圾乱堆乱放等问题	八里井村、白河农场村、鲍家村、北堆村、步占村、蔡口村、草坡村、常东村、车寨村、陈寨村、大前村等395个村	30
5	拆迁村	黄河滩区易受淹区，人口流失较严重	田庄村、高庄村、河吕张村、河务局、碱场村、敬寨村、马占村、郑占村等18个行政村	0

13. 规划条件作用分值

规划因素主要考虑了空间规划管制和村庄规划类型。根据《长垣市土地利用总体规划（2010—2020）调整完善》，对长垣市范围内的所有规划建设及土地利用行为进行了规划，形成允许建设区、有条件建设区、限制建设区和禁止建设区4个区域，具体见表8-30。空间规划管制分区按照长垣市土地利用总体规划的建设用地管制分区进行赋值。村庄规划类型依据2018年长垣市全域村庄规划，主要分为城郊融合类、集聚提升类、特色保护类、整治改善类、搬迁撤并类5种，具体见表8-31。

表8-30 空间规划管制分区指标作用分值计算结果

级别	空间管制类型	作用分值
1	允许建设区，区内土地主导用途为城、镇、村或工矿建设发展空间，也是规划确定的城乡建设用地指标落实到空间上预期用地区	100
2	有条件建设区，区域内严格论证，可依程序办理建设用地审批手续的区域	70
3	限制建设区，区内土地主导用途为农业生产空间，是开展土地整理复垦开发和基本农田建设的主要区域；区内禁止城、镇、村建设，严格控制线型基础设施和独立建设项目用地的区域	30
4	禁止建设区，区内土地的主导用途为生态与环境保护空间，禁止建设区域	0

表8-31 村庄规划类型指标作用分值计算结果

级别	村庄规划类型	包含村庄	作用分值
1	城郊融合类，是县城城镇现状建设区以外、城镇开发边界以内的城市近郊区以及县城城关镇所在地村庄，强化规划发展区	八里张村、北堆村、伯玉村、顿庄村、付堤村、何寨村等81个村	100

续表

级别	村庄规划类型	包含村庄	作用分值
2	集聚提升类，主要是产业基础较好、生态环境较好、村庄规模较大，引领村庄高质量发展的村庄	安寨村、白庄村、陈占村、大王庄村、周宜邱村等 109 个村	80
3	特色保护类，引导村庄更新改造有序推进，引导环境友好型产业布局，实现资源保护与村庄发展良性互促的村庄	李占村、东角城村、东柳中村、杜沙邱村、合阳村、后小渠村、胡口村等 37 个村	60
4	整治改善类，在保持原有规模的基础上，将农村人居环境整治作为规划重点，重点引导农村人居环境改善、村容村貌提升和补齐基础设施、公共设施短板的区域	八里井村、白河村、白河农场村、北孙村、程庄村、崔占村等 365 个村	30
5	搬迁撤并类，主要是位于黄河滩区受淹区的村庄和人口流失特别严重的村庄	赵庄村、马占村、太子屯村、东旧城村、东刘庄村等 18 个村	0

14. 自然条件作用分值

长垣市的自然条件差异主要体现在工程地质和洪水淹没上。根据调查资料划分了工程地质条件区和洪水淹没区。根据调查的因子不同和区域的差异状况，划分因子不同级别范围，并采用直接赋分法赋予相应的作用分值，根据上述不同区域的作用分值，计算得出各土地定级单元自然条件优劣度分值，具体见表 8-32、表 8-33。

表 8-32 长垣市工程地质条件作用分值计算结果

级别	分区范围	状况	作用分值
1	长垣市西南区	冲积平原区，工程地质较优	100
2	除 1 和 3 以外的其他区域	工程地质条件良好	60
3	长垣市东部较差区	东部黄河泛滥平原区，地下含有松软淤土及黏土，工程地质性质较差	0

表 8-33 长垣市洪水淹没作用分值计算结果

级别	分区范围	洪水淹没情况	作用分值
1	黄河滩区	位于黄河滩区，容易受到洪水淹没的影响	0

续表

级别	分区范围	洪水淹没情况	作用分值
2	长垣市东部文岩渠区流域	洪水年份易受文岩渠的影响	50
3	其他区域	基本不受洪水淹没影响	100

（三）定级单元划分及单元分值计算

1. 定级单元的划分

参考《城镇土地分等定级规程》的要求，为保证定级工作的精度，又便于计算机的处理分析，此次定级单元划分结合长垣市的实际情况，按照 20 米×20 米的标准进行设定，最终由计算机软件自动生成栅格单元。

2. 阻隔因素和扩散点的确定

根据长垣市实际情况，在定级范围内确定铁路线、河流为阻隔地物，并相应定出 5 个阻隔区和 40 个通行点。

3. 土地定级单元作用分值计算

为便于计算机处理，土地栅格单元内定级因素因子的作用分按如下方法进行取值：扩散性因素因子，以单元几何中心点的分值代表单元分值；非扩散性因素因子（面状因素因子），按面积比例加权求得单元分值；在同一分值区时，就取该分值区的分值。

4. 扩散性因素因子的分析

对于扩散性因素因子，由计算机自动进行扩散分析，扩散时，考虑了扩散点、扩散规律（指数衰减或直线衰减）、因素因子中心分值和服务半径等。按照《长垣市集体建设用地基准地价制订技术方案》要求，同时参照《城镇土地分等定级规程》相关规定，点状和线状因素因子的扩散模型随着土地用途的不同而不同，具体见表 8-34。

表 8-34　各类点、线状因素作用分值衰减方式选择

因素	商服中心	道路	对外交通设施	公用设施
商业服务业用地定级	指数	指数	指数	线性
住宅用地定级	线性	线性	线性	线性
工业用地定级	线性	线性	线性	线性
公共管理与公共服务用地定级	线性	线性	线性	线性

5. 定级单元内因素因子分值计算

对于扩散性因素因子来说，当受多个同因子个体影响时，取其中最高值作为单元因子分值，单元因素分值是单元因子分值的加权和；而对于面状因素因子来说，其因子分值就是单元的直接取值，单元因素分值是各因子的加权求和。

6. 土地定级单元总分值计算

根据分类定级中因素的设置和权重值，根据多因素综合评价法的原理采用加权求和的方法，利用计算机软件自动进行数字叠置，得到定级单元的分值。其计算公式如下：

$$S_j = \sum_{i=1}^{n} F_{ij} \times W_i \qquad \text{公式（8-16）}$$

式中：S_j 为单元的因素指标作用分值；F_{ij} 为 j 单元的 i 因素分值，$i=1$，2，…，n；W_i 为 i 因素的权重；n 为定级因素的个数。

（四）级别的划分与确定

1. 级别划分原则

（1）集体建设用地级别高低与其质量相对优劣的对应关系基本一致；

（2）各级集体建设用地之间的收益应有明显的差别；

（3）集体建设用地级别之间应渐变过渡，相邻单元之间耕地级差不宜过大；

（4）应尽可能地保持土地权属单位即宗地的完整性；

（5）级别边界尽量采用具有地域突变特征的自然界线与人工界线。

2. 土地级别的初步划分

土地级别的划分是根据土地单元的总分值，采用频率直方图法，确定各土地级别的分值区间，从而确定各土地单元归属的土地级别。可分为商业服务业用地定级、住宅用地定级、工业用地定级和公共管理与公共服务用地定级。一个级别的土地是一个相对的均质地域，土地级内各土地单元的总分值相接近，在直方图上则表现为土地单元相对集中。各级土地的平均分值有明显的差异，呈现出层次性。因此在总分值图上会出现明显的“峰谷”现象，突变处的总分值即可作为分级界线值，各类用地频率直方图见图 8-1～图 8-4。通过分析各用途地类频率直方图的变化规律，选择频率曲线分布突变处为级间分界，初步确定土地级别个数和各级别相应的分值区间。各类各级别土地分值区间的对应关系见表 8-35。

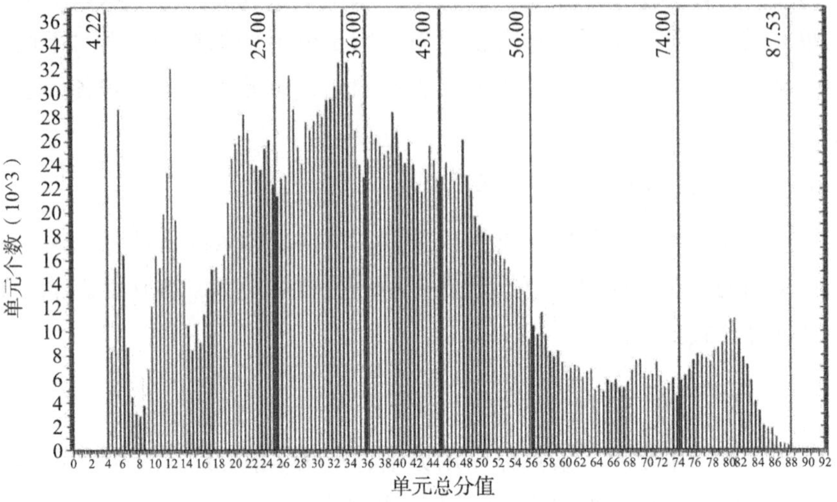

图 8-1　商业服务业用地频率分布直方图

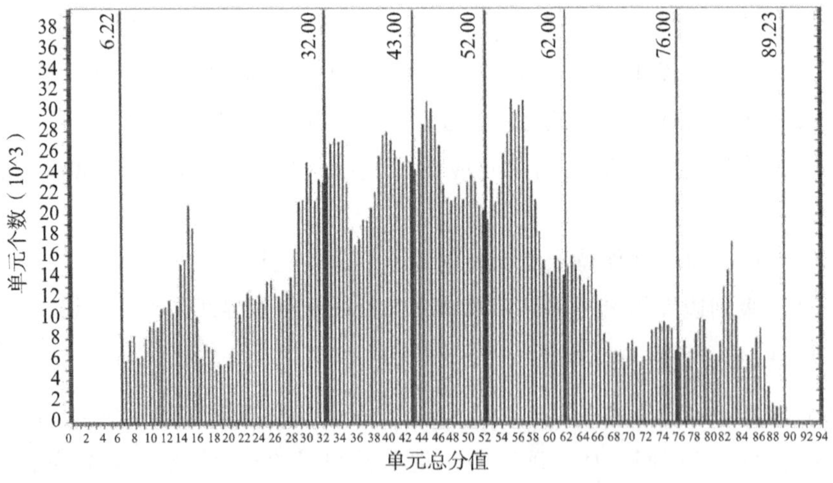

图 8-2　住宅用地频率分布直方图

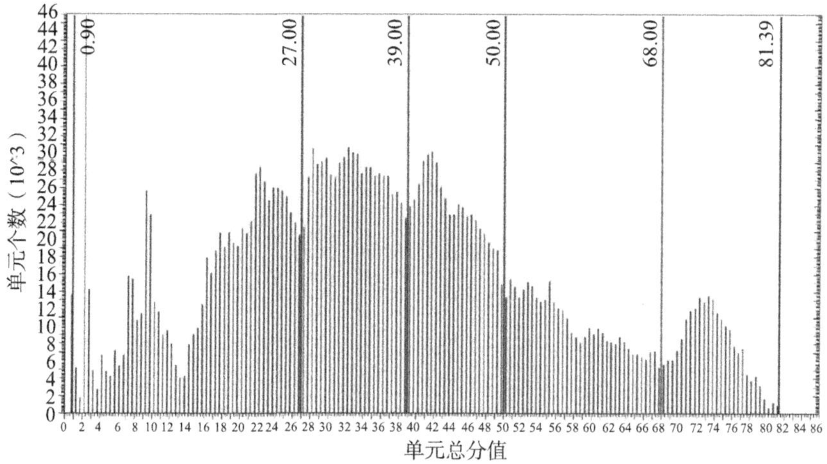

图 8-3 工业用地频率分布直方图

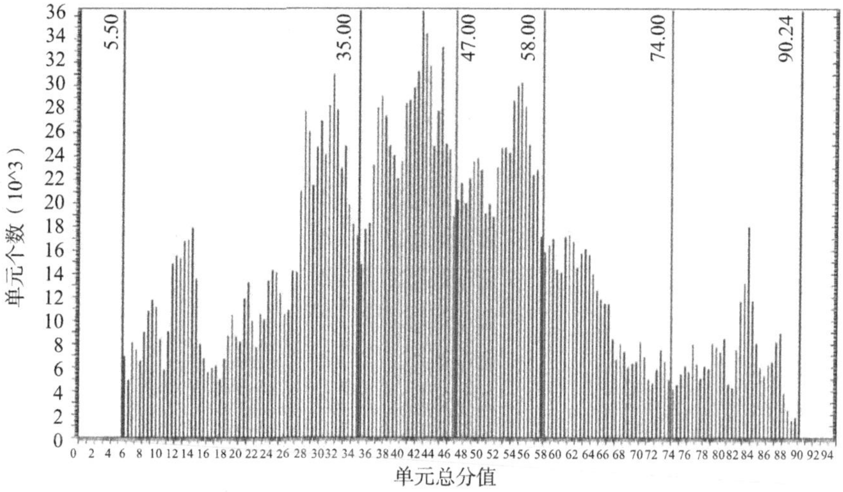

图 8-4 公共管理与公共服务用地频率分布直方图

表 8-35 各类各级别土地分值区间的对应关系

用地类型	一级	二级	三级	四级	五级	六级
商业服务业用地	≥74	(74，56]	(45，56]	(36，45]	(25，36]	<25
住宅用地	≥76	(62，76]	(52，62]	(43，52]	(32，43]	<32
工业用地	≥68	(50，68]	(39，50]	(27，39]	<27	—
公共管理与公共服务用地	≥74	(58，74]	(47，58]	(35，47]	<35	—

据土地级别划分的原则，依分界点分值，初步划分了长垣市集体商业服务业用地级别、住宅用地级别、工业用地级别和公共管理与公共服务用地级别。

二、BP 神经网络定级实证

本研究以多因素综合评价法确定的商业用地、住宅用地与工业用地定级单位、影响及各影响因子与作用分子为样本集，利用 MATLAB 软件中的 BP 神经网络插件操作，对长垣市有关部门提供的已知土地级别样本进行分类，且分别作为测试样本与训练样本。

（一）样本处理

为保证样本数据的代表性、真实性和可靠性，在多因素综合评定法评价结果的基础上，通过野外调查并结合专家和当地部门领导意见确定所有样本的级别。将每个定级单元的评价指标和相对应的土地级别作为一个样本点，经汇总统计，商业用地共 228 个地价样点、住宅用地共 2640 个地价样点、工业用地共 495 个地价样点。之后，再将各类型样本点按照 7∶3 的比例，划分为训练样本与测试样本。样本举例表如表 8-36~表 8-38 所示。

表 8-36　BP 模型训练样本——商业用地（部分）

样本编号	1	2	3	4	5	6	7	8	9	10	11	12
中心城镇	100	100	100	100	60	90	70	6	60	29	0	0
人口纯收入	100	100	100	100	82	100	82	52	82	82	0	0
人口密度	100	75	75	100	50	75	50	50	50	50	25	25
人均建设用地面积	100	100	100	100	65	35	14	65	14	14	35	14
商服中心	51	60	42	51	29	36	21	29	25	11	11	11
农贸市场	13	15	13	15	80	7	24	7	5	0	0	0
道路通达度	34	61	91	73	34	41	51	41	21	21	41	41
汽车站	54	40	36	35	21	22	18	12	16	7	1	1
火车站	44	34	27	24	39	22	28	0	18	0	1	1
高速出入口	22	16	11	8	67	9	33	0	7	2	0	0
供水	100	100	30	75	30	30	30	75	30	30	30	30
排水	100	100	70	70	70	70	40	40	40	40	0	0

续表

样本编号	1	2	3	4	5	6	7	8	9	10	11	12
供气	75	75	75	75	75	75	100	75	40	40	0	0
人居环境质量	100	100	100	100	30	30	30	80	30	30	0	0
综合环境质量	100	0	0	0	100	0	100	50	0	0	0	0
空间管制分区	100	100	100	100	30	30	30	30	30	30	30	30
村庄规划类型	100	100	100	100	30	30	30	30	30	30	30	0
级别	1	1	2	2	3	3	4	4	5	5	6	6

表 8-37 BP 模型训练样本——住宅用地（部分）

样本编号	1	2	3	4	5	6	7	8	9	10	11	12
中心城镇影响度	100	100	94	100	94	97	92	90	0	0	1	3
人均纯收入	100	100	82	100	82	100	82	82	30	30	0	0
人口密度	100	75	50	75	50	75	50	50	75	75	25	25
建设用地占比	100	100	65	65	14	35	14	14	35	35	14	14
商服中心	79	66	52	71	42	59	54	49	26	26	28	30
农贸市场	30	20	44	23	30	10	10	10	0	0	0	2
道路通达度	72	93	74	98	93	84	76	72	70	70	85	71
汽车站	86	70	68	74	62	66	62	60	8	8	0	6
火车站	62	27	53	35	26	17	11	7	0	0	0	0
高速出入口	75	58. 5	93	64. 5	70. 5	46. 5	46. 5	43. 5	0	0	0	0
供水	100	75	30	30	30	30	30	30	75	75	30	30
排水	100	70	70	70	40	70	40	40	0	0	0	0
供气	75	75	75	75	100	75	40	40	75	75	0	0
中学	92	84	56	84	56	76	76	70	6	6	0	0
小学	82	70	52	62	42	82	70	70	10	10	0	4
幼儿园	84	48	54	54	42	36	30	30	18	18	18	30
公园广场	82	72	42	72	52	62	52	52	0	0	0	0
医院	82	48	60	54	40	38	34	30	0	0	0	0
体育馆	92	60	52	70	40	58	44	42	0	0	0	0
邮局	76	56	70	64	46	50	42	38	4	2	6	12
洪水淹没状况	100	100	100	100	100	100	100	100	50	50	0	0
人居环境质量	100	100	30	100	30	30	30	30	30	70	30	30
综合环境质量	100	0	100	100	100	0	0	0	0	0	0	0

续表

样本编号	1	2	3	4	5	6	7	8	9	10	11	12
空间规划管制分区	100	100	30	100	30	30	30	30	30	70	30	30
村庄规划类型	0	0	0	0	0	0	0	0	100	100	100	100
级别	1	1	2	2	3	3	4	4	5	5	6	6

表 8-38 BP 模型训练样本——工业用地（部分）

样本编号	1	2	3	4	5	6	7	8	9	10
中心城镇影响度	100	100	91	99	96	91	79	8	0	0
人均纯收入	100	100	82	100	82	82	82	0	0	30
人均建设用地面积	100	100	65	65	14	14	14	35	14	35
道路通达度	94	76	67	99	84	75	69	69	54	60
汽车站	80	86	66	72	68	60	46	10	0	4
火车站	42	63	47	33	42	10	0	0	0	0
高速出入口	60	75	88.5	66	82.5	46.5	24	0	0	0
供水	100	100	30	30	30	30	30	75	30	75
排水	100	100	70	70	70	40	40	70	0	0
供气	75	75	75	75	75	40	40	75	0	0
洪水淹没	100	100	100	100	100	100	100	50	0	50
工程地质条件	100	100	100	100	100	100	100	50	0	50
产业集聚影响度	90	50	0	60	20	60	30	0	0	0
空间规划管制分区	100	100	30	100	30	100	30	100	30	30
村庄规划类型	100	100	30	100	30	30	30	30	0	0
级别	1	1	2	2	3	3	4	4	5	5

（二）模型的网络拓扑结构和参数确定

在本研究构建的长垣市集体建设用地定级指标体系中，商业用地、住宅用地及工业用地分别有 17 个、25 个与 15 个评价指标，因此 BP 神经网络输入层神经元个数分别为 17 个、25 个与 15 个，输出层用于表示土地质量评价结果，可用 1 个神经元表示，根据经验公式计算隐含层节点数为 5~15 个。在 MATLAB 软件中分别设置隐含层节点数进行网络训练，经反复模拟试验显示，当 3 者节点均为 10 时，模拟效果最好。此时，商业用地、住宅用地及工业用地 3 种网络结构如图 8-5 所示。

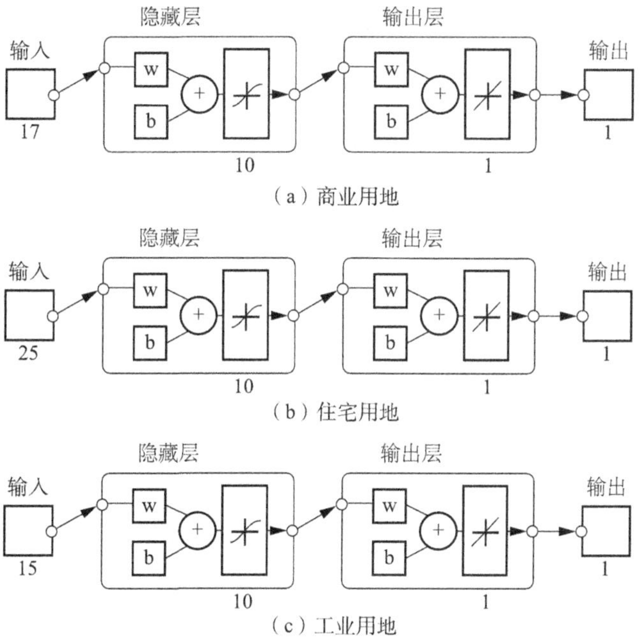

图 8-5　商业用地、住宅用地及工业用地 3 种网络结构

（三）网络训练

本研究借助 MATLAB2018b 软件中的神经网络工具箱模块，对以上过程进行编程。

将商业、住宅与工业的样本数据输入已设定好的 BP 网络模型中进行网络训练，当网络分别经过第 35 次、第 20 次、第 35 训练时，训练（train）均方误差、验证（validation）均方误差、测试（test）均方误差均达到了最优值（best），网络自动停止训练。因此，本研究认为此时网络收敛取得了最理想的效果。其均方误差变化如图 8-6~图 8-8 所示。

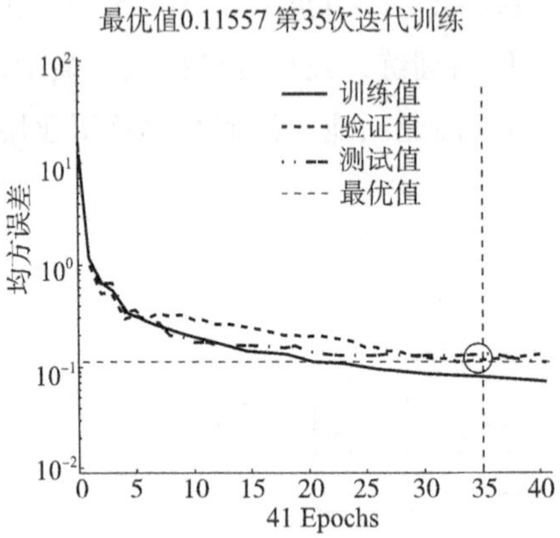

图 8-6　商业用地均方误差变化

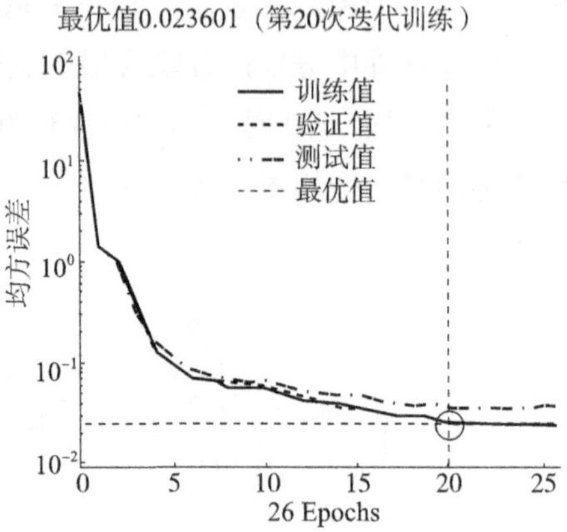

图 8-7　住宅用地均方误差变化

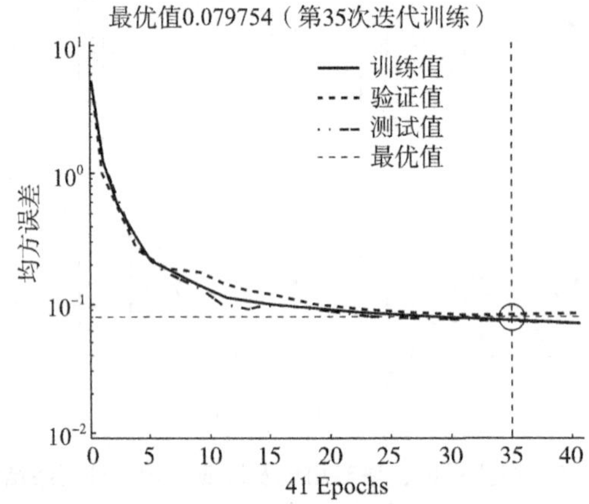

图 8-8　工业用地均方误差变化

（四）模型验证

分别将商业用地、住宅用地及工业用地的测试样本数据输入已成功训练的神经网络模型中，通过仿真输出预测级别，并将预测的土地级别与真实土地级别进行对比。

由图 8-9 ~ 图 8-11 可知其总的模拟程度分别为 98.52%、98.83%与 97.80%，这表明所建立的模型网络训练结构比较理想，可以对其他评价单元进行预测，这样就确定了长垣市集体建设用地级别划分的完整模型。

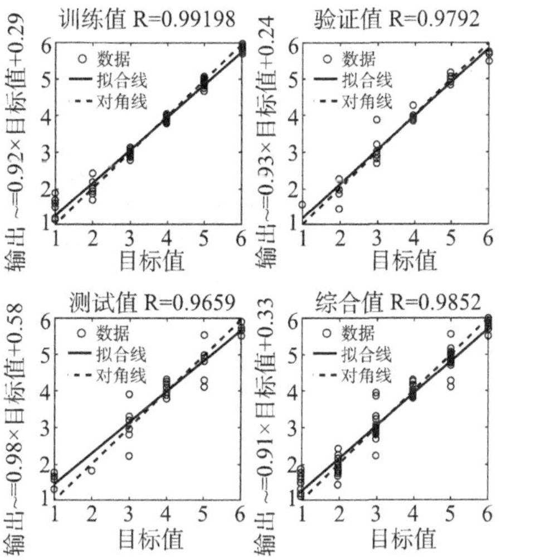

图 8-9 商业用地模拟与训练结果

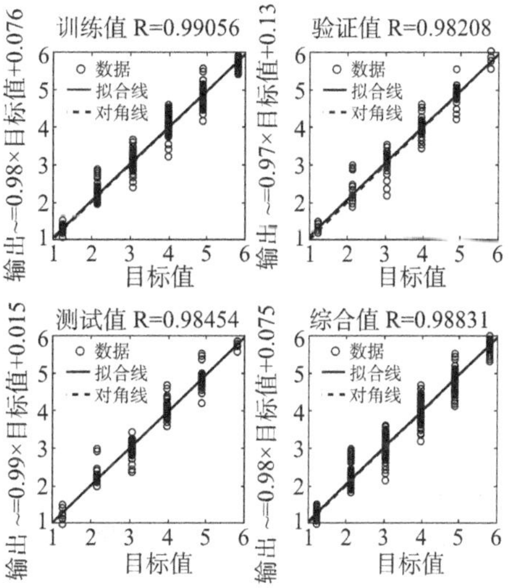

图 8-10 住宅用地模拟与训练结果

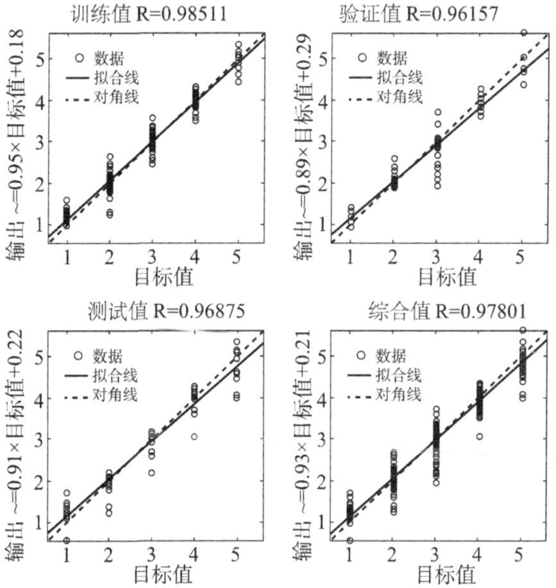

图 8-11 工业用地模拟与训练结果

（五）土地级别划分

在确定此模型的精确度之后用该模型对未知土地级别单元进行级别预测，并将预测结果导入 ArcGIS10.8 软件，与定级单元图链接，运用反距离权重法得到整个长垣市农村集体建设用地等级分布图。

三、两种定级方法对比

（一）定级结果比较

1. 工业用地

采用多因素综合评定法形成的定级分布与 BP 神经网络模型所呈现的定级分布大致相同，但其分布范围仍有所差异。

就一级地分布而言，多因素定级法与 BP 模型法定级范围类似，主要于城市中心集中分布；二级地定级范围略有差异，多因素法所划定范围略广于 BP 模型法，其拓展范围多向北部及东部地区延伸，主要包括满村镇中部、丁栾镇西南部等区域；三级地多因素法所划定范围仍广于 BP 模型法，定级范围向西部与东北部延伸明显，主要包括樊相镇大部、赵堤镇中部等地；四级、五级地差异性显著，采用 BP 模型法所划定的四级地明显广于多因素法，五级地则仅零星分布于长垣市东北部及南部地区，而采用多因素所划定的四级、五级范围，主要分布于长垣市北部与东南部边缘，二者所辖面积相当，呈犬牙交错式分布。

2. 商业用地

采用多因素综合评定法形成的定级分布与 BP 神经网络模型所呈现的定级分布大致相同，但其分布范围仍有所差异。

就一级地分布而言，采用多因素法划定的范围广布于浦西、浦北、蒲东、南蒲及魏庄等街道，而 BP 神经模型所划范围略小，其中蒲北街道与浦西街道鲜有分布；二级地除樊相镇北部一处明显分布外，其余分布大致无异，多因素法所划定范围略向东南部延伸；三级地多因素法所划定范围广于 BP 模型法，其中恼里镇、佘家镇、赵堤镇均有所涉及，而 BP 模型法则未有所呈现；四级、五级地二者分布大致相同；六级地多因素法在常村镇有零星分布，而 BP 神经模型所划定范围内并未体现。

3. 住宅用地

采用多因素综合评定法形成的定级分布与 BP 神经网络模型所呈现的定级分布大致相同，但其分布范围仍有所差异。

就一级地分布而言，采用多因素法划定的范围广布于浦西、浦北、蒲东及南蒲街道，而采用 BP 模型法划定的范围则主要集中于浦西街道、南蒲街道、魏庄街道西部等地，其蒲西、蒲东、南蒲街道交汇处有明显空心；二级地除中心处空心外其余大致无异；三级地多因素法与BP模型法所划定范围均呈现围绕中心城镇的环状分布，但BP模型法于芦岗乡、魏庄街道、恼里镇东部均有三级地划定，而多因素法则未呈现；四级地采用BP模型法划定的范围广于多因素法，于长垣市北部广有分布；五级地采用多因素法划定的范围主要集中于长垣市北部、东部及南部边缘，呈连片状分布，而采用BP模型法则分布较为零星，北部与南部地区较少分布。六级地采用多因素法所划定区域与五级地类似，主要围绕城市东部边缘呈条带状分布，而采用BP模型划定的范围分布较为零散，长垣市东南部地区均无分布。

（二）定级方法比较

为了深层次地比较多因素综合评定法和BP神经网络法评价结果的优劣，找出更切合长垣市集体建设用地质量的评价方法，旨在揭示集体建设用地质量分布内部规律，本研究对两种方法的评价结果进行了深入分析。

多因素综合评定法的优点是能考虑各种与土地有关的经济因素和非经济因素，评价方法采用定性与定量相结合，能够充分将人的主观经验判断变为合理且有说服力的数据指标，用一个能体现综合情况的指标代替多数量的评价指标，具有综合性强的优点。但其计算过程过于复杂、工作量较大，同时存在一定程度的主观随意性，不能完全保证土地级别的统一性和科学性。

相比多因素综合评定法的定级方法，BP神经网络法直接从样本的学习中获取“知识”，建立各定性和定量指标与土地质量等级之间的高度非线性映射关系，能够采用人工智能的方法完成预测工作，具有效率高、省时省力的优点，BP神经网络尤在确定权重与级别划分方面更具优势，客观性更强，更能客观地评价集体建设用地质量的一般分布规律。但是BP神经网络法的网络训练模型精度容易受到样本准确度的影响，因此对样本的质量要求极高。其次，BP神经网络法在训练时，需要通过不断试验来完成最优的隐含层、训练次数等参数的设置，以获取最优的网络训练结构。但BP神经网络法同样存在一定缺陷：①样本数量若不够充足，可能会导致网络训练后的适用性不高；②BP神经网络法是在建立的网络模型基础上，根据训练样本所在的变异进行定级，而同一个因素在不同村庄或村庄内部可能会有很大变化；③BP神经网络法过于依赖网络训练过程中学到的“知识”，因此定级结果精度可能会受到一定的影响。

综上而言，通过对比分析多因素综合评定法与BP神经网络法的评价结果可以看出，两者均能够客观地评价集体建设用地质量的一般分布规律。多因素综合评定法更多地从主观视角出发，其定级结果能够在一定程度上反映研究区的实际情况。BP神经网络模型则更依赖于理性的样本推断，定级结果较为客观，实际应用过程中评价结果更接近长垣市实际情况，但样本数量不够充足，可能导致网络训练后的适用性不高。因此，在集体建设用地的定级过程中，为了提高定级结果的精度与适用性，宜采用BP神经网络模型与多因素综合评定法相结合的定级方法。

四、土地级别确定

（一）土地级别界线落实

BP神经网络模型与多因素综合评定法划定的土地级别界线，必会存在一定的差别。为保证定级工作的科学性、可信性、合理性，应对分级结果进行合理性检验。经当地政府及各有关部门的领导与专家充分协商、论证两种方法划定土地级别的合理性、科学性，在不影响定级科学性的基础上，对存异界线进行修正。结合实地踏勘情况，综合确定出级别边界是根据土地定级的原理，考虑到集体建设用地布局分散，可能存在专家或当地领导对部分地区情况了解不彻底的情况，需要工作人员调查实地情况从而进行级别界线落实。综合上述原则，最终绘制出长垣市商业服务业用地级别界线图、住宅用地级别界线图、工业用地级别界线图。

（二）土地级别验证与确定

采用多因素综合评价法初步确定的土地级别，全面反映了土地质量的空间差异，但由于受评价方法、资料的真实性、工作人员的业务水平等的影响，所划分的级别是否合理，还需进行验证。长垣市土地级别划分验证采用两种方法进行，一是利用土地市场交易价格资料，二是咨询长垣市政府有关部门的领导与专家。

1. 利用土地市场交易价格资料确定

第一步：根据初步划分的土地级别，参照《城镇土地估价规程》（GB/T18508—2014）的要求，计算、统计、检验和分析各级别内样点地价，获得各级别内的平均地价；第二步：分析样点属性的级别平均值或级别平均地价的极差；第三步：分析级别内的平均地价是否存在正级差，且高级别级差是否大于低级别级差，若同时满足以上两个条件，则说明初步划分的土地级别是合理的；如果是不合理的，需要对初步划分的土地级别进行重新划分。具体见表 8-39。

表 8-39 各类用地级差 单位：元/平方米·月，元/平方米

级别	类型	一级	一、二级差值	二级	二、三级差值	三级	三、四级差值	四级	四、五级差值	五级	五、六级差值	六级
商服	租金	5.51	1.49	4.02	0.96	3.06	0.63	2.43	0.33	2.1	0.2	1.9
住宅	样点均价	725	183	542	124	418	76	342	44	298	26	272
工业	样点均价	245	33	212	29	183	25	158	22	136	—	—

由表 8-39 可知，各土地级别之间存在明显的正级差，且高级别级差大于低级别级差，符合土地级别的一般作用规律。由此可见，初步划分的土地级别是合理正确的。

2. 土地级别调整与确定

结合市场交易资料的验证、土地行业专家咨询的意见并依据集体建设用地土地级别的成果、总分值扩散方式，分析长垣市总分值扩散结果，对原划分级别不合理的区域进行适当调整，确定土地级别界线。

3. 土地级别界线的落实

对划定的土地级别界线，经县政府及各有关部门的领导与专家充分协商、论证后，在不影响定级科学性的基础上，略加修正，综合确定级别边界。

级别界线的落实，是根据土地定级的原理，考虑到实地情况进行落实的。依据级别界线结合乡（镇）村行政区划界线落实集体建设用地级别界线。综合上述原则，最终绘制出长垣市集体商业服务业用地、集体住宅用地和集体工业用地级别界线图。

4. 级别面积量算与级别成果分析

通过对各类用地级别图斑面积量算与统计，得到各类用地各级别面积的分布情况，具体见表 8-40。

表 8-40　各类用地名级别面积统计

用地类型		一级地	二级地	三级地	四级地	五级地	六级地	合计
商业服务业用地	面积/公顷	400.6	1041.46	1428.66	2823.72	5259.48	4552.44	15506.36
	比例/%	2.6	6.76	9.27	18.32	34.12	28.93	100
住宅用地（宅基地）	面积/公顷	701.93	575.07	1591.66	2755.2	5446.7	4435.8	15506.36
	比例/%	4.55	3.73	10.33	17.87	35.34	28.18	100
工业用地	面积/公顷	210.54	764.24	3112.24	6691.49	4727.85		15506.36
	比例/%	1.37	4.96	20.19	43.41	30.07		100
公共管理与公共服务用地	面积/公顷	123.63	1264.13	2700.14	6523.97	4894.49		15506.36
	比例/%	0.8	8.2	17.52	42.33	31.15		100

注：由于公共管理与公共服务用地没有进行 BP 神经网络方法的定级，最终级别的确定主要依据多因素综合评价方法和专家评判。

第三节　长垣市集体建设用地基准地价评估

一、集体建设用地基准地价内涵的界定

集体建设用地基准地价是在正常市场条件下，适用于以有偿使用为目的，在平均开发利用条件下、不同级别或不同均质地域的土地，按照商服用地、住宅用地、工业用地和公共管理与公共服务用地等不同用途，分别评估确定的某一特定估价期日下一定使用年期的集体建设用地区域平均价格。

按照技术方案等要求，长垣市集体建设用地基准地价内涵归纳为：各用途集体建设用地、各土地级别或均质地域，在一定的开发程度、一定的土地容积率、一定的使用年限、某一估价基准日下土地完整使用权的平均价格。具体内涵如下。

（一）土地开发程度

中心城区规划范围内为五通一平，即土地平整、通路、通电、通信、通上水、通下水；中心城区规划范围外为三通一平，即土地平整、通路、通电、通上水。

（二）土地使用年限

商业服务业用地为 40 年，工业用地为 50 年，公共管理与公共服务用地

为50年，住宅用地（宅基地）为无限期使用。

（三）基准容积率

根据有关技术要求，结合长垣市实际，中心城区规划范围内基准容积率为：商业服务业用地容积率为1.8，住宅用地（宅基地）容积率为1.8，公共管理与公共服务用地容积率为1.5，工业用地容积率为1.0。中心城区规划范围外基准容积率为：商业服务业用地容积率为1.5，住宅用地（宅基地）容积率为1.5，公共管理与公共服务用地容积率为1.2，工业用地容积率为1.0。

（四）基准地价估价基准日

本次基准地价评估的估计基准日为2020年1月1日。

（五）土地权利类型

集体建设用地使用权。

二、集体建设用地基准地价评估主要参数的确定

（一）还原利率的确定

还原利率是将纯收益还原为价格的比率，其实质是一种投资利润率，是地价评估中的重要参数。确定还原利率的方法有很多，常用的有土地收益与价格比率法、安全利率调整法、投资收益率法、投资收益率复合法等，在长垣市集体建设用地基准地价评估中主要应用安全利率加风险调整值法确定了土地还原利率与房屋还原利率。

安全利率加风险调整值法是在安全利率的基础上，根据对象的社会经济环境条件，考虑风险调整值，进而确定土地还原利率。其一般公式为：

$$R=R_f+I \quad \text{公式（8-17）}$$

式中：R 为还原率；R_f为无风险投资收益率；I 为风险调整值。

安全利率是指无风险的资本投资利率，我国一般采用一年期定期存款利率或三年期国债利率作为安全利率。目前，一年期定期存款利率为1.5%，明显低于投资的预期收益。在此，选用三年期国债利率作为安全利率。近几年我国的三年期国债利率一直稳定在4%，在此安全利率取4%。土地行业的不确定性因素使开发商在进行地产项目的投资开发时面临因变化所带来的风险。

不同的土地市场承受不同的市场风险，根据高风险、高报酬的市场规律，承受市场风险大的土地市场，有着高的回报率，即高的还原率，其风险调整值也相应较高，风险调整值的大小由市场风险影响程度决定。根据有关专家的咨询意见，确定商服用地、住宅用地、工业用地、公共管理与公共服务用地的风险调整值分别为4.5%、3.5%、2.5%、3.5%。

在安全利率和风险比率调整值确定之后，土地还原率等于安全利率和风险比率调整值之和。据此计算，集体商服、住宅、工业、公共管理与公共服务用地的还原利率分别为8.5%、7.5%、6.5%和7.5%，具体见表8-41。

表8-41　安全利率加风险调整值法确定土地还原利率结果

名称	土地还原利率/%		
	安全利率	风险调整值	还原利率确定
商业服务业用地	4.0	4.5	8.5
住宅用地（宅基地）	4.0	3.5	7.5
工业用地	4.0	2.5	6.5
公共管理与公共服务用地	4.0	3.5	7.5

（二）其他评估参数的确定

1. 房屋重置价的确定

房屋重置价、耐用年限及残值率是收益还原法用到的重要参数，是进行基准地价评估时必须收集的资料。房屋地域和房屋结构类型、等级不同，房屋重置价格也不同，房屋重置价格包括必须的建筑费、其他费用和正常的利润及税金。根据长垣市建筑材料价格、建筑工程综合概算定额，并综合所掌握的资料，确定房屋重置价、耐用年限和残值率，具体如表8-42所示。

表8-42　房屋重置价、残值率及耐用年限统计表

建筑类型	重置价/（元/平方米）	耐用年限/年	残值率/%
钢混结构	1500	60	0
砖混结构	1000	50	2
砖木结构	520	30	5
简易结构	230	10	2

2. 房屋租赁买卖各种税费标准

经过调查，长垣市现行的房屋租赁、买卖评估参数见表8-43。

表 8-43 房屋租赁、买卖评估参数

项目类别	计算方法
维修费	房屋重置价的 2%
管理费	年租金的 2.5%
贷款利息	（房屋重置价+折旧费+残值）/2·年利率

3. 新增建设用地各项税费标准

经过调查，长垣市新增建设用地涉及的评估参数见表 8-44。

表 8-44 新增建设用地涉及的评估参数

项目类别	参考数值
土地取得费	河南省人民政府《河南省人民政府关于调整河南省征地区片综合地价标准的通知》豫政［2016］48 号
土地开发费	中心城区内 80 元/平方米，其他区域 45 元/平方米
耕地占用税	24 元/平方米
耕地开垦费	13 元/平方米
青苗补偿及地上附着物补偿标准	青苗费 3.5 元/平方米
利息	4.35%
利润率	7%～10%
增值收益率	5%～15%

三、集体建设用地样点地价修正系数的确定

由于基准地价是指某一区域、法定最高土地使用权年限、一定土地开发程度、一定估价时点某类土地的平均价格，各类交易样点的实际地价与其有很大出入，因此需要进行土地使用权年限、土地开发程度、估价期日等修正，把各交易样点的条件修正到相应基准地价的水平。

（一）年限修正

土地使用权年限修正是将各样点的不同使用权年限修正到相应基准地价的土地年限（法定最高土地使用权年限），以消除因土地使用权年限不同而对价格产生的影响。其修正公式为：

$$V_m = V_n \times K \quad \text{公式（8-18）}$$

$$K=[1-1/(1+r)^m]/[1-1/(1+r)^n]$$ 公式（8-19）

式中：V_m为修正后的样点地价；V_n为修正前的样点地价；r为土地还原利率；n为样点实际土地使用权年限；m为各类用地法定最高土地使用权年限，其中商业服务业用地为40年，工业用地为50年，公共管理与公共服务用地为50年。

（二）估价期日修正

估价期日修正是将样点的交易日期价格调整到基准地价估价期日的价格。其修正公式为：

$$V_e=V_o\times K$$ 公式（8-20）

式中：V_e为基准地价估价期日的样点地价；V_o为交易日期的样点地价；K为期日修正系数；各类基准地价的估价期日统一为2020年1月1日。根据长垣市历年来的建材与房屋价格指数、社会商品零售价格指数、各年的平均土地价格，确定了长垣市各类用地各年地价期日修正系数（具体见表8-45）。

表8-45　长垣市各类用地各年地价期日修正系数

用地类型	2015年	2016年	2017年	2018年	2019年	2020年
商业服务业用地	1.198	1.151	1.106	1.079	1.043	1.000
住宅用地	1.223	1.183	1.141	1.098	1.058	1.000
工业用地	1.052	1.041	1.030	1.021	1.010	1.000

（三）土地开发程度修正

土地开发程度反映了土地成熟程度，不同开发程度的土地，其开发成本及使用效用是不同的，从而影响到土地的质量状况与地价水平。土地开发程度修正，就是把各交易样点的实际开发程度修正到基准地价要求的开发程度。其计算公式为：

$$V_E=V_O+Q$$ 公式（8-21）

式中：V_E为修正后的地价；V_O为修正前的地价；Q为开发程度的修正数额。

长垣市集体建设用地基准地价设定的开发程度为城区内五通一平、城区外三通一平。以设定开发程度作为修正的标准，将多于或少于五通、三通的情况，根据实际开发费用，计算修正数额，具体见表8-46。

表 8-46 基础设施开发程度 单位：元/平方米

开发程度	通上水	通路	通电	土地平整	通下水	通信
五通一平（中心城区规划范围内）	18	19	13	5	16	9
三通一平（中心城区规划范围以外）	14	15	11	5		

（四）容积率修正

容积率修正是指将实际交易情况的容积率修正到基准地价内涵下的容积率。一般情况下，在其他条件相同的情况下，容积率越高，土地价格也越高。对不同容积率情况下发生的交易地价，按下式将地价修正到规定容积率的价格。

$$P_{is}=K_r\times P_{ij} \qquad \text{公式（8-22）}$$

式中：P_{is}为修正到规定容积率时的宗地地价；K_r 为容积率修正系数；P_{ij}为某一容积下的宗地成交价。

因工业用地、公共管理与公共服务用地容积率对地价影响较小，因此不做容积率修正系数。集体建设用地基准地价内涵中，商业服务业用地中心城区内的平均容积率为 1.8，商业服务业用地中心城区外的平均容积率为 1.5；住宅用地（宅基地）中心城区内的平均容积率为 1.8，住宅用地（宅基地）中心城区外的平均容积率为 1.5。商业服务业用地和住宅用地（宅基地）样点地价容积率修正系数见表 8-47、表 8-48。

表 8-47 样点地价容积率修正系数（中心城区内）

容积率水平	修正系数		容积率水平	修正系数	
	商服用地	住宅用地（宅基地）		商服用地	住宅用地（宅基地）
≤0.5	1.506	1.383	2.1	0.915	0.929
0.6	1.441	1.328	2.2	0.883	0.909
0.7	1.385	1.290	2.3	0.852	0.888
0.8	1.333	1.258	2.4	0.831	0.873
0.9	1.299	1.220	2.5	0.809	0.858
1.0	1.259	1.209	2.6	0.788	0.839
1.1	1.238	1.200	2.7	0.772	0.824
1.2	1.217	1.192	2.8	0.760	0.809
1.3	1.182	1.182	2.9	0.741	0.795

续表

容积率水平	修正系数		容积率水平	修正系数	
	商服用地	住宅用地（宅基地）		商服用地	住宅用地（宅基地）
1.4	1.155	1.148	3.0	0.725	0.783
1.5	1.119	1.122	3.1	0.714	0.769
1.6	1.085	1.095	3.2	0.701	0.752
1.7	1.050	1.060	3.3	0.684	0.738
1.8	1.000	1.000	3.4	0.674	0.729
1.9	0.968	0.973	≥3.5	0.661	0.715
2.0	0.943	0.948	/		

表 8-48　样点地价容积率修正系数（中心城区外）

容积率水平	修正系数		容积率水平	修正系数	
	商服用地	住宅用地（宅基地）		商服用地	住宅用地（宅基地）
≤0.5	1.486	1.326	2.1	0.839	0.864
0.6	1.458	1.318	2.2	0.822	0.848
0.7	1.435	1.305	2.3	0.806	0.834
0.8	1.397	1.299	2.4	0.792	0.821
0.9	1.355	1.279	2.5	0.779	0.809
1.0	1.314	1.247	2.6	0.767	0.798
1.1	1.264	1.188	2.7	0.756	0.787
1.2	1.171	1.126	2.8	0.746	0.777
1.3	1.101	0.076	2.9	0.736	0.769
1.4	1.045	1.034	3.0	0.727	0.760
1.5	1.000	1.000	3.1	0.719	0.751
1.6	0.962	0.969	3.2	0.711	0.744
1.7	0.931	0.943	3.3	0.704	0.737
1.8	0.903	0.920	3.4	0.697	0.730
1.9	0.879	0.899	≥3.5	0.690	0.724
2.0	0.858	0.880	—		

四、集体建设用地样点地价的计算

根据长垣市农村集体建设用地的发育特点，主要利用样点地价和成本法测算基准地价。当均值空间内集体土地样点数量充足，符合相关统计检验要求时，可直接测算算数平均值，以加权平均值、众数、中位数等作为基准地价。对于集体土地样点地价不足的区域，可通过建立定级单元土地质量分值与样点地价数学模型的方法推算基准地价。

利用成本逼近法测算基准地价是参考国有建设用地的成本构成测算，扣除相关费用后得出集体建设用地末级地的成本价格。采用成本逼近法进行价格测算，详细步骤参考《城镇土地估价规程》《GB/T 18508—2014）和《农村集体土地价格评估技术指引》。

根据调查资料，长垣市样点主要有土地出让、房地出租、房屋买卖、土地出租等。各类型样点地价计算方法与结果如下。

（一）土地出让样点地价的计算

长垣市作为集体经营性建设用地入市试点县，2015—2019 年有部分集体经营性建设用地出让。根据土地使用权出让资料，地价计算公式为：

$$V=P/S \qquad \text{公式（8-23）}$$

式中：V 为单位面积土地使用权出让价格；P 为出让宗地总价格；S 为出让宗地总面积。

利用该类资料计算地价的过程为：第一，按公式计算各样点地价；第二，根据各样点实际情况，进行土地使用权年限修正、估价期日修正、土地开发程度修正及交易情况修正等，各种修正方法过程如前述；第三，汇总各级各类土地出让样点地价，剔除异常的样点地价；第四，按不同土地级别及相应的土地出让样点，用算术平均法计算得出各类土地级别及相应用地类型的平均地价。根据以上方法及长垣市的土地出让样点资料，最终得出土地出让样点地价的计算结果（具体见表 8-49）。

表 8-49 集体经营性建设用地出让样点地价的计算结果

土地级别		Ⅰ级	Ⅱ级	Ⅲ级	Ⅳ级	Ⅴ级	Ⅵ级
商服用地	样点数量/个	—	2	6	9	4	3
	地价水平/（元/平方米）	—	618	468	382	322	293

续表

土地级别		Ⅰ级	Ⅱ级	Ⅲ级	Ⅳ级	Ⅴ级	Ⅵ级
工矿仓储用地	样点数量/个	—	3	43	58	21	—
	地价水平/(元/平方米)	—	198	179	162	143	—
公共管理与公共服务用地	样点数量/个	—	8	10	17	13	—
	地价水平/(元/平方米)	—	269	225	183	161	—

（二）房地出租资料评估样点地价

对于收集到的房地出租样点，基本评估思路与国有建设用地中使用房地出租资料的评估方法一样，即房地出租涉及土地使用权出租和房屋出租，出租得到的收益实际上是房地总收益，在房地总收益中扣除房屋应得的收益和有关费用剩下的就是土地纯收益，然后以一定的还原率进行还原即得到地价。

1. 计算房地纯收益

以房屋租赁中的实际成交租金作为房地出租总收益，从中扣除有关经营费用和折旧费等，按下式计算房地纯收益：

$$R_{in}=R_{ig}-(E_1+E_2+E_3+E_4+B+T) \qquad \text{公式（8-24）}$$

式中：R_{in}为房地出租年纯收益；R_{ig}为房地出租年总收益；E_1为房屋出租经营管理费；E_2为房屋出租经营维修费；E_3为房屋年保险费；E_4为房屋年折旧费（重置价/耐用年限）；B为利息；T为房屋出租年应交税金。

2. 计算房屋收益

将房屋现值作为投资资本，房屋收益按下式计算：

$$I_{hn}=P_{hc}\times r_h \qquad \text{公式（8-25）}$$

$$P_{hc}=(P_{hk}-(P_{hk}-P_{nd})\times(N_1/N) \qquad \text{公式（8-26）}$$

式中：I_{hn}为房屋年纯收益；P_{hc}为房屋现值；r_h为房屋还原率；P_{hk}为房屋重置价格；P_{nd}为房屋残值；N_l为房屋已使用年限；N为房屋耐用年限。

3. 计算土地价格

从房地纯收益中，扣除房屋纯收益，土地价格按下式计算：

$$p_{is}=\frac{R_{in}-I_{hn}}{S}\times\frac{1}{rd} \qquad \text{公式（8-27）}$$

式中：p_{is}为宗地单位土地面积地价；R_{in}为房地产纯收益；I_{hn}为房屋纯收益收益；S为经营房屋的用地面积；r_d为土地还原利率。

房地出租样点地价计算结果见表8-50。

表8-50 房地出租样点地价计算结果

土地级别		Ⅰ级	Ⅱ级	Ⅲ级	Ⅳ级	Ⅴ级	Ⅵ级
商业服务业用地	样点数量/个	18	25	53	48	54	35
	地价水平（元/平方米）	819	616	456	362	317	283
住宅用地	样点数量/个	11	20	29	35	33	12
	地价水平（元/平方米）	65	49	44	40	23	21
工业用地	样点数量/个	—	13	32	45	32	—
	地价水平（元/平方米）	—	213	191	157	131	—

（三）利用自用门面房商服效益评估样点地价

1. 计算房地纯收益

用经营收入作为房地总收益，从中扣除客观费用，计算公式如下：

$$R_{in}=R_{ig}-(E_1+B+T) \qquad 公式（8-28）$$

式中：R_{in}为房地年纯收益；R_{ig}为房地年收益；E_1为房屋客观费用；B为利息；T为房产税。

2. 计算房屋收益

将房屋现值作为投资资本，房屋收益按下式计算：

$$I_{hn}=P_{hc}\times r_h \qquad 公式（8-29）$$

$$P_{hc}=P_{hk}-(P_{hk}-P_{nd})\times(N_1/N) \qquad 公式（8-30）$$

式中：I_{hn}为房屋年纯收益；P_{hc}为房到现值；r_h为房屋还原利率；P_{hk}为房屋重置价格；P_{nd}为房屋残值；N_1为房屋已使用年限；N为房屋耐用年限。

3. 计算土地价格

从房地纯收益中，扣除房屋纯收益，土地价格按下式计算：

$$P_{is}=\frac{P_{in}-P_{hn}}{S}\times\frac{1}{r_d} \qquad 公式（8-31）$$

式中：P_{is}为宗地单位土地面积地价；P_{in}为房地产纯收益；P_{hn}为房屋纯收益；S为经营房屋的用地面积；r_d为土地还原利率。

自用门面房资料评估地价见表8-51。

表 8-51　自用门面房资料评估地价

土地级别		Ⅰ级	Ⅱ级	Ⅲ级	Ⅳ级	Ⅴ级	Ⅵ级
商服用地	样点数量/个	10	18	35	32	30	18
	地价水平/（元/平方米）	798	586	448	357	308	276

（四）土地出租资料评估样点地价

根据样点资料，按下式计算地价：

$$P=(R/s)\times(1/r)\times[1-1/(1+r)^n] \qquad \text{公式（8-32）}$$

式中：P 为出租地块单位面积地价；R 为出租房每年得到的资金或实务现值；s 为出租地块总面积；r 为土地还原利率；n 为估价设定使用年限。

土地出租样点地价计算结果见表 8-52。

表 8-52　土地出租样点地价计算结果

土地级别		Ⅰ级	Ⅱ级	Ⅲ级	Ⅳ级	Ⅴ级
工业用地	样点数量/个	3	8	16	49	32
	地价水平/（元/m^2）	253	212	183	150	135

（五）宅基地使用权买卖资料评估样点地价

目前，我国禁止宅基地的私下买卖，但允许村集体组织内部成员之间相互转让，这种交易多是私下交易。这种交易有土地与房屋一体的，也有单独土地的，在没有房屋的交易中，可以直接通过交易价格计算出单位地价；在房地一体的交易中，可以从买卖交易的总价额中扣除房屋本身的价值，计算地价。经调查和业内数据处理，共计收集有效的买卖样点资料 90 个。根据样点资料，按下式计算地价：

$$V=(V_r-P_h)/S,P_h=P_{hk}-E \qquad \text{公式（8-33）}$$

式中：V 为单位面积土地价格；V_r为房屋交易价格；P_h为房屋现值；S 为交易土地总面积；P_{hk}为房屋重置价格；E 为房屋折旧总额。

房屋买卖样点地价计算结果见表 8-53。

表 8-53　房屋买卖样点地价计算结果

土地级别		Ⅰ级	Ⅱ级	Ⅲ级	Ⅳ级	Ⅴ级	Ⅵ级
住宅用地（宅基地）	样点数量/个	5	6	10	27	22	20
	地价水平/（元/平方米）	698	546	416	359	296	268

（六）新增建设用地的价格测算

测算思路基本与城镇国有建设用地评估运用的成本逼近法一致，其基本计算公式为：新增建设用地的土地价格=土地取得费（土地补偿费、安置补助费、地上附着物及青苗补偿费）+税费+土地开发费+投资利息+投资利润+土地增值收益。

1. 土地取得费确定

农用地转变成集体建设用地，在征收土地时，需依法支付一定的土地补偿费。目前农用地征收后转换为国有建设用地时，我国普遍采用的是征地区片价。根据《河南省人民政府关于征收农用地区片综合地价有关问题的通知》豫政〔2020〕16号文，区片价由土地补偿费和安置补助费组成，其中土地补偿费占40%，安置补偿费占60%，不包括地上附着物、青苗补偿费和被征地农民的社会保障费用。集体用地征用土地时需补偿原土地使用者在征用期间不能从事农业生产的土地补偿和青苗及地上附着物补偿，并不需要支付安置补助费。因此土地补偿费为28元/平方米，青苗及地上附着物补偿费为3.5元/平方米，即末级地土地取得费为31.50元/平方米。

2. 有关税费

（1）耕地占用税：根据《中华人民共和国耕地占用税暂行条例》和河南省财政厅文件《关于调整耕地占用税适用税额有关问题的通知》（豫财办农税〔2008〕10号）的规定，确定耕地占用税为24元/平方米。

（2）耕地开垦费，根据《河南省人民政府关于公布取消停止征收和调整有关收费项目的通知》（豫政〔2008〕52号）规定，评估宗地耕地开垦费为13元/平方米。

3. 土地开发费

土地开发费用为区域内土地平均开发程度下投入的各项客观费用之和。根据长垣市市政部门的测算，土地开发费一般为45~80元/平方米，中心城区配套相对齐全，土地开发费用较高，而乡镇及农村村庄的开发费用相对较低。长垣市集体建设用地工业末级地土地开发程度为三通一平（即通路、通上水、通电及场地平整），土地开发成本为45元/平方米。

4. 投资利息

根据当地实际及集体建设用地开发建设的特点，调查确定该宗土地开发周期为一年，投资利息按目前中国人民银行公布的固定资产一年期贷款利息率4.35%计，土地补偿费、安置费及税费、土地开发费均为一次性投入，土地开发费为分期投入，则有：投资利息=(土地取得费+税费)×4.35%+土地开发费×[(1+4.35%)×0.5-1]=4.79元/平方米。

5. 投资利润

参考国有建设用地社会平均年投资收益率，根据长垣市实际情况，以7%作为本次土地评估的平均投资利润率，则：投资利润=（土地取得费+税费+土地开发费）×利润率=7.95元/平方米。

6. 土地增值收益

一般情况下，政府出让土地除回收成本外，同时要使土地所有权在经济上得到体现，即获得一定的增值收益。参照国有建设用地实际情况和有关资料对比分析，最终将土地增值收益确定为8%，即9.45元/平方米。

7. 无限年期地价

将农地开发成建设用地后，根据上述费用计算土地价格无限年期地价，土地价格按下式计算：

$$V=E_n+E_d+T+R_1+R_2+R_3 \qquad \text{公式（8-34）}$$

式中：V为土地价格；E_n为土地取得费；E_d为土地的开发费；T为税费；R_1为利息；R_2为利润；R_3为土地增值收益。工业用地无限年期地价为135.21元/平方米。

8. 年期修正

上述测算的单位面积价格为无限年期价格，因此必须将其修正为有限年期的土地价格，其修正公式为：地价=无限年期地价×[1-1/(1+r)n]=135.21元/平方米×[1-1÷(1+6.5%)×50]≈127元/平方米。

成本法的计算可作为末级地价的控制价，即最终确定的工业用途末级地地价不得低于成本价。

五、集体建设用地基准地价的确定

各级各类样点地价经修正、检验后，根据各用地类型定级单元的地价，以级别内定级单元地价的平均值作为各级别的基准地价。

（一）集体商业服务业用地基准地价的确定

商业服务业用地地价样点主要有土地出让、房地出租、自用门面等，土地出让部分采用的是挂牌方式进行的，样点地价相对偏高；房地出租、自用门面样点数量大，而且市场化较强，因此以二者的平均值作为参考，综合确定集体商业服务业用地的基准地价。

（二）集体住宅用地基准地价的确定

集体住宅用地地价样点主要有房地出租和隐形的宅基地买卖，目前我国的房屋出租价格明显偏低，房租无法真实体现房屋价值。宅基地隐形交易虽然属于私下交易，但是比较充分地反映了宅基地市场状况和实际价值，在没有其他更好资料的情况下，可以作为确定集体住宅用地基准地价的依据。

（三）集体工业用地基准地价的确定

集体工业用地的地价样点主要有土地出让、土地出租、房地出租，从计算结果来看，土地出让地价各级别之间的差值较小，这是因为工业用地是集体建设用地入市试点的最主要的地类，作为试点，评估时基本上是以某一个标准统一确定的，考虑区位及级别的因素相对较小。另外两种差异不大。根据后两种地价样点的平均值，参考新增集体建设用地的最低成本价，综合确定集体工业用地的基准地价。

（四）集体公共管理与公共服务用地基准地价的确定

集体公共管理与公共服务用地的地价样点主要是土地出让。在参考样点地价的基础上，综合考虑样点的用地性质、用地类型，在测算其用地收益的基础上，根据各级别的土地质量分值与样点地价之间的模型，综合确定集体公共管理与公共服务用地的基准地价，具体见表 8-54。

表 8-54 长垣市集体建设用地基准地价

土地级别		一级地			二级地			三级地			四级地			五级地			六级地		
		下限	平均值	上限	下限	平均值	上限	下限	平均值	上限	下限	平均值	上限	下限	平均值	上限	下限	平均值	上限
商业服务业用地	元/平方米	640	810	980	480	590	700	380	450	520	315	360	405	285	310	335	260	280	300
	万元/亩	42.67	54.00	65.33	32.00	39.33	46.67	25.33	30.00	34.67	21.00	24.00	27.00	19.00	20.67	22.33	17.33	18.67	20.00
住宅用地	元/平方米	590	720	850	440	540	640	370	420	470	305	350	395	275	300	325	250	270	290
	万元/亩	39.33	48.00	56.67	29.33	36.00	42.67	24.67	28.00	31.33	20.33	23.33	26.33	20.33	20.00	21.67	18.33	18.00	19.33
工业用地	元/平方米	215	240	265	190	210	230	165	185	205	145	160	175	125	140	155			
	万元/亩	14.33	16.00	17.67	12.67	14.00	15.33	11.00	12.33	13.67	9.67	10.67	11.67	8.33	9.33	10.33			
公共管理与公共服务用地	元/平方米	280	320	360	230	270	310	190	220	250	160	180	200	130	150	170			
	万元/亩	18.67	21.33	24.00	15.33	18.00	20.67	12.67	14.67	16.67	10.67	12.00	13.33	8.67	10.00	11.33			

六、集体建设用地宗地评估修正体系的建立

（一）基准地价修正法的含义

基准地价修正法是按照替代原理，利用基准地价和基准地价修正系数，将待估宗地的区域条件和个别条件等与其所处区域的平均条件进行比较，并对照修正系数表选取相应的修正系数对基准地价进行修正，从而求取待估宗地在估价基准日价格的一种估价方法。

（二）基准地价修正体系编制的程序

集体建设用地基准地价修正体系是参照《城镇土地估价规程》（GB/T 18508—2014）中的地价修正体系编制的，只是在修正因素选择方面略有不同。在基准地价确定的基础上，采用基准地价修正系数法评估宗地地价。一般程序如下。

1. 选择影响宗地地价的因素因子

在宗地地价修正因素的选择中，依据实际调查中可能对农村集体建设用地基准地价产生影响的因素进行综合考虑。

2. 宗地地价影响因素的确定

对于不同的用地来说，影响宗地地价的因素因子不同。针对不同用地类型，分别选择不同的影响因素及因子。总体来看，可以将影响因素分为区域因素和个别因素两大类，需要通过对影响各类宗地地价的因素进行分析，综合确定商业服务业用地、住宅用地、工业用地、公共管理和公共服务用地等宗地地价的影响因素因子体系。

3. 确定影响宗地地价因素因子的权重

宗地地价因素因子权重的确定，一般采用特尔斐专家咨询法。

4. 计算各因素因子影响地价的修正幅度

首先，计算基准地价上调或下调的最大幅度。根据基准地价及波动幅度计算各级土地地价的上调或下调的最大幅度。其计算公式为：

$$F_1=[(I_{nh}-I_{lb})/I_{lb}]\times100\% \quad \text{公式（8-35）}$$

$$F_2=[(I_{lb}-I_{nl})/I_{lb}]\times100\% \quad \text{公式（8-36）}$$

式中：F_1表示基准地价上调最大值；F_2表示基准地价下调最大值；I_{lb}表

示基准地价；I_{nh}表示基准地价的最高值；I_{nl}表示基准地价的最低值。

其次，确定影响地价各因素因子的最大修正幅度。根据各类用地因素因子权重及基准地价上调或下调的最大幅度，计算出各因素因子的最大修正幅度。

$$F_{1i}=F_1W_i \quad F_{2i}=F_2W_i \qquad \text{公式（8-37）}$$

式中：F_{1i}表示某一因素因子的上调幅度；F_{2i}表示某一因素因子的下调幅度；W_i表示某一因素因子对宗地地价的影响权重。

在上调和下调幅度值之间内插修正值，将宗地地价修正幅度划分成5个档次。以基准地价为一般水平，其修正系数为零。在一般水平与上限价格之间，内插条件较优的修正系数（$F_{1i}/2$）。在一般水平与下限价格之间，内插条件较劣的修正系数（$F_{2i}/2$）。这样，优、较优、一般、较劣、劣5个档次分别对应的修正系数为F_{1i}、$F_{1i}/2$、0、$F_{2i}/2$、F_{2i}。

5. 编制宗地地价影响因素修正系数表及指标说明表

利用各因素因子的权重确定5个档次的修正系数后，按类、分级别编制商服、住宅、工矿仓储宗地地价的影响因素因子修正系数表。与此相对应，按5个档次量化所有影响因素因子的标准，编制宗地地价影响因素指标说明表。

6. 估算宗地地价

应用基准地价系数修正法评估宗地地价的一般程序为：首先对待估宗地条件进行调查，确认宗地的用地类型及在相应土地级别图的级别；调查宗地有关地价影响因素因子的条件；对照指标说明表确定宗地各因素因子所处级位；按宗地各因素因子的级位，分别在修正系数表中查找各因素因子的修正系数；代入公式，计算宗地地价。

$$V=P(1+K)\cdot K_a\cdot K_b\cdot K_c+K_d \qquad \text{公式（8-38）}$$

$$K=\sum K_i \qquad \text{公式（8-39）}$$

式中：V为宗地地价；P为基准地价；K为宗地地价影响因素修正系数和；K_i为第i个宗地地价影响因素的修正系数；K_a为期日修正系数；K_b为土地使用权年限修正系数；K_c为容积率修正系数；K_d为开发程度修正值。

（三）基准地价修正系数计算

1. 区域因素及个别因素修正系数

对于不同的用地，影响宗地地价的因素不同。根据各类用地的性质、影响地价的各种因素，以及有关规程的要求，结合专家咨询意见，综合确定各类用地宗地地价评估的因素因子体系，并采用特尔斐专家咨询法确定因素因子权重，具体见表 8-55~表 8-58。

表 8-55 集体商业服务业用地宗地价格的影响因素因子及权重

分类	权重	标准差	影响因子	权重	标准差
区域因素	0.48	0.046	距商服中心距离	0.065	0.0056
			周边道路等级	0.092	0.0082
			街道状况	0.077	0.0063
			距公交站点距离	0.072	0.0071
			距离汽车站（火车站）距离	0.056	0.0059
			供水	0.045	0.0052
			排水	0.031	0.0041
			供气	0.042	0.0037
个别因素	0.52	0.046	周围用地类型	0.086	0.0065
			临街道路等级	0.088	0.0071
			宗地进深	0.077	0.0043
			临街状况	0.074	0.0056
			宗地面积	0.068	0.0062
			宗地形状	0.064	0.0045
			规划限制条件	0.063	0.0051

表 8-56 集体住宅用地（宅基地）宗地价格的影响因素因子及权重

分类	权重	标准差	影响因子	权重	标准差
区域因素	0.49	0.062	距城镇距离	0.038	0.0041
			周边道路等级	0.053	0.0056
			距公交站点距离	0.038	0.0042
			距离汽车站（火车站）距离	0.036	0.0037
			供水	0.031	0.0029
			排水	0.024	0.003
			供气	0.042	0.0039
			学校	0.047	0.0042
			医院	0.043	0.0044
			农贸市场	0.043	0.0037
			公园广场	0.048	0.0041
			文体设施	0.049	0.0051

续表

分类	权重	标准差	影响因子	权重	标准差
个别因素	0.51	0.062	临街道路等级	0.088	0.0056
			宗地临路状况	0.067	0.0072
			宗地面积	0.082	0.0071
			宗地形状	0.088	0.0075
			地势条件	0.057	0.0063
			规划限制条件	0.073	0.0056

表 8-57　集体工业用地宗地价格的影响因素因子及权重

分类	权重	标准差	影响因子	权重	标准差
区域因素	0.52	0.056	距城镇距离	0.078	0.0065
			周边道路等级	0.063	0.0071
			距火车站距离	0.034	0.0029
			距物流中心距离	0.047	0.0052
			距高速口距离	0.052	0.0048
			供水	0.045	0.0041
			排水	0.041	0.0037
			供气	0.061	0.0054
			产业联系紧密状况	0.055	0.0043
			配套产业规模状况	0.044	0.0052
个别因素	0.48	0.056	宗地临路状况	0.098	0.0070
			宗地面积	0.099	0.0074
			宗地形状	0.105	0.0081
			地势条件	0.09	0.0066
			规划限制条件	0.088	0.0071

表 8-58　集体公共管理与公共服务用地宗地价格的影响因素因子及权重

分类	权重	标准差	影响因子	权重	标准差
区域因素	0.5	0.065	距城镇距离	0.047	0.0037
			周边道路等级	0.061	0.0050
			距公交站点距离	0.049	0.0038
			距汽车站（火车站）距离	0.045	0.0033
			供水	0.045	0.0026

续表

分类	权重	标准差	影响因子	权重	标准差
区域因素	0.5	0.065	排水	0.036	0.0027
			供气	0.048	0.0035
			医院	0.052	0.0040
			公园广场	0.056	0.0037
			文体设施	0.061	0.0046
个别因素	0.5	0.065	临街道路等级	0.082	0.0050
			周围用地类型	0.072	0.0042
			宗地临路状况	0.067	0.0065
			宗地面积	0.078	0.0064
			宗地形状	0.064	0.0068
			地势条件	0.068	0.0057
			规划限制条件	0.069	0.0050

2. 期日修正

基准地价对应的是基准地价评估期日的地价水平，随着时间的迁移，土地市场的地价水平会有所变化，因此必须进行期日修正，把基准地价对应的地价水平修正到宗地地价评估期日。

$$k_t=\frac{k_i}{k_o} \qquad 公式（8-40）$$

式中：k_t为期日修正系数；k_i为待估宗地评估期日地价指数；k_o为基准地价评估期日地价指数。

3. 容积率修正

基准地价对应的是该用途土地在该级别内平均容积率下的地价，各宗地的容积率可能各不相同，由于容积率对地价的影响极大，因此需要进行容积率修正，将平均容积率修正到宗地实际容积率水平。容积率修正系数按下式计算：

$$k_{ij}=k_i/k_j \qquad 公式（8-41）$$

式中：k_{ij}为容积率修正系数；k_i 为待估宗地容积率对应的单位面积平均地价；k_j 为级别内该类用地平均容积率对应的单位面积的平均地价。

由此计算各种容积率下的宗地地价修正系数如表 8-59、表 8-60 所示。

表 8-59　宗地地价容积率修正系数（中心城区内）

容积率水平	修正系数		容积率水平	修正系数	
	商服用地	住宅用地		商服用地	住宅用地
≤0.5	0.664	0.723	2.1	1.093	1.076
0.6	0.694	0.753	2.2	1.133	1.100
0.7	0.722	0.775	2.3	1.174	1.126
0.8	0.750	0.795	2.4	1.203	1.145
0.9	0.770	0.820	2.5	1.236	1.166
1	0.794	0.827	2.6	1.269	1.192
1.1	0.808	0.833	2.7	1.295	1.214
1.2	0.822	0.839	2.8	1.316	1.236
1.3	0.846	0.846	2.9	1.350	1.258
1.4	0.866	0.871	3	1.379	1.277
1.5	0.894	0.891	3.1	1.401	1.300
1.6	0.922	0.913	3.2	1.427	1.330
1.7	0.952	0.943	3.3	1.462	1.355
1.8	1.000	1.000	3.4	1.484	1.372
1.9	1.033	1.028	≥3.5	1.513	1.399
2	1.060	1.055			

表 8-60　宗地地价容积率修正系数（中心城区外）

容积率水平	修正系数		容积率水平	修正系数	
	商服用地	住宅用地		商业用地	住宅用地
≤0.5	0.673	0.754	2.1	1.192	1.158
0.6	0.686	0.759	2.2	1.217	1.179
0.7	0.697	0.766	2.3	1.241	1.199
0.8	0.716	0.770	2.4	1.262	1.218
0.9	0.738	0.782	2.5	1.283	1.236
1.0	0.761	0.802	2.6	1.303	1.253
1.1	0.791	0.842	2.7	1.322	1.270
1.2	0.854	0.888	2.8	1.340	1.287
1.3	0.908	13.089	2.9	1.358	1.301
1.4	0.957	0.967	3.0	1.375	1.316
1.5	1.000	1.000	3.1	1.390	1.331
1.6	1.039	1.032	3.2	1.406	1.344

续表

容积率水平	修正系数		容积率水平	修正系数	
	商服用地	住宅用地		商业用地	住宅用地
1.7	1.074	1.061	3.3	1.420	1.357
1.8	1.107	1.087	3.4	1.435	1.370
1.9	1.138	1.112	≥3.5	1.449	1.382
2.0	1.166	1.136			

4. 土地开发程度修正

当宗地价格内涵与基准地价内涵设定的土地开发程度不一致时，需要进行土地开发程度差异修正。分区域以中心城区规划范围内五通一平、中心城区规划范围外三通一平为标准，当待估宗地的土地开发程度与设定内涵不一致时，需要将基准地价修正到与待估宗地的土地开发程度一致的地价水平。具体见表 8-61。

表 8-61　基础设施开发程度　　单位：元/平方米

开发程度	通上水	通路	通电	土地平整	通下水	通信
五通一平（中心城区规划范围内）	18	19	13	5	16	9
三通一平（中心城区规划范围外）	14	15	11	5		

5. 土地出让年期修正

集体建设用地基准地价对应的使用年期，是各用途土地使用权的最高法定出让年期，而每个宗地的使用年期可能各不相同，因此必须进行年期修正。土地使用权年期修正系数按下式计算：

$$y=\frac{1-\frac{1}{(1+r)^{m}}}{1-\frac{1}{(1+r)^{n}}}\qquad \text{公式（8-42）}$$

式中：y 为宗地使用年期修正系数；r 为土地还原利率；m 为待估宗地可使用年期；n 为该用途土地使用年限。

第四节　集体建设用地基准地价的应用

长垣县集体建设用地基准地价可以在集体建设用地宗地价格的评估、集体土地年租金标准的计算、集体建设用地资产的估算等方面应用。

一、集体建设用地宗地价格的评估

经营向集体建设用地入市将在改革试点的基础上逐步展开，集体土地使用权转让、集体土地出租、集体土地抵押、集体土地出资入股等将是集体土地入市的主要表现形式，集体建设用地宗地价格的评估将是集体建设用地入市的依据。此外，集体经济组织内部村民之间宅基地的互换、宅基地被征收或者需要拆迁时的补偿标准等也可以参考集体建设用地的评估价格。使用建设用地基准地价评估过程如下。

（一）收集有关基准地价资料

收集相关集体建设用地基准地价成果，包括基准地价报告、基准地价图、宗地地价修正体系及有关各种地价影响因素资料等。

（二）确定待估宗地所处级别及基准地价

确定待估宗地所在的位置，根据当地集体建设用地基准地价评估报告、基准地价图和有关基准地价批文，确定待估宗地所处级别及基准地价，并确定地价内涵。

（三）分析待估宗地的地价影响因素

按照影响因素指标说明表中的影响因素体系，调查待估宗地的各影响因素状况，并对各因素状况进行准确描述，编制待估宗地地价影响因素条件说明表。

（四）确定待估宗地修正系数

根据各影响因素状况，按照影响因素指标说明表中的划分标准确定各因素的级别标准，并查对修正系数表以确定待估宗地修正系数。

（五）按公式计算待估宗地地价

根据收集到的基础资料，按照对应用途的基准地价评估待估宗地地价：

$$P=P_1\times S \qquad \text{公式（8-43）}$$

$$P_1=P_{ab}\times(1\pm\sum K_i)\times K_j \qquad \text{公式（8-44）}$$

式中：P 为待估宗地总价；P_1 为待估宗地单价；P_{ab} 为某一用途、某级别的承包经营权基准地价；$\sum K_i$ 为宗地地价修正系数之和；K_j 为估价期日、土地使用年期等其他修正系数；S 为宗地总土地面积。

二、集体建设用地年租金标准的计算

（一）年租金定义

年租金是指集体建设用地使用者每年向使用权人支付的土地使用租金。其价格内涵及构成应与集体建设用地基准地价一致，是其年度化的表达方式，实质是一年一交的土地价格。

（二）年租金计算方法

根据年租金的定义，年租金标准是在一定区域内、一定条件下的平均年租金。年租金标准可以根据集体建设用地的基准地价，根据最高使用权年限及还原利率进行还原计算。

1. 土地还原利率的确定

根据内涵统一的原则，计算年租金标准时，各用途还原利率标准与集体建设用地基准地价的土地还原利率一致，各用途土地还原利率见表 8-62。

表 8-62 各用途土地还原利率结果

用地类型	土地还原利率
商业服务业用地	8.50%
住宅用地（宅基地）	7.50%
工业用地	6.50%
公共管理与公共服务用地	7.5%

2. 年租金标准的计算公式

年租金标准采用下式计算：

$$A=P\times r/[1-1/(1+r)^{n}] \qquad \text{公式（8-45）}$$

式中：P 为各级别基准地价；r 为各用途土地还原利率；n 为该类用地的最高使用年限。

3. 计算结果

根据以上公式，仍以长垣市为例，计算长垣市各类各级用地的年租金标准及其波动幅度，具体见表 8-63。具体应用时，对于特定宗地的年租金可以在年租金确定的基础上，采用修正系数法进行修正评估。

表 8-63　长垣市集体建设用地年租金标准及其波动幅度

土地级别		一级地			二级地			三级地			四级地			五级地			六级地		
		下限	平均值	上限	下限	平均值	上限	下限	平均值	上限	下限	平均值	上限	下限	平均值	上限	下限	平均值	上限
商业服务业用地	元/平方米	52. 32	66. 22	80. 11	39. 24	48. 23	57. 22	31. 06	36. 79	42. 51	25. 75	29. 43	33. 11	23. 30	25. 34	27. 39	21. 25	22. 89	24. 52
	万元/亩	3. 49	4. 41	5. 34	2. 62	3. 22	3. 81	2. 07	2. 45	2. 83	1. 72	1. 96	2. 21	1. 55	1. 69	1. 83	1. 42	1. 53	1. 63
住宅用地	元/平方米	44. 25	54. 00	63. 75	33. 00	40. 50	48. 00	27. 75	31. 50	35. 25	22. 88	26. 25	29. 63	20. 63	22. 50	24. 38	18. 75	20. 25	21. 75
	万元/亩	2. 95	3. 60	4. 25	2. 20	2. 70	3. 20	1. 85	2. 10	2. 35	1. 53	1. 75	1. 98	1. 38	1. 50	1. 63	1. 25	1. 35	1. 45
工业用地	元/平方米	13. 38	14. 93	16. 49	11. 82	13. 06	14. 31	10. 26	11. 51	12. 75	9. 02	9. 95	10. 89	7. 78	8. 71	9. 64	—	—	—
	万元/亩	0. 89	1. 00	1. 10	0. 79	0. 87	0. 95	0. 68	0. 77	0. 85	0. 60	0. 66	0. 73	0. 52	0. 58	0. 64	—	—	—
公共管理与公共服务用地	元/平方米	20. 44	23. 35	26. 27	16. 79	19. 71	22. 62	13. 87	16. 06	18. 25	11. 68	13. 14	14. 60	9. 49	10. 95	12. 41	—	—	—
	万元/亩	1. 36	1. 56	1. 75	1. 12	1. 31	1. 51	0. 92	1. 07	1. 22	0. 78	0. 88	0. 97	0. 63	0. 73	0. 83	—	—	—

三、集体建设用地资产价值的估算

集体建设用地的资产估算方法与集体农用地基本相似。在估算过程中，由于集体建设用地的基准地价只有商业服务业用地、住宅用地、工业用地和公共管理与公共服务用地 4 类，其他地类多数没有基准地价。为了较全面地反映村集体的资产总量，按照用途及价值相近的原则，没有基准地价的地类归入相应的地类，如将仓储用地归入工业用地，将交通站场用地归入商业服务业用地，将特殊用地归入公共管理与公共服务用地。

可以根据各类集体建设用地的基准地价及各级别相应地类的面积，粗略估算集体建设用地的资产总量。公式如下：

$$M_k = \sum P_{ik} \times S_{ik} \qquad \text{公式（8-46）}$$

式中：M_k为 k 类集体建设用地的资产总量；P_{ik}为 k 类集体建设用地 i 级别的基准地价，S_{ik}为 k 类集体建设用地 i 级别的面积。

根据以上方法，可以粗略估算长垣市集体建设用地的资产价值，结果见表 8-64。根据估算结果，长垣市集体建设用地的资产总量约为 441.51 亿元，其中商业服务业用地、住宅用地、工业用地、公共管理与公共服务用地的资产价值分别为 9.65 亿元、392.88 亿元、1587.42 亿元、11.39 亿元。

表 8-64　长垣市集体建设用地资产估算

土地级别		一级地	二级地	三级地	四级地	五级地	六级地	合计
商业服务业用地	基准地价/（元/平方米）	810	590	450	360	310	280	—
	面积/公顷	8.97	29.83	29.04	68.03	72.37	41.51	249.75
	资产/亿元	0.73	1.76	1.31	2.45	2.24	1.16	9.65
住宅用地	基准地价/（元/平方米）	720	540	420	350	300	270	—
	面积/公顷	437.45	268	1005.89	2050.46	4679.71	3426.16	11867.67
	资产/亿元	31.5	14.47	42.25	71.77	140.39	92.51	392.88
工业用地	基准地价/（元/平方米）	240	210	185	160	140	—	—
	面积/公顷	4.94	73.37	822.78	553.01	133.32	—	1587.42
	资产/亿元	0.12	1.54	15.22	8.85	1.87	—	27.6

续表

土地级别		一级地	二级地	三级地	四级地	五级地	六级地	合计
公共管理与公共服务用地	基准地价/（元/平方米）	320	270	220	180	150	—	—
	面积/公顷	22.08	90.74	145.76	194.54	101.69	—	554.81
	资产/亿元	0.71	2.45	3.21	3.5	1.53	—	11.39
小计	面积/公顷							14259.65
	资产/亿元							441.51

四、其他方面的应用

（一）优化国土资源空间布局

1. 优化农村土地资源配置

近几年我国政府越来越重视农村土地制度的改革，一直在努力寻求更好的发展，并且在制定有关农村土地改革的制度时，一直在强调必须适应新时期农村土地的新变化，在不断优化农村土地资源配置的同时，加大对农村农民基本权益的保护。然而在实际建设中出现了较为严重的农村集体建设用地规划和分配问题，还涉及复杂的经济问题。除此之外，后期还需要对集体建设用地的基准价格进行综合评估，所以这一问题较为复杂，应慎重对待，这样才能从整体上进一步保障农民的集体经济利益。因此，为了进一步优化农村集体土地资源的配置，一方面，相关管理单位应该加强对农村集体土地的市场管理，可以通过制定相关的法律法规规范土地的流转问题；另一方面，农民也可以在实际的土地交易过程中采用合理的方法对申报、登记、核算等问题进行记录，这样做的目的是防止日后出现不必要的纠纷。

2. 服务于国土空间规划

编制国土空间规划的重要基础是所谓“双评价”和“双评估”，即资源环境承载力评价、国土空间开发适宜性评价、土地利用现状评估和土地利用总体规划与城市总体规划落实情况评估。基准地价评估成果客观地反映了不同质量的农用地的区位分布情况，在国土空间规划的编制当中，一方面，基准地价评估成果能够反映土地利用水平和经济利用效益，作为土地利用结构和布局调整的依据；另一方面，可以结合基准地价成果推算耕地年收益状况，然后根据客观投入和产出情况对耕地单产进行预测，用于耕地保有量预测。

（二）保障农村集体权益

1. 合理分配农村集体收益

农村集体建设项目实质上是一种盈利性建设，因此在讨论有关农村集体建设用地的问题时，最终都避免不了处理有关农村集体经济利益的问题。除此之外，在实际农村集体建设中会出现由于土地划分造成的权益分配不均的现象，而对土地进行基准地价的测算可以有效避免这一现象的发生。对地价进行合理的测算也有助于降低乱收费等不合理行为的发生率，同时也提高了合理分配农村相关资源的工作效率。在农村集体建设活动中采用集体建设用地的基准地价体系保证了农村集体建设活动中有关用地收益问题的公正性。同时在实际行动时也要建立相关的动态监测系统，实时更新相关信息，进一步提高相关工作的效率。

2. 保障农民的权益

所有有关农民的经济建设活动始终都是以农民的个人利益为基本出发点进行的。因此，在农民集体建设活动中，也应该时刻关注农民的个人利益。现阶段农村集体建设用地都属于非农业建设土地，所以在实际的建设活动中，应该避免使用传统的农业用地规划体系。现阶段要使农民在农民集体建设用地的土地流转中获益，就应强调保障农民的基本权益，实现有关农民土地的同地、同权、同价。换句话说就是要让农民在整个土地建设市场中实现公平竞争，尤其要向城市中的用地建设项目看齐。只有实现了市场中的公平竞争，才能在更大程度上保障农民自身的经济权益。

3. 健全相关的调控机制

在经济学中健全调控机制主要指处理好有关供求关系的问题。稳定商品的价格后才可以进一步提高商品的整体质量，才可以达到最终的商业目的，获取更高的利益。农村集体建设用地中更涉及较为激烈的供求双方，即建设用地需求者和农民。因此，在农村集体建设活动中就需要借助对建设用地基准地价的测算来进一步维持供求双方的平衡。这样做有助于农村整体经济实力的提高，而在资源方面也有助于实现合理化、公平化的分配。除此之外，在整个建设过程中，需要注意合理规范和管理农村集体建设用地项目的数量，这样才能在保障耕地不减少的情况下，进一步满足市场需求。

参考文献

[1] Ahmet Tezcan. A multi-criteria model for land valuation in the land consolidation [J]. Land Use Policy. 2020, 6 (95).

[2] Bento A, Franco S, Kaffine D. Is there a double-dividend from anti-sprawl policies? [J]. Journal of Environmental Economics & Management, 2011, 61 (2): 135-152.

[3] Dermisi S. A study of U. S. internet real estate office market and a comparison of the internet versus traditional markets in Boston and London [D]. Boston: Harvard University, 2007.

[4] Ferguson S, Furtan H, Carlberg J. The political economy of farmland ownership regulations and land prices [J]. Agricultural Economics, 2010, 35 (1): 59-65.

[5] Goodwin B, Mishra A, Ortalo-Magne F. What's wrong with our models of agricultural land values? [J]. American Journal of Agricultural Economics, 2003, 85 (3): 744-752.

[6] Kuminoff N, Sokolow A, Sumner D. Farmland conversion: perceptions and realities [J]. University of California Agricultural Issues Center, 2001 (3): 16.

[7] Kang D W, Miyoung K, Deokho C, et al. The effects of urban development pressure on agricultural land price: application of a mixed GWR model [J]. Journal of Rural Development/Nongchon-Gyeongje, 2010, 33.

[8] Lin S, Ben T. Impact of government and industrial agglomeration on industrial landprices: a taiwanese case study [J]. Habitat International, 2009 (4): 412-418.

[9] Lloyd T, Rayner A, Orme C. Present-value models of land prices in England and Wales [J]. European Review of Agricultural Economics, 2000, 18

(2): 141-166.

[10] Philip Kostov. A spatial quantile regression hedonic model of agricultural land prices [J]. Spatial Economic Analysis, 2009, 4 (1): 53-72.

[11] Snyder S A, Kilgore M A, Hudson R, et al. Determinants of forest land prices in Northen Minnesota: a hedonicpricing approach [J]. Forest Science, 2007, 53 (1): 25-36.

[12] Schulte K. Royal institution of chartered surveyors (rics) [J]. New Media Age, 2000.

[13] Stewart P, Libby L. Determinants of farmland value: the case of dekalb county, illinois [J]. Review of Agricultural Economics, 1998, 20 (1): 80-95.

[14] Tdd E. Clark. Rents and Prices of Housing across Areas of the United States [J]. Regional science and Urban Economics, 1995: 25-34.

[15] 艾建国，丁烈云．对完善我国基准地价体系的若干思考 [C] //. 国际估价论坛论文集（第二册）．[出版者不详]，2007：145-150.

[16] 艾建国．耕地总量动态平衡政策效果分析及对策 [J]. 改革，2003 (6)：45-51.

[17] 艾建国，丁烈云，贺胜兵．论房价与地价的相互关系——基于北京、上海、武汉数据的实证研究 [J]. 城市发展研究，2008 (1)：77-83.

[18] 白光润．应用区位论 [M]. 北京：科学出版社，2009.

[19] 毕硕本．空间数据库教程 [M]. 北京：科学出版社，2013.

[20] 柴强．中国房地产估价的实践与发展 [C] //. 中国房地产估价与经纪 2007 年第 6 期（总第 67 期），2007：15-18.

[21] 陈彦光．地理数学方法：基础和应用 [M]. 北京：科学出版社，2011.

[22] 崔铁军，等．地理空间分析原理 [M]. 北京：科学出版社，2016.

[23] 柴强．对估价若干基本问题的思考 [C] //. 中国房地产估价与经纪 2008 年第 3 期（总第 70 期），2008：12-17.

[24] 柴强．中国房地产损害赔偿估价的理论与实践 [C] //. 中国房地产估价与经纪 2008 年第 6 期（总第 73 期），2008：20-22.

[25] 陈常优，余明全．城镇土地定级估价理论与实践 [M]. 开封：河南大学出版社，1997.

[26] 柴铎．农村宅基地“三权分置”改革须注重投资经营主体权益维护

［J］. 中国土地科学，2020. 8.

［27］陈立本. 集体建设用地定级估价研究［D］. 开封：河南大学，2009.

［28］陈蕾，赵小敏，郭熙，等. 余江县锦江镇农村集体经营性商服用地基准地价评估研究［J］. 江西农业大学学报，2018，40（5）：1102-1109.

［29］揣小伟，黄贤金，许益林. 农村集体建设用地基准地价初步研究——以安徽省良玉村为例［J］. 经济地理，2012，32（2）：121-126.

［30］方斌，夏显力. 区域间相互作用对农用地基准地价影响的初步研究［J］. 广东农业科学，2014，41（21）：227-231.

［31］房绍坤. 土地经营权入典的时代价值［J］. 探索与争鸣杂志，2020（5）.

［32］姜全丽. 集体建设用地基准地价评估体系框架构建［J］. 工程建设与设计，2018（16）：248-249.

［33］黄贤金. 农用地估价技术路线及方法研究——以南京市耕地资源价值核算为例［J］. 南京农业大学学报，1997（3）：104-108.

［34］何芳. 发展完善中国公示地价体系研究——国外经验借鉴及中国基准地价体系反思［J］. 中国土地科学，2009，23（9）：33-34.

［35］胡亦琴. 农村土地市场化进程中的政府规制研究［M］. 北京：经济管理出版社，2009.

［36］黄奇帆. 解析土地要素市场化配置改革［J］. 新金融评论，2020 年第 2 辑（总第 44 辑），2020：14-32.

［37］胡士俊. "三权分置"：农村土地产权制度变迁诱致性与强制性分析［J］. 农业经济，2018（8）：83-85.

［38］黄季焜，冀县卿. 农地使用权确权与农户对农地的长期投资［J］. 管理世界，2012（9）：76-81，99，187-188.

［39］何盛明. 财经大辞典［M］. 北京：中国财政经济出版社，1990.

［40］杭太元. 集体建设用地基准地价评估体系的构建［J］. 产业与科技论坛，2016，15（13）：216-218.

［41］孔云峰，朱艳芳，王玉璟. 学校分区问题混合元启发算法研究［J］. 地理学报，2017，72（2）：256-268.

［42］刘卫东，邬明德，周力丰，等. 城市地价评估理论探索与实践［M］. 北京：科学出版社，2007.

［43］李连发，王劲峰，等. 地理空间数据挖掘［M］. 北京：科学出版

社，2014.

［44］吕萍，邱骏，林馨，等．集体建设用地入市：政策效果与风险［J］．中国土地科学，2020（8）．

［45］李江涛，熊柴，蔡继明．开启城乡土地产权同权化和资源配置市场化改革新里程［J］．管理世界，2020（6）：93-105.

［46］梁学庆．土地资源学［M］．北京：科学出版社，2006.

［47］李芹芳，陈晓莹，段刚，等．农用地基准地价测算方法研究［J］．湖北农业科学学报，2009，48（2）：329-331.

［48］刘跃辰，王秋兵，钱凤魁，等．灰色模型与回归模型在农用地基准地价评估中的比较分析［J］．农业工程学报，2010，26（S2）：344-348.

［49］刘泰圻，杨杰，刘俊，等．广东省集体建设用地基准地价测算方法探讨［J］．资源与产业，2008（2）：127-129.

［50］彭诚信．《民法典》物权编的进步、局限于未来［J］．法制与社会发展，2020（4）．

［51］濮励杰，周峰，彭补拙．县域农场土地价格评估探讨［J］．南京大学学报（自然科学版），2000（3）：293-299.

［52］秦奋．地理信息系统原理与方法［M］．西安：西安地图出版社，2005.

［53］秦静，陶渝，朱德举，等．外部性对农用地估价影响研究——以重庆市九龙坡区为例［J］．农机化研究，2006（9）：71-73.

［54］史密斯，等．地理空间分析：原理、技术与软件工具：第2版［M］．杜培军，等，译．北京：电子工业出版社，2009.

［55］苏世亮，李霖，翁敏．空间数据分析［M］．北京：科学出版社，2019.

［56］宋才发．建立农村集体土地三权分置制度的法治探讨［J］．学习论坛，2016，32（7）：26-31.

［57］宋志红．集体建设用地使用权设立的难点问题探讨　兼析《民法典》和《土地管理法》有关规则的理解与适用［J］．中外法学，2020（4）：1-21.

［58］魏文彪．遏制小产权房需稳定商品房价［J］．资源与人居环境，2013（11）：78.

［59］吴信才．空间数据库［M］．北京：科学出版社，2009.

［60］邬伦，刘瑜，张晶，等．地理信息系统——原理、方法和应用［M］．北京：科学出版社，2001.

［61］吴建斌．科斯理论中的界权成本及其现实意义［J］．南大法学，2020（2）：36-56.

［62］吴宇哲．城市住房价格时空演变研究——理论、方法及应用［M］．北京：科学出版社，2011.

［63］王财春．浅谈新形势下农村集体建设用地基准地价评估存在的问题及对策［J］．农村实用技术，2021（12）：24-25.

［64］王令超，杨建波，李永明，等．基于修正法的集体建设用地基准地价评估探讨［J］．中国农学通报，2013，29（14）：75-80.

［65］王华，罗平，赵志刚，等．基于深度置信网络的农用地基准地价评估模型［J］．农业工程学报，2018，34（21）：263-271.

［66］吴群，温修春，唐焱，等．模型法在农用地基准地价评估中的应用——以江苏省泰兴市为例［J］．资源科学，2004（5）：68-73.

［67］王青，陈志刚．中国城乡差距对农地违法非农化的影响［J］．资源科学，2019，41（12）：2274-2283.

［68］洪增林．我国集体土地流转系统研究［M］．北京：科学出版社，2008.

［69］王荣宇，谭荣．德国土地税收制度及其改革探索的启示：基于土地收益共享的视角［J］．中国土地科学，2015（12）：81-87.

［70］徐启薇，冯友建．基于权能修正的集体建设用地基准地价评估方法［J］．现代商业，2019（35）：94-96.

［71］肖盼晴．从总有到共有：集体产权权能重构及治理效应［J］．财经问题研究，2020（2）：21-27.

［72］席志国．民法典编纂中集体土地权利体系新路径［J］．国家行政学院学报，2018（1）.

［73］席志国．民法典编纂中的土地权利体系再构造——“三权分置”理论的逻辑展开［J］．暨南学报（哲学社会科学版），2019，41（6）：43-52.

［74］肖革新．空间统计实战［M］．北京：科学出版社，2018.

［75］徐建华．计量地理学（第二版）［M］．北京：高等教育出版社，2014.

［76］杨慧莲，韩旭东，李艳，等．“小、散、乱”的农村如何实现乡村振兴？——基于贵州省六盘水市舍烹村案例［J］．中国软科学，2018（11）：

148-162.

［77］冀县卿，钱忠好．中国农地产权制度改革 40 年——变迁分析及其启示［J］．农业技术经济，2019（1）：17-24.

［78］杨杰，任绍敏．广东省农村集体建设用地定级与基准地价评估探讨［J］．安徽农业科学，2010，38（17）：9141-9143.

［79］张宏斌，贾生华．土地非农化调控机制分析［J］．经济研究，2001（12）：50-54.

［80］朱道林，高延娜，路燕．农用地基准地价评估的有关问题探讨［J］．国土资源，2006（10）：38-40.

［81］钟骁勇，郭冬艳．义乌市集体建设用地基准地价评估研究［J］．中国国土资源经济，2019，32（12）：58-65.

［82］张芬．农村土地市场建设之集体建设用地基准地价分析［J］．农村经济与科技，2021，32（7）：26-27.

［83］张鸣鸣．新型农业经营体系和农业现代化［J］．中国农村经济，2013（12）：84-88.

［84］郑风田，阮荣平，杨惠莲．鼓励新型农业经营主体实现适度规模经营［N］．经济日报，2018-12-19.

［85］张五常，季卫东，王宁，等．解释社会：关于法学和新制度经济学的对话［J］．交大法学，2015（3）：20-26.

［86］郑振源，蔡继明．城乡融合发展的制度保障：集体土地与国有土地同权［J］．中国农村经济，2019. 11.

［87］张莉．可达性与区域空间结构［M］．北京：科学出版社，2013.

［88］章玲，周德群．多属性决策分析方法与应用：基于属性间关联的研究［M］．北京：科学出版社，2013.

［89］赵明媚．浅析市场比较法在我国房地产估价中的应用［J］．黑龙江科技信息，2009（35）：163，73.

［90］周小萍，陈百明，张添丁．中国“藏粮于地”粮食生产能力评估［J］．经济地理，2008（3）：475-478.

［91］张志强，俞明轩．利率调整对股市影响的理论分析［J］．财经问题研究，2012（7）：58-65.